Sammlung der Zeitzeugen

Hans-Werner Loeck

Die Brücke über den Embach
Gefangen in sowjetischen Lagern in Estland
1944–1949

D1735542

Hans-Werner Loeck, geb. 1925 in Heide in Holstein. 1943 Reichsarbeitsdienst und Ausbildung als Offizierbewerber des Heeres, 1944 Einsatz an der Ostfront. 1944-1949 sowjetische Kriegsgefangenschaft in Russland und Estland. 1949-1952 Studium der Staats- und Rechtswissenschaften in Kiel und Freiburg. Nach erster und zweiter juristischer Staatsprüfung 1957/58 Ausbildung für den Höheren Auswärtigen Dienst. 1958/61 Legationsrat an der Botschaft Quito. 1962/64 Referent im Auswärtigen Amt. 1964/67 persönlicher Referent des Bundesministers des Auswärtigen Dr. Gerhard Schröder. 1967 Botschaftsrat und Leiter des Deutschen Stabes bei der Französischen Botschaft Belgrad als Schutzmachtvertretung. 1968: Botschaftsrat I. Klasse. Nach Wiederaufnahme unserer diplomatischen Beziehungen mit Jugoslawien im Januar 1968: Mit zweimonatiger Unterbrechung als Geschäftsträger ad interim Leiter der Botschaft Belgrad bis 1971. 1972: Gesandter. 1973/74 Auswärtiges Amt, Leiter EG-Referat. 1974/78 Bundeskanzleramt, Ministerialdirigent, Leiter der Gruppe Außenpolitik sowie der EG-Koordinierungsgruppe. 1978/81 Botschafter in Lima. 1982/85 Auswärtiges Amt, Leiter der Unterabteilung Internationale Handels- und Wirtschaftsbeziehungen. 1985/90 Botschafter in Caracas.
1990 Ruhestand. 1990/92 Lehrbeauftragter an der Universität Köln, Institut für politische Wissenschaften und europäische Fragen. 1993/04 Mitgründer und Vorstandsvorsitzender des ersten Landschaftspflegeverbandes von Mecklenburg-Vorpommern. Hans-Werner Loeck lebt in Wachtberg bei Bonn.

Sammlung der Zeitzeugen

Hans-Werner Loeck

Die Brücke über den Embach

Gefangen in sowjetischen
Lagern in Estland.
1944–1949

Herausgegeben von Jürgen Kleindienst

Zeitgut Verlag

Die im Buch veröffentlichten Abbildungen und Dokumente stammen aus dem Privatbesitz des Autors.

Das Titelbild auf dem Umschlag zeigt Brückenreste im Fluß Embach 1994. Foto vom Autor.

Bibliografische Information der Deutschen Bibliothek
Die Deutsche Bibliothek verzeichnet diese Publikation in der Deutschen Nationalbibliografie; detaillierte bibliografische Daten sind im Internet über http://dnb.ddb.de abrufbar.

© 2015 by Zeitgut Verlag GmbH, Berlin
Sammlung der Zeitzeugen, Band 76
Verlag: Zeitgut Verlag GmbH, Berlin
Klausenpass 14, 12107 Berlin
Telefon 030 - 70 20 93 0, Telefax 030 - 70 20 93 22
E-Mail: info@zeitgut.de
Herausgeber: Jürgen Kleindienst
Lektorat: Isabella Busch, Berlin
Satz: Dr. Helga Miesch, Perleberg
Umschlaggestaltung: Daniel Kreisel
Printed in Germany
ISBN 978-3-86614-234-3

Als E-Book:
ISBN 978-3-86614-235-0

www.zeitgut.de

Inhaltsverzeichnis

Danksagung   6
Karte Estland   7
1. Teil
Eine Jugend im totalitären Staat   8
Reichsarbeitsdienst   22
„Lass dich nicht totschießen!"   27
Infanteristische Grundausbildung   35
Unteroffizierschule ... des Heeres   41
Im Schützengraben in Russland   65
Blutige Rückzugsgefechte im Baltischen Kessel   77
2. Teil
Mein letztes Gefecht ...   95
Der lange Marsch in das
Horrorlager Ostrow und sein „Lazarett"   103
Lager Walk: namenloses Elend ... (1944/45)   121
3. Teil
Lagergut Kingu: Zwangsarbeit
in der Knochenmühle 1945/47   145
Unfassbarer Wandel:
Kingu erhält ein menschliches Gesicht 1947/48   207
Unsere estnischen Freunde   237
Kingu wird Straflager für sowjetische Offiziere   267
4. Teil
Übersiedlung nach Dorpat
auf das Lagergut Ani 1948   271
In Dorpat verliere ich mein Herz!   283
5. Teil
Strafversetzt ins Talliner Friedhofslager   301
Buchhalter auf dem Lagergut Kustja 1948/49   306
Ein Theater weint   329
6. Teil
Wir ziehen das große Los:
Das Versprechen der Entlassung 1949   333
Heimreise – nicht ohne Zweifel und Besorgnis   341
Wir laufen in die Freiheit   346

Danksagung

Dieses Buch ist Estland und den Esten gewidmet. Vom nationalsozialistischen Deutschland schnöde den sowjetischen Besatzern preisgegeben, von ihnen grausam verfolgt und unterdrückt, haben die Esten es dennoch aus selbstloser Menschlichkeit und beispielhaftem Mut gewagt, entgegen strengen sowjetischen Verboten den in ihrem Land gefangen gehaltenen deutschen Kriegsgefangenen zu helfen, wo und wie es ihnen irgend möglich war. Vielen von uns haben sie nicht nur unter eigenen Opfern zum physischen Überleben verholfen, sondern ihnen das Bewusstsein ihrer menschlichen Würde zurückgegeben und sie zum Durchhalten ermutigt.
Unseren unvergessenen estnischen Helfern und Freunden gehört unsere aus tiefem Herzen kommende Dankbarkeit!

Frau Karin Berninger und meinem Sohn, mit dem ich 50 Jahre nach meiner Gefangennahme durch Estland reiste und alte Freunde wiederfand, danke ich für ihre tatkräftige Unterstützung und Ermutigung, mit denen sie die Entstehung dieses Buches begleiteten.

Hans-Werner Loeck

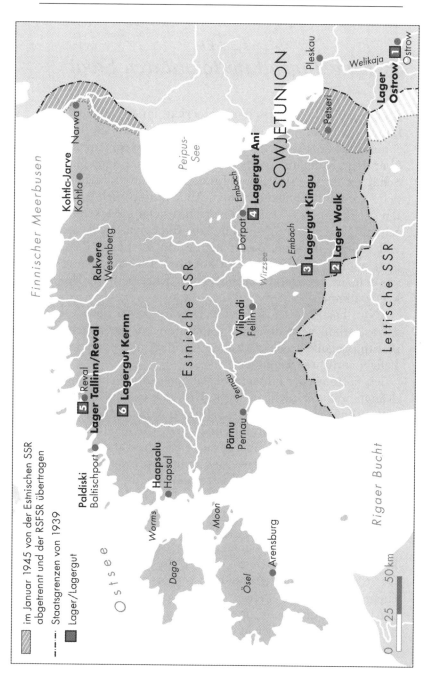

1. Teil
Eine Jugend im totalitären Staat

An diesem Julitag hatte der Unterricht lange gedauert. Mit knurrendem Magen und schweißgebadet hatte ich in hochsommerlicher Hitze den langen Heimweg von der Innenstadt, über den „Kuhberg", vorbei am Bahnhof und schließlich im Schatten der von stattlichen Linden gesäumten, in die nördliche Vorstadt hinausführenden Allee hinter mich gebracht. Ich schloss die Tür unserer hübschen Backsteinvilla schwungvoll hinter mir und ließ die Büchertasche geräuschvoll zu Boden fallen, damit meine Mutter hörte, dass wir jetzt endlich zu Mittag essen konnten. Da stand sie schon vor mir, in der Hand ein amtliches Schreiben mit Hakenkreuzstempel.

„Nun hast du es", sagte sie, „es wäre besser gewesen, du wärest schon nach der ersten Vorladung zu der Jugendmusterung gegangen. Jetzt drohen sie, dich notfalls durch die Polizei vorführen zu lassen!"

Ich hatte wieder einmal, wie schon so oft, leichtfertig verdrängt, was mir nicht behagte. Nun gab es kein Entrinnen mehr. Die Vorladung bezog sich klipp und klar auf ein Gesetz, das den „Dienst" in den nationalsozialistischen Jugendorganisationen zur Pflicht gemacht hatte. Bislang war diese Dienstpflicht aber nicht zwangsweise durchgesetzt worden. Ebenso wenig hatte es ein Kontrollinstrument wie die jetzt erstmals stattfindende Jugendmusterung gegeben. In den letzten zwei Jahren, seit meinem fünfzehnten Lebensjahr, hatte ich mich vor dem „Dienst" gedrückt, und das während der ersten Jahre von Hitlers Krieg, in denen die Jugend dem von der Gloriole des Siegers umgebenen „Führer" begeistert gefolgt war. Ob „die" mich heute Abend dazu verhören würden, aus welchem Grund ich als einziger Schüler der Oberschule für Jungen unserer Stadt nicht „organisiert" war? Diese Frage machte mir Sorgen. Sie ließ sich auch nicht verdrängen, als ich nachmittags an den ungeliebten Mathe-Hausaufgaben saß. Ja, wie war es denn eigentlich dazu gekommen?

In dem holsteinischen Kreisstädtchen, in dem meine Schwester und ich die glücklichsten Jahre unserer Kindheit verbracht hatten, war das Leben so einfach gewesen: Dort hatten nur etwa zwei Drittel der Schüler der Oberschule als „Pimpfe" oder Führer dem „Deutschen Jungvolk" angehört oder waren Mitglieder der Hitlerjugend (HJ) gewesen. Sie hatten am Sonnabend, der in jenen Jahren zum „Nationalpolitischen Erziehungstag" erklärt worden war, in ihrem „Fähnlein" beziehungsweise in ihrer „Gefolgschaft" Dienst getan. Wir anderen, die „Nichtorganisierten", hatten in die Schule gehen müssen, uns aber keineswegs benachteiligt gefühlt. Sonnabends war die Schule für uns zu einer Art Spielplatz geworden. Befreit von den sonst herrschenden pädagogischen Zwängen, hatten wir uns morgens zunächst an den Geräten der Turnhalle ausgetobt. Unser sonst strenger Französischlehrer, der die Aufsicht führte, hatte es jedem Einzelnen überlassen, sich anschließend das Gerät auszusuchen, das ihm am meisten lag. Er hatte selbst fröhlich mitgemacht und sich dabei, obwohl nicht mehr jung, als hervorragender Sportsmann erwiesen. Große und Kleine hatten in bunt gemischten Mannschaften Fuß- und Völkerball gespielt. Dass die Großen sich den Anschein gaben, uns Kleine ernst zu nehmen, hatte unser Selbstgefühl beträchtlich gehoben. Irgendwelcher Fachunterricht hatte für die Klassen der Unterstufe nicht stattgefunden. Stattdessen war unsere nette Studienassessorin immer gern bereit gewesen, uns aus Kapitän Luckners „Seeteufel" oder aus dem norwegischen Buch über die „Langerud-Kinder" vorzulesen.

Noch bevor wir in die Industriestadt mit den vielen Leder- und Tuchfabriken und den ebenso zahlreichen Kasernen umgezogen waren, schafften die Nazis den „Nationalpolitischen Erziehungstag" ab. Sie konnten auf dieses, als Lockmittel gedachte Instrument verzichten, weil inzwischen die Kinder und Jugendlichen der Stadt, bis auf wenige Ausnahmen, den Jugendorganisationen beigetreten waren. Die Jungen zwischen 10 und 14 Jahren waren im „Deutschen Jungvolk", die 14- bis 18-Jährigen in der Hitlerjugend organisiert, die Mädchen zwischen 10 und 14 Jahren bei den Jungmädeln und die 14- bis 18-Jährigen im Bund Deutscher Mädel (BDM).

Das Gebäude der Oberschule für Jungen, die ich in der Industriestadt bis zum Abitur besuchte, war hässlich und ungepflegt. Seine an preußische Amtsgerichte erinnernden roten Mauern waren vom Qualm nahe gelegener Fabriken verrußt und der Schulhof mit grauen Schlacken bedeckt. Die Schule stand unter dem Zepter eines Direktors und alten Parteigenossen namens Müller, der sich den Spitznamen „Stern-Müller" eingehandelt hatte, weil die Hitlerjugend ihn auf sein Ersuchen, ihm ehrenhalber einen Führerrang zu verleihen, mit einem einzigen Stern abgespeist hatte.

Alle meine Klassenkameraden hatten sich, teils elterlicher Beeinflussung oder auch einfach der Mehrheit folgend, schon beim Jungvolk eingeschrieben. Sicherlich wäre ich ihrem Beispiel bald aus freien Stücken gefolgt, weil mir die Rolle des Außenseiters nicht lag. Doch etliche meiner neuen Mitschüler, die Wimpeln, Trommeln und Fanfaren mit verständlicher kindlicher Begeisterung nachliefen, zeigten sich über meine Abstinenz so empört, dass sie sogleich mit Schmähungen über mich herfielen. Das machte mich störrisch, was wiederum zur Folge hatte, dass die „hundertprozentigen" Pimpfe mich in den Pausen auf dem Schulhof immer aufs Neue zu Boxkämpfen herausforderten und auf dem Heimweg Fahrradjagden auf mich veranstalteten. Auf diese Weise klopften sie mich schließlich weich.

So vollzog sich mein Eintritt in das Jungvolk höchst widerwillig unter dem Einfluss von verstauchten Daumen und blutiger Nase. Dies geriet bei meinen 12-jährigen Klassenkameraden rasch in Vergessenheit, weil auch ich schließlich Gefallen fand an Geländespielen, an Ausmärschen in die Waldgebiete der Umgebung sowie an der Romantik abendlicher Lagerfeuer im Kreise der Zelte und an den Sportwettkämpfen. Ich rückte sogar in bescheidene Führerränge auf und erinnere mich lebhaft daran, wie verletzt ich mich als frisch gebackener „Hordenführer" fühlte, als mein Vater mich wegen dieses stolzen Ranges gnadenlos aufzog. Ebenso gewöhnte ich mich an die Vorstellung, dass ich, wie die anderen auch, bis zum Abitur Jungvolkführer bleiben würde. Die Hitlerjugend galt den Oberschülern nämlich als müder und unanschnli cher „Haufen". Diese Bereitschaft verlor sich aber, als ich einige Jahre später in meinem Denken und Empfinden selbstständiger und kritischer wurde. Zu diesem Prozess trug vor allem der Einfluss meiner Eltern und Großeltern bei. Sie hatten ihre Abscheu vor dem Nationalsozialismus meiner Schwester und mir gegenüber nie verborgen und sich bemüht, uns gegen seine Ideologie widerstandsfähig zu machen. Das Stöbern in ihren reichhaltigen Bibliotheken steigerte meine Leselust im Laufe der Jahre zu einer Leidenschaft. Hierdurch kam ich früh mit klassischer Literatur und liberal, aber auch konservativ gefärbtem deutsch-nationalem Gedankengut in Berührung. So wurden mir der „Dienst" im Jungvolk und der verbreitete Ehrgeiz, zu höheren Führerrängen aufzusteigen, immer gleichgültiger und lästiger. Schließlich ödete mich das alles nur noch an! Das stupide Exerzieren begann ich zu hassen, bei dem manchmal Führer, die kaum älter waren als die von ihnen Geführten, darin wetteiferten, ihre Pimpfe zu „schleifen" und sinnlos über die Exerzierplätze zu jagen, um sich hierdurch für eine Beförderung zu empfehlen. Noch abstoßender fand ich die häufigen „Aufmärsche", die Hingabe an das Regime bekunden und dazu beitragen sollten, noch Widerstrebende für die nationalsozialistische „Volksgemeinschaft" zu gewinnen. Mich störte an ihnen nicht das Sturm-und-Drang-Getöse der schwarz-weißen Landsknechtstrommeln und der goldblitzenden Fanfaren mit den Sigrunenfähnchen. Mochten doch die Jungen, die daran Spaß hatten, draufhauen und drauflos blasen, um andere hierdurch mitzureißen!

Ganz unerträglich wurde mir aber die Untermalung dieser Heerschauen der „Jugend des Führers" durch „Kampflieder", die wie Glaubensbekenntnisse hinausgeschrien wurden. Es war lächerlich, wenn schon 10- bis 14-Jährige die Hakenkreuzfahne besangen, die sie „in die Ewigkeit führe" und die ihnen „mehr als der Tod bedeute". Chauvinistisch und absurd wurden die „morschen Knochen der Welt" beschworen, „die vor dem großen Krieg zitterten", während sie, die jungen Nationalsozialisten, „den Schrecken gebrochen hätten" und „weitermarschieren würden, bis alles in Scherben fallen werde, denn heute, da höre sie Deutschland und morgen die ganze

Welt". Wie ein Hohn war es, wenn dieselbe Kolonne nach solchen martialischen Tönen das klangvolle Lied „Nur der Freiheit gehört unser Leben" anstimmte. Woher sollten die Jungen aber wissen, was wahre Freiheit bedeutete? Im Dritten Reich gab es von ihr anfangs noch Inseln, doch auch sie wurden zunehmend von der braunen Flut überspült.

Vollends widerten mich die wöchentlichen „Heimabende" an, bei denen ich meinen Pimpfen als Grundlage für den Erwerb des „Leistungsabzeichens des Deutschen Jungvolks" immer von Neuem die verlogenen und liebedienerischen Stereotypen des „Lebens des Führers" und die „Geschichte der NSDAP" einpauken musste. Gerade in solchen Exerzitien wurde mir, fünf Jahre später in sowjetischer Gefangenschaft, die Verwandtschaft zwischen Nazismus und Bolschewismus überdeutlich. Man konnte es jungen Menschen allerdings nicht vorwerfen, dass sie den Parolen der nationalsozialistischen Rattenfänger folgten. In ihrem Alter konnten sich nur wenige ein objektives Urteil über das NS-Regime bilden. So manche ihrer Eltern waren schließlich selbst bekennende Mitglieder der Hitler-Partei. Andere fanden sich aus Gleichgültigkeit oder aus Furcht vor beruflichen Nachteilen kritiklos mit dem Regime ab. Warum sollte aber gerade ich zur Vergötterung Hitlers und seiner braunen Gesellen beitragen? Ich hatte oft vor dem Volksempfänger-Radio auf dem Bauch gelegen und seinen Reden zugehört und war über ihre animalische Brutalität entsetzt.

Ein Schlüsselerlebnis, das dazu beitrug, mir die Reste kindlicher Unbefangenheit gegenüber dem Hitlerismus zu nehmen, war meine Bekanntschaft mit dem „Stürmer". Als ich eines Mittags auf dem Heimweg aus der Schule die ersten Bäume der Lindenallee erreichte, winkte mir aus der Eingangstür einer Arztpraxis plötzlich meine Mutter zu und rief, ich solle einen Augenblick warten, dann könnten wir zusammen nach Hause gehen. Um mir die Zeit zu verkürzen, ging ich zu einem Schaukasten am Rande des nächsten Grundstückes, in dem eine Zeitung aushing. Bis dahin war ich an diesem Aushang achtlos vorbeigegangen. Wer interessiert sich mit 14 Jahren schon für Zeitungen? Als ich einige Zeilen gelesen hatte, glaubte ich, nicht recht zu sehen. Da standen die

widerlichsten Schimpfworte. Nachdem ich den Leitartikel zu
verstand ich, dass diese in ihrer Widerwärtigkeit und Unflä-
tigkeit nicht zu überbietenden Anwürfe sich gegen die Juden
und das Judentum richteten. Es lebten in Schleswig-Holstein
damals nur sehr wenige Juden. Ich kannte aber ein jüdisches
Ehepaar, Herrn und Frau Alexander. Sie waren mit meinen
Eltern befreundet, und ich hatte sie schon kennengelernt, als
wir noch in der kleinen Kreisstadt wohnten. Da sie sich in
keiner Weise von anderen Freunden unserer Familie unterschieden, mussten sie doch denselben Anspruch auf Achtung
ihrer menschlichen Würde haben wie jeder andere Bürger.
Dass man sie ungestraft so ungeheuerlich beleidigen und ver-
leumden durfte, war mir ein Rätsel! Ich zog meine Mutter,
sobald sie wieder auf die Straße trat, fassungslos zu dem Aushang und fragte sie, ob das nicht angezeigt werden müsse.

Sie schob mich an der Schulter in Richtung Heimweg und
sagte: „Die dürfen das. Dies ist die Parteizeitung der Nazis,
ein übles Hetzblatt. Obwohl Vater davon abriet, möchte ich
dir bei dieser Gelegenheit noch sagen, dass Herr Alexander
ohne jeden Grund, nur weil er zur Hälfte jüdischer Abstammung ist, monatelang in einem Konzentrationslager eingesperrt war. Er kam mithilfe seiner Freunde frei. Vater versucht, ihn davor zu bewahren, dass er erneut verhaftet wird.“

Je stärker meine Überzeugung wurde, dass ich zu „ihnen“
nicht passte, umso mehr empfand ich den Dienst als Einschränkung meiner Freiheit. Gewiss, im Jungvolk wurde auch
Sport getrieben. Ich war darauf aber nicht angewiesen, denn
wir hatten in der Schule fast an jedem Wochentag Sport. Im
Übrigen verbrachte ich in den Sommermonaten jede freie
Stunde auf dem Tennisplatz, denn ich war, nachdem ich schon
seit meinem sechsten Lebensjahr für meine Mutter Bälle ge-
sammelt hatte, mit zwölf Jahren ein begeisterter Tennisspie-
ler geworden.

So fasste ich eines Tages den Entschluss, meine Führer-
laufbahn im Jungvolk zu beenden. Mein Fähnleinführer war
empört, als ich ihm sagte, dass er sich einen neuen Jungzug-
führer suchen müsse, weil ich bei einem anderen Fähnlein
den frei gewordenen Posten des Geldverwalters übernehmen

wolle. Er meinte, das würde ich sicher bald bereuen, sah aber
keine Möglichkeit, mich zurückzuhalten. Meine neue Situati-
on gefiel mir. Ich war vom Dienst befreit und hatte die Aufgaben, die Beiträge der Pimpfe einzusammeln, über die Einnah-
men und Ausgaben des Fähnleins Buch zu führen und einer
höherrangigen Stelle meine Abrechnung vorzulegen. Wenn das
Fähnlein früh am Sonntagmorgen auf dem benachbarten
„Adolf-Hitler-Platz" antrat, um zu exerzieren oder ins Gelände auszurücken, schaute ich hinter der Gardine meines Zim-
mers zu. Im Sommer machte ich mich, sobald Trommeln und
Marschtritt verhallt waren, frohgestimmt auf zum Tennisplatz,
der nur knapp fünfhundert Meter von unserem Hause entfernt
am Rande des Stadtparks lag.

Nein, ich bildete mir nicht ein, als Schuljunge den Braunen
Widerstand leisten zu können! Ich hatte sie „nur" satt! Wenn
die Pimpfe mir nicht ihre Beiträge ablieferten, musste ich die
elterlichen Wohnungen aufsuchen, um dort zu kassieren. An
mancher Tür wurde ich übel empfangen. Gelegentlich, vor
allem in den Arbeitervierteln, wurde sie mir, sobald ich mein
Anliegen vorbrachte, sogar vor der Nase wieder zugeschla-
gen. Deshalb verabschiedete ich mich bald von meinem neu-
en Fähnleinführer unter dem Vorwand, in die Hitlerjugend
eintreten zu wollen, tat das aber nicht!

Nicht lange nach mir folgten auch meine engeren Freunde
ihrem Freiheitsdrang. Wäre ich doch hierbei ebenso klug gewesen wie sie! Uwe und Volker setzten sich zur Motor- beziehungsweise Reiter-Hitlerjugend ab. Weil es dort lässig zuging,
konnten sie es sich leisten, nur zum Dienst zu gehen, wenn es
ihnen passte, und dann hatten sie sogar Spaß am Motorrad-
fahren und am Reiten. Horst hatte sich schon als Schuljunge
der Medizin verschrieben. Er verarztete daher in einem Sani-
tätszelt Platzwunden – Resultate von Geländespielen und
Boxveranstaltungen. Jochen, der spätere Pharmazeut, der
zunächst mit Horst zusammengearbeitet hatte, verschaffte
sich das bei Weitem beste Alibi: Er gab in der Deutschen Ar-
beitsfront, der als Ersatz für die aufgelösten Gewerkschaften
gebildeten, relativ unpolitischen Organisation, Unterricht in
Stenografie. Dass ich über solche Alibis nicht verfügte, mach-

te sich vor allem bei den nationalen Gedenkfeiern, wie zum Beispiel am 31. Januar („Tag der Machtübernahme"), am 20. April (Geburtstag des Führers) und am 9. November („Tag der Bewegung": Hitlers 1923 gescheiterter Putsch in München) unangenehm bemerkbar. Es war Pflicht, an solchen Tagen in Uniform zu erscheinen. In meiner alten, von meiner Mutter mehrfach erweiterten Jungvolkuniform ohne Rangabzeichen drohte ich schließlich aus allen Nähten zu platzen. Die Ärmel der Bluse endeten oberhalb des Handgelenks und die Hosenbeine irgendwo am unteren Schienbein. Die Feiern begannen mit der Hissung der Hakenkreuzfahne vor der Front der vollzählig angetretenen Schüler. Es folgte die hochgestimmte Festrede des Direktors, umrahmt von Gedichten, in denen dem Führer Adolf Hitler emphatisch ewige Treue geschworen wurde. Mich traf es immer wie ein Hieb auf den Kopf, wenn zum Abschluss, nach der melodischen, getragenen Weise des Deutschland-Liedes, die Hymne der Partei, das „Horst-Wessel-Lied", mit seinem chauvinistischen Text und hämmerndem Rhythmus gesungen wurde. Außerdem schmerzte mein vorschriftsmäßig zum Hitlergruß emporgereckter rechter Arm immer ärger.

All dies ging mir durch den Kopf, als ich abends über den Adolf-Hitler-Platz zur Jugendmusterung in die Mittelschule trottete. Wie herrlich war es doch gewesen, zwei Jahre lang volle Freiheit zu genießen! Nun würde ich wohl dafür büßen müssen, dass ich trotz der Warnungen meiner Freunde nicht rechtzeitig in Deckung gegangen war. Etwas verspätet trat ich mit hochgeschlagenem Mantelkragen aus dem Regen in das Portal der Mittelschule. Ein braun Uniformierter ließ sich meine Vorladung zeigen und wies wortlos auf die Tür zu einem Klassenzimmer. Auf der Schwelle blieb ich beklommen stehen. Alle Bänke waren besetzt durch junge Leute in mehr oder weniger abgetragener Zivilkleidung oder in Arbeitskluft. Auf dem Lehrerpodium saß der Bannführer, ein großer, sehniger Mann, etwa Mitte Zwanzig, mit streichholzkurz geschnittenen blonden Haaren und kantigem, schmalem Gesicht. Ich kannte ihn vom Sehen. Er hatte seinerzeit auf meiner Schule das Abitur gemacht und im Frankreichfeldzug ein Bein verloren. Seine Schwester, einige Jahre älter als ich, eine sympathische junge Frau, war Mitglied in meinem Tennisverein.

Als der Bannführer mich sah, brach er mitten im Satz ab und wandte sich ganz mir zu. „Auf dich haben wir gewartet", rief er, „und jetzt werden wir mit dir abrechnen!"

Ich drängte mich eilig in eine der letzten Bänke, um möglichst weit aus seinem Gesichtsfeld zu kommen. Doch der Bannführer behielt mich im Visier. Gnadenlos schoss er seine Salven ab: „Diese anderen hier sind junge Arbeiter und Lehrlinge. Ihnen mag vielleicht die Einsicht dafür fehlen, welche Pflichten sie gegenüber Führer und Vaterland in dieser großen Zeit haben. Du bist aber Schüler unseres Gymnasiums und wusstest es nur zu gut!" Er steigerte sich zu ungehemmter Wut: „Du Schandfleck unserer Schule, die so viele zackige Jungvolk- und HJ-Führer hervorgebracht hat, du elender Drückeberger, der sich der Gemeinschaft unseres Volkes entzogen hat! Du wolltest uns mit Frechheit und Überheblichkeit vorführen, dass du auf uns pfeifst. Gut, jetzt werden wir dir zeigen, wie man mit solchen Schädlingen verfährt. Wir werden dich fertigmachen!" Und dann, leiser werdend, aber eindringlich und drohend: „Glaube nicht, dass es mit der Lehre, die wir dir beim Dienst in der ‚Staatsjugend' erteilen wollen, sein Bewenden haben wird. Wir werden dich auch danach nie aus den Augen verlieren. Du wirst es erfahren: Unser Arm ist lang und mächtig und unser Auge scharf!"

Ich ließ dies alles stumm über mich ergehen. Was hätte ich auch antworten sollen? Unbestreitbar hatte ich gegen den gesetzlich verordneten Zwang zum Mitmachen verstoßen und mich damit ins Abseits manövriert. Jetzt musste ich die Folgen tragen!

Bedrückt machte ich mich auf den Heimweg, fand aber unterwegs Erleichterung, als ich mich daran erinnerte, dass der Bannführer mich nicht nach dem Grund meines „Abtauchens" befragt hatte. Hierauf hätte ich entweder lügen oder eingestehen müssen, dass mir das nazistische Unwesen zuwider war. Diese Wahrheit auszusprechen hätte aber schwer absehbare, auf jeden Fall fatale Folgen gehabt.

Der Bannführer hatte nicht übertrieben. Alles was recht war – mehr konnte man in den wenigen Monaten nicht tun, um uns „fertigzumachen". Schon am Abend nach der Musterung traten wir, knapp hundert Mann stark, zum ersten Mal auf dem Hof der Mittelschule an. HJ-Führer, die zu der bald in der Stadt nur noch als „Straf-HJ" bezeichneten „Staatsjugend" abkommandiert worden waren, führten uns in Richtung Norden. Werden sie jetzt in Sichtweite meines Elternhauses auf dem Adolf-Hitler-Platz mit uns „Flachrennen" veranstalten? Skeptisch musterte ich den Kameradschaftsführer, der rechts von mir neben unserer Kolonne marschierte. Ein breitschultriger, kraftvoller Typ, das Gesicht voller Windpockennarben. Nein! Wir zogen durch den Stadtpark weit hinaus in ein militärisches Übungsgelände, wo uns niemand zusehen konnte. Dort erwarteten uns ein Feldwebel und ein Unteroffizier, die sich in der Genesenden-Kompanie von ihren Verwundungen erholten. Im Zivilberuf waren sie Funktionäre der Hitlerjugend.

„Jetzt werdet ihr die vormilitärische Ausbildung der HJ, vor der ihr euch gedrückt habt, nachgeliefert bekommen", eröffneten sie uns.

Das stellte sich als Unverfrorenheit heraus: Was sie uns zweimal wöchentlich unter dem Decknamen „Ausbildung" verpassten, war nichts anderes als eine zynische und sinnlose Schinderei. Meistens scheuchten sie uns mit Gebrüll über das unebene Gelände. Auf dem ganzen, weiten Gelände gab es keinen Wassergraben, keine Schlammpfütze, in denen wir nicht herumgekrochen, an seinem Rande keinen Stacheldraht, mit dem wir nicht in Berührung gekommen wären.

Für den Sonntag hatte sich die HJ für ihre Sträflinge ein Programm ausgedacht, das ihr ebenso erziehungswirksam wie kriegswichtig erschien. Frühmorgens marschierten wir, flankiert von den uniformierten Führern, von Nord nach Süd durch die Hauptstraßen und über den Großflecken quer durch die Stadt, ein „Sauhaufen", der das sonntägliche Stadtbild beeinträchtigte: Manche Mitglieder der Kolonne waren bekleidet mit Uniformhose und ziviler Jacke, andere mit Uniformbluse und ziviler Hose, wieder andere trugen „Räuberzivil". Alle aber hatten Spaten, Spitzhacken, Schaufeln oder Harken auf den Schultern. Die Bürger, an denen wir vorbeizogen, zumeist frühe Kirchgänger, staunten nicht schlecht, als sie sahen, dass junge Leute zur Zwangsarbeit geführt wurden. Wir sollten vor aller Augen an den Pranger gestellt werden. Doch die Rechnung ging nicht auf. Die Menschen wandten sich mit ratlosen Gesichtern, manche auch kopfschüttelnd, ab. Uns blieb immerhin die Genugtuung, dass wir im vierten Kriegsjahr etwas Nützliches für die Volksernährung vollbrachten, denn wir verwandelten Industriebrachen am südlichen Stadtrand in Gartenland. Manche, uns begleitende HJ-Führer hielten sich abseits. Der pockennarbige Herbert Rohwedder, der als Kameradschaftsführer einen unteren Rang in der HJ-Hierarchie bekleidete, ließ sogar erkennen, dass er seine Aufseherrolle als beschämend empfand.

Er hatte mir schon eines Abends, als wir verdreckt aus dem Gelände zurückkamen, zugeflüstert: „Es ist eine Schande, wie diese Schweine euch zurichten!"

Einige Wochen später hatte er sich mit mir und einer Reihe von Leidensgefährten zu einem Glas Bier in einer verräucherten Kneipe der Innenstadt verabredet. Dort trafen wir uns regelmäßig am Mittwochabend nach dem „Dienst". Das Zusammensein mit den anderen Leidensgefährten, zu erfahren, wie sie lebten und dachten, eröffnete mir den Zugang zur Arbeitswelt. Sie waren, ebenso wie Herbert Rohwedder, Jungarbeiter in den Tuch- und Lederfabriken der Stadt oder Handwerkslehrlinge und mir an Lebenserfahrung weit überlegen. Im Gespräch mit ihnen erfuhr ich, wie es in den Fabriken und Werkstätten zugeht, was es bedeutet, wenn man zu Hause bestenfalls umsonst Essen bekommt und eine Schlafstelle findet, sich im Übrigen aber allein durchschlagen muss. Die unter uns entstehende Gemeinschaft half, die Schikanen „wegzustecken", mit denen wir dem Regime gefügig gemacht werden sollten.

Herbert mahnte uns immer wieder: „Lasst euch bloß nicht kleinkriegen! Eines Tages wird kein Hahn mehr danach krähen, dass ihr einmal die Sträflinge der HJ wart!" Das war riskant, denn diese Voraussage konnte sich nur dann bestätigen, wenn der Krieg verloren ging. Ich war traurig, als ich ein Jahr später erfuhr, dass er in Russland bei Kursk gefallen war!

Drei Monate vor der Abiturprüfung wurde ich, wie das Gesetz es vorsah, vom „Dienst" in der Staatsjugend befreit.

Die demütigende Behandlung in der Straf-HJ und die Beschimpfungen durch den Bannführer hatte ich hinuntergeschluckt. Seine Drohung, „dass man mich auch im späteren Leben immer im Auge behalten werde", blieb mir jedoch bis zum Zusammenbruch des menschenverachtenden Nazi-Regimes immer gegenwärtig.

Was ich in der Staatsjugend erlebt und erlitten hatte, bestärkte mich in der durch Jahre gewachsenen Überzeugung, dass nur Freiheit im Denken und Handeln das Leben lebenswert mache! Mir war auch bewusst geworden, dass mir diese Überzeugung unter einem fortbestehenden Gewaltregime Hitlers weitere Leiden eintragen werde. Zugleich reifte aber meine Entschlossenheit, trotz aller Bedrohungen und Anfechtungen immer die Freiheit fest im Blick zu behalten!

Wenige Wochen vor der „Reichsjugendmusterung" hatte ich in Hannover an einer dreitägigen Aufnahmeprüfung für die Laufbahn des Berufsoffiziers des Heeres teilgenommen. Selbstverständlich hatten alle Bewerber sie bestanden, denn die Wehrmacht hatte bereits Hekatomben von Opfern bringen müssen. Hiermit war ich den Vorstellungen des „Familienrates" gefolgt, der sich zu meinem 17. Geburtstag zusammengefunden hatte. Vater, Großvater und Onkel hatten befunden, dass ich nach Begabung und Veranlagung „eigentlich" Rechtswissenschaften oder Geschichte studieren müsse. Man könne aber weder das eine noch das andere studieren, solange das NS-Regime Recht und Gesetz unter den Vorbehalt des „gesunden Volksempfindens" stelle, und die Geschichtswissenschaft im Sinne von Alfred Rosenbergs „Mythos des 20. Jahrhunderts" verfälsche. Deshalb müsse ich die Entscheidung, was ich studieren wolle, vertagen, bis der braune Spuk vorbei sei. Da ich ohnehin an die Front geschickt werden würde, sollte ich mich zunächst für den Offiziersberuf bewerben.

„Wenn du aktiver Offizier wirst", hatten sie mir eingeschärft, brauchst du keiner NS-Organisation beizutreten und wirst wegen der gründlicheren Ausbildung die besseren Überlebenschancen haben."

Mein Vater war noch weitergegangen: „Im Interesse der Zukunft Deutschlands kann es eines Tages zu einer bewaffneten Auseinandersetzung zwischen Wehrmacht und Waffen-SS kommen. Dann werden vor allem die Offiziere des Heeres gefordert sein!"

In der Tat schien das Schicksal meines Vaters, der einer einstmals von Sylt auf das Festland gewanderten schleswig-holsteinischen Familie entstammte, zu beweisen, dass aktive Offiziere sogar noch während des Krieges ihre persönliche Unabhängigkeit gegenüber der Partei und ihren Bonzen bewahren konnten. Er hatte im Ersten Weltkrieg als Offizier einige Jahre in Flandern gekämpft. Nach dem Krieg und dem Studium der Rechts- und Staatswissenschaften hatte er sich als ein leitender Angehöriger des Bundes der Frontsoldaten in Holstein und als Organisator des „Jungstahlhelms" während der bürgerkriegsähnlichen Jahre vor Hitlers „Machtergreifung" abwechselnd mit der SA und dem kommunistischen „Rot-Front-Kämpferbund" herumgeschlagen. Beruflich war er bei der Provinz-Bank tätig gewesen. Als der „Stahlhelm", die militante Gliederung der konservativen Deutsch-Nationalen Volkspartei, zwei Jahre nach dem unglückseligen Zustandekommen der schwarz-weiß-roten „Harzburger Front" in die SA überführt wurde, hatte er abseits gestanden. Durch seine politische Aktivität hatte er sich bei den Ortsgrößen der NS-Partei, vor allem aber bei ihrem Kreisleiter, mit dem er in den flandrischen Schützengräben enge Freundschaft geschlossen hatte, verhasst gemacht. Daher musste er nach Hitlers Machtübernahme, mithilfe des Vorstandes seiner Bank, als Filialleiter in eine kleine Kreisstadt entweichen. Als er später beim Aufbau der Wehrmacht als Offizier des Heeres reaktiviert wurde, konnte er jedoch in die Stadt, die er vor einigen Jahren verlassen musste, problemlos zurückkehren!

Ich war erleichtert und sehr froh darüber, dass ich in meiner Schule durch den Bannfluch des Bannführers nicht ins Abseits geriet! Nicht nur meine gleichgesinnten Freunde, sondern sogar die zu hohen Rängen aufgestiegenen und mit den entsprechenden Schnüren in weiß-grüner oder gar reinweißer Farbe bedachten Jungvolkführer bewiesen mir in meinem Ungemach ihre Solidarität. Sie waren, wie wir alle, unter dem Einfluss des Krieges reifer und nachdenklicher geworden. Schon im Herbst 1942 wurden die achtzehnjährigen Schu-

ler, die in meiner Klasse in der Mehrheit waren, zum Arbeits-
und anschließenden Militärdienst eingezogen. Sie mussten die
Schule mit einem Reifevermerk verlassen. Wir Jüngeren blieben zu siebt zurück und nutzten die bis zum Abitur verbleibenden Monate weniger zur Vorbereitung als zu fröhlichem
Zusammensein, um das letzte Stück der Jugendzeit gemeinsam zu genießen. Fast alle uns verbliebenen Lehrer, sämtlich
ältere und durch den Ersten Weltkrieg geprägte Semester,
vermieden es, im Unterricht auf „weltanschauliche" Fragen
einzugehen. Nachdem „Sternmüller" längst unseren Blicken
entschwunden war, hatte ein älterer Oberstudienrat, der seine dem Nazismus gegenüber skeptische Einstellung nicht
verleugnete, die Leitung der Schule übernommen. Ungewöhn-
lichen Mut bewies unser Chemielehrer, ein Original, der einen umwerfend trockenen Humor besaß. Er erzählte im Unterricht die gewagtesten Witze über Göring, Goebbels und
andere Nazigrößen. Im Sommer unterrichtete er im Hemd
mit kurzen Ärmeln. Aus einem von ihnen schaute der blauro-
te Stumpf des Armes hervor, den er 1916 am Chemin des Da-
mes eingebüßt hatte.

Eines Tages deutete er auf den Stumpf und sagte warnend:
„Ihr wollt ja Helden werden! Seht her, dies ist das Einzige,
was Heldentum einbringen kann, und dabei bin ich nicht einmal ein Held gewesen!"

„Defätismus" dieser Art wurde im Krieg drakonisch bestraft. Doch das blinde Vertrauen, das der Lehrer uns schenkte, ist nie enttäuscht worden. Obwohl ich genügend Zeit für
die Vorbereitung hatte, brachte ich wegen einer „Fünf" in
Mathematik nur ein durchschnittliches Abitur zustande. Dennoch bewahre ich in dem wichtigsten Punkte eine freundliche Erinnerung an die Schule: Das nationalsozialistische Regime war von Jahr zu Jahr totalitärer geworden, der auf unserer Schule herrschende Geist dagegen liberaler.

Reichsarbeitsdienst

Schon zwei Tage nach dem Abitur und einen Tag nach meinem achtzehnten Geburtstag war die Freiheit wieder dahin. Zur Ableistung eines dreimonatigen Reichsarbeitsdienstes (RAD) wurde ich in einen Ort einberufen, der in grüner Einöde an der deutsch-dänischen Grenze schlummerte. Ich hatte gedacht, dass mich dort nützliche Gemeinschaftsarbeit erwarten würde, wenn auch begleitet von zielstrebiger nationalsozialistischer Indoktrinierung und einer Prise vormilitärischen Drills. Als Ausdruck der vorgeblich sozialrevolutionären Komponente der nazistischen Ideologie hatte der RAD doch die Aufgabe, die deutsche Jugend zur „Volksgemeinschaft" und zu gebührender Hochachtung gegenüber den „Arbeitern der Faust" zu erziehen. In Leck geschah jedoch weder das eine noch das andere.

Unser Arbeitseinsatz beschränkte sich auf drei Vormittage in der Woche. Wir hatten die Aufgabe, im Gelände des Militärflugplatzes großräumige Vertiefungen aufzufüllen, um so die Verlängerung von Landebahnen zu ermöglichen. Hierfür mussten zunächst Gleise für eine Feldbahn verlegt werden. Die Städter, denen in den letzten Jahren der Brotkorb höher gehängt worden war, brachen unter dem Gewicht der Schienen fast zusammen. Dennoch gaben alle ihr Bestes. Wir wunderten uns aber, dass der Arbeitseinsatz auf so wenige Stunden beschränkt war. Für wichtiger hielt der RAD die Unterweisung in Arbeitstechnik. Diese stellte sich aber als „Lachnummer" heraus. Unser „Trupp", bestehend aus fünfzehn „Arbeitsmännern", hatte sich im Kreise aufzustellen. Wenn der Truppführer „Schub" schrie, schoben wir befehlsgemäß unsere Schaufeln in die lose Erde. Man sollte denken, dass hierbei selbst der Dümmste nichts falsch machen konnte. Doch weit gefehlt! Es kam nämlich darauf an, den Schaufelboden in der genauen Waagerechten in die Erde zu bringen. Um dies zu kontrollieren, vermaß ein RAD-„Vormann" den Winkel zwischen den Enden unserer Schaufelstiele und der Erdoberfläche. Aus seinen Ergebnissen leitete der Truppführer ab,

Drei Freunde, verschworen gegen die Unbill des Reichsarbeitsdienstes (RAD) im RAD-Arbeitsanzug. Im März/Juni 1943 auf dem Gelände des nahe bei Leck gelegenen Flugplatzes.

ob wir dem an uns gestellten Anspruch zu „waagerechtem Schub" gerecht geworden seien oder weiterer Übung bedurften. Auch das nächste Kommando, „Hub", schien wenig verfänglich. Jedoch wurde uns erneut eingetrichtert, wie nötig wir es hatten, mit den Regeln der Arbeitstechnik vertraut gemacht zu werden. Das abschließende Kommando „Wurf" enthielt eine weitere unerwartete Herausforderung. Der Sand musste nämlich so exakt in die Mitte des Kreises befördert werden, dass sich dort ein makellos kegelförmiger Haufen bildete. Obwohl diese Übungen sich in größter Gründlichkeit vollzogen und mangelhafte Leistungen sofort durch Liegestütze, Kniebeugen oder durch Hüpfen mit quer vor den Körper gehaltener Schaufel geahndet wurden, erwarben wir aus der Sicht des Truppführers nie die volle Meisterschaft.

Das arbeitstechnische Training war zwar der reine Stumpfsinn, bot jedoch im Vergleich zu unserem Nachmittagspensum angenehme Erholung. Dann wurden wir nämlich dem schneidigen, rothaarigen Oberfeldmeister Brake zur „vormilitärischen Ausbildung" überantwortet. Er hatte sich dem Ziel verschrieben, unsere zweihundertköpfige Abteilung in einen vierhundertfüßigen Organismus zu verwandeln, der unter seinem Kommando formbar werden sollte wie Wachs. Zu diesem Zweck stellte er die Abteilung auf dem Exerzierplatz in Linie zu einem Gliede auf. Zum „Anwärmen" ließ er diese lange Front im Schritttempo abwechselnd nach links und rechts um ihre Achse schwenken, wobei sie ihre schnurgerade Ausrichtung strikt beibehalten musste. Doch dann wurde es ernst! Er befahl, diese weit ausholenden Schwenkungen im Laufschritt fortzusetzen! Nun kreiste ein aus Arbeitsmännern bestehender, riesiger Propeller in raschem Tempo abwechselnd nach links und nach rechts um seine eigene Achse. Währenddessen stand Brake in messerscharf gebügelten Breecheshosen, auf Hochglanz gewienerten Reitstiefeln und mit der als „Arsch mit Griff" bezeichneten, silberbetressten Schirmmütze im Zentrum des Kreises und wiegte sich wohlgefällig in den Hüften. Wenn aber die schnurgerade Ausrichtung unserer Front während ihres Kreisens litt, ging es sofort „rund"!

Nachdem wir ungezählte Drehungen des „Propellers" vollführt hatten, ging der „Rotfuchs" zum „Griffe kloppen" über.

„Abteilung! Spat'n überr!" – „Achtung! Spat'n fasst an!" – „Spat'n überr!" – „Spat'n ab!"

Je mehr wir keuchten, umso erfreuter schaute er drein. Wenn jedoch ein einziger Mann „nachklappte", robbten wir in Reih und Glied im Staub über den Platz.

Noch verhasster als die tägliche Quälerei auf dem Exerzierplatz war mir die zweimal in der Woche stattfindende abendliche Putz- und Flickstunde. Dann mussten die Spaten mit Schmirgelpapier auf Hochglanz gebracht, die Stiefel, Schnürschuhe und Koppel mit Schuhcreme gewienert, die Socken, die schon so manchem Vorbesitzer zu warmen Füßen verholfen hatten, wieder einmal gestopft, die fadenscheinigen Drillichanzüge gewaschen und sämtliche Nähte der kackbraunen Ausgangsuniformen gründlich ausgebürstet werden.

Wenn der RAD uns in Leck weder das Ethos der „Arbeit der Faust" näherbrachte, noch die Wehrmacht durch unsere „vormilitärische Ausbildung" unterstützte, so entfaltete er erst recht keine ideologische Werbewirkung für die nationalsozialistische „Volksgemeinschaft". In der „Aufbruchstimmung" der Jahre nach Hitlers Machtergreifung hatten weite Teile der deutschen Jugend sich zu begeisterter Hingabe an die völkischen Ideale bereitgefunden. Davon hatte auch der RAD profitiert, da er damals der Jugend noch das Erlebnis sinnvoller, gemeinnütziger Arbeit vermittelt hatte. Dem sinnentleerten RAD, den wir kennenlernten, konnten selbst engagierte Hitlerjugend- und Jungvolkführer nichts abgewinnen.

Unsere RAD-Führer waren nach meinem Eindruck zum größten Teil halbgebildete und träge Menschen mit ruppigem Gehabe, die mangels anderer beruflicher Chancen beim RAD Unterschlupf gefunden hatten. Sie behandelten uns mit Überheblichkeit und zeigten sich am Entstehen eines Vertrauensverhältnisses desinteressiert. Während wir, was im dritten Kriegsjahr nicht überraschen konnte, im Wesentlichen mit Kartoffeln, Schwarzbrot, Graupensuppe, Marmelade und Kunsthonig abgespeist wurden, lebten sie in ihrer, mit eigener Küche ausgestatteten Führerbaracke, nicht viel schlechter als in Friedenszeiten.

Es lag nahe, dass Menschen dieser Art sich hierbei als Zielobjekte ihrer „Machtentfaltung" mit Vorliebe die wenig zahlreich vertretenen Oberschüler auswählten. Wenn sich ihnen Gelegenheit bot, uns die knappe Freizeit zu vermiesen, hieß es sogleich: „Aburenten rechts raus!" Oft wurden wir dann zum Kartoffelschälen, zum Schrubben des Essraumes oder zum besonders beliebten „Entsorgen" der Latrine abkommandiert.

Da eine höhere Schulbildung die RAD-Führer zu diskriminierender Behandlung herausforderte, fühlten die unter uns reichlich vertretenen, unerfreulichen Zeitgenossen sich ermutigt, ihrem Beispiel zu folgen. In unserer „Stube", einem primitiv „möblierten" Barackenraum von kaum sechzig Quadratmetern, hausten fünfzehn Arbeitsmänner. Drei von ihnen, außer mir die Freunde Erich aus Lübeck und Walter aus meiner Geburtsstadt Heide, waren Oberschüler. Obwohl wir allen kameradschaftlich begegneten, wurden wir zu Zielscheiben rüder Pöbeleien und Rempeleien der von einigen üblen Typen angeführten Stubengenossen. Um uns das Leben zu verbittern, genügte es ihnen, dass wir keine Zoten rissen, uns so ausdrückten, wie es unter zivilisierten Menschen üblich ist und mit anderen entsprechend umgingen.

Eines Nachts weckte mich ein kalter Wasserstrahl. Unsere „Kameraden" hatten ein Astloch in der Barackenwand neben meinem Bett vergrößert und von außen einen Wasserschlauch hindurchgesteckt, mit dem sie mich und meinen Strohsack einweichten. Bald darauf traf es Erich. Ihm wurde gegen Mitternacht der „Heilige Geist" verpasst. Das war eine besonders ruhmreiche Errungenschaft der Nazi-Jugendorganisationen. Wer sich während gemeinsamer Fahrten oder in Zeltlagern nach Ansicht der Mehrheit in irgendeiner Weise nicht konform verhielt, wurde nachts überfallen, sein Hinterteil mit Schuhcreme eingeschmiert und, wenn er sich besonders unbeliebt gemacht hatte, mit dem Schulterriemen versohlt. Dieser üble Ritus war umso heimtückischer, als die Täter in der Regel anonym blieben. Von der uns unerwartet entgegenschlagenden Feindschaft überrascht, hatten wir uns nicht sogleich zu entschlossener Abwehr zusammengetan. Wir hatten erst Ruhe, als wir bei dem nächsten Überfall gemeinsam mit unseren Koppeln rücksichtslos auf die Angreifer einschlugen. Doch blieb das Klima vergiftet. Wir, die drei „Verbündeten", wurden erst wieder unseres Lebens froh, als wir die letzten Tage des verhassten Dienstes zählen konnten. Überglücklich bestiegen wir den Zug nach Süden, mit dem wir in eine, leider zu kurze, Freiheit fuhren.

„Lass dich nicht totschießen!"

Es dauerte immerhin sechs Wochen bis zu meinem Dienstantritt bei der Offiziernachwuchskompanie des Grenadierregiments 16 in Oldenburg/Oldenburg. Ich genoss es, wieder zu Hause zu sein und von Mutter und Schwester verwöhnt zu werden! Die Nahrungsmittelrationen waren zwar inzwischen auf das lebensnotwendige Minimum herabgesetzt worden. Was aber Mutter daraus zauberte, schmeckte mir nach dem Fraß der vergangenen Monate ebenso gut wie ihre leckeren Vorkriegsgerichte! Ich nutzte diese, sicher auf unabsehbare Zeit letzte Gelegenheit, um Tennis zu spielen, und traf mich oft mit Ulla, meiner reizenden Freundin, die gerade begann, sich auf das Abitur vorzubereiten. Mutter ermunterte meine Schwester und mich, unsere Freundinnen und Freunde einzuladen.

„Nutzt diese Wochen", sagte sie, „wer weiß, was euch noch bevorsteht! Irgendwie werde ich schon genügend Ess- und Trinkbares herbeischaffen."

Und sie war glücklich, wenn es in unserem Hause bei Musik und Tanz hoch herging. Jeder dieser Tage war kostbar.

Endlich hatte ich jetzt auch Gelegenheit, meine schlesischen Großeltern, die ich sehr liebte, wiederzusehen! Nach der Pensionierung des Großvaters hatten sie sich, um uns nahe zu sein, in Lübeck niedergelassen. Dort ereilte sie am Palmsonntag 1942 der verheerende britische Luftangriff, bei dem die Royal Air Force zum ersten Mal die Taktik des Flächenbombardements anwandte. Dies wurde für mich, noch während der Schulzeit, zum ersten, erschütternden Kriegserlebnis. Die Telefonverbindung mit Lübeck war unterbrochen. Da mein Vater im Feld und meine Mutter erkrankt war, machte ich mich sofort auf den Weg zu den Großeltern. Wegen zerstörter Gleise blieb der Zug einige Kilometer vor der Stadt stehen. Auf einer Anhöhe stehend, bot sich mir ein Schreckensszenario: Lübeck brannte und war weithin in schwarze Rauchwolken gehüllt! Im Eiltempo erreichte ich den Stadtrand. Die schwer getroffene Innenstadt umgehend, ließ ich schwelende

Meine Mutter im Frühjahr 1943 auf dem in Adolf-Hitler-Platz umbenannten Jugendspielplatz. Rechts von ihr im Hintergrund „unser" Haus.

Trümmerhaufen hinter mir und gelangte in die weniger betroffene Sankt Jürgen-Vorstadt. Ich war glücklich, die Großeltern unversehrt umarmen zu können.

Lange ließ mich die Trauer über den Tod vieler Hunderter Lübecker und die Zerstörung der geliebten alten Stadt nicht los, bis der Untergang unserer Städte im alliierten Bomben

hagel und der Tod Hunderttausender Menschen schließlich
zu einer, sich in kurzen Abständen wiederkehrenden Tragödie wurde. Wegen der Vernichtung eines großen Teiles des
Wohnraumes forderte die Lübecker Stadtverwaltung Rent-
ner und Pensionäre auf, unversehrt gebliebene Wohnungen
für die vielen Bombengeschädigten frei zu machen, die in den
kriegswichtigen Betrieben Lübecks beschäftigt waren und sich
außerhalb der Stadt neue Unterkünfte zu suchen. Obwohl
die Großeltern die letzten dreißig Jahre ihres Lebens in Norddeutschland verbracht hatten, kehrten sie daraufhin mit Sack
und Pack in ihre schlesische Heimat zurück.

Großvater war, nachdem er auf dem Breslauer Traditions-
gymnasium, dem „Zwinger", das Abitur gemacht und als „Ein-
jährig-Freiwilliger" gedient hatte, auf den Spuren seines Vaters Zollbeamter und, wie es sich damals gehörte, Reserveoffizier geworden. Dass ihm eine kluge, hübsche und überaus
liebenswerte Breslauer Bürgerstochter ihr Jawort gab, begründete für beide ein lebenslanges Glück.

Zwei Jahre vor dem Ersten Weltkrieg wurde er nach Kiel
versetzt. Hier bekam die Familie die Gegensätze zu spüren,
die damals zwischen zugewanderten Preußen und den sich
immer noch als „Musspreußen" fühlenden Schleswig-Holstei-
nern bestanden. Trotzdem hatte sie in Kiel schon feste Wurzeln geschlagen, als der Großvater 1914 als Hauptmann ins
Feld rückte.

Vier Jahre später war er, wie so viele seiner Art, überzeugt,
dass die deutsche Armee im Felde nicht besiegt und nur durch
die Revolution von 1918 zur Aufgabe gezwungen worden sei.
Mein Vater dachte ähnlich. Ich fand diese „Dolchstoßlegende" in „vaterländisch" orientierten Büchern und Broschüren
wieder. Als ich mich im letzten Schuljahr ernsthaft mit der
neueren deutschen Geschichte beschäftigte, wurde mir klar,
dass das Kaiserreich spätestens im Sommer 1918 militärisch
und wirtschaftlich am Ende seiner Kräfte angelangt war. Zur
Unterwerfung unter die Bedingungen des Waffenstillstandes,
wie auch unter die des Versailler Vertrages, hatte es keine
Alternative gegeben. Seit dieser Erkenntnis fand ich es schwer
verständlich und enttäuschend, dass so viele Menschen der
Kriegsgeneration, einschließlich meiner engsten Angehörigen,

sich weigerten, diese unbestreitbaren Tatsachen zur Kenntnis zu nehmen, sondern sozialrevolutionären Elementen der Heimat die Schuld an der Niederlage zuschoben. Das war umso weniger begreiflich, als dieselben deutsch-national gesinnten Männer den Nationalsozialismus Adolf Hitlers, der doch diese „Dolchstoßlegende" mit verheerendem Erfolg für seinen Aufstieg instrumentalisiert hatte, zutiefst ablehnten und sich nicht vor seinen Karren spannen ließen! Die blinde Verehrung der Hohenzollern, die Eltern und Großeltern miteinander teilten, und ihr verkrampfter Nationalismus, die sie veranlasst hatten, der Weimarer Republik die kalte Schulter zu zeigen, schien mir überspannt und verhängnisvoll. Ich konnte sie nicht davon freisprechen, sich durch ihr Verhalten am Untergang unseres demokratischen Staates mitschuldig gemacht zu haben!

Ich erinnere mich allerdings an ein Erlebnis, das mir als 14-jährigem Jungen vor der unerschütterlichen Prinzipientreue der „Alten" Respekt eingeflößt hatte. Es muss kurz vor Ausbruch des Krieges gewesen sein, als Großvater in meiner Anwesenheit den NS-„Blockwart", einen Parteifunktionär sehr bescheidenen Ranges, in seinem Arbeitszimmer empfing. Während er sich in die Spendenliste des Winterhilfswerkes eintrug, betrachtete der Blockwart mit gerunzelter Stirn das große, vor dem Schreibtisch hängende Bild Wilhelms II. Er wunderte sich laut über solchen Wandschmuck und verkündete: „Das gehört doch nun endlich durch ein Bild des Führers ersetzt!"

Großvater blitzte ihn durch seinen randlosen Zwicker an und erwiderte in militärischer Kürze: „Mein oberster Kriegsherr ist nicht austauschbar!"

Bis ins Pubertätsalter hinein war Großvater für mich nicht nur richtungsweisende Autorität. Er war auch mein bester Freund. Da zwischen uns zwei Generationen lagen, und es mir an gleichaltrigen Freunden nicht fehlte, war das gewiss ungewöhnlich. Sicherlich hatte mein enges Verhältnis zu ihm auch damit zu tun, dass mein Vater wenig Zeit fand, sich mit mir zu beschäftigen und wegen unserer Wesensverschiedenheit kein hinreichendes Verständnis für mich aufbrachte. Er hatte, weil er sich in seiner familiären Umgebung fremd fühlte, eine schwierige Jugend gehabt. Das Studium der Rechts-

wissenschaften und der Nationalökonomie, das er gegen den
Willen seines Vaters aufgenommen hatte, musste er durch
Nebentätigkeit selbst finanzieren. Seit dem Ersten Weltkrieg
litt er unter schwerem Bronchialasthma, das er sich im
Schlamm der flandrischen Schützengräben und durch lange
Verschüttungen in den Erdbunkern zugezogen hatte. Er war
seither ständig von Medikamenten abhängig, was er aber verbergen musste, da von den Berufsoffizieren verlangt wurde,
dass sie voll kriegsverwendungsfähig waren. Die nervliche und
physische Belastung, der er ständig ausgesetzt war, und die
sich seit 1940 bei seinen Fronteinsätzen noch verstärkte, trug
dazu bei, dass er sich einerseits abkapselte, andererseits sich
aber manchmal durch jähzornige Ausbrüche Luft verschaffte. Hierzu mag ich oft wegen meines temperamentvollen und
unbedachten Wesens den Anstoß gegeben haben. Meiner
Mutter, die immer auf Vermittlung und Ausgleich bedacht war,
hatte ich es zu verdanken, dass meine Jugend, trotz solcher
Reibungen mit dem Vater insgesamt glücklich war. Aus dem
Respekt, den ich ihm gegenüber bewahrte, wurde erst seit
meinen beiden letzten Schuljahren ein herzliches Verhältnis.

Bis dahin ersetzte der Großvater, was mir an väterlicher
Zuwendung fehlte. Er war immer bereit, sich in die Vorstel-
lungswelt eines Halbwüchsigen hineinzuversetzen und seine
Freuden und Sorgen zu teilen. Seit ihrem sechsten und meinem siebten Lebensjahr verbrachten meine Schwester Inge
und ich die Sommerferien meistens bei den Großeltern in
Minden (Westfalen). Das dortige Hauptzollamt war ein lang
gestreckter, in der ersten Hälfte des 19. Jahrhunderts errich-
teter und ein wenig düsterer, dreigeschossiger Bau, dessen
zweiter Stock den Großeltern als Dienstwohnung diente. Er
lag im Schatten des wuchtigen romanischen Domes St. Peter.
Die Dienstwohnung der Großeltern-bestand aus einer uns
schier endlos dünkenden Zahl von Räumen, die sich auf beiden Seiten des langen, dunklen Flurs aneinanderreihten.
Unser Ferienreich erstreckte sich aber weit darüber hinaus.
Den weiträumigen Hof des Gebäudes flankierten Speicherge-
bäude, in denen Zollgüter, vor allem Säcke und Kisten, gefüllt
mit grünen Kaffeebohnen und mit Tabakblättern lagerten.
Dort eröffnete sich ein ausgedehntes Spielfeld, auf dem uns

der aus den Kisten und Säcken strömende Duft ferner, südlicher Länder umgab. Noch etliche Jahre später fand ich in meinen Kinderbüchern Tabakblätter, die ich im Mindener Speicher gemaust hatte, um sie als Lesezeichen zu verwenden. Im stolzen Alter von dreizehn Jahren führte ich sie ihrer üblichen Verwendung in einer Bruyère-Tabakpfeife zu.

Als die Großeltern sich nach der Pensionierung in Lübeck zur Ruhe gesetzt hatten, brauchten sich meine Besuche nicht mehr auf die Schulferien zu beschränken. Wenn ich, vom Großvater auf dem Bahnhof in Empfang genommen, mit ihm dem Holstentor und der von den sieben Türmen überragten Innenstadt entgegenging, schlug mein Herz höher. Aus einer geschichtslosen Industriestadt kommend, erschien mir das durch hanseatischen Kaufmannsgeist und Schönheitssinn geprägte, neunhundertjährige Lübeck mit seinen in warmen Rottönen leuchtenden, herrlichen Kirchen, Toren und Treppengiebeln als ein einziges, großartiges Kunstwerk! Lübeck war und blieb unter allen Städten meine große Liebe!

In Großvaters Bibliothek fand ich meine ersten Lieblingsbücher, wie Defoes „Robinson Crusoe", Coopers „Lederstrumpf", Karl Mays „Winnetou" und Sven Hedins Reisebericht „Von Pol zu Pol". In manchen Jugendbüchern meines Onkels trieb der „vaterländische" Geist der wilhelminischen Zeit grellfarbige Blüten. Ihre Verfasser begnügten sich nicht damit, die Siege des preußischen Heeres zu verherrlichen, sondern wollten der jungen Generation eintrichtern, dass es jetzt darauf ankomme, dem Deutschen Reich endlich den ihm zukommenden „Platz an der Sonne" zu erkämpfen. Dabei würde ihm Großbritannien, vor allem aber der französische „Erbfeind", im Wege stehen. Trotz ihrer Einseitigkeit und ihres Chauvinismus blieb die schädliche Wirkung solcher Erzeugnisse weit hinter dem Einfluss zahlreicher Machwerke der NS-Zeit zurück, die darauf abzielten, die Jugend für die nationalsozialistische, in verbrecherischem Rassenwahn gipfelnde Ideologie einzufangen. Gegen Ende der Schulzeit erwachte mein Interesse an wissenschaftlicher Geschichtsschreibung und biografischer Literatur. Nach einem etwas mühsamen Beginn fand ich Freude an der Lektüre Rankes, den Schriften Dahlmanns, Droysens, der römischen Geschichte

Meine Schwester Inge und ich mit Großvater und Vater im winterlichen Garten unseres Hauses 1938

Mommsens und nicht zuletzt an Emil Ludwigs Napoleonbiografie.

Ein Jahr später reiste ich quer durch Deutschland zu den Großeltern nach Schmiedeberg im Riesengebirge und gewann hierbei meinen ersten Eindruck von Berlin, das zu dieser Zeit noch nicht allzu tiefgreifende Zerstörungen aufwies. Das idyllische Schmiedeberg schien, unberührt vom Schrecken und der Not des Krieges, inmitten der Wälder des Riesengebirges vor sich hin zu träumen, als ob es darauf wartete, von Rübezahl geweckt zu werden.

Großvater, unverändert sportlich, führte mich auf Tagestouren in die Berge. Wir erstiegen beim Spindlerpass den Kamm des Riesengebirges, wanderten kilometerweit auf ihm entlang, um uns dann auf seiner höchsten Erhebung, der Schneekoppe, in einer der schlichten, aus Holz errichteten „Bauden“ zu stärken. Von alpin anmutenden, schroffen Felsgipfeln schauten wir hinunter auf waldbedeckte Hänge, die

in eine liebliche Landschaft übergingen. Wie schön war doch
Schlesien! Und wie schwer fiel mir die Trennung von meinen
beiden Lieben!

Nach Hause zurückgekehrt, bemühte ich mich, die Abschiedsstimmung zu unterdrücken. Mein Vater, vor Kurzem
zum Generalkommando des Wehrkreises X in Hamburg kommandiert, half dabei. Er lud Mutter, Inge und mich mehrfach
in die Hamburger Oper, in Konzerte und in das Schauspiel-
haus ein. Noch ließ er die Hoffnung nicht fahren, dass der
Krieg durch den Zusammenbruch Deutschlands beendet sein
werde, bevor ich an die Front müsste. Ich wollte nicht an
Wunder glauben und tröstete mich damit, dass es alle Angehörigen meiner Generation gleichermaßen traf. Nur wusste
keiner von uns, wo und wie sein Weg enden werde. Auf den
meinigen nahm ich die dringende Ermahnung von Großvater,
Vater und Onkel mit: „Lass dich für dieses schreckliche Regime nicht totschießen!“ Dieser Rat war ebenso überzeugend
wie schwer zu befolgen! In solcher Weise auf meinen künftigen Beruf vorbereitet, stieg ich, in der Hand die älteste Kof-
ferruine der Familie, in den Zug nach Oldenburg. Ich winkte
Mutter und Inge, die ihre Tränen zu verbergen suchten, noch
zu, als sie mich gewiss nicht mehr sehen konnten.

Infanteristische Grundausbildung

Der Zug hatte Verspätung. Im Dauerlauf eilte ich in das Stadtrandviertel Kreyenbrück. Mein Ziel war nicht zu verfehlen, denn die Julisonne brannte auf leuchtend rote Backsteinblöcke, die den Kasernen meiner Heimatstadt glichen wie ein Ei dem anderen. Als ich nach der Kontrolle durch den Wachtposten das Tor durchschritt, wurde mir bewusst, was dieser Augenblick bedeutete: Hinter dem ersten Abschnitt meines Lebens, in dem die Fürsorge der Familie und die über alles geliebte, lange bewahrte Freiheit bittere Erfahrungen aufgewogen hatten, war eine Tür ins Schloss gefallen!

Mein neues Quartier war, anders als die Baracken des RAD, nicht ungepflegt, aber ebenso ungemütlich. Hier herrschten Sauberkeit, Ordnung und spartanische Schlichtheit. Die jungen Leute, die sich in ziviler Kleidung in ihrer „Stube" zum ersten Mal gegenüberstanden, waren durch den unerforschlichen Ratschluss des Hauptfeldwebels zu einer „Gruppe" der kleinsten Einheit der deutschen Infanterie zusammengeführt worden. Immerhin gab es unter ihnen Verbindendes, denn sie besaßen dieselbe Schulbildung und hatten denselben Beruf gewählt. Unser aus vier Gruppen bestehender „Lehrgang" für aktive Offiziersbewerber des Heeres bildete, zusammen mit Lehrgängen für Reserve- und Kriegsoffiziersbewerber, die Offiziersnachwuchskompanie des Oldenburger Grenadierregiments. Ich fragte mich damals, weshalb man die künftigen aktiven Offiziere nicht wenigstens bei der Grundausbildung mit den übrigen Rekruten zusammenfasste, um schon früh Zusammenhalt und Solidarität zu fördern. Offenbar wurde es aber für wichtiger gehalten, uns vom ersten Tag an durch Berufssoldaten mit besonderer Intensität und Härte auf unsere späteren Aufgaben vorzubereiten. In der Tat sollte uns das vom Wecken bis zum Zapfenstreich „blühen".

Unsere dreimonatige Grundausbildung bestand neben Exerzierdienst, Waffeninstruktion, Schießübungen und gelegentlichem Reitunterricht vor allem aus der Ausbildung im Gelände. Im Mittelpunkt dieses Soldatendaseins stand der Unteroffizier Röben. Es begann damit, dass er uns „das Gehen beibrachte". Von den fünf Fortbewegungsarten des Infanteristen, als da sind: Gehen, gebückt Gehen, Kriechen, Robben und Gleiten, lagen ihm die drei Letzteren besonders am Herzen. Nachdem wir auch das „Hinlegen mit Gewehr aus vollem Lauf" und das blitzartige Aufstehen hinreichend praktiziert hatten, trichterte er uns die Gewehrgriffe und den Parademarsch ein. Wenn wir die Griffe nicht bis ins Letzte in gleichem Rhythmus vollführten, oder wenn beim Parademarsch ein einziges krummes Bein die schnurgrade Linie der stramm nach vorn und aufwärts geworfenen, voll durchgedrückten Beine unterbrach, jagte er uns über den Exerzierplatz. Und dennoch gab es keinen in unserer Gruppe, der Röben nicht gemocht hätte. Er besaß nicht nur die Gabe, junge Menschen zu führen, sondern auch zu verstehen und zu gewinnen. Pflichtbewusst, aufgeschlossen und an der Front erprobt, war er gegenüber den ihm anvertrauten Soldaten bis zum Letzten fürsorglich und gerecht. Im Übungsgelände machte er uns mit der Kampfweise der sowjetischen Infanterie vertraut. Es dauerte lange, bis es bei „Einsickerungsübungen" den ersten von uns gelang, die Zielmarke „lebendig" zu erreichen. An der Front habe ich später erfahren, wie wichtig es in Ausnahmesituationen sein konnte, der indianischen Gewandtheit, mit der die Rotarmisten sich die Bedingungen des Geländes zunutze machten, in ähnlicher Weise zu begegnen.

Als wir das „ABC des Rekruten" beherrschten, nahm sich der Lehrgangsleiter, Leutnant Twardy, unser an. Und das tat er, wie alles, was er begann, mit Feuer! Twardy war Oberschlesier, hatte aber so gar keine Ähnlichkeit mit dem Bild des steifleinenen preußischen Offiziers. Äußerlich war er der Prototyp des Slawen. In einem runden, doch wegen der vorstehenden Backenknochen markanten Gesicht blitzten hellblaue, ein wenig schräg stehende Augen. Er war mittelgroß, die breite Brust ging in eine schmale Taille über und die Hüften in kraftvolle Beine, die in halbhohen, weichen und leicht knitternden Stiefeln steckten. Wenn er am Sonntagnachmittag durch die Stadt flanierte, die mit einem eleganten Kniff versehene Feldmütze flott auf das Ohr geklemmt, an der Seite den fast am Boden schleifenden Degen, zog Twardy alle

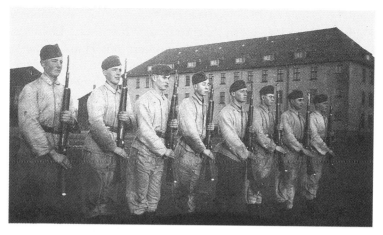

Als Rekrut auf dem Kasernenhof in Oldenburg Juli 1943

weiblichen Blicke auf sich. Und das wollte in Oldenburg etwas heißen! In dieser schmucken, gepflegten und damals ein wenig verschlafenen ehemaligen Residenz der Oldenburger Großherzöge war es für Zugereiste schwierig, mit den konservativ gestimmten, ganz auf sich bezogenen Einheimischen in Kontakt zu kommen oder gar zarte Bande zur holden Weiblichkeit zu knüpfen. Es beeinträchtigte Twardy überhaupt nicht, dass er an der linken Hand gerade noch zwei Finger aus Russland zurückgebracht hatte, und ihm an der rechten Hand auch einer fehlte. Das war, wie ich ja schon in der Chemiestunde gelernt hatte, der Preis für Heldentum! Außer dem Eisernen Kreuz I. Klasse und dem Goldenen Verwundetenabzeichen besaß er auch die Goldene Nahkampfspange. Weshalb, das konnte man an seinen Ärmeln ablesen. Sie waren mit Symbolen von Panzern geschmückt, die er im infanteristischen Nahkampf „geknackt" hatte. So machte er seinem polnischen Namen, der sich mit „Hartmann" ins Deutsche übersetzen lässt, alle Ehre.

Auf dem Exerzierplatz ließ Twardy sich nicht sehen. Seine Domäne war unsere Ausbildung im Gelände und an den Waffen. Die Befehle, die er mit hartem, oberschlesischem Akzent auf uns abschoss, stellten Ansprüche, die uns bis zur Grenze unseres Leistungsvermögens forderten. Er stand aber nie, wie manche seiner „Offizierkameraden", auf einem imaginären Feldherrnhügel, sondern machte immer mit. Seine Lieblinge waren die „scharfen Sachen", beginnend mit Handgranaten und Hafthohlladungen bis hin zu Tellerminen und Panzerfäusten. Gerade diese waren aber seinen Lehrlingen unheimlich. Das galt schon für die Handgranate, weil man sie nach Abzug der Reißleine in der Hand behalten musste und erst nach drei Sekunden werfen durfte, damit dem Gegner keine Zeit blieb, sie zurückzuwerfen. Twardy suchte uns die Furcht vor dem Umgang mit ihr zu nehmen, indem er ihre bescheidene Technologie erklärte und uns die Sicherheitsmaßnahmen einschärfte, deren Einhaltung vor Unfällen schützte. Der Leutnant ließ beim Wurftraining erst locker, als wir die Furcht verloren und die Handgranaten ins Ziel befördert hatten. All diese Übungen vermochten mich aber nicht davon zu überzeugen, dass man im Ernstfall eine Chance habe, solche Heldentaten lebendig und im Besitz sämtlicher Finger zu überstehen. Ich beschloss daher, um seine „scharfen Sachen" einen großen Bogen zu machen!

Unsere Ausbildung, für die sich das Heer trotz der längst kritisch gewordenen Lage an den Fronten insgesamt acht Monate Zeit nahm, war ein einziges Hochleistungstraining. Jetzt zahlte es sich aus, dass ich unentwegt Sport getrieben hatte. So war ich allen Strapazen des Militärdienstes körperlich gewachsen. Psychisch tat ich mich anfangs schwer. Wie schon beim RAD in Leck litt ich auch in Oldenburg unter dem Verlust der persönlichen Freiheit, dem Gamaschendienst und unter der Trennung von Familie und Freunden.

Höhepunkt und Prüfstein infanteristischer Grundausbildung war der Truppenübungsplatz. In hochsommerlicher Hitze, die bis in den September anhielt, wurden wir für drei Wochen nach Munster Lager gekarrt. Das bedeutete kriegsnahe Gefechtsübungen, bei denen mit scharfer Munition geschossen wurde. Hierbei wirkte auch die Artillerie mit, denn wir sollten uns an das Pfeifen der über unsere Köpfe hinwegfliegenden Granaten und ihre krachenden Einschläge gewöhnen. Wenn wir abends in die verwohnten Baracken zurückkehrten, begann der Gamaschendienst, die Putzstunde. Noch vor dem Zapfenstreich fielen wir auf die Strohsäcke, nicht nur hundemüde, sondern

Als junger Soldat in Oldenburg im Sommer 1943

auch hungrig. Die dürftige abendliche Verpflegungsration konnte unsere stets leeren Mägen nicht füllen. Während wir auf
diese Weise durch die Mangel gedreht wurden, tröstete uns der
Gedanke, dass an diesem unfreundlichen Ort schon unzählige
andere gelitten hatten. Von ihnen war uns das Verdikt „Mun-
sterland, heißer Sand, du Räuber meiner Jugend!" überliefert!
Wie froh waren wir, an die Oldenburger Fleischtöpfe zurückkehren zu dürfen! Dort gab es zum Frühstück Haferbrei, Brot,
Margarine und Marmelade, abends ansehnliche Portionen Wurst

und Käse und mittags füllte der Koch unsere Aluminiumkochge-
schirre bis zum Rand mit Gulasch, Sauce und Gemüse. Ab und zu
mussten wir allerdings die Koppel enger schnallen. Der Regiments-
kommandeur war auf den Einfall gekommen, den künftigen Offizieren feine Manieren beizubringen. Wochentags waren jeweils
einige Offiziersbewerber eingeladen, mit den Offizieren zu Mittag zu essen. Hiermit hatte der Oberst, ein freundlicher Mann,
uns ein Danaergeschenk gemacht. Wenn man kurz vor Mittag
dreckig und verschwitzt aus dem Gelände zurückkam, war es kein
Spaß, sich in Windeseile zu waschen, die verölten Hände zu schrubben, die Fingernägel zu putzen, in den stocksteifen, tressenbe-
setzten „Kaiser-Wilhelm-Gedächtnisrock" und in die durch die
weißen Biesen der Infanterie verzierte Ausgehhose zu schlüpfen.
Noch auf dem Wege zum Offizierskasino quälten wir uns mit dem
Einknöpfen der gestärkten Kragenbinde ab, die das Kinn ein-
zwängte und den Hals abschnürte. Gewiss, wenn man täglich aus
dem Aluminiumpott aß, war es ein Kulturerlebnis, wieder mal an
einem blütenweiß gedeckten Tisch vom Porzellanteller mit Mes-
ser und Gabel zu speisen. Wenn doch nur die von den Ordonnan-
zen „comme il faut" zugerichteten Speiseschüsseln nicht so verdammt klein gewesen wären und die Herren Offiziere uns nicht
ständig auf die Finger geschaut hätten! Sobald der Kommandeur
sich erhob, war das Essen beendet. Doch satt waren wir nicht
geworden! Als der Oldenburger Lehrgang dem Ende zustrebte,
wollte Twardy uns nicht ohne zünftigen Abschied ziehen lassen.
Er fand in seinem und dem benachbarten Zimmer eines ihm befreundeten Leutnants auf engstem Raum statt. Die beiden tisch-
ten uns eine wahrhaft umwerfende Mischung von Alkoholika auf,
die aus Wein, Likör und Schnaps bestand. Wie fröhlich konnte
doch das Soldatenleben sein! Am nächsten Morgen um vier Uhr,
als wir vom Rausch noch halb betäubt waren, schrillten die Pfeifen der Unteroffiziere: „Alarm! Raustreten!"
    Wir sprangen in die Uniformen, schnallten die Koppel mit
Seitengewehr um und griffen im Hinausstürzen nach den Ka-
rabinern. Vor dem Kasernenblock wartete Twardy voller Ungeduld: „Wird's bald! Habt ihr etwa noch nicht ausgeschlafen?"
    Und dann ging es im Eilmarsch nach Bümmerstede, wo er
mit uns den Sturmangriff übte, bis der letzte Alkoholnebel
verflogen war.

Unteroffizierschule für aktive Offiziersbewerber des Heeres

Im Oktober 1943 rollten vier Güterwaggons quer durch Deutschland. Wenn sich aber gerade keine Lokomotive fand, warteten sie auf irgendeinem Abstellgleis auf die nächste Chance. Ihre Fracht bestand aus siebzig jungen Leuten in Feldgrau, die je zur Hälfte aus Oldenburg und aus Delmenhorst kamen. In Hitlers Krieg hatte die durch seine Hybris bewirkte Katastrophe von Stalingrad längst die Wende eingeleitet. Die fortlaufende Zurücknahme der dem übermächtigen Druck der Roten Armee ausgesetzten Heeresgruppen unserer Ostfront und die auf die Zerschlagung des Afrikakorps erfolgte Landung der Alliierten in Italien zeigten, dass der Wehrmacht nicht nur ihre Offensivkraft, sondern auch die Fähigkeit zum Aufbau stabiler Abwehrfronten abhandengekommen war. Die jungen Infanteristen konnten sich kein klares Bild von dem Stand des Ringens machen, und wenn sie es gekonnt hätten, wäre das für ihr Schicksal bedeutungslos geblieben. Bei schlechtem Wetter hockten sie auf dem Stroh und versuchten beim Licht trüber Funzeln zu lesen. Bei gutem Wetter ließen sie die Beine aus den weit geöffneten Schiebetüren baumeln, blinzelten in die Sonne und winkten den Menschen an den Bahnschranken fröhlich zu. Wurden ihre Waggons auf einem Nebengleis abgestellt, so gingen sie auf die Pirsch nach einem Wasserhahn, um wenigstens Kopf und Oberkörper zu erfrischen. So durchquerten sie herbstlich bunte, friedliche Landschaften. Sobald sie aber Großstädte wie Bremen, Hannover, Braunschweig, Magdeburg, Halle und Leipzig passierten, wurden sie daran erinnert, dass der Krieg mitten in Deutschland eine Front hatte, die noch schrecklicher war als die Ostfront. Denn hier fielen damals Nacht für Nacht Bomben und zerfetzten wahllos Kinder, Frauen, Alte und Kranke oder begruben sie unter den Trümmern der Gebäude.

In Dresden, wo ihr Transport am vierten Tag der Reise anlangte, wären die Soldaten gern ausgestiegen, um die für ihre Schönheit berühmte, damals noch unzerstörte Stadt in Augenschein zu nehmen. Sie mussten sich aber mit dem begnügen, was im Vorbeifahren zu erspähen war. Bald nachdem der Zug bei Pirna die Elbe wieder erreicht hatte, umgab sie plötzlich eine Landschaft von großer Schönheit. Der Fluss, dessen Windungen der Zug im Schneckentempo folgte, durchbrach hier auf einer Länge von über zwanzig Kilometern das Elbsandsteingebirge. Steile, zerklüftete und von Zinnen gekrönte Felswände leuchteten ockerfarben in der sinkenden Sonne. Allenthalben öffneten sich tiefe Schluchten, Höhlen und Grotten.

Die jungen Leute aus Norddeutschland staunten: „Wir fahren wohl in ein Ferienparadies!"

Einige Kilometer flussaufwärts von Bad Schandau dampfte der Zug über die frühere Reichsgrenze in das Sudetenland. Kaum eine Viertelstunde später lief er in den Bahnhof von Tetschen-Bodenbach ein. Steif von der langen Fahrt marschierten wir über die Elbbrücke nach Tetschen hinüber. Als wir in der Mitte der Brücke neugierig um uns blickten, wies der Feldwebel, der anstelle unseres an die Ostfront zurückgekehrten Leutnants vorläufig das Kommando übernommen hatte, auf das imposante Schloss, das mit schlankem Turm und festen Mauern auf einem steil zur Elbe abfallenden Felsplateau hoch über Tetschen thronte: „Das ist eure neue Bleibe!"

Schloss Thun-Hohenstein, der jahrhundertealte Sitz der Grafen Thun, eines der alten Magnatengeschlechter Böhmens, war zur Unteroffizierschule für aktive Offizierbewerber des Heeres umgewidmet worden.

„Mein Gott", erscholl es aus der Kolonne, „was werden wir jetzt für feine Leute!"

Diese hoffnungsvolle Spekulation schien aufzugehen, als wir durch das Barocktor am Fuße des Schlossfelsens zogen und auf der „Langen Fahrt", einer mehr als dreihundert Meter langen Prachtstraße, zum Schloss hinaufrückten. Unsere Gefühle schwankten zwischen Bewunderung und Befremden: Wie einst die Pyramiden Ägyptens auf Napoleons Soldaten, blickten auf uns immerhin die Mitglieder des griechischen Götterhimmels herab. Sie saßen oder lagerten wie hingegossen auf den wuchtigen, wohl sechs Meter hohen Mauern, die beiderseits die „Lange Fahrt" säumten. Oben auf dem Felsplateau angelangt, führte uns ein zweites Tor in einen Vorhof, der nach rechts in eine wunderschöne Gartenanlage, das „Belvedere", überging. Zu den auf mehreren Ebenen himmelwärts gestaffelten, mit Blumenrabatten und Springbrunnen geschmückten Gärten führten breite Freitreppen mit säulengestützten, steinernen Geländern empor. Auf ihnen tummelten sich die Skulpturen höfischer Damen und Herren des Rokoko, begleitet von Faunen und Nymphen. Den obersten Garten verband eine Treppe mit einer durch schlanke Säulen eingerahmten Plattform, von der sich ein großartiger Blick auf das Elbtal und seine Gebirge bis hin zum Schneeberg, der höchsten Erhebung des Fichtelgebirges, bot.

Auf einer steinernen Brücke überquerten wir eine tiefe Schlucht und gelangten durch ein niedriges Tor in den Innenhof, den das Schloss umgab. Der imposante Barockbau war kein Lustschloss. Mit seinen wuchtigen Grundmauern konnte er trotz allen barocken Dekors seinen früheren Festungscharakter nicht verleugnen. Schon beim ersten Hinschauen sprang ins Auge, dass an ihm der Zahn der Zeit lange ungestört genagt hatte. Auf den schadhaften Dächern wuchsen hier und da Büsche und Bäumchen. Ein Balkon war zur Hälfte heruntergebrochen. Von den Fassaden war der Putz abgeblättert. Türen und Fenster befanden sich in einem jämmerlichen Zustand.

Aus solchen Träumereien wurden wir jäh durch das Erscheinen unseres neuen Kommandeurs herausgerissen. Vor unsere Front trat ein Major von Mitte vierzig, der früher einmal Polizeioffizier gewesen und beim Aufbau der neuen Wehrmacht von ihr übernommen worden war. Mit knappen und markigen Begrüßungsworten kündigte er an, dass uns an diesem Ort nichts geschenkt werde, und dass er beabsichtige, unter Einsatz aller Mittel aus Novizen hoffnungsvolle und zum Führernachwuchs geeignete Soldaten zu machen. Man darf ihm bescheinigen, dass er dabei nichts unversucht ließ!

Wir Oldenburger fühlten uns getäuscht und diskriminiert, als wir anschließend sofort wieder durch das Tor hinaus und auf einen niedriger gelegenen, geräumigen Teil des Felspla-

Auf Schloß Thun-Hohenstein in Tetschen (Unteroffizierschule für Offiziersbewerber des Heeres) Ende 1943

teaus geführt wurden. Dort lag ein lang gestrecktes, einstöckiges Gebäude, in dem früher einmal die gräflichen Pferde und Rinder nebst dazugehörigem Personal gehaust haben mochten. Später war es irgendwann umgebaut und als Kaserne einer Kavallerieeinheit genutzt worden. Inzwischen waren die niedrigen, dunklen Räume unseres neuen Quartiers verkommen, die rohen, gekalkten Wände feucht, die Dielenbretter abgenutzt und stellenweise brüchig, die Öfen ausgebrannt. Noch schlimmer stand es um die hygienischen Einrichtungen. Die Kanalisation war oft verstopft. Dann stiegen die Abwässer auf und überschwemmten Toiletten und Duschräume. Auch die Warmwasserversorgung der Duschen funktionierte nur sporadisch.

Unsere neuen Unteroffiziere wollten solchen Kleinigkeiten keine Bedeutung beimessen: „Habt ihr nicht gesehen, dass entlang der Außenmauer ein 25 Meter langes steinernes Becken verläuft? Über ihm gibt es so viele Wasserhähne, dass ihr euch alle zugleich waschen könnt. Das spart Zeit! Und sonntags werden wir die Duschen in Betrieb setzen!"

Während des Herbstes mochte das ja auszuhalten sein, dem Winter sahen wir allerdings mit Grausen entgegen.

Das Schloss war durch den etwa 70 Mann starken Lehrgang vom Lübecker Grenadierregiment und unsere Delmenhorster Regimentskameraden belegt worden. Außerdem waren dort die Offiziere und Unteroffiziere sowie die Verwaltung eingezogen. Der Neid auf die Schlossbewohner verging uns, als wir erfuhren, dass ihre Unterkünfte nur in wenig besserem Zustand waren als die unsrigen.

In Tetschen war die „Qualität" verbürgt, der Geist nicht! Was in Oldenburg dank des beruflichen wie menschlichen Engagements der Ausbilder eine harte, aber wertvolle Einführung in den Soldatenberuf und den Fronteinsatz gewesen war, artete hier immer wieder in schikanösen Kommiss aus. An die Stelle des Unteroffiziers Röben trat ein kleiner, untersetzter Schwabe von cholerischer Wesensart und messerscharfer Stimmgewalt vom Typ Wadenbeißer. Sein Ehrgeiz zielte offensichtlich darauf, seine zwölf Schüler vom Wecken bis zum Zapfenstreich in marionettenhaft funktionierende Roboter zu verwandeln. Individualität war mit seinem Soldatenbild unvereinbar und wurde nicht geduldet. Schon am zweiten Tag nach unserem Einzug ließ er uns seine Macht spüren. Als er um 6.30 Uhr zum „Raustreten" pfiff, bewegten wir uns seiner Meinung nach „wie die Fußkranken der Völkerwanderung". Deshalb wiederholte er das Manöver mehrmals mithilfe der Stoppuhr. Da der Erfolg ihn auch jetzt noch nicht befriedigte, veranstaltete er mit uns einen „Maskenball". In

Abständen von jeweils einer Minute hatten wir abwechselnd in Felduniform, im Drillichanzug, in Extrauniform und im Nachthemd anzutreten.

Wenn ein Einziger „nachhinkte", brüllte er: „Auf die Bäume, ihr Affen, der Wald wird gefegt!"

Als Bäume dienten stellvertretend die hohen, schmalen Kleiderspinde.

Als wir im Nachthemd dort oben saßen, verlangte er: „Ein Lied! Vom Himmel hoch, da komm ich her!"

Anfangs fand ich diese Einlagen lustig. Das vergaß ich, als der Korporal herausfand, dass ich in der Kunst des Bettenbauens und der Spindordnung weit hinter dem von ihm geforderten Standard zurückblieb. Zur Sühne riss er beim Morgenappell meine Bettwäsche und Wolldecke auseinander. Meine Leibwäsche wischte er, weil sie nicht „genau auf Kante" gestapelt war, auf den Bretterboden, dessen Dreckkruste durch das morgendliche Schrubben zwar eingeweicht, aber nie entfernt wurde.

Die neuen Lehrmeister nahmen uns so scharf an die Kandare, dass uns in den wenigen dienstfreien Stunden der Sinn nur noch nach Essen und Schlafen stand. Täglich marschierten wir frühmorgens, natürlich mit Gesang, hinauf in die Berge. Dabei schleppten die 36 Männer des Lehrgangs außer den Gewehren, Maschinengewehren und Munitionskästen einen 8 cm-Granatwerfer sowie die Lafette für unsere schweren MGs mit. Im Übungsgelände Hochdobern lernten wir, mit den schweren Waffen der Infanterie umzugehen und Stellungen zu bauen. Wir übten bis zur Erschöpfung alle Gefechtsarten unter „kriegsmäßigen" Bedingungen. Auf langen Märschen, die uns tief in die Bergwälder, fernab jeder Siedlung, führten, wurde uns beigebracht, wie man mithilfe des Marschkompasses seinen Standort auf der Karte bestimmt und den Weg zu einem vorgegebenen Ziel findet. Das alles war nützlich und wichtig, und doch kam nicht bei uns allen Befriedigung über die Fortschritte unserer Ausbildung auf. Überzeugt, dass Erziehung zur Härte nur durch stetigen Druck erreichbar sei, nutzten unsere Lehrer jede Gelegenheit, um uns mangelnden Eifer zu unterstellen und uns unter diesem Vorwand mit Gebrüll zu schurigeln. Da der als Lehrgangsleiter vorge-

Auf der Unteroffizierschule für aktive Offiziersbewerber des Heeres in Tetschen-Bodenbach November 1943. Rechts der Verfasser, links der ungeliebte Unteroffizier – bei Übungen am Maschinengewehr

sehene Offizier noch nicht eingetroffen war, waren wir in den ersten Monaten dem Feldwebel ausgeliefert. Dieser drahtige Niedersachse mit dem roten Gesicht glich einer straff gespannten Stahlsaite. Seine Kommandorufe leitete er gewöhnlich mit der Anrede „Ihr halben Hähne" ein. Als endlich der uns zugedachte Leutnant in Erscheinung trat, entpuppte er sich, in diametralem Gegensatz zu Twardy, als schwacher und farbloser Typ. Er machte kaum Anstalten, seine Führungsrolle zu übernehmen und schien froh zu sein, wenn er Feldwebel und Unteroffizieren das Regiment überlassen konnte.

In der zweiten Dezemberhälfte brach mit Macht der Winter herein. Bei eisigen Temperaturen wurde Hochdobern für die nächsten Monate zu unserem „Klein-Sibirien". Hierfür wurden wir mit langen, schweren Ski ausgerüstet, die zur Not zum Langlauf in der Ebene taugen mochten, für das Gebirge jedoch ganz ungeeignet waren, zumal ihre primitiven Bindungen sich bei der kleinsten Richtungsänderung von selbst öffneten.

Bereits nach wenigen Tagen erwischte es mich. Als ich in der Spur meines Vordermannes einen Hang hinabfuhr, machte sich plötzlich mein linker Ski selbstständig. Unter dem schweren Gewicht der Granatwerferbodenplatte, die ich auf dem Rücken trug, flog ich über die Spitze des rechten Skis bergab. Die Bodenplatte knallte gegen den hinteren Rand des Stahlhelms und seine Stirnseite schlug meine Nase blutig. Ich riss eine tiefe „Badewanne" in den Schnee und blieb für Sekunden leicht betäubt liegen. Solche plumpen Stürze dienten der Erheiterung unserer Ausbilder und sie brachten uns mit höhnischen Zurufen sogleich wieder auf die Beine.

Zum Höhepunkt unseres Wintertrainings wurde die „Schlacht am Schneeberg". Den etwa zwanzig Kilometer weiten Weg dorthin legten wir bei dichtem Schneegestöber mit kriegsmäßiger Ausrüstung im Eiltempo zurück. Er führte quer durch das Elbtal in eine im Schnee halb versunkene Mittelgebirgslandschaft. Wenn wir durch eines der sauberen, behäbigen sudetendeutschen Dörfer zogen, warfen wir sehnsüchtige Blicke in die Fenster der anheimelnden Häuser, aus deren Schornsteinen sich dichte Rauchwolken den Weg in den Flockenwirbel bahnten. Am sanft ansteigenden Südhang des Schneeberges bezogen wir Stellungen, in denen eine „blaue" und eine „rote" Partei einander gegenüberlagen. Während sie sich in Angriff und Verteidigung mit Platzpatronen und steifen Fingern leidenschaftlich bekämpften, brach die Sonne durch, und der schneidende Ostwind blies über die weiten

weißen Flächen dichte Schleier silbern schimmernder Schnee-
kristalle. Als am späten Nachmittag die Sonne hinter den
Bergen verschwand, wurde uns befohlen, nach dem Vorbild
der sibirischen Truppen Stalins als Nachtquartier „Iglus" zu
bauen. Mit Wut im Bauch warfen wir mit den Feldspaten
mehrere Meter hohe Schneehaufen auf, trampelten sie zu einer festen, halbkugelförmigen Masse zusammen und höhlten
sie zu Iglus aus, die Raum für bis zu zehn Männern bieten
sollten. Der Mond stand schon hoch am Himmel, als wir die
Eispaläste beziehen konnten. Die Behauptung unserer Oberen, mithilfe von Decken und Zeltbahnen habe man es in ihnen warm und behaglich, erwies sich als Flop! Dass wir in
dieser Nacht nicht froren, lag nicht an kuscheligen Schnee-
wänden, sondern an der drangvollen Enge, in der wir uns gegenseitig wärmten. Der Iglu, darüber waren wir uns einig,
war keine Wunderwaffe, mit der man den Winterkrieg in
Russland am Ende doch noch gewinnen konnte! Müde und
durchgefroren schleppten wir uns am nächsten Morgen nach
Tetschen zurück und fanden unsere Bruchbude zum ersten
Mal gemütlich.

Wer geglaubt hatte, in Tetschen vom Training des Griffe-
kloppens und des Parademarsches verschont zu bleiben, weil
wir es doch hierin bei Röben zu einer kaum zu überbietenden
Höchstform gebracht hätten und auf dieser Schule sicher
Nützlicheres auf uns warte, fand sich bitter enttäuscht. Unsere Betreuer waren der Ansicht, man könne uns insoweit
allenfalls den Status von Rohdiamanten zubilligen. Deshalb
müsse jetzt der Schliff von Meisterhand folgen. Dies geschah
täglich in den Nachmittagsstunden. Unserem miesepetrigen
Zuchtmeister war auch auf dem Exerzierplatz nichts recht-
zumachen. Infolgedessen landeten wir immer wieder auf dem
Bauch und vollführten etliche Arten von „Lockerungsübun-
gen", unter denen er dem Robben auf den Ellenbogen mit
quer gehaltenem Gewehr den Vorzug gab. Gegen Abend durften wir uns beim Waffenreinigen erholen.

Manchmal wurden uns aber auch höhere Weihen zuteil.
Im ehemaligen Rittersaal erläuterten uns die Offiziere, die
wir in Hochdobern selten zu Gesicht bekamen, die Lage an
den Fronten. Sie mussten das Kunststück vollbringen, die

ständigen Rückzüge der deutschen Truppen an der Ostfront, die durch eine unüberwindbare sowjetische Übermacht erzwungen wurden, als Ausdruck weitblickender Strategie zum Zwecke einer Verkürzung unserer Verteidigungslinien darzustellen.

Tetschen hielt für mich aber auch eine angenehme Überraschung bereit: Sechs bis acht Stunden wöchentlich unterrichteten uns sympathische Philologen in der Uniform von Heeresfachschulstudienräten und -direktoren in Geschichte, Kriegsgeschichte, Deutsch, Literatur und Geografie. Ich lebte bei dieser Beschäftigung mit meinen Lieblingsfächern auf.

Hier fand ich eine Oase in der Wüste des Kommiss! Die Lehrer zeigten sich dankbar für die Bereitschaft zur Mitarbeit, mussten sich aber damit abfinden, dass viele ihrer Schüler den Unterricht als lästige Neuauflage der „Penne" betrachteten, der man gerade erst entkommen war. Diese Philologen der Wehrmacht sparten im Geschichtsunterricht die letzten Jahrzehnte der innerdeutschen Entwicklungen aus. Das überraschte mich nicht, weil auch unsere militärischen Ausbilder nie Anstalten gemacht hatten, auf Geist und Ziele des Nationalsozialismus einzugehen. Sie vermieden gänzlich, sich zu politischen Themen zu äußern, schon gar nicht zu dem Konzept des ideologisch-rassistischen Vernichtungskrieges, auf das Hitler die Führung der Wehrmacht vor dem Überfall auf die Sowjetunion mit durchaus eingeschränktem Erfolg verpflichtet hatte. Dies nahm ich als Anzeichen dafür, dass es dem Regime trotz massiver Indoktrinierungsbemühungen immer noch nicht gelungen war, die Wehrmacht vollständig gleichzuschalten. Bemerkungen meines Vaters hatte ich zwar entnehmen müssen, dass die einstige Solidarität des Offizierkorps, die sich auch in seiner kritischen Haltung gegenüber dem Nationalsozialismus ausgedrückt hatte, inzwischen durch Opportunismus und Karrierestreben in einem nicht unerheblichen Maße unterhöhlt worden sei. Und doch machte ich mir seine Hoffnung zu Eigen, dass es dem Druck des näher kommenden Zusammenbruchs gelingen könnte, sie wiederzubeleben, und zwar bis hin zur Entschlossenheit, das nationalsozialistische Regime zu stürzen und so den Weg für die Beendigung des Krieges zu erträglichen Bedingungen frei zu machen.

Wie trügerisch solche Hoffnungen waren, hätte ich erkennen können, wenn mir schon damals klar gewesen wäre, wie wenig die Reichswehr und die aus ihr hervorgegangene Wehrmacht sich bisher bereit gezeigt hatten, aus der früh gewonnenen Erkenntnis, dass Hitler Deutschland ins Unglück stürzen werde, die Konsequenzen zu ziehen! Die Führung der Reichswehr hatte zwar zunächst Hitlers Aufstieg mit größter Besorgnis verfolgt und den altersschwachen Reichspräsidenten und Feldmarschall des Ersten Weltkrieges Paul von Hindenburg vergeblich gedrängt, ihm entgegenzutreten. Sie hatte sich aber nie dazu bewegen lassen, dem braunen Spuk durch eigenes Handeln ein Ende zu bereiten. Ihr exklusives und immer noch borniert auf eine Erneuerung der Monarchie hoffendes Offizierskorps hatte sich hinter der preußischen Tradition, nach der die Armee sich nicht in die Innenpolitik einzumischen habe, verschanzt. Unter dem Eindruck des Zusammenbruches des parlamentarischen Systems und des Scheiterns des unrealistischen Versuchs des Reichskanzlers v. Papen, Hitler doch noch den Weg zur Macht zu verlegen oder ihn wenigstens in eine nationalkonservative Regierung „einzubinden", hatte schon die Reichswehrführung sich zur Zusammenarbeit mit den Nationalsozialisten bereitgefunden. Dieser Entschluss war ihr durch Hitlers diabolische Täuschungs- und Verführungskunst erleichtert worden. Hatte er doch noch 1934, am „Tag von Potsdam", den versammelten Spitzen der konservativen Kräfte in unverfrorener Theatralik vorgegaukelt, dass es sein Ziel sei, den Nationalsozialismus mit dem Geist des Preußentums und des kaiserlichen Deutschlands zu verschmelzen!

Zum Dank erntete die Reichswehr Hitlers öffentliches Versprechen, die einzige Waffenträgerin der Nation bleiben und ihre politische Unabhängigkeit bewahren zu dürfen. Sie sollte rasch erfahren, was sein Wort wert war: Wenige Monate später hob er die Waffen-SS aus der Taufe! Dass es dem „Führer" gelang, die im Versailler Vertrag Deutschland auferlegten Beschränkungen Stück für Stück abzubauen, um dann unter Einführung der allgemeinen Wehrpflicht die Wehrmacht umfassend auszubauen, dass er durch eine raffinierte Mischung von Friedensbeteuerungen und Drohungen die West-

mächte zur Hinnahme der ersten Schritte seiner Expansions-
politik bewegte, brach den meisten in der Armee noch fortbestehenden, widerstrebenden Kräften das Rückgrat. Die alle
Vorstellungen übersteigenden Erfolge der ersten Kriegsjahre
und das Karrierestreben des Offizierskorps bewirkten, dass
Widerstandskräfte sich erst neu formierten, als sich die baldige, totale Niederlage klar abzeichnete.

Fraglos hatte das Nachrücken junger Offiziere, die während ihrer Schulzeit zum größten Teil Führer in den braunen Jugendorganisationen gewesen waren, seit den ersten
Kriegsjahren eine Verstärkung des nationalsozialistischen
Einflusses innerhalb der Wehrmacht mit sich gebracht. Während der Ausbildung gewann ich aber den Eindruck, dass
der Mehrheit meiner Kameraden der Gedanke an eine ge-
zielte nazistische Unterwanderung der Wehrmacht fremd
war. Manche ließen erkennen, dass sie ihre Aktivität im Jungvolk oder in der HJ rückblickend nicht als politische, sondern als sportlich-jugendliche Betätigung aufgefasst hatten,
der sie nun entwachsen waren. Andere erklärten sogar rückhaltlos, man müsse sich, wenn man schon den Beruf des
aktiven Offiziers ergreife, auch mit dem ihm eigenen Korps-
geist und mit der überlieferten Maxime politischer Unabhängigkeit identifizieren. Ich habe allerdings, mit alleiniger
Ausnahme meiner Freunde Ernst v. Wedel und Joachim
Krense, nie gewagt, die mir durch gemeinsame Überzeugungen nahestehenden Kameraden auf das Problem des offenen Widerstandes anzusprechen! Es fanden sich nämlich
unter uns etliche junge Leute, die nationalsozialistische Ideologie und Weltanschauung zutiefst verinnerlicht hatten und
vom tiefen Glauben an ihren Führer beseelt waren. Da sich
während des Dienstes keine Gelegenheit bot, dieser Begeisterung Luft zu machen, benutzten sie die Freizeit, um im Kreise der Kameraden von ihren Überzeugungen und Idealen zu
schwärmen. Es war sinnlos, sich mit Menschen, die sich sach-
lichen Argumenten verschlossen, in Diskussionen einzulassen. Wir anderen in unserer „Gruppe" die Minderheit, beließen es deshalb bei der Hoffnung, dass selbst bei den „gläubigen" Jüngern des Nationalsozialismus mit zunehmender
menschlicher Reife und unter dem Einfluss künftiger Front-

erlebnisse schließlich doch ein Prozess nüchternen Nachdenkens einsetzen werde. Vorläufig hielten die „Gläubigen" jedoch wie Pech und Schwefel zusammen und taten sich im Dienst durch Strebertum hervor. Sie ließen sich auch dann nicht beirren, wenn der Unteroffizier uns wieder einmal ohne jeden Grund „fertigmachte".

Sobald wir wieder keuchend vor ihm aufgereiht standen, pflegte dieser Sadist jeden Einzelnen bohrend zu befragen: „Sind Sie gern Soldat?"

Dann brüllten die beflissenen Kameraden mit strahlenden Augen: „Jawoll, Herr Unteroffizier!"

Andere blieben ihm, wenn er es zu arg getrieben hatte, mit zusammengebissenen Zähnen die Antwort schuldig und mussten sofort dafür büßen.

Da ich meine Ablehnung der schikanösen Auswüchse des Kommiss besonders deutlich zeigte, befand ich mich nicht unter den Ersten, die den stolzen Rang eines Gefreiten erreichten. Ich musste froh sein, mit dem zweiten Schub dazu befördert zu werden. Aber auch diese Ehre bedeutete noch lange nicht den Beginn einer ungetrübten militärischen Karriere.

Jedermann weiß, dass der Zugang zu einer militärischen Einrichtung nicht unbewacht bleiben darf. Deshalb stand auch in dem schwarz-weiß-rot-gestreiften Schilderhaus am Fuß der „Langen Fahrt" bei Tag und Nacht ein Grenadier auf Wacht. Die fünfköpfige Wachmannschaft hatte ihr Lokal oben in der Toreinfahrt des Schlosses in einem düsteren, kasemattenartigen Raum. Ihr Chef, der Wachhabende, war an Wochentagen ein Unteroffizier. Sonntags wurde, weil unsere Vorgesetzten dann ausgehen wollten, ein Gefreiter zum Wachhabenden bestimmt. Einige Wochen vor Ostern traf mich dieses Schicksal. Im zweistündigen Rhythmus hatte ich einen neuen Posten „aufzuführen", der mit angezogenem Karabiner hinter mir die „Lange Fahrt" hinuntermarschierte. Vor dem Schilderhaus vollzog sich dann der Wachwechsel nach einem überkommenen Ritual. Anschließend führte ich den abgelösten Posten hinauf ins Wachlokal.

An diesem Sonntagmorgen hatte der Kommandeur es für nötig befunden, sich persönlich vom Stand der Geländeaus-

bildung seiner Zöglinge zu überzeugen. Nachdem die Marschkolonne aus Hochdobern in das Schloss zurückgekehrt war,
drang zu uns alarmierende Kunde: Der „Alte" hatte vernich-
tende Kritik an den angeblich unzureichenden Leistungen des
Delmenhorster Lehrganges geübt und sich zu einem Wutaus-
bruch gesteigert, nachdem er an einem MG-Lauf einige Rost-
flecken entdeckt hatte. Wir nahmen uns deshalb vor, beim
Wachdienst nicht die geringste Blöße zu zeigen. Als ich mit
dem neuen Posten, meinem Kameraden Krense, nach Überquerung der Schlossbrücke am Gebäude des Kommandeurs
angelangt war, packte ihn plötzlich Unsicherheit über eine
„wichtige" Regelung der in Tetschen geltenden Wachvorschrif-
ten.

Im Flüsterton fragte er mich: „Was kommandierst du, wenn
wir einem Offizier begegnen? Zuerst ‚Achtung' (was Parademarsch auslöste) und dann ‚Augen rechts' oder nur ‚Augen
rechts'?"

„Nur Augen rechts", flüsterte ich zurück.

Hierbei hatte ich offenbar unwillkürlich den Kopf einige
Zentimeter zur Seite bewegt.

Da dröhnte aus dem geöffneten Fenster im zweiten Stock
der Kommandantur die Stimme des Majors: „Ist das die Wache? Wache halt! Rechts um! Gewehr ab!" Schon stand er vor
uns. Barsch fragte er nach unseren Namen. Er zögerte nicht
eine Sekunde: „Gefreiter Loeck, Sie haben als Wachhabender
beim Aufführen des Postens mit ihm gesprochen! Ich bestrafe Sie mit drei Tagen verschärftem Arrest! Grenadier Krense,
Sie haben, während Sie als Wachtposten aufgeführt wurden,
mit dem Wachhabenden gesprochen! Ich bestrafe Sie mit drei
Tagen verschärftem Arrest. Links um! Wache marsch!"

Dieser Unmensch hatte uns vor Verhängung dieser harten
Strafe nicht einmal Gelegenheit gegeben, zu erklären, wor-
über wir gesprochen hatten. Zu allem Überfluss mussten wir
den Arrest während der Ostertage absitzen, die unseren Kameraden zwei dienstfreie Nachmittage bescherten!

Auf unserem „Märchenschloss" war das Arrestlokal anschei-
nend seit Jahrhunderten unverändert geblieben. Wir wurden
in winzige Zellen eingesperrt, die hinter den meterdicken, feuch-

ten Mauern der Toreinfahrt lagen. Ihre vergitterten Fensterlöcher befanden sich unmittelbar unter der Decke, sodass man aus den finstern Gelassen nicht hinausschauen konnte. Die Ausstattung bestand aus einer Holzpritsche und einer Decke. Nur in einem einzigen Punkt war der Strafvollzug aktualisiert worden: Neben der Heiligen Schrift stand als zeitgemäßes Brevier Hitlers „Mein Kampf" als Lektüre zur Wahl. Es hat mir nicht geschadet, dass ich bei dieser Gelegenheit endlich dazu kam, Luthers Neues Testament gründlich zu studieren.

Gemeinsames Leiden verbindet. In Joachim Krense gewann ich einen Freund, mit dem ich fortan ebenso eng zusammenhielt wie schon seit Beginn der Tetschener Zeit mit dem „Lübecker" Ernst. Niedergeschlagen und verstört reihten wir uns wieder in den Dienstbetrieb ein, erholten uns aber bald, weil uns Kameraden aller drei Lehrgänge, die über das drakonische Urteil des Majors empört waren, durch ihr Mitgefühl trösteten. Deshalb ließen wir auch die Häme an uns abprallen, mit der uns der Korporal und seine treuesten Musterschüler übergossen. Dennoch blieb ein Stachel zurück, da uns bewusst war, dass unsere Disziplinarstrafen in die Personalakten eingetragen wurden.

Unter der Hungerkur in der Arrestzelle hatten wir nicht gelitten, denn an das Hungern hatten wir uns in Tetschen längst gewöhnen müssen. Hier gab es morgens zu einem dünnen Ersatzkaffee eine Portion Brot nebst Margarine, Kunsthonig und Marmelade. Abends wurden wir wiederum mit Brot sowie mit je einem Stück Fleischwurst und etwas Gummikäse versorgt. Sonntags gab es als zusätzliche „Verwöhnung" sogar einen Bismarckhering. Was man uns aber als Mittagessen vorsetzte, war eine Unverschämtheit. Die Bandbreite dieser Mahlzeiten reichte von fettarmen Graupen-, Mehl- oder Kohlsuppen bis hin zu Kartoffeln mit Hackfleischsoße und ähnlichen Leckereien. Sie litten aber oft darunter, dass die Kartoffeln angefroren waren und in der Sauce ohne Lupe kaum Fleisch zu entdecken war. So verfolgte uns der Hunger vom Aufstehen bis zum Einschlafen.

Ende März erschien der Chefinspekteur der Offizierausbildung des Heeres, General Specht, ein alter Herr von Respekt einflößendem Auftreten und Äußerem, zur Abschlussbesichtigung in Tetschen. Zu meinem Bedauern zeigte er kein sonderliches Interesse an den Ergebnissen des Unterrichts unserer Studienräte. Auf die Vorführung hoch entwickelter Exerzierkunst reagierte er sogar mit massiver Ablehnung. Mit herabgezogenen Mundwinkeln erklärte er, dass sie im fünften Kriegsjahr ein unsinniger und überflüssiger Luxus sei. Gründlich und mit geübtem Blick inspizierte er die Qualität unserer Ausbildung an den Waffen. Entscheidend für sein Urteil über Erfolg oder Misserfolg der Schule war aber mit Recht die Frage, ob es gelungen sei, uns zu Unterführern heranzubilden, die Aussicht boten, sich beim Gefecht im Gelände zu bewähren. Diese Frage wurde zum Kernstück der Inspektion. Als wir hierzu in Hochdobern antraten, regnete es in Strömen. Beginnend mit dem Stellungskampf, der beweglichen Verteidigung und dem Lösen vom Feind mit anschließender Absetzbewegung bis hin zum Angriff hatten wir in anderthalb Tagen fast das gesamte Geländerepertoire durchgespielt. Für jede Phase hatte der Inspekteur selbst einen Offiziersbewerber bestimmt, der das Kommando zu übernehmen hatte. Inzwischen waren wir schon müde geworden, nass bis auf die Haut und so verdreckt, dass die Farbe der Uniformen nur noch mit Mühe zu erkennen war.

Als wir zum Schluss im Buschwaldschleier dem imaginären Feind in fünfzig Metern Entfernung schnaufend gegenüberlagen, stand der General schon wieder zwischen uns: „Fertig machen zum Einbruch in das feindliche Grabensystem!" Dann deutete er mit dem Finger auf mich: „Sie übernehmen das Kommando!"

Ich setzte zunächst die MGs an den Flanken ein. Unter ihrem Platzpatronen-Feuerschutz stürmten wir auf mein Handzeichen mit Elan die Stellung des Feindes und rollten sie mit Handgranaten ohne Zünder auf. Zugleich zog ich die MGs in Feuerstellungen zu beiden Seiten der „eroberten" Gräben vor, von denen aus sie in hinreichender Deckung das vor uns liegende Gefechtsfeld beherrschten. Unter ihrem flankierenden Feuer setzte ich nach Aufrollung der Gräben sofort die Gruppen des Lehrgangs zum Sturm auf die feindliche Auffangstellung an, deren Vorhandensein man im Ernstfall unterstellen musste. Das Ganze vollzog sich, da wir unser

Unteroffizier (OB) nach Beendigung der Ausbildung auf der Unter-offizierschule für Offiziersbewerber des Heeres. März 1944 kurz vor der Reise an die Ostfront

Bestes gaben, in fließender, schwungvoller Bewegung und nach allen Regeln der Kunst. Unser Sturmlauf, begleitet von hohem Platzpatronenverbrauch, kam erst auf das „Halt" und „Feuer einstellen!" des Generals zum Stehen. Dann wies er den Major an, zum Abschluss der Inspektion seine Schüler in offenem Viereck antreten zu lassen. In der Mitte stehend, äußerte er in militärischer Kürze seine Befriedigung über das

Ergebnis der Inspektion und sprach Ausbildern wie Schülern seine Anerkennung aus. Der Erfolg, den die hiesige, der Kriegsschule vorgeschaltete Schule bei der praktischen Ausbildung des Offiziernachwuchses des Heeres erzielt habe, sei in besonders beeindruckender Weise in der letzten Gefechtsübung in Erscheinung getreten. Der Gefreite, dem hierfür das Kommando übertragen worden sei, solle vortreten. Ich war so verblüfft, dass ich aus dem dritten Glied erst hervorkam, nachdem mein Nachbar mich in die Seite geknufft hatte. Als ich mich, lehmbeschmiert und triefend „zur Stelle" gemeldet hatte, sagte der General, er habe sich über unsere Leistung bei der Übung des Einbruches in ein Grabensystem sehr gefreut, weil sie bewiesen habe, dass die Schule uns nicht nur die für den Fronteinsatz erforderliche Routine beigebracht, sondern auch zu selbstständigem Denken erzogen habe. Offensichtlich habe sie uns einen Geist vermittelt, der sich nicht mit der Erfüllung der uns gestellten Aufgabe begnüge, sondern in entschlossenem Handeln den Erfolg zu optimieren suche. Dies sei das vorrangige Ziel der Heranbildung künftiger Offiziere. Leicht betäubt marschierte ich ins Glied zurück. Der General verabschiedete sich mit guten Wünschen für Erfolg und Soldatenglück bei der uns bevorstehenden Frontbewährung.

Erst als ich am Abend auf meinem Strohsack lag, wurde mir klar, was für ein großes Glück ich gehabt hatte. Der Angriff mit nachfolgendem Einbruch hatte von allen Aufgaben der Abschlussbesichtigung die weitaus größten Chancen geboten, den Inspekteur zu beeindrucken. Dass das Kommando hierfür einem Mauerblümchen des Kommissdaseins in den Schoß gefallen war, war wohl als ausgleichende Gerechtigkeit für langes Leiden zu verstehen.

Am nächsten Morgen erklärte der Kommandeur vor versammelter Mannschaft die Schulausbildung für beendet und verteilte die „Zeugnisse". Die knappe Hälfte von uns, darunter auch ich, wurde zu Unteroffizieren, nahezu alle anderen zu Gefreiten befördert. Sie sollten nach bestandener Frontbewährung, vor Eintritt in die Kriegsschule, Unteroffiziere werden. Gegen Ende der abendlichen Abschiedsfeier winkte der Major mich zu sich. Während er mir tief in die Augen schaute, äußerte er die feste Überzeugung, dass ich Verständnis für das Erfordernis straffster Disziplin hätte, das gelegentlich auch hartes Durchgreifen erforderlich mache. Ich hätte gern erwidert, dass es wohl angezeigt sei, die Erforderlichkeit und die Art des Durchgreifens sorgfältig abzuwägen. Doch beim Kommiss gab es keine Diskussion mit Vorgesetzten!

Am folgenden Tag marschierten wir, natürlich mit Gesang, durch die Hauptstraße des Städtchens und über die Brücke zum Bahnhof. Die Tetschener, mit denen wir im vergangenen halben Jahr Freundschaft geschlossen hatten, winkten uns von den Bürgersteigen und aus geöffneten Fenstern zu. Besonders eifrig winkte Lydia, die zierliche, junge Drogistengehilfin, von den Eingangsstufen ihres Geschäfts. Mit ihr war ich an Sonntagnachmittagen oft Hand in Hand am Elbufer spazieren gegangen. Sie hatte mich über manchen Kummer getröstet und immer wieder Gastwirte ausfindig gemacht, bei denen wir ohne Lebensmittelmarken und für wenig Geld Hirschgulasch oder sogar Rehbraten mit Knödeln bekommen hatten. Wie mag es Lydia ergangen sein, als die Sudetendeutschen zum Kriegsende aus ihrer Heimat vertrieben wurden?

Auf dem Bahnsteig verabschiedete uns Unteroffizier Reibold. Als er mir die Hand gab, blieb ihm der Abschiedsgruß in der Kehle stecken. Sein scheeler, abirrender Blick verriet, dass mein vom Glück begünstigter Erfolg seine Kommisswelt tief erschüttert hatte.

Kaum war ich in Oldenburg angekommen, als mich ein neues Problem erwartete. Das Grenadierregiment 16, dem ich für die dreimonatige Frontbewährung zugeteilt werden sollte, war nach mehrjährigem, überaus erfolg- und verlustreichem Einsatz an der Ostfront nach Kreta verlegt worden. Nach dem siegreichen Vordringen der Alliierten in Italien musste mit britischen Landungsoperationen auf den griechischen Inseln gerechnet werden. Ich hatte nichts dagegen, die Frontbewährung in einer Gegend abzuleisten, in der noch keine blauen Bohnen umherflogen. Als ich aber erfuhr, dass auf Kreta der Kommissbetrieb noch kräftigere Blüten trieb als in der Heimat, verging mir die Lust, das Mittelmeer und seine idyllischen Gestade kennenzulernen. Ich bat meinen Vater, dafür zu sorgen, dass ich zu dem Lübecker Grenadierregiment

6 versetzt würde, dem er während des Frankreichfeldzuges angehört hatte. Jetzt kämpfte es als Teil der schleswig-holsteinischen 30. Infanteriedivision, einer der besonders bewährten Divisionen des Heeres, im Nordabschnitt der Ostfront. Obwohl er mit manchen Offizieren des Regiments immer noch in freundschaftlicher Verbindung stand, sträubte er sich heftig. Er malte mir in den buntesten Farben aus, welche Wunderdinge, wie die minoischen Paläste von Knossos und Phaistos, mich unter dem südlichen Himmel der schönen und immer noch friedlichen Insel erwarteten. Da ich stur auf meinem Wunsch bestand, erfüllte er ihn mir schließlich widerwillig!

Die folgenden kurzen Wochen in Lübeck bei dem Ersatzbataillon meines neuen Regiments söhnten mich mit dem Soldatendasein aus. Mit Ernst, der mich schon erwartete, bewohnte ich ein gemeinsames Zimmer. Wir „speisten" zivilisiert und gut im Unteroffizierskasino. Abends und an den Wochenenden durchstreiften wir die zerbombte Stadt, gingen ins Theater oder ins Kino und gönnten uns ab und zu Kuchen und Eis im Café „Junge", da das Café „Niederegger" den britischen Bomben zum Opfer gefallen war. Unter solchen Begleitumständen war der Dienst, der in der Ausbildung junger Rekruten bestand, selbst dann zu ertragen, wenn er uns Gepäckmärsche von 30 Kilometern oder das Durchschwimmen des Elbe-Trave-Kanals in voller Montur abverlangte.

Und dann gab es den vor dem Fronteinsatz fälligen, lang ersehnten achttägigen Urlaub! Ich glaubte zu träumen, als ich mich plötzlich in der vertrauten Umgebung, von Mutter und Schwester liebevoll betreut, wiederfand. Endlich erfüllte sich auch meine Sehnsucht nach einem Wiedersehen mit Ulla! Ihre Schulmädchenbriefe, die ich in Leck, Oldenburg und Tetschen pünktlich an jedem Wochenende erhielt, durften nur selten und zwischen den Zeilen Zuneigung oder gar ein wenig mehr erahnen lassen. Und doch waren sie mir als eine liebe Verbindung mit der Heimat unentbehrlich geworden. An sie knüpfte sich auch meine Hoffnung, dass mich bei meiner Rückkehr Glück und Lebensfreude erwarten würden.

Wir trafen uns in Flensburg, in dessen Nähe Ulla ihren

Arbeitsdienst ableistete. Die schwere Arbeit auf einem Groß-
bauernhof ließ sie an ihre körperlichen Grenzen stoßen, denn
sie war doch eine recht kleine, zarte Person. Vollends unerträglich war ihr das Leben in dem RAD-Lager bei Översee,
wo sie sich unter der Fuchtel fanatischer RAD-Führerinnen
eingesperrt fühlte. Ich konnte wegen meiner eigenen Erfahrungen mit ihr fühlen und war traurig, ihr nicht beistehen zu
können. Im Bewusstsein einer ungewissen Zukunft und der
Unsicherheit, jemals wieder hierher zurückzukehren, genoss
ich jeden Urlaubstag! Oft dachte ich in den folgenden, schweren Jahren an das Wochenende zurück, das wir drei mit dem
Vater bei Verwandten in Eutin verbrachten.

Und schon ging es weiter: Zu dritt machten wir uns von
Lübeck auf die Reise nach Russland, leider ohne Freund Ernst,
den sein Vater, Kommandeur eines Potsdamer Grenadierregiments, zu seiner Einheit geholt hatte. Am späten Nachmittag erreichten wir Berlin. Nach einem Bummel durch das
Stadtzentrum landeten wir in einem großen Tanzrestaurant
in der Nähe des Alexanderplatzes. Dort spielte eine der damals bekanntesten Unterhaltungskapellen, was wir damals
für „heiße Rhythmen" hielten. Der Spaß dauerte aber nicht
lange, weil es wieder einmal Fliegeralarm gab. Während die
Erde unter den ringsum einschlagenden Bomben bebte, verbrachten wir den Rest der Nacht im Luftschutzkeller. In Kö-
nigsberg, wo wir umsteigen sollten, war noch keine Bombe
gefallen. Wir beschlossen, uns einen Urlaubstag zu gönnen.
So konnten wir die prachtvolle Stadt mitsamt Schloss, Dom,
Kant-Haus und „Blutgericht" in unversehrtem Zustand be-
wundern. Das hatte zur Folge, dass wir, entgegen unserem
Marschbefehl, erst am Mittag des nächsten Tages in Tilsit an
der Reichsgrenze ankamen. Auf dem Bahnsteig mischten sich
unter das Gewimmel zurückkehrender Urlauber Feldjäger, die
ungeliebten Militärpolizisten der Wehrmacht, von den Soldaten wegen der ihnen vom Hals bis auf die Brust hängenden
Stahlketten „Kettenhunde" genannt. Durch Megafone forderten sie alle, ohne Rücksicht auf Dienstgrad und Reiseziel, auf,
sich bei der Sammelstelle auf dem Bahnhofsplatz zu melden.
Dort wurden Alarmeinheiten zusammengestellt, die der unter feindlichen Druck geratenen Heeresgruppe Mitte zuge-

teilt werden sollten. Auf diese Weise wollten wir uns nicht „verheizen" lassen!

Nach einer Gelegenheit zu suchen, um auf eigene Faust unsere Reise fortzusetzen, wäre lebensgefährlich gewesen. Schließlich taten wir das einzig Vernünftige: Wir baten den Bahnhofskommandanten um Hilfe. Dass der Kommandant, ein älterer Hauptmann der Reserve, sich als ein mit uns fühlender Studienrat entpuppte, war unser Glück! Zunächst schien er, trotz ersichtlich guten Willens, unschlüssig, ob er uns, ohne mit der Militärpolizei in Konflikt zu geraten, vor dem Alarmeinsatz bewahren konnte. Doch dann überraschte er uns mit der Frage, ob wir mit dem Maschinengewehr umzugehen wüssten! Das konnten wir mit Nachdruck bejahen.

„Gut", sagte er kurz entschlossen, „dann teile ich euch hiermit dem Kurierzug, der hier in einer Viertelstunde nach Riga abgefertigt wird, als Sicherungstrupp zu!"

Und so kamen wir, ohne uns als MG-Schützen bewähren zu müssen, nach Riga. Da wir nicht wagten, unseren Marschbefehl ein zweites Mal zu übertreten, verzichteten wir schweren Herzens darauf, die schöne Stadt, die bei den deutschen Soldaten als „Paris des Ostens" galt, in Augenschein zu nehmen und stiegen in den nächsten, über Walk bis ins estnisch-sowjetische Grenzgebiet fahrenden Zug.

Ich hatte vieles über das wechselhafte Schicksal des Baltikums gelesen. Als unser Zug quer durch Lettland dampfte, wurden mir die Namen von Landschaften, Städten und historischen Persönlichkeiten wieder lebendig: Städte wie Wenden und Wolmar hatte der das Baltikum beherrschende Deutsche Orden durch Burgen und Stadtmauern befestigt. Und der große deutsche Ordensmeister Wolter von Plettenberg hatte mit seinem Heer aus Rittern und Bauern einem weit überlegenem russischen Heer 1502 eine so schwere Niederlage bereitet, dass das Baltikum für ein halbes Jahrhundert von weiteren russischen Angriffen verschont blieb.

Ohne Ankündigung blieb unser Zug plötzlich zwischen Birken und Kiefern stehen. Dann entdeckten wir ein winziges Stationsgebäude, an dessen Wand „Petseri" stand. Dies war, wie sich herausstellte, der Hauptort des an Russland grenzenden, damals kleinsten estnischen Landkreises. Im 11. Jahrhundert hatten sich die russischen Fürsten von Pleskau hier festgesetzt. Daher waren die estnischen Bewohner, die „Setu", damals zum russisch-orthodoxen Christentum bekehrt worden. Das Städtchen Petseri besaß nur in seiner Mitte ein paar größere, aus Stein erbaute Häuser. An die umgebenden, sanft ansteigenden Hänge duckten sich überall in bunten Farben gestrichene Holzhäuschen in das Grün der Gärten. Eines von ihnen wurde mir als Nachtquartier zugewiesen. Hier lernte ich zum ersten Mal die großzügige estnische Gastfreundschaft kennen. Das Haus der alten Frau, die mich aufnahm, war klein und bescheiden eingerichtet, doch sehr gepflegt. Und meine ausreichend Deutsch sprechende Wirtin tat alles, was ihr möglich war, um mir den Aufenthalt angenehm zu gestalten. Als ich mit ihr in der sonnendurchfluteten und von Blumen umgebenen Veranda plauderte, hatte ich das Gefühl, bei alten Bekannten eingekehrt zu sein. Sie erzählte mir, dass Petseri durch sein orthodoxes, Kloster berühmt geworden ist. Noch vor dem Abend machte ich mich dorthin auf den Weg. Im Vorhof trat mir ein alter Mönch mit langem, weißem Bart entgegen. Mit freundlichem Willkommensgruß erklärte er mir in gebrochenem Deutsch, dass die Klosterbrüder sich gerade zum Gebet und Gottesdienst versammelten. Dennoch lud er mich zum Besuch seines Klosters ein. Er betrat, mir voraus, einen langen und dunklen Gang, der tief in die Felsen führte. Ich glaubte, in ein Märchen versetzt zu sein, als ich im Licht der von meinem Begleiter entzündeten Kerze zum ersten Mal im Leben farbige, feierlich anmutende mittelalterliche Fresken erblickte, die Wände, Decken und Nischen schmückten. Im flackernden Kerzenschein erwachten bei jedem Schritt andere, ehrwürdige, biblische Gestalten und Geschehnisse in erstaunlich gut erhaltenen Farben aus dem Dunkel zum Leben. Schließlich wurde es zunehmend heller, bis sich eine, in den Fels geschlagene Höhle von beeindruckenden Maßen öffnete – die Uspenskikirche genannte, uralte Wallfahrtskirche des Klosters. Von ihrer gerundeten Decke hingen, in Weihrauchschwaden gehüllt, schwere, kunstvoll geschmiedete Messingleuchter. Beherrscht wurde der Raum durch eine in allen Farben, vor allem aber golden schimmernde und bis zur Decke reichende Ikonostase. Von unzähligen Kerzen beleuchtet, reihten sich auf ihr Dutzende von Ikonen aneinander. Die mystische Ausstrahlung der christlichen Bilder und der Weihrauchduft verbanden sich mit dem vielstimmigen, feierlich-liturgischen Gesang der Mönche zu einem mir unvergesslichen Erlebnis. In ihm hat meine lebenslange Liebe zu Ikonen ihren Ursprung.

Ich war dem glücklichen Zufall dankbar, der mir auf dem Weg an die Front und in den Kampf gegen die Soldaten der bolschewistischen Sowjetunion diese Begegnung mit der Seele des bedrängten christlichen Mütterchens Russland beschert hatte! Sie war seit fast drei Jahrzehnten unterdrückt und doch war zu vermuten, dass ihr Abglanz noch in manchem russischen Rotarmisten weiterlebte.

Im Schützengraben in Russland

Am nächsten Morgen erwartete uns beim Soldatenheim ein ungedeckter Lastwagen. Eingezwängt zwischen Kartoffelsäcken, Munitionskisten und anderen Nachschubgütern, überquerten wir in ungewöhnlich früher Hitze, auf der Schotterpiste ständig in dichte Staubwolken gehüllt, die russische Grenze und die dem Pleskausee entgegenfließende Welikaja. Endlich hielt der Lastwagen in einem Birkenwäldchen. Während wir uns den Staub aus den Uniformen klopften, trat aus einem der im Schatten liegenden Blockhäuser des Stabes der 30. Division der Adjutant des Divisionskommandeurs, ein junger Hauptmann, auf uns zu. Auf unsere Meldung reagierte er unmilitärisch locker und lud uns ein, mit ihm in dem Blockhaus-Kasino zu essen.

„Wascht euch so gut es geht", sagte er dann, „der Kommandeur will euch nachher sehen!"

Was würde uns bei dem hohen Herrn erwarten? Vermutlich würde unser Auftritt sich darauf beschränken, knallend die Hacken zusammenzuschlagen, „Haltung einzunehmen", und auf die Frage nach dem Namen laut und akzentuiert zu antworten. Dann würde er wohl mit der Mahnung, uns als pflichtbewusste Soldaten und künftige Offiziere zu bewähren, die „Audienz" beenden.

Ganz im Gegenteil! Er empfing uns freundlich lächelnd zu einer ungezwungenen Unterhaltung, die unsere Befangenheit lockerte! Mit offensichtlichem Interesse erkundigte er sich nach Namen, landsmannschaftlicher Herkunft und nach dem Eindruck, den wir von der Qualität unserer militärischen Ausbildung gewonnen hätten.

„Ich freue mich, sagte er, „dass wieder einmal junge und tatkräftige Offiziersbewerber zu uns stoßen. Doch möchte ich Sie nicht im Unklaren darüber lassen, dass die Frontbewährung angesichts der zunehmend schwieriger werdenden Lage der Heeresgruppe Nord hohe Ansprüche an Sie stellen wird. Wären Sie ein paar Tage früher gekommen, so wären Sie sofort in schwere Abwehrkämpfe geraten, die unsere Division gegen Durchbruchsversuche überlegener sowjetischer Kräfte zu bestehen hatte. Ich hoffe, dass die Beruhigung der Lage in unserem Kampfabschnitt noch einige Zeit anhält. Das wird Ihnen die Eingewöhnung in das Leben und den Kampf an der Front erleichtern! Ich werde versuchen, soweit irgend möglich, Ihr künftiges Schicksal im Auge zu behalten."

Das hätte er sicherlich nicht gesagt, wenn er gewusst hätte, in welche Turbulenzen seine Division bald geraten sollte! Bevor er uns verabschiedete, musste ich mir seine Frage gefallen lassen, wie ich es fertig gebracht hätte, schon während der Ausbildung für drei Tage in den „Knast" zu wandern, was er meinen Papieren entnommen habe. Als ich den Hintergrund geschildert hatte, befand er, es sei empörend, wenn ein Kommandeur seine Disziplinargewalt missbrauche, indem er für eine lächerliche Lappalie, für die allenfalls eine Rüge am Platze gewesen wäre, eine derartige Strafe verhänge. Nun konnte ich also getröstet den Weg in den Schützengraben antreten!

Auf diesen erhebenden Auftakt unseres Fronteinsatzes folgte sogleich der Abstieg in die Niederungen der Etappe. Wir sollten die Nacht beim Tross unseres Regiments verbringen. Dieser war in den Häuschen eines von seinen Bewohnern verlassenen Dorfes untergebracht. Mit Skepsis betrachteten wir die primitiven Katen mit ihren löchrigen Strohdächern, den Fußböden aus gestampftem Lehm und den Wänden aus unverschalten, altersgeschwärzten Balken, deren Spalten früher einmal mit Moos verstopft gewesen waren. Wir hatten eben nicht nur die Grenze zwischen zwei Ländern und Völkern, sondern auch zwischen zwei Zivilisationsstufen überschritten! In dem uns zugewiesenen Häuschen waren die Fenster mit Brettern zugenagelt. Im Licht einer blakenden Petroleumlampe war außer einem wackligen Tisch und einigen Bänken kein weiteres Mobiliar zu erkennen. Immerhin lag auf dem Fußboden reichlich Stroh. Als ich dieses für uns vorbereitete Nachtlager näher betrachtete, schien es mir, als ob das Stroh sich bewegte. Ich rieb mir die Augen, beugte mich nach unten und fuhr entsetzt wieder hoch: Auf dem Stroh wogten ganze Heerscharen großer, brauner Käfer hin und her! Wir verzogen uns fluchtartig ins Freie, entschlossen, diese

Bude nicht wieder zu betreten und notfalls draußen zu übernachten. Hätte ich gewusst, welche fiesen Arten beißender und stechender Insekten in den kommenden Jahren über mich herfallen würden, wäre diese erste Bekanntschaft mit harmlosen Kakerlaken weniger dramatisch verlaufen!

Unter dem Abendhimmel hatte sich der Regimentstross vom Hauptfeldwebel bis zum Pferdepfleger auf grüner Wiese an langen, roh gezimmerten Tischen niedergelassen. Der „Spieß" begrüßte uns rau, aber herzlich.

Nach eingehender Musterung rief er vergnügt: „Ihr seid schwärzlich angelaufen! Ab mit euch in die Sauna, damit die Russen nicht denken, wir bekämen unseren Ersatz aus Afrika."

Als wir aus dem kümmerlichen Bretterverschlag, in dem es immerhin sauberes Wasser gab, erfrischt hervorkamen, winkte er uns neben sich an den Tisch. Dieser große, breitschultrige Holsteiner, auf der Brust das Eiserne Kreuz I. Klasse, den „Gefrierfleischorden" des Winterfeldzuges 1941/42 und das silberne Verwundetenabzeichen, war eine martialische Erscheinung. Nachdem wir miteinander die ersten Schnäpse getrunken hatten, ließ er sich ausfragen. In den Reihen der 30. Division hatte er seit Kriegsbeginn am Überfall auf Polen, am Frankreichfeldzug und an dem verhängnisvollen Unternehmen „Barbarossa" gegen die Sowjetunion teilgenommen. Mit der Division war er im Winter 1941/42 im Kessel von Demjansk eingeschlossen worden, wo die Soldaten unter unsäglichen Leiden dem Ansturm einer gewaltigen sowjetischen Übermacht standgehalten hatten, bis der Kessel nach einem Jahr geräumt werden konnte. Später hatte die Division in zähen Kämpfen von einer Verteidigungslinie zur nächsten nach Südwesten zurückweichen müssen, bis sie schließlich im März 1944 im Verband der Heeresgruppe Nord in die östlich der Grenzen Estlands und Lettlands verlaufende „Pantherstellung" eingerückt war.

Während wir zuhörten, war der Tisch gedeckt worden. Wir trauten kaum unseren Augen, als wir die von Schweinebraten, Wellfleisch und Würsten überquellenden Schüsseln erblickten. Batterien von Flaschen luden ein, die Fettigkeiten mit Wodka und Kognak hinunterzuspülen. Offenbar herrsch-

te beim Tross Fettlebe. Er war ja nicht nur für den Nachschub des Kriegsmaterials, der Verpflegung, den Betrieb der
Feldbäckerei und der Feldküchen zuständig, sondern verwal-
tete auch die der Truppe wöchentlich zugeteilte, vor allem
aus Alkohol, Zigaretten und Schokolade bestehende Marke-
tenderware. Mehr noch gerieten wir ins Staunen, als bei Tische junge russische Frauen bedienten. Später nahmen sie
sogar zwischen den Soldaten Platz und trugen mit munterem
Geplauder in deutsch-russischem Mischmasch zu der sich
entwickelnden fröhlichen Stimmung bei.

Dem Spieß blieben unsere staunenden Blicke nicht verborgen. „Bildet euch nicht ein", bemerkte er, „dass wir hier ständig in Saus und Braus leben! Es ist Zeit, dass ich meinen Soldaten etwas Entspannung verschaffe! Wir haben schwere Tage
hinter uns. Als der Iwan tagelang mit überlegenen Kräften
und vielen Panzern gegen unsere Stellungen stürmte, gerieten auch die rückwärtigen Versorgungseinheiten fortlaufend
in das sowjetische Trommelfeuer. Es wurde zu einem Him-
melfahrtskommando, die kämpfende Truppe mit dem sprunghaft steigenden Munitionsbedarf zu versorgen, ihr warme
Verpflegung zukommen zu lassen und den Sanitätern beim
Abtransport der Gefallenen und Verwundeten zu helfen. Auch
wir haben hierbei schmerzliche Verluste erlitten. Dass euch
hier russische Mädchen bedienen, hat einen besonderen
Grund. Sie waren bis vor Kurzem noch bei deutschen Verwal-
tungsstellen in Ostrow beschäftigt und haben aus Angst vor
den Bolschewiken bei uns Schutz gesucht. Da sie ausgehun-
gert waren, haben wir sie ein paar Tage mit durchgefüttert.
Morgen muss ich sie dann mit dem ersten Lkw nach Petseri
schicken. Hoffentlich gelingt es den armen Mädchen, aus der
baltischen Falle rauszukommen!"

Das ungewohnt fette Essen und der Schnaps bekamen mir
nicht. Ich hätte mich gern an einen ungezieferfreien Schlaf-
platz unter Dach verdrückt. Doch ließen wir uns alle drei von
unseren Gastgebern festnageln. Sie prosteten uns, den
„Frischlingen", immer auf das Neue zu, und amüsierten sich
darüber, dass wir bald nicht mehr in der Lage waren, uns davonzustehlen. Schließlich sank ich benebelt auf die Bank und
nahm, bevor ich eindämmerte, gerade noch wahr, dass ein

mitleidiges Mädchen meinen Kopf in seinen Schoß bettete.

Am frühen Morgen erwachten wir alle drei mit Kopfschmerzen, Übelkeit und dem Schwur „Nie wieder"! Einige Eimer kaltes Wasser taten Wunder, sodass wir imstande waren, uns beim Regimentsgefechtstand zu melden. Nachdem der Kommandeur uns freundlich in Augenschein genommen und mit guten Wünschen für rasche Eingewöhnung bedacht hatte, teilte sein Adjutant jeden von uns einem anderen Bataillon des Regiments zu. Ich erhielt Weisung, mich beim Kommandeur des dritten Bataillons, einem Major der Reserve und zweifach promovierten Privatdozenten, zu melden. Ein glücklicher Zufall! Mein Vater hatte den Major während des Westfeldzuges als damaligen Leutnant kennen- und schätzen gelernt. Er hatte sich als hervorragender Truppenführer ausgezeichnet und war wegen seiner überaus sympathischen menschlichen Eigenschaften schon damals bei den Soldaten und Offizieren des Regiments außerordentlich beliebt gewesen.

Der Major nahm mich mit herzlichen Worten auf. „Ich hoffe", sagte er, „dass der Gegner nach seinen gescheiterten Durchbruchsversuchen, die ihn noch größere Verluste gekostet haben als uns, für einige Zeit Ruhe gibt. Das wird es Ihnen erleichtern, in das Frontdasein hineinzuwachsen. Obwohl Sie gewiss eine gründliche Ausbildung durchlaufen haben, kann die Bewährung an der Front nur gelingen, wenn ihr ein täglicher Lernprozess vorangeht. Glauben Sie deshalb nicht, dass Sie sich sogleich hervortun müssen! Als wichtigsten Rat gebe ich Ihnen mit, dass Sie Ihr Verhalten zunächst ganz an dem ihrer Kameraden ausrichten. Mit wenigen Ausnahmen sind sie erfahrene und jeder Lage gewachsene Soldaten. Sie werden aber auch bei Kompanie- und Zugführer jegliche Hilfe und menschliches Verständnis finden."

Nachdem er in kurzen Worten die Lage im Kampfabschnitt des Regiments beschrieben hatte, übergab er mich meinem künftigen Kompanieführer, einem aus Lübeck stammenden Oberleutnant. Während ich ihm durch ein verzweigtes System von Laufgräben folgte, drängten wir uns an Soldaten vorbei, die mit Spitzhacken und Spaten zerschossene Grabenböschungen und Unterstände wiederherstellten. Der Oberleutnant verschwand in einem mit dicken Stämmen und Erde gedeckten Unterstand, um sogleich mit einem jungen blondhaarigen Offizier zurückzukommen.

„Das ist Leutnant Schmidt, Ihr Zugführer", sagte er, „er wird Sie als Mitbewohner in seiner Behausung aufnehmen und sich um Ihre Einführung in die Einzelheiten des Stellungskrieges kümmern."

„Schön, dass Sie zu mir kommen", sagte der Leutnant, ein sportlich schlanker Mann, dessen lebhafte Augen mich durch eine Drahtbrille vergnügt musterten. „Ich denke, dass wir zusammen keine Langeweile haben werden und hoffe, dass Sie sich in dieser Unterkunft wohlfühlen! Sie hat, wie durch ein Wunder, das sowjetische Trommelfeuer mit geringen Schäden überstanden!"

Auf jeder Seite des Unterstandes gab es eine breite Bank, auf der es sich, sobald man sich daran gewöhnt hatte, mithilfe von Pferdedecken ganz gut schlafen ließ. Den Zwischenraum füllte ein aus Munitionskisten zusammengezimmerter Tisch aus. An den Seitenwänden dienten einige Nägel als Kleiderhaken, und für meinen Karabiner fand sich ein Platz in der Ecke. So vielen Komfort hatte ich mir als Lehrling nicht erwartet! Mein Zugführer und Quartierwirt, Reserveoffizier und Student an der Technischen Hochschule in Hannover, war gerade zwei Jahre älter als ich. Da er mit siebzehn Jahren das Abitur gemacht hatte, war es ihm gelungen, noch vor dem Arbeitsdienst ein Semester zu studieren. In anderthalbjährigem Fronteinsatz war er ein erfahrener Soldat geworden. Doch war er vor allem ein liebenswerter, nachdenklicher und aufgeschlossener Mensch. Er wurde mein Lehrmeister, dem ich viel zu verdanken hatte.

Während der zwei Monate, in denen ich mich mit ihm in seine kaum zehn Quadratmeter große Behausung teilte, stellte sich heraus, dass wir ähnlich dachten und fühlten, dieselben Fragen nach Sinn und Zweck des uns aufgezwungenen Tuns stellten und übereinstimmende Antworten fanden. So wurden wir Freunde. Freimütig bekannte er, in einem NS-Staat nicht leben zu wollen.

„Glaube mir", sagte er, „damit stehen wir hier nicht allein. Die Offiziere teilen in ihrer überwiegenden Mehrheit unsere

Haltung, äußern sich hierzu allerdings nur im Kreise Gleichgesinnter. Die Soldaten sind viel unbefangener. Immer wieder muss ich so tun, als ob ich nichts gehört hätte, wenn sie ihrer Ablehnung des Regimes und ihrem Hass auf die SS freien Lauf lassen."

Ich fühlte mich von einer Last befreit! Zwar hatte ich während der Ausbildung Gleichgesinnte gefunden, doch konnten wir nur selten und mit großer Vorsicht wagen, uns über unsere politischen Überzeugungen auszutauschen. Hier musste ich dabei kein Wagnis eingehen! An der Front wurde ich mir des Zwiespaltes, in dem ich mich befand, mit voller Klarheit bewusst: Ich hatte einem Mann, der Deutschland ins Verderben führte, im Fahneneid Treue schwören und mich verpflichten müssen, meine Haut für ihn zu Markte zu tragen, verspürte jedoch nicht die geringste Lust, für ihn und sein Regime der Unfreiheit, der Lüge und des Rassenhasses zu sterben! Andererseits gehörte ich nun einer Gemeinschaft an, aus der man nicht ausbrach. Ich wollte mich als anständiger Soldat bewähren, der seine Kameraden nicht im Stich lässt. Im Übrigen ahnte ich, was den Menschen, vor allem den Frauen, zu Hause geschehen würde, wenn die Rote Armee sie überflutete. Es lohnte sich also zu kämpfen, um diese Katastrophe zumindest aufzuhalten!

Wer als frischgebackener Unteroffizier unter Frontsoldaten geriet, konnte nicht sogleich als Gruppenführer eingesetzt werden. Um mir zu helfen, das Gesicht zu wahren, teilte der Leutnant mich einer Gruppe seines Zuges als „Schließender" zu, was mir nicht die bescheidenste Führungsaufgabe übertrug. Bevor ich den Dienst im Schützengraben antrat, hatte er mir eingeschärft, dass es die vorrangige Pflicht des Soldaten sei, sich nicht unnötig Gefahren auszusetzen. Wichtigste Grundregel sei es, den Kopf nicht über die Brustwehr zu heben. Die sowjetischen Scharfschützen lägen überall und immer auf der Lauer. Deshalb könne man die feindlichen Stellungen nur durch die Sehschlitze zwischen den Sandsäcken gefahrlos beobachten. Auch die Kameraden, zumeist schleswig-holsteinische Landsleute, die mir von Anbeginn hilfreich und verständnisvoll entgegenkamen, benutzten jeden Anlass, um mich zu mahnen, stets auf sichere Deckung zu achten.

Sie machten mich vor allem auf die fortlaufend wechselnden
Standorte sowjetischer Scharfschützen aufmerksam. Dennoch
wollte sich, als ich meinen Posten im Schützengraben bezogen hatte, zunächst nicht das Bewusstsein einstellen, dass
mich Kampf und Gefahr umgaben. Über mir spannte sich ein
azurblauer Himmel. Wer gerade dienstfrei war, hatte die Feldbluse ausgezogen, um ein Sonnenbad zu nehmen. Durch die
Sehschlitze und die Stacheldrahthindernisse schweifte mein
Blick über eine von Granattrichtern unterbrochene grüne
Fläche, die nach drei- bis vierhundert Metern durch den Damm
der Eisenbahnlinie von Pleskau nach Ostrow begrenzt wurde. An ihn lehnten sich uns gegenüber die feindlichen Stellungen an. Nur in größeren zeitlichen Abständen störten einige Artilleriegranaten den Frieden. Sie wurden jeweils, als
ob es sich um Pflichtübungen handelte, von der gegnerischen
Seite prompt beantwortet.

Als ich mit jugendlicher Leichtfertigkeit dem Leutnant
mitteilte, so hätte ich mir den Krieg in Russland nicht vorgestellt, dies schien ja fast eine Idylle zu sein, gab er kurz und
bündig zurück: „Wart's nur ab!"

Nach dem Einsetzen der Dunkelheit ging es oft lebhafter
zu. Immer wieder versuchten Stoßtrupps der einen oder der
anderen Seite, in die gegnerischen Stellungen einzubrechen,
um Maschinengewehrnester oder Artilleriebeobachter auszu-
heben. Sie versuchten vor allem, Gefangene einzubringen, von
denen man sich Informationen über Stärke und Absichten
des Gegners versprach. Dann krachten Handgranaten, Maschinengewehre bellten, Leuchtkugeln tauchten das Kampf-
gelände für Augenblicke in grelles Licht; und die Artillerie
beider Seiten lieferte sich ein Duell, bei dem man besser auf
den Boden des Grabens abtauchte.

Zum ersten Mal kam ich ins Gefecht, als es einem sowjetischen Stoßtrupp gelang, in unseren Graben einzudringen.
Trotz ihrer Gegenwehr konnten wir die Rotarmisten vertreiben. Sie ließen zwei Tote zurück, aber auch wir hatten einen
Gefallenen zu beklagen. Während ich half, ihn fortzutragen,
erkannte ich in dem Toten mit tiefem Erschrecken einen Kameraden meiner Gruppe, mit dem ich noch eine Stunde zuvor geplaudert hatte. Erst jetzt war ich in der Wirklichkeit

des Krieges angekommen!

Einige Zeit später erhielt der Leutnant Weisung, durch einen Stoßtrupp seines Zuges Gefangene einzubringen. Er übernahm selbst die Führung. Da ich darauf bestand, mich inzwischen hinreichend eingewöhnt zu haben, nahm er mich mit. Er wählte für das Unternehmen eine Nacht aus, an deren Vorabend dunkle Gewitterwolken aufgezogen waren. Dunkelheit und Deckung bietende Granattrichter ermöglichten es unserem achtköpfigen Trupp, kriechend und robbend ungesehen die feindlichen Drahthindernisse zu erreichen und zu durchschneiden. Als eine Leuchtkugel aufstieg und erste Schüsse fielen, sprangen wir schon in den sowjetischen Graben. Alles Weitere spielte sich so rasch ab, dass es mir später wie ein albdruckartiger Kriminalfilm erschien. Je eine Hälfte unseres Trupps rollte mit Handgranaten und Maschinenpistolen nach beiden Seiten ein Stück des Schützengrabens einschließlich der Unterstände auf und räumte hierbei zwei Maschinengewehrstellungen aus. Bevor wir Handgranaten hineinwerfen konnten, kamen aus einem Unterstand zwei Rotarmisten mit erhobenen Händen heraus. Während wir mit ihnen eiligst den Rückzug antraten, forderte der Leutnant durch Leuchtkugel die Unterstützung unserer Artillerie und Granatwerfer an. Ihr umgehend einsetzendes Feuer hielt den Gegner in Schach, sodass wir, mit nur zwei Leichtverwundeten und den unversehrten Gefangenen, unseren Graben erreichten.

Nach dieser ersten Teilnahme an einem Stoßtrupp, ließ mich die nervliche Anspannung nicht zur Ruhe kommen. Der Leutnant goss Rotwein in die Feldbecher und sagte: „Lass' uns darauf anstoßen, dass wir das Glück hatten, mit nur zwei Leichtverwundeten davonzukommen! Ich bin mir nicht sicher, ob es in unserer Lage Sinn macht, für Erkundungszwecke Opfer zu bringen. Gestern hat der Kommandeur die Offiziere des Bataillons davon unterrichtet, dass unser Nachbar, die Heeresgruppe Mitte, unter furchtbaren Verlusten zusammengebrochen ist. Die Rote Armee hat eine breite Bresche in unsere Ostfront geschlagen, durch die sie nicht nur nach Polen, sondern auch in das südliche Lettland vorgestoßen ist, und sie nähert sich bereits Riga. Wahrscheinlich ist unsere Heeresgruppe Nord schon abgeschnitten!"

Bestürzt fragte ich ihn, was sich das Oberkommando der Wehrmacht in dieser Lage davon versprechen möge, uns auf diesem, nach Russland hineinreichenden „Balkon" festzuhalten! Unter Hinweis auf die Vertraulichkeit der Mitteilungen des Majors erwiderte er, dass es der Heeresgruppe bisher nicht gestattet sei, nach Süden auszuweichen oder auszubrechen. Dem Vernehmen nach habe Hitler das gesamte Baltikum zu einer „Festung" erklärt und verlangt, sie „bis zum letzten Mann" zu halten! Die östliche Ostsee wolle er offenbar keinesfalls den Sowjets überlassen. Er befürchte wohl, dass uns dann die Finnen verlassen würden. Angesichts dieser Lage müsse nun unser rechter Nachbar, die 16. Armee, neben der Verteidigung ihrer gegen Osten gerichteten Stellungen auch den sowjetischen Vorstoß auf Riga und die Ostseeküste abriegeln. Das habe der Major wegen der ungeheuren Überlegenheit des Gegners für unmöglich gehalten.

Unsere 18. Armee, sagte der Leutnant, stehe aber ebenfalls vor einer unlösbaren Aufgabe. Ihr Frontabschnitt reiche von der estnisch-lettischen Grenze bis zum nördlichen Ufer des Peipussees. Er sei auf Dauer nicht zu halten, weil die Stellungen über weite Strecken nur von einem dünnen Truppenschleier besetzt seien. Die sich anschließenden, bis zur Ostseeküste verlaufenden Stellungen würden von der „Armeeabteilung Narwa", der auch die estnischen Regimenter angehörten, gegen die sowjetische „Leningrader Front" verteidigt. Dass die Rote Armee, trotz ihrer gigantischen Überlegenheit, bisher die Stellungen unserer Division zwischen Pleskau und Ostrow noch nicht überrollt habe, könne er sich nur mit strategischen Gründen erklären: Für die sowjetische Seite biete es sich an, eine umfassende Offensive gegen die östliche Front der Heeresgruppe erst zu eröffnen, nachdem sie den „baltischen Sack" im Süden zugeschnürt habe, um sodann die eingekesselte Heeresgruppe umso sicherer vernichten zu können!

Dass wir uns in einer äußerst bedrohlichen Lage befanden, sprach sich bald auch bei der Truppe herum. Trotzdem waren keine Zeichen von Resignation zu erkennen. Das wäre aber vermutlich selbst bei einer der erprobtesten Infanteriedivisionen des Heeres nicht zu vermeiden gewesen, wenn die in den Schützengräben kämpfenden Offiziere und Mannschaften die tatsächlichen Stärkeverhältnisse beider Seiten gekannt hätten. Nach dem 2007 erschienenen Werk „Der Krieg im Osten", Bd. 8 unseres militärgeschichtlichen Forschungsamtes hatte unsere aus zwei Armeen und der „Armeegruppe Nord" bestehende Heeresgruppe am 1. Juli 1944 eine für den Kräftevergleich aussagekräftige Kriegsstärke von 215 000 Mann. Ihrer 16. Armee standen jedoch zu diesem Zeitpunkt an der lettischen Ostgrenze die sowjetische „Zweite Baltische Front" (390 000 Mann und einige Hundert Panzer) und im südlichen Lettland die dorthin durchgebrochene „Erste Baltische Front"(360000 Mann und 800 Panzer) gegenüber. Vor der Front unserer 18. Armee war die „3. Baltische Front" (260 000 Mann, ebenfalls mit Hunderten von Panzern) aufmarschiert und die sowjetische „Leningrader Front" rannte mit einer erdrückenden Übermacht gegen die schwache deutsch-estnische „Armeegruppe Nord" an. Dieses Bild gewann an Dramatik durch die Tatsachen, dass unsere Heeresgruppe nicht mehr über Panzereinheiten verfügte, und der Luftraum weitestgehend von der sowjetischen Luftwaffe beherrscht wurde. Die 206 Sturmgeschütze der Heeresgruppe fügten zwar den sowjetischen Panzern enorme Verluste zu, waren aber ihrer gewaltigen Stärke nicht im Entferntesten gewachsen.

Am 21. Juli 1944 mittags hatte ich gerade die gefüllten Kochgeschirre auf unseren Tisch gestellt, als Schmidt zum Kompanieführer gerufen wurde. Er kam bald zurück, aß schweigend und entschloss sich erst nach geraumer Zeit, auf meine fragenden Blicke zu antworten.

„Behalte es für dich", sagte er, „der Major hat den Kompanieführern eröffnet, dass die Division einen Funkspruch aufgefangen habe, nach dem auf Hitler in seinem Hauptquartier ein Sprengstoffattentat verübt worden sein soll. Näheres sei darüber bisher nicht bekannt geworden. Außerdem hat er mitgeteilt, dass starke sowjetische Panzerkräfte südlich von Ostrow die der 16. Armee zugeordnete Luftwaffenfelddivision überrollt haben. Sie stoßen jetzt nach Norden in unseren Rücken vor. Deshalb wird die Division noch heute Nacht über die Welikaja zurückgehen. Die Nachricht von dem gemeldeten Attentat soll der Truppe erst mitgeteilt werden, wenn sie offiziell bestätigt und die Division zu ihrer Weitergabe ermächtigt worden ist."

Wir sahen uns wortlos an, doch konnte jeder im Auge des anderen die Frage lesen: Ob es wohl gelungen ist?

Wenig später näherte ich mich im vordersten Graben unserer MG-Stellung, als ein Soldat den MG-Schützen in heimatlichem Plattdeutsch zurief: „Hebbt ji dat all hört? De Aas is dood! Und hüt Nacht goht wi torück!

Irgendwie war also die alarmierende Nachricht doch schon bis in die vorderste Linie durchgedrungen, und die alten Krieger hatten sie entsprechend ihren Wunschvorstellungen ausgeschmückt. Obwohl wir gute Kameraden geworden waren, sprachen sie mich nicht auf das Attentat an. Diese Frontsoldaten waren zu einer engen, geradezu familiären Gemeinschaft zusammengewachsen. Neulinge, dazu noch Offiziersbewerber, mussten viele Prüfungen bestehen, bis sie ihr volles Vertrauen erwarben, und das gelang nicht jedem.

Blutige Rückzugsgefechte im Baltischen Kessel

In der darauffolgenden Nacht konnten wir unsere Stellungen kampflos und zunächst unbemerkt räumen. Nach einem langen, schweißtreibenden Geschwindmarsch überschritten wir am nächsten Morgen zwischen Pleskau und Ostrow die Welikaja (die „Große"), die sich wegen der lange anhaltenden Trockenheit in ein schmales Bett zurückgezogen und in eine „Kleine" verwandelt hatte. Hinter uns sprengten Pioniere die Brücke, und schließlich jagten sie auch die einige Kilometer entfernte Ostrower Eisenbahnbrücke in die Luft.

Ich wunderte mich: „Weshalb setzen uns die Sowjets nicht nach?"

„Ist doch klar," erwiderte Schmidt, „sie wollen uns umfassen und uns den Rückzug nach Westen abschneiden."

Doch diese sowjetische Rechnung ging nicht auf. Unserer Nachbardivision war es mit Unterstützung einer Sturmgeschützabteilung gelungen, den Durchbruch der feindlichen Panzer vorübergehend abzuriegeln. Deshalb folgten uns die sowjetischen Truppen anfangs nur zögernd. Der Rückzug des Regiments, den unser Bataillon als Nachhut deckte, verlief ungestört und unter einem nächtlichen Himmel, der durch den über Ostrow liegenden roten Feuerschein hell erleuchtet war.

Während der nächsten Tage brannte die Julisonne heiß auf unsere Stahlhelme. Deshalb ließ der Leutnant das schwere Gerät des Zuges auf einen von zwei stämmigen Pferden gezogenen Panjewagen laden. Auf ihm fand auch mein „Ofenrohr" Platz, ein fast zwei Meter langes Stahlblechrohr nebst drei dazugehörigen Panzerabwehrgranaten. Mein Gruppenführer hatte diese „Wunderwaffe" in einem geräumten Bunker hinter unseren verlassenen Stellungen gefunden und mir das sperrige Stück aufgeschwatzt: „Junge! Mit dem Rohr kannst du beim Auftauchen von Panzern Ruhm erwerben. Außerdem gibt es für einen von Hand geknackten Panzer drei Tage Urlaub!"

In lockerer Ordnung um unseren Panjewagen gruppiert, aber aufmerksam nach allen Seiten sichernd, zogen wir in einer Wolke aus Pferde- und Menschenschweiß, in die sich der Rauch von Zigaretten und der Geruch ranzigen Stiefelfettes mischten, westwärts. Die schmalen, staubigen Wege, an den Rändern eingefasst von üppig blühenden Wildblumen und Kräutern, wanden sich durch das grüne Hügelland der Setus. Seine flachen Wellen stiegen zu einem von Südwest nach Nordost verlaufenden Höhenzug an. Auf ihm verläuft heute ein Stück der Grenze zwischen Russland einerseits sowie Estland und Lettland andererseits. Dort oben würde uns, so glaubte der Leutnant, eine vorbereitete Auffangstellung erwarten. An unserem Weg wechselten Weideflächen, Getreidefelder und blühende Kartoffeläcker mit Gehölzgruppen ab. In den Niederungen luden, leider vergebens, von Bächen durchflossene Teiche zu Erfrischung und Verweilen ein. In einer so reizvollen und anmutigen Landschaft wirkte die Verlassenheit, auf die wir überall trafen, umso bedrückender. Wenn wir eines der bescheidenen Dörfchen durchquerten, liefen und flatterten allenfalls ein paar Hühner erschreckt davon, oder ein einsamer Hund bellte uns aus sicherer Deckung an. Nirgendwo zeigte sich ein Mensch! Wohin mochten sie geflohen sein, die hier nebeneinander lebenden Setus und Russen, in deren Schicksal der Krieg so brutal eingegriffen hatte? Auch Russen fürchteten sich vor dem Einrücken der Roten Armee, denn sie hatten doch in ihrer Mehrheit im Dienst der deutschen Verwaltung der Ostgebiete auf den früheren Kolchosen und Staatsgütern gearbeitet. Dass sie hierzu gezwungen worden waren, würde ihre „Befreier" kaum davon abhalten, sie als „Kollaborateure" büßen zu lassen.

An einem dieser Tage erreichte uns die Nachricht, dass „der Führer" bei dem Attentat vom 20. Juli nur leicht verletzt worden sei. Auch ohne Schmidts warnenden Blick hätte ich meine tiefe Enttäuschung schweigend hinuntergeschluckt. Es war aber niemand unter uns, der Erleichterung oder gar Freude über Hitlers Überleben zur Schau getragen hätte. Alle blieben stumm.

Als wir am Abend ohne Zuhörer miteinander sprechen konnten, sagte Schmidt: „Jetzt wird das Morden ungehindert und immer schlimmer weitergehen. Noch die letzten unserer Städte werden in Schutt und Asche fallen. Dieses Schreckensregime wird bei seinem Untergang alles unter sich begraben!"

„Das werden wir vielleicht nicht mehr miterleben", mutmaßte ich, „bis dahin werden die Sowjets den ‚Baltischen Sack' zugeschnürt und die große Treibjagd auf uns eröffnet haben." „Hierfür spricht in der Tat die gegenwärtige Lage im südlichen Lettland", erwiderte der Leutnant, „immerhin sollten wir die Hoffnung nicht aufgeben, dass die in Litauen stehenden deutschen Kräfte zu einem Gegenstoß ansetzen, der den sowjetischen Durchbruch zur Ostsee vor Riga auffängt! Ob Hitler es in diesem Fall unserer Heeresgruppe erlauben würde, sich nach Kurland abzusetzen und vielleicht sogar nach Ostpreußen durchzubrechen, scheint mir allerdings fraglich. Jedenfalls bestünde dann aber die Möglichkeit, unsere Verwundeten über Riga und die kurländischen Häfen in die Heimat zu bringen! Auch die vor der Roten Armee flüchtenden Esten und Letten könnten gerettet werden. Das ist für uns, die wir diese sympathischen, mit uns leidenden Völker kennengelernt haben, ein dringendes Anliegen! Wir hätten dann die Genugtuung, dass unser Kampf nicht völlig sinnlos war!"

Wir waren den Grenzhöhen schon ziemlich nahe, als das Bataillon erneut die Nachhut übernahm. Auf einer mit niedrigem Gebüsch bewachsenen Hügelkette gruben wir uns unter sorgfältiger Tarnung ein. Bis zum Abend hatte der Feind sich nicht sehen lassen.

Gerade wollten wir die Stellung räumen, da ließ der Leutnant durchsagen: „Feindliche Spitzen sickern in das Gebüsch auf der vor uns liegenden Höhe ein!"

Wenig später hörte ich anschwellende Motorengeräusche und plötzlich schob sich der hohe und massige Turm eines KW 1-Panzers in einer Entfernung von etwa 150 Metern über eine sanft ansteigende Höhe. Es war ein neuer, bisher in unserem Kampfabschnitt noch nicht in Erscheinung getretener Typ, schwer gepanzert, mit einer 12 cm-Kanone bestückt, aber langsamer als der schnelle, geländegängige und von uns wegen seiner Kampfkraft gefürchtete T 34. Keine eigenen Panzerjäger in der Nähe! Nun musste ich wohl beweisen, dass mein ungeliebtes Ofenrohr, mit dem ich bisher nur einen einzigen Probeschuss abgegeben hatte, zu etwas nütze war. In Erinnerung an die Hinweise des Nahkämpfers Twardy achtete ich trotz aller Eile darauf, dass das Rohr hinter mir auf der Kante meines Schützenloches auflag, damit der austretende Feuerstrahl mich nicht verbrannte. Während ich den Koloss durch das seitlich angebrachte Visier anpeilte, hämmerte mein Herz gegen die Rippen. In meiner Aufregung dachte ich nicht an Twardys Anweisung, dass man auf die Raupen zielen müsse und wartete deshalb nicht ab, bis sie in voller Größe sichtbar wurden: Ich zielte beim Abdrücken auf die Mitte des Turmes! Dort traf ich ihn auch. Es blitzte und krachte, und vom Turm stieg Rauch auf! Doch der Kasten flog keineswegs auseinander! Kein Panzerknacker-Ruhm! Stattdessen hatte mich jetzt der Panzerkanonier im Visier! Ich krümmte mich auf dem Boden des Schützenloches zusammen. Als kein Schuss fiel, schielte ich vorsichtig über die Deckung – und erblickte gerade noch ein Stückchen vom Turm des langsam hinter die Hügelkuppe zurückrutschenden Panzers! Ob ich zufällig seinen Sehschlitz oder gar die Kanone getroffen hatte? Doch für Spekulationen war jetzt keine Zeit! Da aus einiger Entfernung neue Motorengeräusche drangen, gab der Leutnant Befehl zum schleunigen Absetzen.

Am nächsten Tag überquerten wir die Grenzhöhen, auf denen andere Einheiten des Regiments bereits Stellungen bezogen hatten. Uns war ein Ruhetag in dem auf der estnischen oder vielleicht auch lettischen Seite gelegenen Dörfchen versprochen worden. Auf einer Waldlichtung standen verstreut die typisch farbig gestrichenen Häuser, umgeben von ihren Wirtschaftsgebäuden. Einige alte Leute winkten uns freundlich zu und beschenkten uns mit Milch, Eiern und Brot. Nein, sie hatten sich nicht von ihrer Heimat trennen wollen und die Jüngeren allein nach Westen ziehen lassen!

Gerade hatte ich es mir mit Günter, dem Schauspielschüler aus Lübeck, und mit Heinz, dem Obergefreiten aus Kiel-Gaarden, in einem Heuschober bequem gemacht, da wurden wir schon wieder aufgescheucht: „Das Bataillon hat sich sofort in der Dorfmitte zu sammeln!" In Reih und Glied angetreten, warteten wir auf einen Offizier, der uns den Sinn der ärgerlichen Störung lang entbehrter Ruhe erklären könnte. Schließlich erschienen einige unserer Offiziere in Begleitung eines jungen Mannes, der Offiziersuniform, jedoch uns unbekannte schmale silberne Schulterstücke trug. Unser Kompanieführer stellte ihn in Vertretung des Majors als „nationalsozialistischen Führungsoffizier" vor, der „in höherem Auftrag" zu uns sprechen wolle. Dass er uns mit „Kameraden" anredete, erweckte allgemeines Missbehagen. Zweck seines Besuches sei es, sagte er, uns mitzuteilen, welche Konsequenzen das gegen den Führer verübte Attentat habe und in welcher Weise hiervon die Wehrmacht betroffen sei. Wir wüssten ja wohl, dass adlige Verbrecher in Offiziersuniform versucht hätten, den Führer zu ermorden, mit dem Ziel, Großdeutschland seinen Feinden auszuliefern. Nachdem er dem Anschlag durch glückliche Fügung entgangen sei, habe er mit eiserner Hand aufgeräumt. Die Anführer der Hochverräter seien bereits erschossen worden. Alle, die mit ihnen verbunden gewesen seien, würden ebenfalls ausgelöscht werden. Die Aufdeckung der Verschwörung habe es dem Führer ermöglicht, verräterische Elemente aus der Führung der Wehrmacht auszumerzen, die seine Befehle unterlaufen und durch ihre Sabotage die Niederlagen und Verluste der letzten Zeit verschuldet hätten. Jetzt schließe sich das ganze deutsche Volk noch fester mit Adolf Hitler zusammen, um mit ihm den Endsieg zu erringen. Um dieses Zieles willen verlange der Führer, dass die Wehrmacht, die immer noch ihrem überlieferten, unpolitischen Selbstverständnis verhaftet sei, mit der Partei und ihren Gliederungen, insbesondere mit der Waffen-SS, als eine nationalsozialistische Organisation unlösbar verflochten werde. Der in die Wehrmacht einziehende neue Geist werde ab sofort seinen Ausdruck darin finden, dass der bisherige militärische Gruß durch den „deutschen Gruß", das Erheben des rechten Armes, ersetzt werde. Wer hiergegen verstoße, werde disziplinarisch streng bestraft.

Wir hatten uns die ersten Sätze dieser Botschaft unbewegt angehört. Als der nationalsozialistische Führungsoffizier (NSFO) den Attentätern des 20. Juli die Schuld an den militärischen Niederlagen der Jahre 1943 und 1944 zuschob, entstand in unseren Reihen ein dumpfes, mit Mühe unterdrücktes Murren. Bei der Forderung nach Verflechtung der Wehrmacht mit der Partei und der verhassten Waffen-SS erreichte die wachsende Empörung ihren Höhepunkt und explodierte in wütendem Protest, in den auch Günther, Heinz und ich einstimmten.

Der NSFO schaute in die starren Gesichter unserer Offiziere. Sie blieben stumm. Dann machte er auf der Hacke kehrt und entschwand schleunigst, gefolgt von Jürgen, „meinem" Leutnant.

Jetzt erst fand unser Kompanieführer zu sich und schrie unseren außer Rand und Band geratenen Haufen an: „Seid ihr verrückt geworden? Wollt ihr wegen Meuterei drankommen?"

In kürzester Zeit kehrten Besonnenheit und Disziplin zurück.

Am Abend vertraute Jürgen mir an, dass die Offiziere, vor allem der Major, sehr besorgt seien. Er habe versucht, den NS-Führungsoffizier durch gutes Zureden zu beruhigen. Die Reaktion der Soldaten sei mit ihrer Überforderung durch die harten Kämpfe in den zurückliegenden Wochen und die Strapazen des Rückzuges zu erklären und sollte deshalb nicht als strafwürdig betrachtet werden. Der Mann sei aber keineswegs zu beschwichtigen gewesen. Noch als er in seinen Kübelwagen gestiegen war, habe er gedroht, ein kriegsgerichtliches Verfahren zu beantragen. Vielleicht war es unser Glück, dass unsere Verbindungen mit allen rückwärtigen Stellen in den folgenden, dramatischen Rückzugskämpfen abrissen!

Unsere Hoffnung, auf dem Höhenrücken ausgebaute Feldstellungen vorzufinden, wurde enttäuscht. Fluchend wühlten wir uns bis zu den Schultern in den steinigen Boden. Da die Russen auf sich warten ließen, nutzte ich die Gelegenheit, meiner Mutter auf einer Munitionskiste einen Feldpostbrief „von einem landschaftlich schönen Ort in unmittelbarer Nähe eines Dreiländerecks" zu schreiben. Deutlicher durfte ich nicht werden, denn es war uns aus Sicherheitsgründen verboten, unseren Einsatzort preiszugeben. Selbstverständlich schrieb ich ihr auch, dass ich gesund sei, und es mir gut gehe. Oberflächlich betrachtet stimmte das, aber „gut" fühlte ich mich nicht, denn Jürgen Schmidt hatte gerade die Führung einer

Kompanie des 1. Bataillons übernommen, deren Chef gefallen war. Das musste meine Lage entscheidend verändern! Kein Freund mehr, mit dem ich Überzeugungen und Hoffnungen teilen, auf dessen Rat und Unterstützung ich rechnen durfte. Keine Hinweise mehr auf unsere militärische Lage und taktische Zielsetzungen der Führung. Jetzt würde auch mir ein Blick über den Rand der Ackerfurche versagt bleiben, in der ich als infanteristischer „Stoppelhopser" hockte. Für alle Soldaten unseres Zuges war dies der bittere Verlust eines Vorgesetzten, der trotz seiner Jugend mit Sicherheit und Gelassenheit allem gewachsen war und unnötiges Blutvergießen verabscheute!

Ich schloss mich nun enger mit Günter zusammen, einem sympathischen, blonden Jungen aus Lübeck. Er war, wie die meisten Abiturienten, zum Reserveoffiziersbewerber avanciert, obwohl er so gar nichts Soldatisches an sich hatte. Ich liebte den „Faust" und führte in meinem Sturmgepäck ein Reclambändchen seines ersten Teils mit, hatte es aber noch nie hervorgeholt. Günter, der Schauspieler werden wollte und schon während der Schulzeit Schauspielunterricht genommen hatte, trug eine Miniaturbibliothek mit sich herum. Sogar während kurzer Ruhepausen zog er oft ein Bändchen Lessing, Shakespeare, Wedekind oder Ibsen aus den Taschen seines Waffenrocks und vergaß, bis es weiterging, seine Umgebung. Trotz solcher „ausgefallenen" Gewohnheiten, trotz seiner Sensibilität und seiner Hilfsbedürftigkeit in praktischen Dingen besaß er die volle Sympathie aller Kameraden. Meine eigenen Bemühungen, ihr Vertrauen zu gewinnen, waren durch die mir „auf Vorschuss" zuteil gewordenen Unteroffizierslitzen erschwert worden. Da ich mich aber zu meinem Lehrlingsstatus bekannte und mit ihnen das heimatliche Plattdeutsch sprach, hatte ich die anfängliche Außenseiterrolle bald überwunden.

Seit drei Tagen saßen wir nun schon unbehelligt auf den Grenzhöhen. Die Russen, die uns während des Rückzuges auf die Pelle gerückt waren, waren zwar nachgerückt, vermieden es aber noch, sich durch einen Angriff auf unsere günstig gelegenen Stellungen blutige Köpfe zu holen.

In der Nacht des dritten Tages schreckte uns Alarm auf:

„Die Stellung ist sofort zu räumen! Sammeln im Dorf!"

Hals über Kopf sprangen wir aus den Löchern, wobei ich in meiner Eile vergaß, das letzte Geschoss für das „Ofenrohr" mitzunehmen. Den Hang hinabstürzend, machten wir mit den aneinander schlagenden Seitengewehren, Gasmaskenbüchsen und Feldspaten einen Heidenlärm. Während wir im Laufschritt das Dörfchen durchquerten, stiegen an unseren Flanken sowjetische Leuchtraketen auf, und über unsere Köpfe peitschte Maschinengewehrfeuer. „Sie" hatten uns, statt frontal anzugreifen, geschickt umgangen, jedoch noch nicht eingeschlossen! Als erste Granatwerfereinschläge näher rückten, tauchten wir bereits in einem, mit niedrigen Erlen und Birken dicht bestandenem Sumpfgebiet unter! Unsere Gruppe bildete dabei das Schlusslicht, und als „Schließender" rannte ich an ihrem Ende. Die Dunkelheit schützte uns, erschwerte es aber, auf dem schmalen, aus Holzknüppeln bestehenden Trampelpfad zu bleiben. Wer, wie auch ich, nicht aufpasste, fand sich im Morast wieder und hatte Mühe, die Beine mitsamt den Stiefeln aus dem tückischen Schlamm herauszuziehen. Wenn man sich in größter Hast auf schwankendem Untergrund durch einen nördlichen Dschungel windet, werden Sturmgepäck und Waffen doppelt schwer. Am meisten behinderte mich das sperrige „Ofenrohr". Da ich nicht davon ausgehen konnte, in absehbarer Zeit neue Munition zu bekommen, warf ich die „Wunderwaffe" in den nächsten Tümpel.

Noch vor Sonnenaufgang gerieten wir in hohen Kiefernwald. Als unsere Spitze dazu ansetzte, eine mit Buschwerk bestandene Lichtung zu überqueren, schlug ihr heftiges MG- und Gewehrfeuer entgegen. Die Russen waren schon da! Immer bis zum Äußersten bestrebt, Verluste zu vermeiden, versuchte der Kommandeur dem Gegner nach Süden hin auszuweichen. Nachdem er glaubte, dies erreicht zu haben und uns wieder in westliche Richtung drehte, erfasste uns auf einem Kahlschlag starkes MG-Feuer. Der Kommandeur ließ unsere Kompanie am Waldrand in Stellung gehen, um den gegenüberliegenden Gegner festzuhalten und setzte die beiden anderen Kompanien zu beiden Seiten des Kahlschlages zu seiner Umfassung an. Während sie die gegnerische Stellung aufrollten, griffen wir frontal an. Diese gewaltsame Öffnung un-

seres Rückzugsweges kostete uns schmerzliche Opfer. Die
Verwundeten mitschleppend machten wir uns nach Westen
davon. Zum ersten Mal musste ich erleben, dass wir unsere
Gefallenen nicht bergen konnten.

Dem bewundernswerten Orientierungssinn des Kommandeurs gelang es, den Anschluss an das Gros des Regiments
wiederzugewinnen. Und nun hieß es erneut: „Spaten raus"
und „Eingraben", um die Auffanglinie zu verlängern, vor der
eine etliche hundert Meter breite, feuchte Niederung ein idea-
les Schussfeld bot. Wenige Stunden später begannen wir, auf
kleinem Raum die Wucht der sowjetischen Offensive zu spüren: Während wir aus den Rohren ungezählter Granatwerfer
und mehrerer „Ratsch-Bumm"-Geschütze bepflastert wurden,
rannten die gegnerischen Truppen an diesem und am nächsten Tag ohne Rücksicht auf Verluste immer wieder gegen
unsere Stellungen an. Zum Glück hinderte das sumpfige Gelände sie daran, Panzer und schwere Artillerie einzusetzen.
An deren Stelle stürzten sich aber ihre Schlachtflugzeuge auf
uns, um unsere improvisierten Stellungen mit dem Feuer ihrer Bordkanonen und MGs einzudecken. In rollenden Angriffen wechselten sie sich mit Bombenflugzeugen ab. Diese alten Mühlen, von uns wegen ihrer Schwerfälligkeit „Eiserner
Gustav" genannt, hatten wir im Stellungskrieg nur verein-
zelt als Aufklärer oder zur Leitung des Artilleriefeuers gesehen. Jetzt erschienen sie in großer Zahl, um über uns ihre
Stabbomben abzuladen. Die neuen Plagen, denen wir schutz-
los ausgeliefert waren, hatten uns zunächst sehr beunruhigt,
bis wir feststellten, dass sie uns verhältnismäßig geringe Verluste beibrachten.

In den harten Kämpfen dieser Tage hatten wir alle Angriffe abgeschlagen und dem Gegner schwerere Verluste zugefügt, als wir selbst erlitten hatten. Dennoch mussten wir uns
in der folgenden Nacht zurückziehen, da feindliche Kräfte die
in der Luft hängenden Flanken des Regiments zu umgehen
drohten! Selbst uns, den einfachen Soldaten, war klar geworden, dass der Heeresgruppe die Vernichtung drohte, wenn es
der gewaltigen sowjetischen Übermacht gelänge, die schwachen, löchrigen Abwehrlinien unserer 16. und 18. Armee im
östlichen Estland und in Lettland zu durchstoßen. Dann wäre

für die „3. Baltische Front" der Weg zur Ostseeküste und zur Vernichtung beider Armeen sowie der Armeegruppe Narwa frei. Nur durch eine elastische, auf immer neue Widerstandslinien gestützte Rückzugsstrategie konnte Zeit gewonnen werden für den Aufbau einer hinreichend haltbaren Verteidigungsstellung.

Inzwischen war das Bataillon auf weniger als 200 Mann zusammengeschmolzen! Es tat uns gut, dass wir in eine Reservestellung eingewiesen wurden, die im Rücken einer endlich zustande gekommenen, wenn auch mit viel zu schwachen Kräften verteidigten Hauptkampflinie lag. Unsere Schützenlöcher hatten wir am hinteren Hang einer Hügelkette gegraben. Durch die Talsohle floss ein klarer Bach. Hier konnten wir uns baden und unsere Wäsche waschen. Solange die Gefechtsgeräusche von der Hauptkampflinie gedämpft zu uns drangen und die russische Artillerie über uns hinweg auf rückwärtige Ziele feuerte, blieben unsere Schützenlöcher leer. Günther und ich lagen zwischen den Erlenbüschen am Bach und versuchten zu schlafen, doch wenn ich die Augen schloss, erschienen mir sofort tragische Bilder der letzten Kampftage.

Am Mittag hatte der Küchenunteroffizier eine herrlich duftende Erbsensuppe mit viel frischem Schweinefleisch in unsere Kochgeschirre gefüllt. Leider spürte ich bald, dass Magen und Därme dieser deftigen Kost nicht mehr gewachsen waren und sich umkehren wollten.

Ich schaute mich nach einem vor Zuschauern geschützten Plätzchen um. Auf halber Höhe des Hanges lag ein Haufen großer Findlingsblöcke. In langen Sätzen, mit beiden Händen schon nach den Hosenknöpfen greifend, sprang ich dorthin. Während ich damit beschäftigt war, loszuwerden, was mich quälte, detonierte vor den Findlingen eine sowjetische Haubitzgranate. Um mich herum flogen Granat- und Steinsplitter durch die Luft. Es hob mich kurz hoch, und dann landete ich wohlbehalten in meinem eigenen Dreck.

Während ich noch im Gestrüpp nach meiner Schützenbrille, einem Drahtgestell mit kreisrunden Gläsern, suchte, brüllte der Feldwebel: „Achtung, Flieger!!" Da prasselten schon Stabbomben auf unsere Stellung. Als ich danach zu meinem Erdloch zurückkehrte, war an seinem Rand eine Bombe detoniert. Aus dem Boden des Loches schaute die scharfkantige Spitze eines handgroßen Bombensplitters hervor. Da die sowjetischen Haubitzen fortfuhren, uns zu „beharken", bedauerten wir nicht, dass das Bataillon in die Hauptkampflinie vorgezogen wurde. Hier tobte der Kampf zwischen einem siegesgewissen Goliath mit prallen Muskeln und einem schwächlichen, schlecht bewaffneten David, dessen Geschütze mangels Nachschubs ihre letzte Munition verschossen. Sobald der gegnerische Druck durch das Eingreifen von T34-Panzern unwiderstehlich wurde, erhielten wir den Befehl zum Absetzen.

Nach einem nächtlichen Marsch, der das Bataillon auf sich allein stellte, standen wir am frühen Morgen auf einer Anhöhe, an die sich ein von seinen Bewohnern verlassenes Dörfchen schmiegte. Unter ihm erstreckte sich weithin eine von dichtem Wald eingefasste Lichtung. Unterhalb der letzten Häuser entdeckten wir die Geschütze einer bespannten Batterie des Artillerieregiments unserer Division. Dass sie hier hängen geblieben war, beruhte auf dem völlig unübersichtlich gewordenen Verlauf der Frontlinie. Viele unserer Truppenteile waren überrollt und auseinandergesprengt worden. Sie kämpften in vereinzelten Kampfgruppen, in ständiger Gefahr, von sowjetischen Truppen umgangen oder eingekesselt zu werden.

Wir quartierten uns zu viert in einem Gehöft ein, dessen gepflegtes Inneres von bescheidenem Wohlstand der Bewohner zeugte. In Windeseile hatten der umtriebige Heinz und sein Kumpel aus Lütjenburg im Garten einen Eimer voll blauer und roter Kartoffeln ausgegraben. In der Vorratskammer fanden sich Eier und Schweineschmalz. Wir bestahlen die estnischen – oder hier vielleicht die lettischen Bauern – ungern. Doch Hunger tut weh!

Nach diesem Festmahl war ich gerade auf weichem Gras eingeschlafen, wurde aber sogleich durch den Befehl des Feldwebels geweckt: „Sammeln!"

Unser Kompanieführer erklärte seiner auf weniger als fünfzig Köpfe zusammengeschmolzenen Kompanie, dass in das Waldgebiet rechts der Lichtung Rotarmisten eingedrungen seien. Wir sollten sie unter Einbringung von Gefangenen vertreiben. Unser Zug übernahm die Spitze und bewegte sich mit angespannter Aufmerksamkeit auf einem sandigen Weg vorwärts. Schon nach wenigen Minuten schlugen uns aus dichtem Gebüsch die Feuerstöße von Kalaschnikows entgegen. Der MG-Schütze 1 unserer Gruppe, ein großer, kraftvoller Bauernsohn, wurde durch Schüsse in Bauch und Oberschenkel schwer verwundet. Wir stoben auseinander und stürmten in den Wald. Nach hartnäckiger Gegenwehr ergaben sich drei Rotarmisten. Sie verweigerten jegliche Aussage und wurden als Gefangene in das Dörfchen abgeführt. Als wir eine schmale Lichtung überquerten, auf der verstreut zwischen einzeln stehenden Birken Findlingsblöcke lagen, wurden wir aus kürzester Entfernung von höllischem MG- und Gewehrfeuer empfangen. Während ich mich schnell genug hinter einen großen Findlingsblock werfen konnte, wurde neben mir mein Gruppenführer schwer verwundet. Der Kugelhagel machte es unmöglich, das Gewehr in Anschlag zu bringen. Ich presste mich flach wie ein Brett auf den Boden, sodass mein Körper durch den Stein gedeckt wurde. Feldflasche und Gasmaskenbüchse, die über den Block hinausragten, wurden durchsiebt. Unter dem Feuerschutz ihrer MGs fassten die herangekommenen beiden Züge der Kompanie den Gegner im Rücken. Die meisten Rotarmisten fielen, doch setzten sich einige von ihnen an unserer linken Flanke in einem Graben fest, der zwischen dem Wald und der bis zum Dorf reichenden breiten, baumlosen Lichtung verlief. Zu viert krochen wir, durch dichtes Unterholz gedeckt, an den Graben heran und räumten ihn mit Handgranaten aus. Als wir uns dann nach den Kameraden umschauten, sahen wir sie, verfolgt von grünbraunen Schützenschwärmen, quer durch den Wald fliehen. Uns war der Rückweg zum Dorf durch den Gegner bereits abgeschnitten, doch waren die Russen noch nicht auf uns aufmerksam geworden. Uns blieb nur eine einzige Chance: die Flucht über die benachbarte, 400 bis 500 Meter breite Lichtung zum jenseitigen Waldrand – ein verzweifeltes Unternehmen!

Unter Aufbietung aller Kräfte rannten wir, Karabiner oder Maschinenpistole in der Hand, in auseinander gezogener Kette durch das Heidekraut. Wir waren bereits über die Mitte der Lichtung hinausgelangt, als uns die Russen die ersten Gewehrkugeln nachsandten. Kaum 50 Meter blieben noch bis zum rettenden Wald, da pfiffen plötzlich Maschinengewehrsalven über unsere Köpfe. Aus einem Wacholderbusch schaute ich zurück. Die Verfolger hatten ein schweres MG auf einer niedrigen Geländewelle in Stellung gebracht. Bei so gutem Schussfeld konnten sie uns, wenn wir uns aufrichteten, wie die Hasen abknallen. Was tun? Wenn man die restliche Strecke robbend zurücklegte, ging zu viel Zeit verloren. Wie ich es in Oldenburg gelernt hatte, prägte ich mir jede kleine Unebenheit ein, die als Deckung in Betracht kommen konnte, glitt dann einige Meter zur Seite, um nicht sofort wieder im Visier der MG-Schützen zu erscheinen und sprang, einen Haken schlagend, hinter die nächste, flache Bodenwelle. Kurz vor dem Waldrand sah ich meinen Nachbarn etwa zehn Meter neben mir fallen. Ich robbte rasch zu ihm und sah mit Entsetzen aus seiner durchschossenen Halsschlagader das Blut in dickem Strahl hervorschießen. Er antwortete nicht und lag im Sterben! Mit einem letzten verzweifelten Satz warf ich mich zwischen den Bäumen hindurch in den abschüssigen Grund, während über mir Kugeln und Holzsplitter in Bäume und Unterholz prasselten!

Ich war gerade wieder zu Atem gekommen, da traf ich auf einen der Kameraden, die mit mir um ihr Leben gelaufen waren. Während wir uns so rasch wie irgend möglich durch Wald und Gestrüpp schlugen, tönte vom jenseitigen Waldgebiet Gefechtslärm herüber. In das Knattern der Maschinengewehre und Handfeuerwaffen mischte sich zu unserem Erstaunen plötzlich Geschützfeuer! Hatte die Batterie etwa Munition erhalten? Wir sahen schon das Dorf vor uns liegen, als plötzlich Detonationen die Luft erschütterten und stellten im Vorbeilaufen fest, dass die Artilleristen ihre Geschütze gesprengt hatten! Hinter der Anhöhe sammelte der Major die Reste des Bataillons und die nun zu Fußsoldaten „degradierten" Kanoniere. Ich wollte meinen Augen nicht trauen, als ich zwei eigene Sturmgeschütze erblickte, die, aus dem Walde kommend, die Anhöhe hinaufrollten. Was wir für Artilleriefeuer gehalten hatten, war ihr Eingreifen gewesen, und ihnen war es zu verdanken, dass die gegen uns siegreich gebliebenen Rotarmisten in die Flucht geschlagen worden wa-

ren! Ich war froh, unter den ihnen folgenden Infanteristen
Günther und Heinz zu erkennen. Als wir uns bei dem Kompanieführer zurückmeldeten, äußerte er sich tief bedrückt über
die schweren Verluste der Kompanie. Da auch mein Gruppenführer gefallen sei, müsse ich jetzt an seine Stelle treten. Ich
fragte mich, was es wohl noch zu „führen" gäbe, wenn von der
Gruppe nur noch sechs Mann übrig seien und fand es absurd,
den mir an Fronterfahrung weit überlegenen Kameraden Befehle geben zu sollen. Dieses Problem erwies sich allerdings als
lösbar: In unserem zusammengeschrumpften Häuflein gab es
keinen Anlass, sich als „Vorgesetzter" in Szene zu setzen. Und
wenn wirklich auf unserer Ebene einmal eine heikle Entscheidung zu treffen war, fragte ich zunächst auf Plattdeutsch die
Kameraden um Rat und der wurde befolgt.

Vor dem Abzug aus dem Dörfchen eröffnete uns der Bataill-
lonskommandeur, dass wir die Fühlung mit dem Regiment verloren hätten und sie jetzt unter Einsatz aller Kräfte wieder-
herstellen würden. Hierbei müssten wir in jedem Augenblick
darauf gefasst sein, auf Widerstand zu stoßen, denn wir befänden uns nach den Aussagen der Gefangenen hinter den feindlichen Linien. Das bestätigte sich umgehend. Aus dem am Ausgang des Dorfes stehenden Haus krachten Panzerabwehrge-
schosse gegen den gepanzerten Rumpf des ersten Sturmgeschützes! Unbeeindruckt schwenkte der Richtschütze das Rohr auf
das Haus, das nach einigen Schüssen in sich zusammenfiel und
die tapferen Rotarmisten unter sich begrub. Dem ersten Sturmgeschütz folgend, eilten wir im Eiltempo durch offenes, nahezu deckungsloses Gelände. Den Abschluss der Kolonne bildete
das zweite Sturmgeschütz, auf dem unsere und die sowjetischen Verwundeten untergebracht waren. Je weiter wir vor-
wärtskamen, umso deutlicher tönte uns aus der Ferne Gewehr-
und Maschinengewehrfeuer entgegen. Der Kommandeur würde in dieser Gemengelage nicht abschätzen können, wo Freund
und Feind standen! Aus einem seitab der Straße liegenden, aus
gemauerten Gebäuden bestehenden Gutshof überraschte uns
ein starker Feuerüberfall. Obwohl die Sturmgeschütze die Gebäude zusammenschossen, stellte der Gegner das Feuer nicht
ein. Im Schutz der Feldhecken ging unser Zug vor, um das Hin-

dernis auszuräumen. Von seiner Rückseite her krochen wir um die Ruine des Haupthauses herum und warfen Handgranaten in die Kellerlöcher der Frontseite. Einige Überlebende ergaben sich. Mir ist in Erinnerung geblieben, wie unsere „alten" Soldaten, die zwischen Ilmensee und Welikaja genügend russische Brocken aufgeschnappt hatten, sich der Gefangenen annahmen. Sie klopften ihnen tröstend auf den Rücken: „Wir nehmen dich mit, Iwan, bei uns passiert dir nichts Böses! Magst du rauchen?" Und sie steckten jedem ein Päckchen Zigaretten zu. Den Verwundeten legten unsere Sanitäter Notverbände an und betteten sie, soweit sie nicht gehfähig waren, auf das zum Notlazarett umfunktionierte „Verdeck" des zweiten Sturmgeschützes.

Nach Aussage der Gefangenen waren starke sowjetische Truppen in das sich vor uns abspielende Gefecht verwickelt. Demnach standen wir im Rücken des Feindes! Der Kommandeur legte nun ein Tempo vor, das uns zeitweise zwang, in Laufschritt überzugehen. Er bog auf den ersten, von der Straße abzweigenden Weg ab, der uns in tiefer gelegenes Gelände und den Schutz dichter Wälder führte. Während unsere Kolonne im Walddickicht wartete, machte der Major sich in der Dunkelheit mit einigen Männern auf, um Geländebeschaffenheit und Feindlage zu erkunden. In kürzester Zeit stellte sein Spähtrupp fest, dass sich hier deutsche und sowjetische Truppen auf beiden Seiten einer Lichtung gegenüberstanden, und wir uns hinter dem äußersten Ende des linken sowjetischen Flügels befanden. Ihn zu umgehen war nicht möglich, weil er sich an ein nicht begehbares Sumpfgebiet anlehnte. Unsere Spannung löste sich, als wir zum Durchbruch antraten! Hinter dem vorwegfahrenden Sturmgeschütz, eng aufgeschlossen unsere Kompanie und die Artilleristen, anschließend das mit den Verwundeten beladene zweite Sturmgeschütz, gefolgt vom Major mit den beiden anderen Kompanien preschten wir, aus allen Rohren schießend, durch die an dieser Flanke dünne feindliche Linie! Zugleich forderte der Major mit Leuchtkugeln von unseren am jenseitigen Waldrand liegenden eigenen Truppen Feuerschutz an. Bevor der Feind seine Überraschung abschütteln und sich auf uns einschießen konnte, war das erste Sturmgeschütz mit unserer Kompanie schon in der

Nähe der eigenen Stellungen angelangt. Noch einige Sprünge, und wir waren in Deckung! Zurückblickend sah ich im Schein der Leuchtkugeln, dass das zweite Sturmgeschütz von der schmalen, feuchten Piste abgerutscht war und sich mitten zwischen den Fronten festgefahren hatte. Während seine Motoren laut aufheulten, sanken die Raupen noch tiefer in den Schlamm ein. Entsetzt musste ich mit ansehen, wie sowjetische Granaten zwischen Verwundeten und Besatzung auf dem Sturmgeschütz einschlugen. Ich hörte die Aufschreie, sah umherfliegende Stahlteile und Menschen, die zerrissen auf den Erdboden geschleudert wurden! Zum Schluss brannte das Sturmgeschütz wie eine riesige Fackel! Im Feuerschein boten auch unsere folgenden Kompanien den sowjetischen Granaten, Maschinengewehren und Kalaschnikows ein unübersehbares Ziel. Verwundete mitschleppend, stürmten sie an dem brennenden Sturmgeschütz vorüber. Doch längst nicht alle erreichten den rettenden Waldrand!

Solchen Schreckensszenen war ich, trotz der Erlebnisse der zurückliegenden Monate, noch nicht gewachsen! Krampfhaft verbiss ich mir einen verzweifelten Aufschrei und würgte meinen Abscheu vor dem Krieg und seinem Morden stumm hinunter. Der Kommandeur hatte mit meisterhaftem Können und höchstem persönlichen Einsatz den größten Teil seiner Männer gerettet, doch unter welch bitteren Opfern!

Es war höchste Zeit zum Handeln gewesen! Schon am nächsten Morgen wurde der Druck des Feindes unwiderstehlich. Die Großoffensive der Dritten Baltischen Front traf unsere 30. Division besonders hart. Sie war dem Ansturm von vier sowjetischen Schützendivisionen, unterstützt durch eine Panzerdivision, ausgesetzt! Unser Regiment, mit dem wir endlich wieder vereint waren, wurde bald wegen drohender Einschließung zum Rückzug gezwungen. Hierbei drifteten die Bataillone zeitweise auseinander und mussten sich unter beträchtlichen Verlusten auf eigene Faust zurückkämpfen. Zweimal schlossen feindliche Kräfte unser zusammengeschmolzenes Bataillon ein und suchten es durch massive Luftangriffe zum Aufgeben zu zwingen. Beim ersten Mal brachen wir aus. Beim zweiten Mal gelang es uns, mithilfe des unübersichtlichen Geländes bei Nacht aus dem Kessel zu sickern.

Am 11. August verließen wir die Feuchtgebiete des estnisch-lettischen Grenzraumes und zogen nach einem Gewaltmarsch noch am selben Abend als letzte deutsche Soldaten und als Nachhut von Division und Regiment in den Weiler Vastseliina (zu Deutsch: „Neuhausen") ein. Er trägt den Namen der Burg, die von den deutschen Bischöfen von Dorpat, damals Fürsten des Heiligen Römischen Reiches, als Schutzwehr gegen die aus den östlichen Weiten gegen das Baltikum anbrandenden russischen Heere errichtet worden war. Ihre Ruinen sind beeindruckende Reste einst machtvoller Mauern und Türme, die durch Zar Iwan IV., „den Schrecklichen" zerstört wurden.

Als ich im Morgengrauen auf dem Fußboden des Schulhauses erwachte, erfuhr ich zu meiner tiefen Erschütterung, dass „mein" Leutnant, Mentor und Freund, den ich seit seiner Versetzung zum I. Bataillon nur einmal flüchtig wiedergesehen hatte, bei einem Rückzugsgefecht der letzten Nacht gefallen war. Zusammen mit weiteren Gefallenen seiner Kompanie wurde er in aller Eile nahe der Burgruine beigesetzt. Günther und ich legten den Freund ins Grab. Ich gelobte mir, ihn nie zu vergessen! Die Ehrensalve, die wir über die rasch zusammengeschlagenen Birkenholzkreuze feuerten, wurde von Osten her durch Artilleriefeuer übertönt.

Vor unserer Rückkehr in das Schulhaus hatten die Vorposten bereits die Annäherung feindlicher Verbände gemeldet. In fliegender Hast sammelte das Bataillon sich auf der Straße. Diesmal, so hieß es, würden wir, wieder als Nachhut des Regiments, die dreißig Kilometer lange Strecke nach Werro, wo die nächste Auffangstellung auf uns und die übrigen Reste der Division wartete, in einem Zuge zurücklegen. Sorgfältig nach allen Seiten sichernd, waren wir aber erst wenige Kilometer marschiert, als uns flankierendes MG-Feuer in den Straßengraben zwang. Der Major ließ uns zum Angriff ausschwärmen. Als ich mich im Vorwärtsstürmen in eine flache Mulde warf, lag er neben mir und lud sein Gewehr nach. Gleich danach kündigten Motorengeräusche das Nahen von Panzern an! Im Galopp überquerten wir das abgeerntete Feld und fanden Deckung in dem Gehöft Halla. Während hintereinander vier T 34-Panzer auf das Feld rollten und Kurs auf Halla nahmen, gingen, kaum 100 Meter von uns entfernt, zwei eigene 5cm-Panzerabwehrgeschütze in Stellung. Wenn 5cm-Pakgranaten auf dicke Panzerplatten trafen, prallten sie gewöhnlich wie Erbsen ab. Doch diese Panzerjäger verstanden ihr Handwerk. Zwei der angreifenden T 34 blieben mit zerschossenen Raupen liegen. Ein weiterer geriet in Brand. Er drehte ab und rettete sich mit dem letzten unversehrt gebliebenen Panzer in waldiges Gelände. Dennoch blieb es ungemütlich, denn nun trat sowjetische Artillerie in Aktion. Hinter dem rasch abfahrenden Pak-Zug her spurteten wir in den nahen Wald, doch die Sowjets deckten das Gebiet unseres Fluchtweges blind mit Granaten ein. Und dann mischte sich in das Dröhnen und Wummern der Artillerieabschüsse auch noch ein widerwärtiges Jaulen! Sogar die „Stalinorgel", ein Raketenwerfer, der seine Geschosse in schnellster Abfolge ausspuckt, war also schon zur Stelle. Erst als die Einschläge hinter uns lagen und mein Atem ruhiger ging, fand ich Zeit, auf die kleine Schramme am Bein ein Pflaster zu kleben.

Inzwischen umgab uns ein wunderschöner Nadelhochwald. Dieses ansteigende Waldgebiet war ein Ausläufer des Haanjagebirges. Der Baltische Höhenrücken steigt hier bis zu dem 318 Meter hohen Munamägi (= Eierberg) auf. Mit ihm ist Estland stolzer Besitzer der höchsten Erhebung des Baltikums.

Auf eine ungepflasterte Nebenstraße gelangt, durften wir eine Marschpause einlegen. Schwitzend und erschöpft, durstig und hungrig ließen wir Sturmgepäck und Waffen fallen und sanken in das staubige Gras des Wegrandes. Die Feldflaschen gaben immer noch Wasser her, und die Brotbeutel hatten wir in Vastseliina prall mit Kommissbrot, Dauerwurst und Dosenfleisch füllen können. Auch für den Nachtisch war gesorgt; denn in den Gasmaskenbüchsen hatten wir anstelle der Masken runde Dosen des Schokoladenersatzes „Schoka Cola" und Zigaretten verstaut.

Ob Offiziere oder Soldaten, wir waren alle der Ansicht, als letzte Nachhut allein auf weiter Flur und für Führungsstäbe unerreichbar zu sein. Deshalb war die Überraschung groß, als sich aus Richtung Werro ein Kübelwagen näherte, dem zwei junge Offiziere des Divisionsstabes entstiegen. Sie beugten sich sogleich mit dem Major über die Karten.

2. Teil
Mein letztes Gefecht und sein Ende in sowjetischer Kriegsgefangenschaft

Als die Offiziere nach kurzer Zeit wieder abfuhren, rief der Major: „Alle mal herhören! Unsere Division hat in den letzten Tagen schwer gelitten. Es gibt aber begründete Hoffnung, dass wir uns bald auf ein funktionierendes Verteidigungssystem stützen können, das weiter westlich entstehen soll. Unser nächstes Ziel bleibt die Auffanglinie bei Werro! Nun hat sich aber eine neue Lage ergeben, die uns wahrscheinlich zwingen wird, vorher noch einmal zum Kampf anzutreten. Die Offiziere des Divisionsstabes haben mir mitgeteilt, dass wenige Kilometer entfernt eine 8,8 cm-Flakbatterie stehe, die nicht über infanteristische Bedeckung verfüge. Wenn wir ihr nicht zu Hilfe kämen, müssten die Geschütze gesprengt werden, damit sie nicht dem Feind in die Hände fallen. Das müssen wir unbedingt verhindern! Es gibt in diesem Frontabschnitt keine schweren Waffen mehr, die in ihrer Feuerkraft auch nur annähernd mit der Flak zu vergleichen sind, und die uns vor den sowjetischen Panzermassen schützen können!"

Nicht gerade begeistert setzten wir uns wieder in Bewegung. Nach halbstündigem Marsch durch hügeliges Gelände stieg die Straße zu einer bewaldeten Anhöhe auf. An ihrem Fuße angelangt, entdeckten wir über uns am Waldrand gut getarnte Geschützstellungen. Hier standen tatsächlich fünf 8,8 cm-Flak und zwei 2 cm-Vierlingsflak (Schnellfeuergeschütze mit jeweils vier Rohren). Das war eine Konzentration von Feuerkraft, wie ich sie während mehr als drei Monaten auf unserer Seite der Front nie gesehen hatte.

Die Zugmaschinen der Batterie waren am Vortage nach Werro gefahren, um zu tanken und sie waren noch nicht zurückgekehrt. Inzwischen waren Gruppen versprengter Soldaten zurückgeflutet. Mit Mühe war es dem Chef der Batterie gelungen, einen Offizier, der aus Splittern mehrerer Truppenteile eine Kampfgruppe von etwa 120 Mann zusammengerafft hatte, vorläufig zum Bleiben zu bewegen. Der Major veranlasste den Führer der Kampfgruppe, sich seinem Befehl zu unterstellen. Obwohl hiermit für die Abschirmung der Batterie nicht einmal 300 Mann zur Verfügung standen, erklärte der Batteriechef sich bereit, den Kampf mit uns gemeinsam aufzunehmen, falls der Feind vor Eintreffen der Zugmaschinen angreifen würde.

Der Major gab die Einsatzbefehle. Die Kampfgruppe habe links, das Bataillon rechts der Straße in Stellung zu gehen. Da beide Flügel in der Luft hingen, müssten sie, um eine Umfassung zu erschweren, etwas zurückgebogen werden. Unsere Kompanie, die noch etwa 40 Mann zählte, dirigierte er an den rechten Flügel. Der Zugführer gab mir Weisung, mit meiner, noch aus sechs Mann bestehenden „Gruppe" am äußersten Ende des rechten Flügels in Stellung zu gehen.

Hierfür suchten wir uns einen flachen Graben aus, der auf der Anhöhe entlang des Waldrandes verlief. Auf seiner niedrigen Böschung stand ein Stacheldrahtzaun, vor dem ein Getreidefeld ziemlich steil abfiel. Es war bedeckt mit zu Hocken aufgestellten Garben. Unsere Schützenlöcher in der Sohle des Grabens waren schon zur Hälfte ausgehoben, als uns eine schneidende Kommandostimme befahl, das Schanzen einzustellen. Als wir aufschauten, sahen wir hinter uns einen jungen Leutnant stehen, groß, schlank und so kerzengerade, als habe er ein Lineal verschluckt. Den linken Ärmel seines Waffenrocks zierten silberfarbene Panzersymbole, die ihn als Nahkämpfer auswiesen.

„Ich habe die Führung der Kompanie übernommen", bellte er, „die Gruppe hat sich 15 Meter unterhalb des Zaunes auf dem Getreideacker einzugraben. Dort findet sie das beste Schussfeld und unauffällige Tarnung durch die Getreidehokken!"

Ich glaubte, nicht recht gehört zu haben. Schon in Tetschen hatte ich gelernt, dass man sich nie am Vorderhang „einbauen" dürfe, um sich nicht, falls die Räumung der Stellung notwendig werde, dem Feind wie auf dem Präsentierteller darzubieten. Da ich die Verantwortung für unser Häuflein trug, erlaubte ich mir, in aller Bescheidenheit, mein Bedenken zu äußern.

„Wollen Sie den Befehl verweigern?", schrillte der Panzer-
knacker. „Das wird Sie teuer zu stehen kommen!"
In ohnmächtiger Wut machten wir uns daran, Schützenlöcher zwischen den Getreidehocken zu graben. Als der Leutnant im Wald verschwunden war, erkundigte der Feldwebel
sich nach dem Grund des Geschreis. Er äußerte sich weder
zur Person des neuen Kompanieführers noch zu seinem Befehl. Spürbar bedrückt beschränkte er sich auf die Mitteilung,
der Oberleutnant sei wegen einer schweren Erkrankung ausgefallen und durch den Leutnant ersetzt worden.

Inzwischen hatten sich schwarze Gewitterwolken zusam-
mengezogen. Blitz und Donner spornten uns zu größter Eile
an. Noch bevor die Wolken sich entluden, krochen wir in die
fertiggestellten Löcher und zogen Getreidegarben über uns.

In dieser Nacht, vom 12. auf den 13. August, fanden nur
die ganz abgebrühten Krieger Schlaf. Und kaum dass der
Morgen graute, waren alle hellwach: Motorengeräusche, die
von der Straße herüberdrangen, und der gellende Ruf: „Die
Panzer kommen!" schreckten uns unsanft auf. Sekunden später brach das Feuer der Flak aus allen Rohren los. Atemlos
lauschten wir dem Höllenlärm des entfesselten Duells zwischen den 8,8 cm-Geschützen und den Kanonen der Panzer.
Das Duell flaute mehrfach ab, um bald mit verstärkter Kraft
wieder aufzuflammen. Da uns die Sicht auf das Kampffeld
durch den bewaldeten Vorsprung der Anhöhe versperrt war,
stieg unsere Spannung bis auf den Siedepunkt! Unsere Frage
nach dem Ablauf des Kampfgeschehens gaben die Kameraden unseres Zuges nach links weiter, und endlich erhielten
wir Antwort: Die Flak habe die Angriffe einer großen Zahl
von T 34-Panzern zurückgeschlagen. Der angreifende Verband
sei unter Hinterlassung Dutzender Panzerwracks hinter eine
Bodenwelle zurückgegangen. Wenig später verging uns alle
Neugier, denn über die Brustwehr unserer Schützenlöcher
peitschten plötzlich Maschinengewehrsalven. Sowjetische
Schützenschwärme, denen das stark gegliederte Gelände gute
Entwicklungsmöglichkeiten bot, waren in das am Fuß der
Anhöhe liegende und noch nicht gemähte Getreidefeld eingesi-
ckert. Sie hatten sich unbemerkt an den Rand des Feldes vor-
gearbeitet und deckten uns mit ihrem Feuer ein. Anfangs

hatten wir, hinter den Getreidegarben hervor, fortlaufend geantwortet. Später hatten sie uns aber schon im Visier, wenn wir den Stahlhelm auch nur einige Zentimeter über die Deckung hoben. Zum Glück besaßen die beiden benachbarten Gruppen unseres Zuges noch Maschinengewehre. Das hätte aber die hoch überlegenen sowjetischen Kräfte wohl nicht am Boden gehalten, wenn nicht die Vierlingsflak mit ihrem rasanten Feuer das Gefechtsfeld vor uns beherrscht hätte. Noch einmal lebte das Gefecht zwischen der Flak und den Panzern auf. Trotz des Krachens der Abschüsse und Einschläge glaubte Heinz, hinter unserem Rücken Motorengeräusche gehört zu haben. Ob die T 34 uns etwa in die Zange genommen hatten? Jetzt ließ der Gefechtslärm nach. Ein Flakgeschütz nach dem anderen, zuletzt die Vierlingsflak, stellte das Feuer ein. Wir lauschten mit gemischten Gefühlen, als die Motorengeräusche vorübergehend zu großer Lautstärke anschwollen, um sich dann aber nach Westen hin zu verlieren. Es gab nicht den geringsten Zweifel mehr! Die Zugmaschinen hatten ihre Batterie abgeschleppt. Warum waren wir nicht rechtzeitig darüber informiert worden? Wir hätten doch, spätestens als die Flak abzog, Befehl bekommen müssen, uns etappenweise abzusetzen. Plötzlich erhielten wir auch aus unserer rechten Flanke MG-Feuer. Noch vor zehn Minuten hatten wir in Rufverbindung nach links mit den Gruppen unseres Zuges und durch sie mit der Kompanie gestanden.

Ich schrie nach links: „Durchrufen! Wir werden rechts umgangen. Vorschlag: Absetzen!"

Günther, der im Nachbarloch hockte, gab mir umgehend zurück: „Keine Verbindung mehr!"

Ich konnte es nicht glauben. Der Major hatte noch nie eine Stellung geräumt, bevor nicht auch der letzte Mann entsprechenden Befehl erhalten hatte.

„Günther! Versuch es noch mal lauter!" Vergeblich! Ich brüllte: „Weitergeben: Sobald ich schieße, springen wir zurück in den Wald!"

Ich schoss. „Raus jetzt!"

Heinz und ich waren blitzschnell am Zaun. In Sekundenbruchteilen, bevor das russische MG wieder einsetzte, hechteten wir hinüber in den Graben. Im selben Augenblick ertönte unmittelbar hinter uns ein lauter Schrei!

Zurückschauend sah ich zu meinem großen Entsetzen Günther, von MG-Kugeln getroffen, leblos im Zaun hängen! Zwei Meter hinter ihm lag ein weiterer Kamerad bewegungslos am Boden. Es war furchtbar, beiden nicht mehr helfen zu können. So schnell es unsere Kräfte erlaubten, rasten wir zu viert, vom Kugelhagel verfolgt, durch den Wald zur Straße, dem Mittelpunkt unserer Stellung.

Nirgendwo war eine Spur des Bataillons zu finden. Hatten sie sich etwa jenseits der Straße festgesetzt? Ich ließ die Kameraden zurück und schlich gebückt weiter. Von der Straße her, die durch einen dicht bewachsenen Wall verdeckt war, kamen gedämpfte Geräusche. Ich robbte an den Wall und spähte durch das Gebüsch. Starr vor Schreck sah ich, zum Greifen nahe, ein Bild, das sich mir für immer einprägte: Zu beiden Seiten der von Panzerraupen zerwühlten Straße zogen lange Reihen von Rotarmisten im Gänsemarsch nach Westen. Unmittelbar vor mir legten sich zwei sibirische Pferde vor einem hoch beladenen Panjewagen ins Zeug, gefolgt von zwei uniformierten Sanitäterinnen. Unvergesslich auch der über der Kolonne hängende durchdringende Geruch von Machorkatabak und Schweiß. Immer noch habe ich das abwärts führende, von Rotarmisten gesäumte Band der Straße vor Augen, das sich im Kiefernwald verlor, während von Werro her, das die Rote Armee noch an diesem Tag einnehmen sollte, der Schall von Artillerie- und Granatwerferfeuer drang.

Während ich, Zentimeter für Zentimeter, unter den Wall glitt, wich mein panikartiger Schrecken einem Gemisch von Enttäuschung und Furcht. Jetzt gab es nicht mehr den geringsten Zweifel, dass wir im Stich gelassen wurden. Ich rannte zurück zu den Kameraden. Wir waren jetzt zu sechst, denn inzwischen hatten sich uns zwei versprengte Soldaten angeschlossen.

„Auf der Straße marschieren die Russen!", berichtete ich atemlos. „Schnell jetzt, sonst fallen wir unseren Verfolgern noch in die Hände. Wir haben nur die einzige Chance, uns parallel zur Straße durch die Wälder nach Westen durchzuschlagen!"

Eine mit Gestrüpp bewachsene, vielleicht zweieinhalb Meter hohe Bodenwelle versperrte die Sicht in Richtung Westen. Ich kroch, unmittelbar gefolgt von Heinz, auf die Böschung – und sah vor mir nur niederen, dichten Buschwald. Ich drehte mich um und gab das Handzeichen „Folgen". Im selben Augenblick knatterten aus dem Gebüsch vor mir Maschinenpistolensalven. Verdammt! Mein Gewehr, das mich beim Kriechen im Gestrüpp behinderte, lag zwei Meter hinter mir. Vor und neben mir spritzte Erde auf. Bevor ich zurückspringen konnte, waren sie über mir.

Ohne noch richtig begriffen zu haben, was da geschah, blieb ich liegen und machte Bekanntschaft mit ihren Knobelbechern. Dann rissen sie mich auf die Füße. Einer öffnete das Schloss meines Koppels, sodass es mit allem, was an ihm hing, zu Boden fiel. Ein anderer tastete mich ab, holte zwei Gewehrgranaten, die mir als Ersatz für Handgranaten gedient hatten, aus den Taschen meines Waffenrockes und ließ bei dieser Gelegenheit meine Armbanduhr, ein Stück von sehr bescheidenem Wert, mitgehen. Dann schoben sie Heinz, der ebenfalls nur die Wahl zwischen Tod und Gefangenschaft gehabt hatte, neben mich.

Ein Offizier, der mit der Pistole im Anschlag aus dem Gesträuch kroch, herrschte mich an: „Wo Kamerad?"

Ich schüttelte den Kopf: „Kein Kamerad!"

„Tji Ofizjer?", fragte er und wies dabei auf meine Schulterklappen, die außer den Unteroffizierstressen je zwei silberne „Hoffnungsbalken" des Offizieranwärters aufwiesen.

Ich schüttelte wortlos den Kopf. Wie gelähmt sah ich durch einen Schleier eine Schar junger, kleinwüchsiger Soldaten mit gelblichbrauner Gesichtsfarbe um uns herumwuseln. Sie wirkten wie Schulbuben, die man in zu weite Anzüge gesteckt hatte. Nur die beiden Offiziere, die ihre Soldaten wie Klassenlehrer überragten, stammten offensichtlich nicht aus den asiatischen Gebieten der Sowjetunion. Als uns in Zeichensprache befohlen wurde, die Hände hinter dem Stahlhelm zu verschränken, und zwei der kleinen Rotarmisten, mit Kalaschnikows im Anschlag, uns auf einem Trampelpfad in den Buschwald trieben, hob sich der Schleier, der sich über mein Bewusstsein gebreitet hatte: In sowjetische Gefangenschaft zu geraten, war nach meiner Ansicht gleichbedeutend mit dem

Tode. Wenn das zutraf, musste ich mich jetzt wohl auf mein Ende vorbereiten. Von der hierfür nötigen stoischen Gefasstheit war ich jetzt aber weit entfernt. Die Angst, dass „es gleich knallen werde", schnürte mir die Kehle zu.

Ich atmete auf, als wir unterhalb des Scheitelpunktes unserer „Schicksalshöhe" aus dem Wald auf die Straße geführt wurden. Während wir sie überquerten, erhaschte ich einen flüchtigen Blick auf das Gefechtsfeld dieses unseligen Tages. Es war bis hinauf zur Mitte des Hanges mit einer Vielzahl zerschossener, rauchgeschwärzter Panzerwracks bedeckt. Der Geruch des Qualms, der von ihnen immer noch aufstieg, hing ringsum in der Luft. In diesem Augenblick waren aus der Richtung des Waldstückes, in dem unsere vier Kameraden zurückgeblieben waren, Schüsse zu vernehmen. Ob die Rotarmisten sie aufgespürt hatten? Ich habe nie etwas über ihr Schicksal erfahren.

Die kleinwüchsigen Asiaten führten uns auf eine von Wald umgebene Grünfläche, in deren Mitte ein Zelt aufgeschlagen war. Als ich neben ihm eine Anzahl feldgrauer Männer im Gras hocken sah, schüttelte ich die Vorstellung, erschossen zu werden, ab. Vielleicht ging das Leben in der Gefangenschaft doch weiter?

Einer der Konvois versetzte mir einen Kolbenstoß und zeigte auf den Zelteingang. Beim Eintreten sah ich sowjetische Offiziere auf Munitionskisten an einem improvisierten Kartentisch sitzen. Ein junger Offizier begann mich zu verhören, was schon wegen seiner mehr als dürftigen Deutschkenntnisse wenig Erfolg versprach. Welchem Truppenteil ich angehörte? Da ich keine Lust hatte, ihn schlau zu machen, nannte ich ihm die Nummer eines Grenadierregiments, das als Rest einer zerschlagenen Division aus unserer Nachbarschaft herausgelöst worden war.

Etwas freundlicher werdend, forderte er mich auf, über den Verbleib meines Truppenteils und seine Stärke auszusagen. Hierzu fertigte ich ihn mit weiteren, frei erfundenen Angaben ab. Seine letzte Frage, was mir über den Verlauf unserer Front im südlichen Estland, über Zahl und Art der hier stehenden Divisionen und die rückwärtigen Verteidigungslinien bekannt sei, war so ambitiös, dass ich mir ein dünnes Lächeln nicht verkneifen konnte. Meine Antwort, „ich sei als einfacher Unteroffizier über strategische Zusammenhänge nicht unterrichtet", quittierte er, indem er fluchend auf den Ausgang des Zeltes deutete.

Ich setzte mich zu meinen Schicksalsgenossen und schaute in angespannte, blasse Gesichter. In unserer Mitte lag ein großer, kraftvoll gewachsener Unteroffizier mit geschlossenen Augen, leise stöhnend, im Gras. Eines seiner beiden Hosenbeine hatte man abgetrennt und das Bein bis zum Oberschenkel mit Binden umwickelt, zwischen denen das Blut hervorquoll. Zwei russische Soldaten brachten uns auf die Beine. Sie warfen uns zwei Stämme junger Laubbäume, eine Zeltbahn und einige Stricke zu und befahlen in Zeichensprache, hieraus eine Trage zu bauen. Die Stämme dienten als Holme. Wir verbanden sie miteinander durch die Stricke, befestigten darauf die Zeltbahn, polsterten sie mit Blättern und Moos aus und legten den schweren Mann, dessen Bein bis zur Hüfte zerschmettert war, auf die Trage. Als die Rotarmisten das Zeichen zum Abmarsch gaben, luden wir zu viert die Trage auf unsere Schultern. Da die Russen unseren schwerverletzten Kameraden verbunden hatten und ihn nicht hilflos hatten liegen lassen, hofften wir, dass er in ein Lazarett gebracht werden sollte. Vielleicht würde die sowjetische Gefangenschaft, trotz aller gegenteiligen Vorstellungen, doch ein menschliches Gesicht tragen?

Der lange Marsch in das Horrorlager Ostrow und sein „Lazarett"

Die Augustsonne brannte auf uns nieder, der Schweiß rann in Strömen und die Zungen klebten am Gaumen. Die Marschstrecke, die uns hügelauf, hügelab nach Osten führte, schien endlos, und die Last des schweren Mannes wollte uns zu Boden drücken. Halbstündlich wechselten die Träger. Da wir aber nur zu zwölft waren, blieb jedem Trägerquartett nur jeweils eine Stunde zum Verschnaufen. Als die Sonne sank, machten die Posten vor einem verlassenen Gehöft halt und sperrten uns in einen kleinen, fensterlosen Speicher. Gierig tranken wir das Wasser, das sie uns hinstellten. Außerdem gab es für jeden zwei Scheiben getrocknetes, knochenhartes Roggenbrot. Dies reichte allenfalls, um den Hunger für kurze Zeit zu betäuben, was bei unserem guten Ernährungszustand vorläufig auszuhalten war. Schwer erträglich war es jedoch, das Elend unseres Verwundeten anzusehen. Er lag fiebernd zwischen uns und zerbiss sich die Zunge, um seine Qualen zu ersticken. Wir flößten ihm Wasser ein und fütterten ihn mit eingeweichtem Hartbrot. Im Übrigen besaßen wir nichts, womit wir sein Leiden lindern konnten.

Am folgenden Tag wechselten wir uns beim Tragen in immer kürzeren Abständen ab. Dennoch waren wir entschlossen, bis zum Umfallen durchzuhalten. Als nach einer Marschpause die nächste Trägergruppe die Trage aufnehmen wollte, winkten die Posten ab: „Nje nada! („Nicht nötig!") Kamarad Lasarjet!" Wir zögerten, ihn zu verlassen. Drohend hoben die Posten ihre Maschinenpistolen. Während ein Konvoi bei der Trage zurückblieb, setzten wir uns, langsam und immer erneut zurückschauend, in Bewegung. Kaum hatte uns der Weg ein paar hundert Meter weit hinter eine Biegung geführt, als hinter uns zwei Schüsse fielen.

In der folgenden Nacht durchlebte ich noch einmal die Geschehnisse, die zu meiner Gefangennahme geführt hatten. Immer endete ich bei der Frage, weshalb der Bataillonskommandeur sich dieses Mal, ganz gegen seine Gewohnheit, nicht darum gekümmert hatte, dass auch die am äußersten Flügel eingesetzten Soldaten den Befehl zum Absetzen erhielten. Die Antwort bekam ich erst fünf Jahre später, als ich nach der Heimkehr einen Brief las, den der Major meinem Vater im Herbst 1944 aus einem deutschen Lazarett geschrieben hatte. Darin hatte er Folgendes berichtet: Während der Kampf zwischen der Flak und den T 34-Panzern seinen Höhepunkt erreicht hatte, habe ihn der Chef der Flakbatterie fortlaufend bedrängt, angesichts der enormen sowjetischen Übermacht der Sprengung der Geschütze und dem sofortigen Rückzug zuzustimmen. Dies habe er mit Entschiedenheit abgelehnt. Kurz vor der überfälligen Rückkehr der Zugmaschinen der Flak hätten Splitter einer sowjetischen Panzergranate sein Bein zerschmettert. Er habe das Bewusstsein verloren und es erst nach Stunden zurückerlangt. Beim Verlassen ihrer Stellung habe die Flakbatterie die Verwundeten und Gefallenen auf den Zugmaschinen nach Werro mitgenommen. Er könne sich nicht damit abfinden, dass die Männer seines Bataillons wegen seiner Verwundung sich selbst überlassen geblieben seien. Sein Bein sei in einem Feldlazarett amputiert worden, und er habe das Glück gehabt, gleich darauf in die Heimat ausgeflogen zu werden. Für seine Leistungen während der Rückzugskämpfe sei ihm das „Ritterkreuz zum Eisernen Kreuz" verliehen worden.

Die aufgehende Sonne sah uns auf der breiten, geschotterten „Rollbahn" von Riga nach Pleskau. Wir zogen ihr entgegen, auf die alte russische Festung Isborsk zu. In kurzen Abständen kamen uns von Osten her lange, mit sowjetischen Truppen und Nachschubgütern beladene Lastwagenkolonnen entgegen. Die Rotarmisten, auf ihrem Weg an die Front reichlich mit Wodka versorgt, gebärdeten sich, während sie an uns vorüberfuhren, wie hungrige Menschenfresser. Unzählige Flüche und Beschimpfungen, leere Flaschen und andere harte Gegenstände regneten auf uns herab. Von jedem Lastwagen erscholl bei unserem Anblick wütendes Gebrüll: „Bajdjom w Berlin!" (Auf nach Berlin) und „Chitler (Hitler) kapuut!" Das war zu ertragen, nicht aber die widerlichen Parolen und schändlichen Gesten, mit denen sie ohne Unterlass ihre Absicht verkündeten, alle deutschen Frauen zu vergewaltigen!

Erschöpft stolperten wir gegen Abend am Rande Isborskas in eine mit Stacheldraht eingezäunte Feldscheune. Sie war bereits von einer größeren Anzahl deutscher Gefangener bevölkert.

Am nächsten Morgen bog eine etwa hundertfünfzig Köpfe zählende, feldgraue Kolonne hinter Isborsk auf eine Nebenstraße ein, die nach dem etwa fünfzig Kilometer entfernten Ostrow führte. Sie durchquerte das Hügelland der Setus, dessen natürliche Schönheit ich zu Beginn unseres Rückzuges bewundert hatte. Jetzt schenkte ich ihr keinen Blick, denn die Konvois drückten unter anfeuerndem Geschrei auf das Marschtempo. Dennoch wurden wir in der flimmernden Hitze immer langsamer. Marschpausen brachten keine Erfrischung, zumal die Konvois sich einen makabren „Scherz" ausgedacht hatten: Sie stellten von Zeit zu Zeit einige randvoll mit Brunnenwasser gefüllte Eimer in unsere Mitte und amüsierten sich königlich darüber, dass die „Faschisten" sich gierig auf die Eimer stürzten und hierbei der größte Teil des Wassers im Straßenstaub versickerte.

Etwa fünf Kilometer vor Ostrow verfiel die Kolonne in Schleichschritt. Die Beine waren schwer wie Blei, die Füße wund gelaufen. Am härtesten hatte es die Offiziere getroffen. Ihre Stiefel hatten die Rotarmisten „übernommen" und ihnen als Ersatz die eigenen, brettharten und schief getretenen Knobelbecher, wahre Marterinstrumente, zugeworfen. Schließlich brachen einzelne, völlig entkräftete Männer zusammen, und die Posten brachten manche nicht einmal durch Drohungen mit vorgehaltener Waffe zum Aufstehen. Diese letzte Etappe des Marsches in die Gefangenschaft übertraf alles, was wir bisher erlitten hatten. Und dennoch blieb keiner liegen. Alle, die noch hinreichend Kraft besaßen, ob Offizier oder Soldat, fanden sich am Ende des Zuges zusammen, um die Schwächsten aufzuheben und, sie mit den Schultern stützend, mitzuschleppen. In dieser Weise bewährte sich in der verzweiflungsvollen Anfangsphase der Gefangenschaft noch einmal die Frontkameradschaft!

Bei Sonnenuntergang erreichten wir das Ufer der Welikaja. Nachdem wir ihrem Lauf für eine Weile gefolgt waren, sahen wir die Reste der von unseren Truppen gesprengten Ostrower Eisenbahnbrücke aus dem flachen Wasser ragen. Nur wenige hundert Meter noch, dann wankten wir in den Hof eines ausgedehnten, niederen Stallgevierts. In den weiträumigen Ställen dieses Sammellagers, in denen bereits eine große Zahl Gefangener aller Dienstgrade eingesperrt war, ließen wir uns auf weichen Untergrund fallen. Er bestand aus einer dicken Schicht eingetrockneten Schweinemistes!

Am nächsten Morgen sprach sich wie ein Lauffeuer herum, dass es zum Frühstück Hirsesuppe gebe. Obwohl diese erste warme Mahlzeit der Gefangenschaft sich als dünn und wässrig erwies, weckte sie Hoffnung auf Überleben. Kaum hatten wir sie andächtig geschlürft, als den Neuankömmlingen befohlen wurde, auf dem Innenhof anzutreten. Sollten wir etwa noch weiter nach Osten marschieren? Nein, wir sollten gefilzt werden. In jedem sowjetischen Gefangenenlager war die Filzung „ein wichtiger Faktor für die Aufrechterhaltung der Ordnung und zur Verhinderung von Ausbruchsversuchen". Uns schien aber, dass sich die Sowjetunion durch ganz besondere Sorgfalt bei der „Entpersönlichung" ihrer Kriegsgefangenen auszeichnete! Ebenso wie inländische Feinde der „Arbeiter- und Bauernmacht" wurden auch die „faschistischen Invasoren" als Arbeitssklaven auf ihre nackte Existenz reduziert! Sie hatten doch oft Löffel aus Metall, Metallkämme mit spitzen Zähnen oder gar noch gefährlichere Waffen in den Taschen. Um sich möglichst bald wieder auf dem weichem Lager ausstrecken zu können, drängten die meisten Männer sich in die vorderen Glieder der drei Menschenschlangen, vor denen sich je ein Rotarmist aufgebaut hatte. Wer aber, wie auch ich, etwas zu verlieren hatte, blieb hinten, um die Untersuchungsmethoden der Filzer sorgfältig studieren zu können. Selbstverständlich unterließ es keiner von ihnen, alle Rock- und Hosentaschen seiner Opfer umzustülpen. Manche kontrollierten auch Mützen, Schuhe und Socken. Andere verlangten sogar von ihren Opfern, die Hosen herunterzulassen! Nachdem ich die bevorzugten Praktiken eines jeden Filzers zu kennen glaubte, stellte ich mich in die Reihe vor einem Sergeanten, der bisher von indiskreten Kontrollmaßnahmen abgesehen hatte. Den einzigen und unentbehrlichen Besitz, der mir verblieben war, das kleine Lederetui mit zwei Dutzend Fotos, steckte ich vorn in die Unterhose und bemühte mich, dem Sergeanten möglichst treuherzig in die Augen zu schauen. Nach zwei angstvollen Minuten konnte ich aufatmen: Ich hatte meinen Schatz durchgebracht, doch bis zur Entlassung waren noch viele Filzungen zu bestehen!

Zwei Tage später traf eine weitere, etwa tausend Mann starke Gefangenenkolonne ein. Nun wurde der Raum noch knapper, sodass wir eng geschichtet auf den Hinterlassenschaften der Schweine kampierten. Wenn wir bei Tage für einige Stunden aus dem schwülwarmen, stinkenden Halbdunkel auf den Innenhof hinausgelassen wurden, konnte man sich kaum bewegen, ohne den Nachbarn auf die Füße zu treten. Deshalb schien es uns zunächst wie eine Erlösung, als wir zur Arbeit eingesetzt wurden.

Die inzwischen tief ins Baltikum vorgestoßenen sowjetischen Armeen waren dringend auf die Wiederherstellung der von Leningrad über Pleskau und Ostrow nach Westen und Südwesten verlaufenden und durch die Sprengung der Welikajabrücke unterbrochenen Eisenbahnlinien angewiesen. Deshalb sollten wir im Eiltempo den auf beiden Ufern des Flusses zerstörten Eisenbahndamm wieder aufbauen. An seinem Fuß hatten Lastwagen in regelmäßigen Abständen große Mengen Erde, Sand und Steine aufgeschüttet. Wir wurden in Brigaden eingeteilt, denen jeweils ein etwa gleich großer Abschnitt des Dammes zugewiesen wurde. Als Arbeitsgeräte standen für jede Brigade Schubkarren, Schaufeln und primitive Rammböcke bereit. Heinz und ich wurden Kärrner. Andere verteilten das herangekarrte Material auf dem Damm, und ein Drittel der Brigade stampfte es, natürlich in Handarbeit, mit schweren Rammböcken fest. Die Konvois versahen zugleich die Funktionen der Aufseher. Hierbei ersetzten sie Fachkenntnisse durch gnadenloses Antreiben. Da das Tempo der Bauarbeiten letztlich von der Menge des herangebrachten Materials abhing, übten sie vor allem Druck auf die Kärrner aus. An unserem Arbeitsweg, der mit dem Anwachsen des Dammes immer anstrengender wurde, stellten sie sich in Abständen von etwa zehn Metern auf. Und dann begleiteten sie uns auf Schritt und Tritt mit Gebrüll: „Dawai, dawai! Bi-

streje, bistreje!" (los, los, schneller, schneller). Dammaufwärts
waren sie wegen unserer schweren Last mit zügigem Steigen
zufrieden. Bergab war Laufschritt gefordert! Das Bild, das
sich auf beiden Flussufern bot, glich einem emsigen Amei-
senhaufen. Selbstverständlich hielten wir dieses mörderische
Tempo nicht lange durch, zumal die Ernährung auch in
Ostrow, selbst ohne Arbeitseinsatz, nicht zum Überleben aus-
gereicht hätte. Außer dem mittäglichen Stück Hartbrot gab
es morgens und abends die dünne Hirsesuppe, dazu Hartbrot
und eine Dose Tee. Als ich schwächer und langsamer wurde,
bekam ich die Kolben der Gewehre und Maschinenpistolen in
Kreuz und Hinterteil zu spüren.

Nach einigen Tagen blieben die ersten Kameraden auf dem
Mist liegen, da nicht einmal Prügel sie zum Aufstehen bewegen konnten. Dies kündigte den Beginn der Ruhrepidemie
an. Zunehmend wurden jetzt die Nächte zur Hölle. Inmitten
der Baracken dienten alte Waschkessel und verrostete Kübel
als Aborte. Die Ruhrkranken waren ständig zwischen ihren
Schlafplätzen und den offenen „Aborten" unterwegs. Sie stolperten über die Liegenden hinweg oder traten ihnen in ihrer
Eile auf Köpfe, Arme und Beine. So war es unausweichlich,
dass die Krankheit sich explosionsartig ausbreitete.

Der Damm hatte schon fast seine ursprüngliche Höhe erreicht, als mir hinter der Schubkarre die Beine einknickten.
Heinz schleppte mich ins Lager zurück. Mit hohem Fieber
und tobenden, krampfartigen Unterleibsschmerzen ließ ich
am nächsten Morgen die unausbleiblichen Fußtritte und
Schläge regungslos über mich ergehen und raffte mich nur
auf, um Blut und Wasser von mir zu geben.

Inzwischen war es der sowjetischen Lagerleitung offenbar
bewusst geworden, dass die Epidemie ihren Soldaten und der
Zivilbevölkerung gefährlich werden konnte. Jedenfalls erschien im Lager eine aus Militärärzten und ihren Gehilfen
bestehende Kommission. Sie veranlasste als Erstes, dass die
Kranken in einem der Ställe „isoliert" wurden. Dann wurde
in sämtliche Ställe eine solche Flut von Lysol geschüttet, dass
sein Gestank den des Schweinemistes und unserer „Aborte"
nahezu verdrängte.

Während die Welle der Neuerkrankungen langsam abebbte, verbesserte sich mein Zustand nicht spürbar. Als ich eines Morgens aus Fieberträumen erwachte, blickte ich in das Gesicht einer jungen Frau, die sich über mich gebeugt hatte. Ich glaubte, immer noch zu träumen. Mit ihren feinen, ebenmäßigen Gesichtszügen, den großen, blauen Augen und dem weich über den Kragen des weißen Arztkittels fallenden, leuchtend blonden Haar erschien sie mir in diesem Augenblick wie eine Engel, der menschlichem Elend zu Hilfe geeilt war. Es handelte sich aber keineswegs um einen Engel, sondern um die, menschlichen Regungen unzugängliche, Chefärztin der Kommission. Tamara, Stabsärztin der Roten Armee aus Leningrad, war ebenso schön wie eiskalt! Mit steinerner Miene befragte sie jeden Kranken durch einen Dolmetscher nach seinen Beschwerden. Dann wurden uns leere gelbe Büchsen zugeworfen, das Strandgut der unermesslichen Flut von Schweinefleischkonserven, mit denen die Amerikaner seit anderthalb Jahren die Rote Armee kampffähig erhalten hatten. Wir füllten sie mit unseren Stuhlproben und harrten im schmutzstarrenden Innenhof in glühender Sonne auf unser Urteil. In wehendem Kittel inspizierte Tamara, assistiert durch ihr Gefolge, den Inhalt der Büchsen. Wenn sie auf einen der vielen blicklos im eigenen Dreck Liegenden zeigte, wurde ihm bedeutet, sich zur Seite zu setzen. Auch auf mich stach der lange, weiße Zeigefinger nieder. Und bald darauf fand ich mich, zusammen mit etwa fünfundzwanzig Leidensgefährten, in einem hühnerstallartigen Verschlag am Rande des Hofes wieder. Offensichtlich hatte Tamara bei der Identifizierung der schwersten Fälle ihr Urteil ausschließlich darauf gestützt, wie viel Blut nach ihrem Augenschein in den Stuhlproben enthalten war. Die Kommission war aber gewiss nicht beauftragt worden, das verseuchte Lager völlig zu sanieren, sondern hatte offensichtlich zwecks „Absicherung nach oben" eine Feigenblattmission erfüllt. Was uns in den letzten Wochen geschehen war, schien mir in diesem Augenblick darauf hinzudeuten, dass wir wohl dazu bestimmt waren, durch Sklavenarbeit und Krankheiten ausgelöscht zu werden. Und das überraschte mich nicht, da ich mich stets an den herzzerreißenden Anblick der halb verhungerten sowjetischen Gefangenen erinnerte, die ich einst zu Hause vorüberziehen sah.

Wegen dieser Erinnerung habe ich mich während der Gefangenschaft nie über Leiden beklagt, die ich in der Sowjetunion zu erdulden hatte. Ich will es auch an dieser Stelle nicht tun, sondern realistisch und ohne Vorwürfe schildern, wie es meinen Kameraden und mir dort ergangen ist.

Nach einer Nacht, in der ich, von meinen Gedärmen gepeinigt, wenig Schlaf gefunden hatte, holten uns zwei ältere Rotarmisten mit der Aufforderung „Baschli, w Lasarjet!" („Auf, ins Lazarett!") aus dem Verschlag. Hatte ich dieses Versprechen nicht, einhundertfünfzig Kilometer von hier entfernt, schon einmal gehört? Was nun aber mit uns geschehen sollte, hatte mit meinem furchtbaren Erlebnis zu Anfang der Gefangenschaft nichts zu tun. Die beiden Konvois führten uns auf einen schmalen Fußpfad, der eine weite, von üppig wucherndem Gras bedeckte Fläche durchquerte. Um uns zu ermutigen, zeigten sie uns das Ziel der Wanderung: In einer Entfernung von etwa drei Kilometern erhob sich auf einem Hügel ein beeindruckender Komplex vierstöckiger, roter Backsteingebäude. Es waren die Ostrower Kasernen, die in den ersten Jahren des Ostfeldzuges der deutschen Luftflotte Kesselring als Hauptquartier gedient hatten und jetzt ein sowjetisches Lazarett beherbergten.

Wie sich herausstellte, waren einige wenige der als schwerkrank aussortierten Gefangenen nur relativ leicht erkrankt, doch alle übrigen litten, wie auch ich, an hohem Fieber, quälenden Schmerzen und grenzenloser Schwäche.

Kaum hatte unser trauriger Haufen schwankend zweihundert Meter zurückgelegt, als wir erschöpft ins Gras sanken. Ich krümmte mich vor Schmerzen und in Erwartung der fälligen Fußtritte zusammen. Doch nichts dieser Art geschah. Kein Fußtritt, kein Kolbenstoß, nicht einmal ein Fluch. Stattdessen versuchten die Konvois, freundlich lächelnd, sich mit uns zu verständigen. Obwohl ich kein Wort verstand, verriet mir ihr Ton Hilfsbereitschaft und Mitgefühl. Jetzt erst schaute ich mir unsere Bewacher näher an. Es waren Männer um die vierzig, gewiss Familienväter, mit gutmütigen Gesichtern. Nach der Ruhepause ging es weiter, wenn auch im Schleichtempo und mit immer häufigeren und längeren Unterbrechungen. Die Konvois drängten uns nicht. Sie setzten sich still neben uns, holten aus den Hosentaschen Machorkakrümel und drehten Zigaretten für sich selbst sowie für einige Unentwegte, die trotz Fiebers, Schmerzen und Blutverlust süchtig nach Tabak geblieben waren.

Als wir wieder einmal zu Boden gegangen waren, erwachten wir für Minuten aus Stumpfheit und Erschöpfung: Auf der, fast parallel zu unserem Pfad verlaufenden Straße kroch ein langer, feldgrauer Wurm zum Ostrower Bahnhof. Es waren die Kameraden unseres Lagers. Vor einigen Jahren traf ich einen der Überlebenden auf einem Empfang der estnischen Botschaft in Bonn. Er berichtete, dass alle Gefangenen des Sammellagers, ob krank oder gesund, in Viehwagen in ein Arbeitslager zwischen dem Ladogasee und dem Eismeerhafen Archangelsk verfrachtet worden waren. Dort habe ein grausames Schicksal auf sie gewartet, das unendlich viele Opfer gefordert habe. Ratlos schauten wir hinüber zu den Kameraden. War es unser Glück oder unser Verhängnis, dass wir in Ostrow zurückblieben?

Die Sonne stand schon hoch am Himmel, als die Kasernen zum Greifen nahe schienen. Doch nun waren wir bis zum Letzten ausgepumpt und blieben einfach im Gras liegen. Gerade dies war der Augenblick, in dem ich begann, neuen Lebensmut zu schöpfen, denn unsere Bewacher wurden nun zu unseren Betreuern. Ohne sich vor der Ansteckungsgefahr zu fürchten, richteten sie die Oberkörper der Schwächsten auf, um ihnen Wasser aus ihren Feldflaschen einzuflößen und einen Brocken Weißbrot in den Mund zu schieben. Schließlich hoben sie die Schwerkranken auf, um sie abwechselnd ein Stück des Weges zu tragen! Dieser anrührende Samariterdienst widersprach den bitteren Erfahrungen, die ich bisher in sowjetischer Gefangenschaft gemacht hatte – und später noch oft machen sollte. Offenbar hatten Hitlers Überfall und die Schrecken seines Krieges im russischen Volk und seinen Soldaten nicht alle menschlichen Gefühle erstickt.

Auf dem letzten Teil des Pfades begannen, mit wenigen Ausnahmen, alle zu kriechen, soweit sie nicht gestützt oder getragen wurden. Meter für Meter näherten wir uns so dem Ziel, in die ersehnte Geborgenheit eines Lazaretts zu gelangen – und taumelten gegen Mittag über die Schwelle einer von Stacheldraht umgebenen Baracke.

Zwei Tage blieben wir uns selbst überlassen. Ich kam aus meinem fiebrigen Dahindämmern zu mir, als eine Russin das Essen brachte: Weißbrot und Mehlsuppe nebst einem Eimer Tee! Diese Schonkost war in unserem Zustand die beste und fast die einzige „Medizin"! Hier lagen wir auf breiten, mit sauberem Stroh gepolsterten Holzbetten und bekamen Wolldecken, Becher sowie die für die Verrichtung der Notdurft bestimmten gelben Allzweck-Büchsen. Zwei Tage später wankten alle, die sich dazu aufraffen konnten, in das nebenan liegende Badehäuschen. Dort begegnete ich, auf unsicheren Beinen stehend, erstmals der Standardeinrichtung sowjetischer Hygiene: auf Lattenrosten stehende Bänke mit kleinen hölzernen Waschtrögen, aber auch große Kessel mit heißem und kaltem Wasser. Für jeden gab es ein Stückchen graue Seife und ein gezwirntes Handtuch von der Größe dreier Waschlappen. Es war eine Wohltat, aber entsetzlich anstrengend, sich erstmals nach vielen Wochen waschen zu dürfen. Anschließend erhielten wir die russische Lazarettkleidung, bestehend aus langen Unterhosen und -hemden aus Leinen, die anstelle von Knöpfen mit Bändern versehen waren. Im Austausch mussten wir unsere Uniformen und die übrigen Bekleidungsstücke abgeben. Nach dieser dürftigen Einkleidung bekamen wir während des zweieinhalb Monate währenden Aufenthalts in dem angeblichen Lazarett weder einen sowjetischen Arzt noch eine Pflegekraft zu Gesicht. Wir waren freudig überrascht, als ein Mann aus unserer Mitte, der zu den leichter Erkrankten zählte, sich als Stabsarzt der Reserve aus Bad Oeynhausen zu erkennen gab. Er enttäuschte uns aber in schmählicher Weise. Sein „Wirken" beschränkte sich darauf, die verschwindend geringe Menge der ihm übergebenen Arzneimittel nach unerfindlichen Maßstäben zu verteilen. Für das Schicksal der Schwerkranken interessierte er sich nicht im Geringsten und unternahm nicht einmal den Versuch, um die dringend erforderliche Erhöhung der Arzneimittelzuteilung oder um wirksamere Mittel zu bitten. Nachdem er als einer der Ersten genesen war, kümmerte er sich weder um die Pflege der Kranken noch um die Verbesserung der unsäglichen hygienischen Verhältnisse.

Der Verrichtung der Notdurft diente eine zwanzig Meter entfernte Bretterbude, in deren Mitte sich ein Erdloch befand. Zunächst waren wir mehrheitlich zu schwach, um von dieser Einrichtung Gebrauch machen zu können. Die Schwächsten waren nicht einmal fähig, die Blechbüchsen zu benutzen. Sie lagen daher bald in den eigenen Fäkalien! Zwei russische Frauen wechselten das Stroh einmal wöchentlich aus. Hier musste, wer keine körperlichen Reserven mehr besaß, den Kampf gegen die Ruhr verlieren! Ich zwang mich bald dazu, trotz Fiebers, Schwindels und weicher Knie, zwischen Bett und Bretterbude hin und her zu pendeln.

Schon während der ersten zwei Wochen starben einige von uns an der furchtbaren Krankheit, die unter den Kriegsgefangenen in der Sowjetunion die meisten Opfer forderte. Sobald sich mein Zustand besserte, tat ich mich mit zwei Gleichgesinnten, dem neunzehnjährigen Otto, Offizierbewerber wie ich, und dem einige Jahre älteren, aus Köln stammenden Ulli zur Betreuung der Schwerkranken zusammen. Wir fütterten sie, gaben ihnen zu trinken, leerten ihre gelben Büchsen aus, reinigten ihre Betten und versuchten, sie zu trösten und zu ermuntern. Doch die Sterbewelle setzte sich fort! Als sie auslief, war von den Männern unserer Gruppe nur etwa die Hälfte übrig geblieben, und einer der überlebenden Schwerkranken schwebte latent in Lebensgefahr.

Dem heißen Sommer war ein langer, milder Herbst gefolgt. Mit dem Wiedererwachen der Lebensgeister kreisten die Gedanken ausgehungerter Menschen um das nächste Stück Brot, um den nächsten Löffel Suppe und um die Gleichbehandlung bei der Verteilung der Verpflegung. Ein aus der Nähe Lembergs stammender, untersetzter und breitschultriger „Volksdeutscher" der sogenannten „Volksliste 3" namens Alois hatte in erstaunlich kurzer Zeit als Erster seine Gesundheit wiedererlangt und sich durch Anmaßung von Vorrechten und durch ruppiges Verhalten gegenüber Kranken und Schwächeren in „Szene" gesetzt. Dieser Mann sprach schlecht deutsch, aber fließend polnisch und konnte sich deshalb als Einziger von uns den Russen verständlich machen. Sein überhebliches Auftreten ließ erahnen, dass er darauf aus war, sich zu unserem Chef aufzuschwingen. Das gelingt unter Hungernden in

aller Regel demjenigen, der die Macht über die Verteilung des
Essens erobert. Schlau und zielsicher biederte Alois sich bei
den uns regelmäßig kontrollierenden Konvois an. Auf diese
Weise stieg er vom Dolmetscher zum Vertrauensmann der
Russen auf. Den „Gipfel der Macht" erklomm er, als ihm anstelle der russischen Küchenhelferinnen die Ausgabe des Essens übertragen wurde. Nachdem wir, mit Ausnahme des
schwerkranken Hermann Müller, wieder normale Kost ver-
trugen, war die Küche dazu übergegangen, uns statt des fett-
freien Krankensüppchens mit nahrhaftem, leckerem „Kascha", einem dicken Brei aus Weizen und amerikanischem
Büchsen-Schweinefleisch, zu versorgen. Jetzt stand uns mittags Alois, die Breikelle wie ein Zepter in der Hand, am Es-
senkübel gegenüber. Die Russinnen hatten in strikter Gleichbehandlung jede hingehaltene Büchse bis zum Rande gefüllt.
Wenn wir Alois gierig das gelbe Essgefäß hinstreckten, schaute
er zunächst jedem für einige Sekunden starr in die Augen.
Erst nach diesem prüfenden Zögern tauchte er die Kelle in
den duftenden Brei. Wie viel er seinem Gegenüber in die Büchse klatschte, richtete sich nach dem Grad des Wohlwollens
oder Missfallens, das er für ihn empfand.

Ende Oktober wurde es empfindlich kalt. In der schlecht
geheizten Baracke und in Unterwäsche fror man trotz der
Wolldecke bei Tag und Nacht. Die Kälte wurde erst erträglich, als man uns endlich die Uniformen zurückgab und eine
Tarnjacke der Wehrmacht hinzufügte.

Kurz darauf wurde uns anstelle der heilen Baracke eine
geräumigere, dafür aber baufällige Bruchbude auf halber Höhe
des „Kasernenhügels" zugewiesen. Durch die Löcher in ihren
Bretterwänden und im Dach schauten Sonne, Mond und Sterne herein, die Fensterrahmen waren verfault und einen Ofen
gab es nicht. Immerhin besaß das neue Quartier eine „kom-
fortable" Innenausstattung. Sie bestand aus doppelstöckigen
Betten mit Strohsäcken, einem Tisch, mehreren grob zusam-
mengehauenen Bänken und dem Luxus einiger wackliger
Stühle. Damals hatten wir noch nicht gelernt, dass Improvi-
sation für den Russen nicht so sehr die Kunst bedeutet, einem unerwarteten Notfall abzuhelfen, sondern ein regulärer

Bestandteil seines täglichen Lebens ist. Als wir um Material für die Reparatur unseres Quartiers baten, zeigten die Konvois wortlos auf die Reste der zu einem Bretterhaufen zusammengefallenen Nachbarbaracke. Sie vertrauten uns sogar Hammer, Beil und Säge an. Otto übernahm die Bauleitung und tat bei der Arbeit selbst das meiste. Jeder, der sich kräftig genug fühlte, ausgenommen Alois, seine Freunde sowie der Doktor, packte mit zu. Auf diese Weise wurde das Notquartier leidlich winterfest! Auch für das größte Problem, den fehlenden Ofen, fand sich eine Lösung. In einem Bretterverschlag entdeckten wir einen ausgedienten Waschkessel, den ein findiger Sowjetmensch durch Aufsetzen einer Eisenplatte zu einer Kombination von Ofen und Herd umfunktioniert hatte.

Der unterdessen hereingebrochene russische Winter ließ unser Quartier zeitweise bis zum Dach im Schnee verschwinden. Durch die geflickten und vereisten Fensterscheiben drang nur selten ein trübgrauer Lichtschimmer. Doch hatten wir es mithilfe der zerfallenden Nachbarbaracke warm! Zu dritt versuchten wir die Langeweile zu vertreiben, indem wir einander Erlebnisse aus Friedens- und Kriegszeit erzählten. Doch je mehr uns der Gesprächsstoff ausging, umso größer wurde unser Hunger, denn wir hatten viel nachzuholen. Die glücklichen Besitzer der Breikelle beherrschten die Szene mit unverfrorener Selbstverständlichkeit. Sie okkupierten den Tisch und schlossen mit Ausnahme des Arztes alle anderen von seiner Benutzung aus. Unter laut schallendem Gewieher vertrieben sie sich mit polnischen und deutschen Witzen und Zoten die Zeit. Otto und ich, beide leidenschaftliche Schachspieler, bastelten uns ein Schachbrett und kneteten die Figuren aus Brot. Schachspielen ist das beste Mittel gegen Stumpfsinn. Gegen Hunger hilft es nur vorübergehend.

In den ersten Dezembertagen schlug die trockene Kälte des Kontinentalklimas in feuchtkalte Witterung um. Ich bekam plötzlich starke Halsschmerzen, verbunden mit hohem Fieber. Der Hals war geschwollen und die Luftröhre verengt. Noch nie hatte ich so starke Schmerzen beim Schlucken gehabt. Von Otto bedrängt, ließ sich der Stabsarzt dazu herbei, in meinen entzündeten Rachen zu schauen. Er meldete den

Russen, dass ich Diphtherie hätte. Der junge sowjetische Militärarzt, dem ich vorgeführt wurde, glaubte an die Kunst des deutschen Medizinmannes. Nach flüchtiger Untersuchung wies er mich in die Isolierstation des Lazaretts ein und verabreichte mir Medizin. Das Fieber stieg weiter, sodass ich von meiner neuen Umgebung keine Notiz nahm. Am übernächsten Tag blickte ich nach unruhigem Schlaf verwundert um mich. Ich lag allein in einem gut geheizten Raum in einem „richtigen" Bett, auf einer ebenso „richtigen" Matratze und – unfassbar – in weißer Bettwäsche! Bevor ich wieder eindöste, glaubte ich sogar ein Nachttischchen gesehen zu haben. Als ich eines Morgens früh erwachte, schrubbte eine freundliche, alte Frau die Dielen. Während ich ihr zuwinkte, blieb mein Auge an dem neben dem Bett stehenden Nachttisch hängen. Ich hatte also doch richtig gesehen! War es denn möglich, dass ich der Zivilisation zurückgegeben war? Die Wunder setzten sich fort: Eine Krankenschwester brachte mir nicht nur Medizin, sondern auch ein opulentes Frühstück, bestehend aus süßem Hirsebrei, Weißbrot, einem Stückchen Speck sowie Tee und Zucker! Mittags gab es Fleisch mit Kartoffeln und Sauce, als Nachtisch Rosinenkompott, abends Borschtsch oder Kartoffelsuppe. Mein Zustand besserte sich rasch. Mir war, als ob ich träumte: Während der schrecklichste aller Kriege tobte und ungezählte sowjetische Gefangene in deutschen Lagern elend verhungerten, wurde ich hier sorgfältig gesund gepflegt! Doch machte ich mir nichts vor. Mit der Normalität sowjetischer Gefangenschaft hatte das nichts zu tun! Auch die Gefangenschaft war, wie das ganze Leben, ein Würfelspiel, und ich hatte, als Mitglied einer kleinen, versprengten Gruppe, eine Sechs gewürfelt! In dieser Überzeugung war ich entschlossen, diese fürstliche Unterbringung voll auszukosten. Die einzigen Wermutstropfen, die mein Dasein als „Hans im Glück" trübten, waren Einsamkeit und Langeweile.

In der Nacht wachte ich flüchtig von einem klappernden Geräusch auf. Kein Zweifel, es kam aus dem Nachttisch. Ich zog die Schublade auf – und über meine Hand sprang eine Maus zu Boden. Die Arme war sehr mager. Deshalb hatte sie durch einen Spalt an der Rückseite in die Schublade schlüpfen können, um sich über meinen Holzlöffel herzumachen. Sein Lacküberzug war rings am Rand abgeplatzt, sodass der würzige Saft des Kaschas, der Gemüsesuppe und des Rosinenkompottes in das Holz eingezogen waren. Ich wusste, wie weh Hunger tut und empfand Mitgefühl mit dem dünnen Mäuschen. Dennoch konnte ich ihr leider meinen wichtigen, schon stark angenagten Gebrauchsgegenstand nicht länger überlassen und versteckte ihn unter dem Kopfkissen. Die Maus nahm's nicht übel! Ich sah sie jetzt bei Tage hin und wieder durch den Raum huschen und entdeckte in dem Dielenbrett neben der Längswand das Loch, in dem sie verschwand. Wenn sie wieder einmal ihr Köpfchen herausstreckte, warf ich ihr immer ein paar Brotstückchen und Rosinen zu, die ich für sie aufgespart hatte. Dies wurde der Beginn einer wunderbaren Freundschaft. Schon bald kam eine zweite Maus zum Vorschein. Und schließlich führten mir die beiden ihre niedliche Kinderschar vor. Die unterhaltsamen Untermieter wurden unter dem Eindruck meiner milden Gaben immer zutraulicher. In ihrem Eifer sausten sie schließlich sogar über meine Bettdecke hinweg! Ich versuchte, sie zu unterscheiden und gab ihnen Namen. Ja, ich sprach sogar mit ihnen. Keine Einsamkeit mehr und keine Langeweile! Ich fühlte mich in dieser Idylle so wohl, dass ich nach Abklingen der Angina – die Diphtherie war eine erfreuliche Fehldiagnose gewesen – Halsschmerzen simulierte. Das gelang leider nur für kurze Zeit. Als der Arzt bei der nächsten Visite meinen Hals begutachtete, schickte er mich umgehend in Alois' Wunderhöhle zurück. Ich nahm aber eine unvergessliche Erinnerung mit und bleibe bis zum Ende meines Lebens ein Mäusefreund!

In der Baracke war es inzwischen noch ungemütlicher geworden, weil unser Waschkesselofen der zunehmenden Kälte nicht mehr gewachsen war. Deshalb pferchte man uns in zwei kleine Räume im zweiten Stock eines Kasernenblocks ein. In den nächsten Tagen ergab sich eine ungeahnte Gelegenheit für die Beschaffung zusätzlicher Lebensmittel. Wir wurden dazu angestellt, Lastwagen zu entladen, die Kartoffeln für die Lazarettküche brachten. Da unsere Konvois, um dem eiskalten Ostwind zu entgehen, ein warmes Plätzchen aufgesucht hatten und uns überdies freundlich gesinnt waren, konn-

ten wir uns während der Arbeit ohne Furcht, gefilzt zu werden, Taschen und Hosenbeine mit Kartoffeln vollstopfen. Hierbei sammelte ich erste Erfahrungen im Kartoffelklauen, einer Praxis, die sich im späteren Kampf ums Dasein als lebenswichtig erweisen sollte. Abends wurden die Kartoffeln
im Ofen geröstet.

Dies war der versöhnliche Abschluss des ersten Teiles meiner Gefangenschaft.

Eines Morgens wurden wir ohne Vorwarnung zum Ostrower Bahnhof eskortiert. Dort übergaben unsere sympathischen Konvois uns zwei blutjungen „Kaschaköpfen". Nachdem diese, dem Rekrutenalter kaum entwachsenen Burschen
uns zur Begrüßung als „faschistische Hurensöhne" beschimpft
hatten, verfrachteten sie uns in einen Güterwaggon, der durch
Einbau von Bänken und eines großen eisernen Ofens für den
privaten Reiseverkehr umgerüstet worden war. Gefasst darauf, hinter unüberwindlichem Stacheldraht zu landen, trauerten wir der beschränkten Bewegungsfreiheit nach, die uns
nach Monaten der Leidenszeit gegen Ende unserer Ostrower
Gefangenschaft vergönnt gewesen war.

Die Lokomotive dampfte nach Norden. Gemeinsam mit Otto
und Ulli kümmerte ich mich um den armen, schwer kranken
Hermann Müller, der dem Tode nahe schien. Wir hatten ihn
auf eine der schmalen, harten Bänke gelegt und hielten ihn
fest, wenn der Zug wieder einmal auf den holperigen Gleisen
zu hüpfen begann oder in leichter Schräglage in eine Kurve
einbog.

Die Lokomotive stieß ein gellendes Pfeifen aus. Näherten
wir uns einem Haltepunkt? Wir wollten gern einen Blick auf
das Stationsschild erhaschen, doch die Konvois drängten uns
mit ihren Kalaschnikows zurück. Urplötzlich kam unser „Ex-
press" mit einem gewaltigen Ruck zum Stehen. Der Ofen fiel
um. Glühende Kohlen fielen auf den Bretterboden des Waggons! Neben dem Ofen sitzende Frauen schrien auf, weil sie
von Stücken der Glut getroffen wurden. Andere Fahrgäste
rissen panikartig die Türen auf, um hinauszuspringen. Der
plötzliche Luftzug fachte die den Boden bedeckende Glut zu
bläulichem Aufflammen an. Die übereinander purzelnden Zi-

vilisten, Rotarmisten und Gefangenen besannen sich nach den Schrecksekunden darauf, dass man etwas tun musste, um das Feuer zu ersticken. Viele Füße, ob in Filzstiefeln, Lederschuhen oder Knobelbechern steckend, begannen auf Flammen und Glut herumzutrampeln; bis sie sich in dichte Qualmwolken auflösten: Jäh schoss mir der Gedanke an Flucht in den Kopf! Doch wo befanden wir uns und in welche Richtung sollte ich in die Nacht hineinlaufen? Nach einer halben Minute des Zögerns war die Chance vertan. Die Konvois jagten uns „dawai, dawai" brüllend, die Waffen martialisch im Anschlag, hinaus auf den Bahnsteig. Zwanzig Meter entfernt las ich ein schwach beleuchtetes Stationsschild: Wir waren in Pleskau! Mein Gott, von hier hätte ich es nicht weit bis nach Petseri und weiter in das Innere Estlands gehabt. Ich armer Narr wusste doch nicht, dass die Heeresgruppe Nord schon im Oktober Estland geräumt hatte und ihre Reste jetzt im Kurlandkessel in verzweifeltem Abwehrkampf gegen die anrennende Rote Armee standen.

Wir setzten die Reise in der sowjetischen „2. Klasse", einem ungeheizten Viehwagen mit Schiebetüren, fort. Aber wohin?

Nach einer Viertelstunde des Hoffens und Bangens Freudengeschrei: „Es geht nach Westen! Mensch, vielleicht bleibt uns doch das ganz große Frieren erspart!"

Wir drei saßen schweigend neben Hermann und schämten uns, so laut gejubelt zu haben. Sein Atem war beängstigend schwach und der Herzschlag kaum noch zu spüren. Irgendwo zwischen Russland und Estland ist er still von uns gegangen. Der Stabsarzt, der schon dem Lebenden nicht geholfen hatte, stellte ungerührt den Tod fest. Als der Zug hielt, öffnete auf unser lautes Hämmern ein Rotarmist den Verschluss der Schiebetür. Er erlaubte uns, Hermann zu bestatten. Im schwachen Lichtschein entzifferte ich die verblasste Inschrift des kleinen Stationsgebäudes: Petseri! In weitem Kreise war ich an den Ort zurückgekehrt, von dem ich vor fast acht Monaten an die Front aufgebrochen bin! Was mochte mit meinen beiden damaligen Reisegefährten geschehen sein? Ob meine liebenswürdige Wirtin sich vor dem Einmarsch der Roten Armee in Sicherheit bringen konnte? Mich bedrückte auch der Gedanke, dass die roten Fronttruppen das Felsenkloster, dessen Andenken ich mit mir trug, verwüstet und die Klosterbrüder verjagt haben könnten!

Wir begannen, fünfzehn Meter neben dem Bahnhofsgelände auf einem Grasstreifen zu graben.

„Njet!", schrie der Rotarmist und zeigte auf den steinigen Streifen unmittelbar neben dem Waggon.

Es war sogar mit der Spitzhacke sehr schwer, nahezu unmöglich, in kurzer Frist in diesen steinigen und angefrorenen Boden hineinzukommen. Die Grube war kaum tiefer als einen Meter, da ertönte auch schon das Abfahrtssignal!

„Los, legt ihn hinein, und schüttet zu!", bedeutete uns der Konvoi.

Wir baten inständig, uns noch ein wenig Zeit zu lassen. Vergebens! Traurig und zornig zugleich, waren wir genötigt, unseren Kameraden, der sein schweres Schicksal so tapfer und klaglos ertragen hatte, in unwürdiger Weise neben den Schienen zu verscharren.

Lager Walk: namenloses Elend neben sowjetischen Massengräbern (1944/45)

Noch vor Anbruch des Tages stand unser Häuflein in dichtem Schneetreiben frierend vor einem mehrere Meter hohen, von Scheinwerfern angestrahlten Tor. Zu seinen beiden Seiten verliefen drei Reihen bis zu vier Meter hoher Stacheldrahtzäune. Manche ihrer Pfeiler standen schief, und die an ihnen befestigten Zäune hingen schlaff herunter. Undeutlich waren die Umrisse von Wachtürmen auszumachen.

„Otto", sagte ich, „hier kommst nicht einmal du raus!"

Knarrend öffnete sich das Tor: Wir hielten Einzug in das Gefangenenlager in der estnischen Hälfte der Stadt Walk, deren andere Hälfte zu Lettland gehörte. Aus dem Flockenwirbel wuchsen uns die Konturen riesiger, grauer Bretterwände entgegen. Sie formten sich beim Näherkommen zu Baracken von gigantischen Ausmaßen. Nach meiner Erinnerung waren sie etwa zehn Meter hoch, fünfzehn Meter breit und zwischen vierzig und fünfzig Metern lang.

Als sich die Tür der Baracke öffnete, wurde uns elend und bang zumute: Dies war keine menschliche Behausung, sondern ein schreckenerregender Menschenspeicher! In seiner Längsachse war er in der Mitte durch eine bis zum Dach reichende Bretterwand geteilt. Außen- und Innenwände beider Hälften waren mit vierstöckigen Pritschen bestückt, zu deren oberen Stockwerken Leitern führten. Von diesen Bretterkathedralen, die jeweils über tausend Menschen fassten, gab es in Walk etwa zehn. Die Rote Armee hatte sie bei der Einnahme der Stadt vorgefunden, denn sie waren unter der Leitung der deutschen „Organisation Todt" im Herbst 1941 von sowjetischen Kriegsgefangenen erbaut worden. Viele Tausende dieser unglücklichen Menschen hatte man in ihre Bauwerke eingepfercht und einige Tausende von ihnen waren hiergeblieben. Sie lagen in Massengräbern unter den Hügeln, die sich, von Unkraut überwuchert, zwischen Baracken und Stacheldraht erhoben! Bei allem namenlosen Elend, das ich in Walk durchlebte, erinnerten mich die Grabhügel immer wie-

der an das Schicksal unserer sowjetischen Vorgänger. Über
diesem Lager hing der Fluch einer furchtbaren Vergangenheit!

In der Baracke war es hundekalt. Die wenigen, in den Lü-
cken der Mittelwand aus Backsteinen aufgemauerten Öfen
erwärmten selbst ihre unmittelbare Umgebung nur schwach,
und wir besaßen nichts als Tarnjacken, um uns zuzudecken.
Die gesamte, damals kaum dreihundert Köpfe zählende Belegschaft des Lagers hatte sich in einer Ecke zusammengedrängt, um sich gegenseitig zu wärmen. Wir legten uns dazu.
Trotz der engen Tuchfühlung weckte mich die Kälte in kurzen zeitlichen Abständen. Wenn ich sie mir aus den Knochen
getrampelt hatte, schlief ich sogleich wieder ein. Wir waren
froh, als wir noch im Januar in zwei kleine „Arbeitsdienstba-
racken" verlegt wurden. Hier hüllte uns in drangvoller Enge
ein dicker, warmer Mief ein. Otto und ich hatten uns Plätze
auf den Pritschen erkämpft, wurden aber rasch gewahr, dass
dort an Schlafen nicht zu denken war: Vor den wütenden At-
tacken ganzer Armeen ausgehungerter Wanzen flohen wir
schleunigst auf den Fußboden. Er war zwar schmutzig und
vom Schneematsch durchfeuchtet, jedoch von Wanzen unbe-
wohnt.

Lange bevor es draußen hell wurde, weckte uns Gebrüll: „Raustreten zur Prewjerka!"

Das morgens und abends stattfindende Ritual der Zählung
unterstand dem Kommando eines dicken, bärbeißigen Star-
schinas (= Hauptfeldwebel). Diese oberste sowjetische Autorität innerhalb des Stacheldrahtes nahm ihr Amt sehr ernst.
Obwohl dem Mann mehrere Untergebene assistierten, durchschritt er selbst zählend unsere Reihen. Hatte sich herausgestellt, dass kein Gefangener abhandengekommen war, durften wir uns an der Bretterwand der Küche aufstellen, um das
Frühstück zu fassen. Am ersten Schalterloch schoben die
Hände eines unsichtbar bleibenden Küchenbullen uns die erste der drei täglich zustehenden Portionen Schwarzbrot zu,
deren Gewicht je zweihundert Gramm betragen sollte. Sodann kippte er jedem mit einer winzigen Kelle die vorgeblich
20 Gramm wiegende Tagesration Zucker auf das Brot und
stellte eine kleine gelbe Büchse mit dünnem Tee dazu. Am

nächsten Schalter erwartete uns der Küchenchef in Person
oder, genauer gesagt, sein Bauch und seine Hände. Mit ele-
gantem Schwung füllte er in unsere, mit Drahthenkeln ver-
sehenen und nur unerheblich verrosteten Blechbüchsen einen Schlag Hirsesuppe. So weit, so gut, sofern uns das Süppchen doch wenigstens vorübergehend gesättigt hätte! Wie sollte es aber, da es außer einem Bodensatz von drei bis fünf Zentimetern aus milchig hell getrübtem Wasser bestand und den
Hungrigen mit keinem Auge anschaute! Das saure und aus
unerfindlichen Materialien gebackene Brot füllte zwar den
Magen, war aber so nass, dass es bei Druck zwischen den Fingern hervorquoll.

In immer gleichem Tageslauf traten wir nach dem Frühstück an, um zur Arbeit eingeteilt zu werden. Jetzt übernahm
Jurek das Kommando, der Vertrauensmann des Lagergewal-
tigen. Als Neuankömmlinge trauten wir unseren Augen nicht.
Dieser mittelgroße, schlanke Mann stolzierte vor unserem
Haufen grauer Gestalten einher wie ein Paradiesvogel! Er
steckte in einem hellbraunen, von den Lagerschneidern wie
eine polnische Litewka „auf Taille" geschnittenen lettischen
Uniformrock, hellen Reithosen und blanken schwarzen Reitstiefeln. Darüber trug er offen einen sowjetischen Militärpelz
aus Schaffell. Der aus Litauen stammende Jurek trat auf, als
sei er unser Kommandeur, war aber Kriegsgefangener wie wir.
Die Lagerkommandanten verfügten normalerweise nicht über
einen eigenen Dolmetscher und waren daher zur Weitergabe
und Umsetzung ihrer Befehle auf Gefangene angewiesen, die
sich in russischer Sprache, wenn auch oftmals vermischt mit
Brocken anderer slawischer Sprachen, verständlich machen
konnten und ihnen den verlangten Diensteifer bewiesen. Im
Walker Lager fanden sie solche Leute im allgemeinen unter
Gefangenen, die aus den der Sowjetunion benachbarten ost-
europäischen Randgebieten stammten. Manchmal waren es
Letten oder Litauer, die als Freiwillige der Waffen-SS ange-
hört hatten, nie aber ein Este. Manchmal gelang auch Volks-
deutschen wie Alois, unserem selbsternannten Ostrower
„Chef", der Aufstieg in die Walker Lageraristokratie. Diesen
„Kapos" übertrugen die sowjetischen Kommandanten in der
Regel zugleich weitreichende Befehlsbefugnisse im Innen-

dienst, während beim Arbeitseinsatz, solange ich mich in Walk befand, den Wachtposten die volle Befehlsbefugnis überlassen blieb. Von den Kapos wurde nicht nur verlangt, dass sie uns, mit welchen Mitteln auch immer, in „Zucht" hielten. Sie hatten auch den geheimdienstlich tätigen Offizieren des für die Kriegsgefangenenlager zuständigen Innenministeriums („NKWD", später in „MWD" und schließlich in „KGB" umbenannt) Zuträgerdienste zu leisten. Hierbei ging es zum Beispiel um Informationen über sich widersetzende Elemente, über Gefangene, die nationalsozialistische Ideologie verbreiteten oder Mitglieder der SS, Waffen-SS oder Polizei gewesen waren. Als Belohnung wurden ihnen privilegierte Lebensumstände zugebilligt. Sie hatten ihre eigenen Unterkünfte und konnten sich von Küche, Bekleidungsmagazin und Handwerkerstube nach Wunsch versorgen lassen. Die Sowjets konnten im Allgemeinen davon ausgehen, dass diese Leute die in sie gesetzten Erwartungen erfüllten, zumal sie keinen Anlass sahen, sich mit uns zu solidarisieren. Dem Vernehmen nach hat es unter ihnen aber auch Männer gegeben, die sich unter der Hand nach besten Kräften bemühten, das Schicksal ihrer Mitgefangenen zu erleichtern. Alois hatte sich schon in Ostrow als mieser Halunke erwiesen. Jurek spielte aber in einer ganz anderen Liga! Er besaß unvergleichlich mehr Macht und nutzte sie mit Erbarmungslosigkeit und Sadismus. Er war nicht nur ein gefügiges Instrument seiner Herren, sondern stets bestrebt, sich durch eigene „schöpferische Leistungen" hervorzutun. Mithilfe seiner Trabanten scheuchte er morgens uns alle, einschließlich der kranken und der hinfälligen, nicht arbeitsfähigen Männer, aus den Baracken. Wie im Ostrower Sammellager blieb nur zurück, wer auf Fußtritte, Prügel und Herabsetzung der Brotration nicht mehr reagierte. Bei der Gestaltung des Innendienstes, der nach der Rückkehr der Arbeitskommandos in das Lager begann, zeigte Jurek sich besonders erfinderisch: So beließ er es nicht bei der Reinigung unserer Unterkünfte, sondern zwang uns, auch die vielen unbewohnten Großbaracken in kürzesten Abständen zu „säubern", obwohl sie in der Zwischenzeit niemand betreten hatte. Wenn auch nur die geringste Menge Neuschnee gefallen war, ließ er uns vor schwere Eisenwalzen spannen, mit dem

Befehl, im gesamten Lagerbereich, auch in seinen weiten un-
genutzten Teilen, den Schnee platt zu walzen. Man darf annehmen, dass Jurek sich hiermit und mit vielen anderen Schikanen bei seinen Herren unentbehrlich machen wollte, um
seine eigene Haut zu retten. Er verschwand aber trotzdem
nach etwa einem halben Jahr irgendwohin. Im Lager kursier-
te das Gerücht, er habe mit einem unteren Führerrang der
Waffen-SS angehört. Es hieß auch, die Sowjets hätten es bisher für zweckmäßig gehalten, das Regiment im Lager einem
Mann zu übertragen, der mit dem Rücken an der Wand stehe, um sicher zu sein, dass er sich als getreuer Vollstrecker
ihrer Befehle betätige.

Die sowjetischen Stellen rechneten damit, dass in Kürze
Hekatomben deutscher Soldaten, vor allem im nahen Kurland und in Ostpreußen, in ihre Hände fallen würden. Deshalb wurden wir eingesetzt, um die Schäden zu beseitigen,
die im Lager und an seiner Einzäunung durch Vernachlässi-
gung und Kriegseinwirkung entstanden waren. Inmitten einer von zwei jungen Rotarmisten bewachten dreißigköpfigen
Brigade, ausgerüstet mit Spitzhacken, Brechstangen, Schaufeln, Hämmern und Zangen, rückten Otto und ich aus dem
Lagertor, um den Stacheldrahtkäfig auszubessern und zu verstärken. In tiefem Schnee und bei Eiseskälte, ohne Winterbekleidung und die Hände mit Lumpen umwickelt, machten wir
uns daran, Löcher für die neu zu setzenden Pfosten zu schlagen. Trotz aller Mühen drangen wir aber in den gefrorenen
Boden nicht tief genug ein. Die Konvois fluchten und versuchten vergebens, uns durch Kolbenstöße zu verstärkten Anstrengungen zu zwingen. Nein, schießen würden sie sicherlich nicht,
doch könnte es uns die abendliche Brotportion kosten, wenn
wir die „Arbeitsnorm" nicht erfüllten. Willi Ohlhoff, ein untersetzter Mittdreißiger und Familienvater, der nahe meiner
Heimatstadt, auf dem mageren Boden der Geest, einen kleinen Bauernhof bewirtschaftete, übernahm ungefragt die Führung. Bedächtig und mit professionellem Geschick bewies er,
dass es trotz des starken Frostes und des schlechten Werkzeuges möglich war, den Pfosten die nötige Standfestigkeit zu
geben, dass es auch ohne Handschuhe gelingen konnte, Sta-
cheldrahthaufen zu entwirren und auf wackliger Leiter mit

verrosteten Nägeln die Drähte an die Pfosten zu heften. Obwohl die Arbeit sichtlich Fortschritte machte, ging sie den Konvois immer noch zu langsam voran. Da stellte Willi sich breitbeinig vor ihnen auf, schaute diesen jungen Leuten väterlich streng ins Auge und erklärte in breitem, mit russischen Brocken durchsetztem, holsteinischem Platt, dass nicht sie, sondern er die Arbeit unter Kontrolle habe. Was er sagte, verstanden sie nicht, wohl aber die Geste, mit der er sich selbstgewiss vor die Brust schlug, um klarzumachen: Hier bin ich der Boss und stehe für den Erfolg ein! Die Konvois hängten sich die Kalaschnikows wieder über die Schultern und fanden sich stillschweigend mit dem von Willi vorgegebenen Arbeitstempo ab.

Ich hatte mich beim Drähteflicken zusammenreißen müssen, um nicht schlappzumachen. Die Reste eines abgebrochenen Backenzahnes hatten sich entzündet. Schreckliche Zahnschmerzen wollten mir den Kopf zersprengen. Willi, sonst für Samariterdienste nicht zu haben, wusste Rat. Am Abend, wir „wohnten" zu dieser Zeit noch in der Riesenbaracke, führte er mir einen Sanitätsunteroffizier zu, der durch alle Filzungen eine Kombizange gerettet hatte – ein Beweis für Genie und Mut!

„Ich hol' dir die Ruine raus", sagte er. „Es kostet aber eine Portion Brot!"

Der Preis war verdammt hoch, doch mir blieb keine Wahl. In Begleitung seiner beiden Assistenten führte der Sani mich in die entfernteste Ecke der Baracke. Nachdem ich mich auf eine Pritsche gelegt hatte, nahmen die Gehilfen auf meinen Armen und Beinen Platz.

„Mach den Mund auf", sagte der Sani, „ich muss jetzt Maß nehmen!" Blitzschnell schob er mir einen Lumpen in den Mund! Nach diesem heimtückischen Überfall wurde es ernst! Behutsam setzte er die Zange tief am Kiefer an. Es folgten etliche kunstvolle und schmerzhafte Lockerungsmanöver. Dann aber fasste er mit resoluter Entschlossenheit zu und riss die Reste des Zahnes mitsamt den Wurzeln und einem großen Stück Zahnfleisch heraus!

„Tja", meinte er, „ganz ohne Blutvergießen geht es eben auch in der Gefangenschaft nicht ab!" Wie klug war er gewe-

sen, als er mich durch den Knebel „mundtot" machte. Sonst
hätte mein Gebrüll künftige Patienten abgeschreckt.

Alle anderen Qualen der Gefangenschaft waren leichter zu
ertragen als der Hunger. Bald nach dem mageren Frühstück
schnürte er uns schon wieder Magen und Därme zusammen
und machte die Knie weich. Die wenigen Glücklichen, die während des Krieges von ihm verschont geblieben waren, litten
jetzt umso mehr. Manche hatte das Hungern so zermürbt,
dass sie vor dem Einschlafen begannen, von den zu Hause
genossenen Leckereien zu schwärmen. Mit empörtem Geschrei
und Drohungen wurden die Wachträumer zum Schweigen
gebracht, damit der Schlaf uns für ein paar Stunden vom
Hunger erlöste. Doch beim Aufwachen fiel er sogleich wieder
wie ein Raubtier über uns her.

Als wir Anfang Januar eines Abends ins Lager zurückkehrten, empfing uns intensiver Fischgeruch. Bei der Ausgabe des
Essens kam es zu einem Begeisterungsausbruch! Unsere
Fressbüchsen wurden bis zum Rand mit gekochtem, rosafar-
benem Fisch gefüllt, und auf der Brühe schwammen dicke
Fettaugen! Die vielköpfige Fraktion der Kameraden, die unsere sowjetischen „Gastgeber" verdächtigt hatten, uns ver-
hungern lassen zu wollen, sah sich ad absurdum geführt! Auch
ich machte mich freudig über diesen unverhofften Reichtum
her. Aber kaum hatte ich die Hälfte hinuntergeschlungen, da
stockten mir Atem und Appetit. Dieser Fraß war enorm sal-
zig, stank und schmeckte abscheulich. Die Fische, angeblich
aus dem Kaspischen Meer, waren in Salzlake konserviert und
anschließend in der Sonne getrocknet worden. Mit Kopf,
Schwanz, Gräten und Innereien waren sie in den Kochkessel
gewandert! Was soll's, dachte ich, wenn dir endlich einmal
eine so eiweißreiche Kost geboten wird, musst du den Ekel
mit ihr hinunterwürgen. Und wirklich, die neue Abendmahlzeit schien anzuschlagen. Erstaunlich rasch rundeten sich Gesichter und Gliedmaßen. Eines Tages fiel mir auf, dass meine
Beine schwerer wurden und ihre Haut sich immer straffer
spannte. Misstrauisch werdend, betrachtete und befühlte ich
meine Waden – und plötzlich sank mein Finger zentimeter-
tief ins Fleisch ein! Als ich ihn zurückzog, blieb ein Loch, das

sich nur langsam wieder füllte. Wasser! Ödeme! Ich schwor
mir, diese tückische Salzspeise nie wieder anzurühren und
mich abends mit der Brotportion zu begnügen. Meine Entdeckung, die auch andere gemacht hatten, verbreitete sich
rasch. Die meisten konnten aber der Verlockung, sich wenigstens einmal täglich satt zu essen, nicht widerstehen. Ihre
Beine schwollen immer unförmiger an, und in den ballonar-
tig aufgedunsenen Gesichtern wurden die Augen zu Schlit-
zen. Was allen anfangs als Segen erschienen war, wurde vielen zum Verhängnis. Noch vor Ende des Winters starben Kameraden, die nicht von der Fischsuppe hatten lassen können,
reihenweise an Nierenversagen.

In der ersten Januarwoche des letzten Kriegsjahres wurden wir in einer Kolonne von wohl hundert Mann zum Bahnhof geführt, um Baumaterial und Beutegut zu entladen. Auf
dem Rückmarsch durch die Stadtmitte gingen auf dem Bür-
gersteig, von den Konvois misstrauisch beäugt, drei junge estnische Frauen neben uns her. Ohne zu uns herüberzublicken,
unterhielten sie sich auf Deutsch mit lauter Stimme darüber,
dass im Krieg eine Wende eingetreten sei. Die deutschen Armeen hätten im Westen die alliierte Front durchbrochen und
große Gebiete zurückerobert! Es war überdeutlich, dass die
Frauen beabsichtigten, uns durch diese Nachricht Hoffnung
einzuflößen. Ihr guter Wille und ihr Mut rührten mich! Wie
sollten sie ahnen, dass ihre Botschaft für uns, wenn auch vielleicht mit Ausnahmen, eine höchst unwillkommene Überraschung bedeutete. Wenn der angebliche deutsche Erfolg die
Besetzung des Reichsgebietes durch die westlichen Alliierten
und den Sturz des Naziregimes verzögerte, würde die Rote
Armee umso rascher und tiefer in unser Land eindringen!
Kaum hatten die Posten die Frauen verjagt, als uns aus den
Fenstern der Häuser ganze oder zerschnittene Brotlaibe zugeworfen wurden. Während wir sie auffingen oder aus dem
Schnee klaubten, richteten die Posten drohend die Mündun-
gen ihrer Maschinenpistolen und Gewehre nach oben. Als ein
Warnschuss fiel, schlossen sich die Fenster. Wir freuten uns
über die Gaben lieber Menschen, die wir uns rasch teilten,
damit sie vor der Filzung aufgegessen waren. Noch dankens-

werter als dieses wunderbare Geschenk schien mir, dass die
Esten uns mit ihrer mutigen Hilfsaktion ein Zeichen ihrer
Verbundenheit gegeben hatten! Und sie gingen noch weiter,
indem sie nachts auf unseren, außerhalb des Lagers gelegenen Arbeitsstellen Nahrungsmittel versteckten! Auch wenn
wir vermutlich nur selten mit ihnen in unmittelbare Berührung kommen würden, war der Beweis, von wohlmeinenden
und mit uns fühlenden Menschen umgeben zu sein, eine un-
schätzbare seelische Unterstützung!

Während der morgendlichen Prewjerka des 11. Januar verkündete Jurek, dass zwei Gefangene benötigt würden, die bei
der Nachrichtentruppe gedient hätten oder von Beruf Fernmeldetechniker seien. Wenn sich solche unter uns befänden,
sollten sie vortreten. Erst nachdem er sich dazu herabgelas-
sen hatte, zu erläutern, dass diese Männer eine Telefonlei-
tung von der Stadtmitte bis in das Lager legen sollten, traten
zwei Kameraden vor.

„Sie brauchen einen Gehilfen, der nicht vom Fach sein
muss", sagte Jurek. „Wer geht mit?"

„Mensch, das ist eine Chance", raunte ich Otto zu und trat
trotz seines Kopfschüttelns vor.

Bewacht von einem älteren Rotarmisten, der sich als fried-
fertiger und gutherziger Mensch erweisen sollte, stapften wir
durch die vom Matsch des tauenden Schnees bedeckten Straßen. In dem einstöckigen Postamt erregten wir großes Aufsehen. Überrascht umringten estnische Angestellte und Arbeiter die „Sakslanna" (Deutschen) und luden uns ein, am Ofen
Platz zu nehmen. Die meisten von ihnen verstanden Deutsch
und sprachen es, wenn auch nicht fließend.

Sie fragten: „Jungs, was führt euch hierher? Wie geht es
euch im Lager? Habt ihr Hunger?"

Sie drückten uns ihre Frühstücksbrote in die Hände, setzten uns Milchkaffee vor und lauschten mit gespannter Aufmerksamkeit und Anteilnahme unserem Bericht. Unser Iwan
sah keine Veranlassung, gegen Menschenfreundlichkeit ein-
zuschreiten. Er widmete sich in aller Gemütsruhe dem randvoll mit Samogonka (selbst gebrannter Schnaps) gefüllten
Wasserglas, das unsere neuen Freunde ihm eingeschenkt hat-

ten. Nachdem die beiden Nachrichtenmänner mit sorgfältig geschärften Steigeisen, ledernen Sicherheitsgurten und weiterem Zubehör ausgerüstet worden waren, wurden wir zu einer in den Marktplatz mündenden Ausfallstraße geführt, an deren Rand die Arbeit beginnen sollte. Meine beiden Kollegen erstiegen mit fachmännischer Gewandtheit die dortigen Telefonmasten. Als „Bodenakt" versorgte ich sie mit dem erforderlichen Material und Werkzeug, indem ich es an die von ihnen herabgelassenen Stricke band. Eigentlich hätten sie auf meine Hilfe verzichten können, wenn sie die benötigten Gegenstände an ihre Gürtel gebunden hätten. Als „Bodenakt" wurde ich ihnen aber auch noch in anderer Weise nützlich! Die mit Pferdeschlitten an uns vorbei zum Markt fahrenden estnischen Bäuerinnen und Bauern ließen sich durch den Anblick des gerade dem Schulalter entwachsenen, klapperdürren und in seiner dünnen Montur frierenden Soldaten rühren. Viele hielten an und schenkten uns Brot, Milch, Butter und Speck. Wir teilten mit dem Posten und stopften die guten Sachen in uns hinein, wobei ich allerdings mit den Fettigkeiten, eingedenk der überstandenen Ruhr, vorsichtig umging. Was ich für Otto abgezweigt und in der Kapuze meiner Tarnjacke verborgen hatte, fiel beim abendlichen Filzen der Torwache in die Hände. Zwei Tage lang hielt das Tauwetter an und damit zugleich die Zeit unserer „Fettlebe".

In der Nacht zum dreizehnten Januar kehrte die eisige, trockene Kälte aus dem Osten zurück. Sie verwandelte die Straßen in Rutschbahnen und überzog auch Dächer, Zäune und Masten mit einer Eisschicht. An die Stelle unseres gemütvollen Konvois war ein diensteifriger Jungsoldat getreten, der durch die ruppige Behandlung der „Faschisten" den Patriotismus des ehemaligen Komsomolzen zur Schau stellte. Im Postamt verbot er den Esten, mit uns in Kontakt zu treten. Er verlangte, dass sie auch mir Steigeisen gaben. Ein drittes, brauchbares Paar war aber nicht vorhanden. Er griff sich eines der in einer Ecke abgelegten, stumpfen Steigeisen sowie eine eiserne Kette und warf mir beides vor die Füße. Aus den eindringlichen Gesten der Postleute war zu entnehmen, dass sie ihn warnten! Diese Eisen seien unbrauchbar und aussortiert worden! Mit ihnen und einer um Leib und

Mast geschlungenen rutschigen Kette dürfe man keinesfalls arbeiten, zumal die Masten heute überfroren seien! Das ließ ihn aber kalt. Er schrie, ich solle die mir verordnete Ausrüstung mitnehmen!

Dann herrschte er mich an: „Dawai, nawerch!" (Los, steig rauf!)

Wenn ich ihm doch hätte erklären können, dass ich nie gelernt hatte, einen Mast zu besteigen und nur die Aufgabe des Gehilfen übernommen hatte! Meine verzweifelten Gesten halfen mir nicht. Er fluchte, bespuckte mich, traktierte mich mit dem Kolben seiner Maschinenpistole! Ich hielt dem Druck nicht stand, band die Isolatoren an einem Strick um meine Hüften, schnallte mir die Eisen an die Füße und legte die Kette an.

„Tu's nicht!", riefen die Kameraden.

Da ich keine andere Wahl hatte, bezwang ich meine Angst. Unter den besorgten Blicken der Nachrichtenleute stieg ich im Schneckentempo aufwärts. Ich hatte den Kameraden aufmerksam zugesehen. Deshalb gelang es mir tatsächlich, bis zur Mastspitze zu steigen und dort einen der Isolatoren anzubringen. Als ich auf die andere Seite des Mastes umtreten wollte, rutschten beide Steigeisen gleichzeitig auf der Eiskruste ab! Nahezu ungebremst durch die Kette stürzte ich sechs Meter in die Tiefe und schlug mit dem Knie des angewinkelten rechten Beines auf dem vereisten Steinpflaster auf! Meine Gefährten stiegen schleunigst ab, um mich vom Mast loszuketten und setzten mich an den Rand des Bürgersteiges. Der Konvoi schoss Schimpfkanonaden ab, und trieb die Fernmeldetechniker zurück an ihre Arbeit. Ich wand mich unter furchtbaren Schmerzen und rutschte dabei auf den Fußweg hinunter, um dort mit lang ausgestreckten Beinen liegen zu bleiben. Die Straße war wegen des Glatteises schwer befahrbar. Nach einiger Zeit näherte sich aber ein estnisches Schlittengespann, auf dem eine alte Frau saß. Der junge Bauer führte, nebenher gehend, das Pferd am Halfter. Als er mich sah, brachte er sein Tier zum Stehen und wollte mir helfen, aufzustehen. Als die beiden verstanden hatten, dass ich verunglückt war und große Schmerzen hatte, redeten sie, in Erregung geratend, auf den Konvoi ein. Er antwortete in barschem

Ton und gab ihnen deutlich zu verstehen, dass sie verschwinden sollten! Die Frau weinte laut, worauf sich eine kleine Gruppe estnischer Passanten versammelte. Der Bauer bat den Konvoi um Erlaubnis, mich zum Lager zu fahren. Da dieser stur blieb, gewann die Diskussion an Lautstärke, die ihn schließlich zum Nachgeben veranlasste. Laut fluchend ließ er zu, dass die Esten mich auf den Schlitten luden. Während er über vereistes Katzenkopfpflaster rumpelte, musste ich mir einen höllischen Schmerz verbeißen. Die alte Estin hielt mich fest und versuchte mich zu trösten. Der Konvoi folgte mit den Kameraden. Am Lagertor konnte ich den beiden lieben Menschen, die so furcht- und rückhaltlos für mich eingetreten waren, gerade noch meinen Dank zurufen. Dann wurde ich in die Lazarettbaracke gebracht.

Die beiden Krankenräume der Baracke waren bis in den letzten Winkel mit zweistöckigen Betten vollgestellt. Ich wurde in ein unteres Stockwerk gelegt. Ein junger deutscher Arzt in weißem Kittel über der Uniform, beugte sich über mich, ein sportlicher Typ, gut aussehend und sogar rasiert. Die Untersuchung tat sehr weh.

„Sei froh, mein Junge, dass du bei mir gelandet bist", sagte er, „wir sind hier sehr arm und besitzen kein Röntgengerät. Als Veterinär habe ich aber gelernt, Knochenbrüche und Gelenkverletzungen mit den Fingern zu ertasten und im Notfall ohne Röntgenaufnahmen einzurichten. Das wird nicht ohne Schmerzen abgehen. Dann werde ich dein Bein vom Fußknöchel bis zum Oberschenkel in Gips legen und ihn so modellieren, dass dein gebrochenes Knie eine gute Chance bekommt, wieder zusammenzuwachsen. Du wirst viel Härte und Geduld brauchen, denn vor zehn Wochen kann ich dir den Gips nicht abnehmen." Aus braunen Augen schaute er mich ernst und eindringlich an.

Ohne zu ahnen, dass der Veterinär Dr. Wolf Bunge für mein weiteres Schicksal große Bedeutung gewinnen sollte, fasste ich in diesem Augenblick Vertrauen zu ihm. Als er mit kraftvollen Händen mein Knie versorgt hatte und mein eingegipstes rechtes Bein einer dick verpuppten Raupe glich, verbot er mir jeglichen Versuch, das Bett zu verlassen. Erst später wurde mir klar, was mir damit abverlangt worden war. Da

mein Knie versorgt war, und Bunge mir hinreichende Hoffnung auf Heilung gemacht hatte, spürte ich trotz der Schmerzen Befriedigung darüber, auf einem Strohsack in (grau)-wei-
ßem Bettzeug schlafen zu dürfen und dem Schnee und Eis,
der Fronarbeit und dem Sklaventreiber Jurek entkommen zu
sein! Sogar der Hunger, unser ewiger Begleiter, verlor seine
Schrecken, als mir eine Tonschale, gefüllt mit wohlschme-
ckendem Hirsebrei und frisches Weißbrot gebracht wurde. Das
Lazarett besaß eine eigene Küche, wo Fritz, ein sehr gutherziger Feldwebel aus Westfalen, regierte. Obwohl auch er mit
sparsam bemessenen Kontingenten der wichtigsten Grund-
nahrungsmittel wirtschaften musste, waren seine Speisen
kräftig, bekömmlich und schmackhaft. Satt wurde ich auch
hier nicht, doch reichte die Verpflegung aus, um Menschen,
die nicht arbeiteten, ihre Substanz zu erhalten.

In gleichem Maße, wie die wütenden Schmerzen nach der
Ruhigstellung des Knies abnahmen, wuchs mein Interesse an
der neuen Umgebung. Als ich mich forschend umschaute, er-
schrak ich: Die Betten waren zwar nicht alle belegt, doch wohin
ich auch blickte, sah ich nur skelettartig abgezehrte Gestalten mit eingefallenen, fahlen Gesichtern, die teilnahmslos in
ihren Betten dahinsiechten. Umso mehr überraschte mich,
dass sie plötzlich hellwach wurden, als bei der Ausgabe des
Essens das Geschirr klapperte. Selbst Menschen, die kaum
noch einen Löffel halten konnten, streckten die Hände nach
den Schüsseln aus. Ob sie in ihrem Zustand, durch Fieber
ausgelaugt, wirklich Hunger hatten? Oder war es vielleicht
nur die Nachwirkung der Gier, mit der sie vor ihrem Zusammenbruch den ihnen verabreichten Fraß hinabgeschlungen
hatten?

Seit Ende Januar des letzten Kriegsjahres erhielt das Lager fortlaufend Zuzug durch neue Kolonnen deutscher Gefangener, die am Ende sogar einige der Monsterbaracken füllten. Zugleich breiteten sich die bisher schon grassierenden
Infektionskrankheiten, wie Ruhr und Tuberkulose, rascher
aus. Bald traten auch die Wirkungen der Salzfischsuppe in
Gestalt von Nierenversagen massiv zutage, und die Zahl der
neu eingelieferten Kranken stieg sprunghaft an. Die Neuzu-
gänge fanden ihr Lager zunächst auf dem Fußboden. Doch

der Tod sorgte dafür, dass in Kürze für jeden ein Bett frei wurde. Anfangs war ich fassungslos, wenn ich morgens beim Erwachen meinen Bettnachbarn, mit dem ich noch am Vorabend gesprochen hatte, tot neben mir liegen sah! Die Verstorbenen wurden auf Karren geladen, um nach kurzer Fahrt neben den Massengräbern der sowjetischen Kriegsgefangenen ihr Grab zu finden. Auf dem Höhepunkt dieser Lawine menschlichen Elends wurden im Walker Lazarett Schmutz und Gestank, das Röcheln der Todkranken und das Sterben tägliche Normalität! Die wenigen Ärzte und ihr Hilfspersonal waren gezwungen, gegen das sie umgebende, unendliche Leid abzustumpfen, um ihre Arbeit tun zu können. Ich wäre aus dieser gespenstischen Umgebung geflohen, wenn der Gips mich nicht an das Bett gefesselt hätte. Mit Bunge besaß das „Lazarett" vier Mediziner. Von den drei Humanmedizinern war der jüngste ein Feldunterarzt. Da die deutschen Verluste in dieser Phase des Krieges sprunghaft angestiegen waren, wurden Studenten der Medizin als „Feldunterärzte" in den Feldlazaretten eingesetzt. Der älteste der Ärzte war Pathologe und offensichtlich für die praktische Tätigkeit im Lazarett, das im Lager gemeinhin „Sterbebaracke" oder auch „Todeshaus" genannt wurde, weniger geeignet. Der mit Bunge etwa gleichaltrige Oberarzt der Luftwaffe war Allgemeinmediziner mit entsprechender Berufserfahrung. Die Ärzte hätten allen Grund gehabt, zu resignieren. Die sorgfältigsten, auf wissenschaftliche Fachkenntnisse und praktische Erfahrungen gestützten Diagnosen und der Wille, um jedes Leben zu kämpfen, konnten der Mehrzahl ihrer Patienten, die schon bei Einlieferung Todeskandidaten waren, nur wenig nützen. Manche wären wohl noch zu retten gewesen, wenn es genügend hochwirksame Medikamente gegeben hätte. Das neue „Wundermittel" Penicillin war damals in der Sowjetunion nur wenigen Privilegierten zugänglich. Unsere Ärzte waren froh, wenn ihnen überhaupt Medikamente zugeteilt wurden, was aber nur in ungenügenden Mengen geschah. In vielen Fällen mussten sie sich damit begnügen, den Kranken mithilfe von Schmerzmitteln das Sterben zu erleichtern. Sie litten aber nicht nur unter dem bitteren Bewusstsein, nicht helfen zu können. Solange die Flut neu Eingelieferter nicht abebbte, waren sie auch physisch und psychisch hoffnungslos überfordert!

Mehr noch als seine ärztlichen Kollegen brachte der Veterinär Bunge, wie ich mit Bewunderung beobachtete, die Kraft auf, den zum Tode Verurteilten, solange sie noch ansprechbar waren, durch Zuwendung und Zuspruch zur Seite zu stehen. Aber auch er musste manchmal „abschalten", um neue Kräfte zu sammeln. Oft setzte er sich dann neben mein Bett, da ich als einziger Patient organisch gesund und für jede Ablenkung von dem mich umgebenden Elend dankbar war. In unseren Gesprächen erfuhr ich, dass er in Dresden aufgewachsen und sein Vater sehr früh verstorben war. Seine leidenschaftliche Liebe zu Pferden hatte ihn dazu veranlasst, das Medizinstudium nach dem Physikum abzubrechen, um Tiermedizin zu studieren.

Im Ärztequartett war Bunge der Einzige, der beachtliche russische Sprachkenntnisse besaß. Ich beobachtete aus der Nähe, wie es ihm durch persönliche Ausstrahlung, Überzeugungskraft und viel Geduld gelang, Russen, die sich anfänglich für die Not der kranken Gefangenen unempfänglich gezeigt hatten, zu einem aufgeschlossenen Verhalten zu bewegen. Dass er sogar den sowjetischen Lazarettchef, Stabsarzt („Kapitän") Berischnjew entsprechend zu beeinflussen vermochte, leitete für Kranke und Ärzte eine positive Entwicklung ein. Bei seinen seltenen Kontrollbesuchen war Berischnjew bisher mit Pelzmantel, über die Ohren gezogener Pelzmütze und abweisendem Gesichtsausdruck durch die Reihen der Betten gestapft und hatte dieser Stätte der Hoffnungslosigkeit eilig den Rücken gekehrt. Wie Bunge es schaffte, diese Mauer zu durchbrechen, ist mir verborgen geblieben. Als Erstes konnte er den Kapitän veranlassen, dem Lazarett mehr und wirksamere Medikamente zuzuteilen. Als Nächstes erreichte er, dass der Koch die für die Zubereitung von Schonkost benötigten zusätzlichen Lebensmittel erhielt. Schließlich besuchte Berischnjew uns häufiger und beteiligte sich sogar an Untersuchungen neu eingelieferter Patienten und an den anschließenden diagnostischen Überlegungen, wobei Bunge dolmetschte. Er ordnete sogar eine russische Krankenschwester zu uns ab! Sie sollte dafür sorgen, dass das Lazarett in Zu-

kunft wenigstens hygienische Mindestanforderungen erfüllte.

Pawlina, eine kleine, rundliche Weißrussin, war ebenso tüch-
tig wie resolut. Da sie ständig in Bewegung war und sich dabei blitzartig um die eigene Achse drehte, erinnerte sie mich
an einen Brummkreisel! Trotz stetigen Drängens unserer
Ärzte hatte der ehemalige Lagergewaltige Jurek sich nie bereitgefunden, arbeitsfähige Kameraden mit der Reinigung des
Lazaretts zu beauftragen. Pawlina veranlasste dies im Handumdrehen. Mit den Helfern, die sie am straffen Zügel führte,
ging sie daran, unseren Augiasstall auszumisten und machte
das Leben in den Baracken erträglicher. Mit geballter Ener-
gie, die auch unsere Ärzte zu spüren bekamen, kämpfte Pawlina um die Bewahrung der hygienischen Errungenschaften.
Dagegen fühlte sie sich für die ebenso dringliche Verbesserung der Pflege der kranken „faschistischen Feinde" nicht
zuständig. Es kostete Bunge viel Mühe, sie zu überreden, den
wenigen Patienten, die fähig waren, sich selbst zu waschen,
Waschschüsseln, warmes Wasser, Handtücher und Seife zukommen zu lassen. So erhielt auch ich Gelegenheit für eine
längst überfällige gründliche Reinigung!

Wenn man unter geringstem Bewegungsspielraum an das
Bett gefesselt war, wurden selbst die einfachsten Handgriffe
des täglichen Lebens zu schwer lösbaren Problemen. Das wichtigste Beispiel war die Verrichtung der Notdurft, weil hierfür
nur das Mehrzweckgefäß der sowjetischen Gefangenschaft,
die amerikanische gelbe Büchse, zur Verfügung stand. Außerdem begleitete uns eine Plage, die in der Gefangenschaft
überall anzutreffen war, im Walker Lazarett jedoch einen ein-
samen Höhepunkt erreichte: die Wanzen! Dass sie an mir großen Gefallen fanden, hatte ich schon in den „Wohnbaracken"
zu spüren bekommen. Im Lazarett füllten die Tierchen aber
jeden Spalt, jedes Loch in den Brettern der Wände und der
Betten so lückenlos aus, wie Kitt die Ritzen von Fensterrahmen. Wenn es dunkel wurde, schwärmten sie aus. Ich erklärte ihnen den Krieg! Vom Morgen bis zum Abend zog ich Holz-
späne durch alle mir erreichbaren Spalten, Ritzen und Löcher. Das Blut spritzte auf meine Bettwäsche, und die zer-
quetschten Insekten hinterließen einen abscheulichen Ge-

stank! Niederträchtige Stoßtrupps, die unter meinen Gips krochen, um dort ungestört Blut zu tanken, verfolgte ich mithilfe langer, dünner Späne, wobei ich mir die Haut aufriss, sodass unangenehme Entzündungen entstanden. All dies blieb vergeblich! Die blutigen Überreste einer umgebrachten Wanze zogen in kürzester Zeit mindesten zwei Artgenossinnen an, deren Blutdurst jedoch durch diesen Kannibalenschmaus keineswegs gestillt wurde! Nicht blindes Wüten, sondern Nachdenken führte schließlich zum Erfolg! Ich warf mich, so unbequem das war, jeden Abend in eine Art Rüstung. Die Beine der Unterhose wurden über den Socken festgebunden, die Ärmel der Unterhemden über den Handgelenken. Um Kopf, Hals und die Eingänge unter dem Gips wickelte ich Handtücher, die ich gegen die Vorschriften gehortet hatte. Zum Schluss setzte ich die Mütze auf, um mit ihrer Hilfe den Kopfschutz zusammenzuhalten. Das war erfolgreich! Nur selten schaffte es noch eine Einzelkämpferin, in meine Festung einzudringen!

Nach dem Einbruch der Dunkelheit, wenn die Arbeitskommandos in das Lager zurückgekehrt waren, klopften Otto und Ulli, manchmal auch Willi, an das Fenster neben meinem Bett. Wenn Fritz uns zu Mittag seinen Kascha gekocht hatte, konnte ich zugunsten der Besucher auf meine abendliche Brotration verzichten. Außerdem erhielten sie meine Machorkazuteilung. Willi rauchte dieses Unkraut selbst, während meine beiden Freunde es gegen Brot eintauschten. Ihre Gesichter waren schmaler geworden und die Augen lagen tiefer in den Höhlen. Sie arbeiteten auf wechselnden, von hohem Stacheldraht umgebenen Baustellen am Rande der Stadt. Zu berichten gab es selten etwas, denn jeder ihrer Tage glich dem anderen, indem er ihnen Kälte, Hunger und Arbeit bis zur Erschöpfung bescherte.

Gegen Ende des Winters, es könnte Anfang März gewesen sein, gab Bunge mir eine aus wenigen Blättern bestehende, kleinformatige Druckschrift in deutscher Sprache: „Lies das mal!"

Seit meiner Gefangenschaft hatte ich, mit Ausnahme von Fetzen sowjetischer Zeitungen, nie ein Stück bedrucktes Papier zu Gesicht bekommen! Bei näherem Hinschauen sah ich, dass es sich um ein Informationsblatt des „Nationalkomitees Freies Deutschland" handelte. Auf „Einladung" der sowjetischen Seite hatten gefangene deutsche Offiziere und Soldaten gemeinsam mit emigrierten deutschen Kommunisten, im Sommer 1943 das „Nationalkomitee Freies Deutschland" beziehungsweise den „Bund Deutscher Offiziere" gegründet. Wie es hieß, hatten sie sich vom NKWD weismachen lassen, dass Stalin bereit wäre, ein vom Nationalsozialismus befreites Deutschland als Partner zu akzeptieren und nicht auf einer bedingungslosen Kapitulation zu bestehen. Wir betrachteten diese Leute als mehr oder weniger blauäugige Handlanger der bolschewistischen Propaganda. Wie Kameraden mir erzählt hatten, war das „Nationalkomitee" während der Rückzugskämpfe im ersten Halbjahr 1944 besonders aktiv geworden. Aus den sowjetischen Schützengräben hatten seine Aktivisten die deutschen Soldaten durch Lautsprecher aufgerufen, zur Roten Armee überzulaufen. Sie würden freundschaftlich aufgenommen werden und bräuchten sich nicht länger für ein verbrecherisches System zu opfern! Die Agitatoren hatten nur in seltenen Fällen Erfolg gehabt. Auch Soldaten, die den Sturz Hitlers herbeisehnten, hatten die Annahme derartiger „Einladungen" als absurd betrachtet!

Was ich auf der Titelseite der Schrift des „Nationalkomitees" las, nahm mir den Atem. Es schien ungeheuerlich und unvorstellbar! In den von sowjetischen Truppen überrollten Konzentrationslagern in Polen sollte die SS auf Hitlers Befehl mehrere Millionen deutscher Juden und jüdischer Menschen aus ganz Europa vergast haben! Nach allen Untaten, die er mithilfe seiner SS-Henkersknechte in Deutschland und in den besetzten Ländern begangen hatte, traute ich Hitler die schlimmsten Scheußlichkeiten und die unmenschlichsten Verbrechen zu. In diesen Zeilen wurde ihm aber die systematische, industrielle Vernichtung einer ungeheuerlichen Zahl von Menschen vorgeworfen. Mir war damals noch nicht klar, dass für Hitler die Herrschaft über Europa nur eine Zwischenstation auf dem Wege zu seinem wichtigsten Ziel, der vollständigen Vernichtung aller, nach seinen Wahnvorstellungen nicht lebenswerten Rassen (beginnend mit der jüdischen) war!

Ich fragte Bunge, ob er diesen Horrorbericht des „Nationalkomitees" für wahr halte oder ob man annehmen müsse, dass sie eine Ausgeburt sowjetischer Propaganda sei. Er neigte seinem Wesen nach zu kühler Abwägung und entgegnete mir etwa Folgendes: Die sowjetische Kriegspropaganda könne es gewiss als nützlich betrachten, den Nazis ein Verbrechen zu unterstellen, das alles Dagewesene übersteige und sich menschlicher Vorstellungskraft entziehe. Für die Erreichung ihrer Ziele bei einer Aufteilung besetzter Teile unseres Landes könnten sie es für vorteilhaft halten, über die Jahre des Hitlerregimes hinaus Deutschland und das deutsche Volk weltweit zu ächten und so einen noch verbliebenen Rest des Ansehens unseres Volkes irreparabel zu zerstören. Solche Erwägungen müssten aber nicht bedeuten, dass die Schreckensmeldungen des Propagandablättchens ganz aus der Luft gegriffen wären! Er habe in Dresden erlebt, mit welcher paranoiden und kriminellen Brutalität Hitler schon vor dem Kriege die Verfolgung der Juden betrieben habe. Deshalb könne er sich durchaus vorstellen, dass die Rote Armee in Polen auf Hinrichtungsstätten gestoßen sei, in denen eine große Zahl dorthin verschleppter Juden ermordet worden sei. Ob die vom „Nationalkomitee" behauptete ungeheuerliche Dimension und die Art und Weise des Massenmordes zutreffe, müsse allerdings offen bleiben, bis alle Umstände durch glaubwürdige Quellen verifiziert und durch Länder mit freiheitlicher Ordnung und glaubwürdigen Publikationsorganen bestätigt worden seien.

Ich ließ mich angesichts seiner größeren Lebenserfahrung von seiner Ansicht überzeugen. In allen Jahren der Gefangenschaft wurde ich aber die Erinnerung an diesen Bericht nicht mehr los. Vertrauenswürdige Quellen, die über diese Verbrechen Gewissheit geben konnten, waren uns nicht zugänglich. Sowjetische Zeitungen, Sprachrohre bolschewistischer Propaganda und Agitation haben sich nach Hinweisen estnischer Freunde selten mit Hitlers Holocaust beschäftigt. Diese Zurückhaltung mag ihren Grund in der antisemitischen Grundhaltung der breiten russischen Volksmassen gehabt haben. Wenn unsere Konvois sich über einen sowjetischen jüdischen Offizier oder Funktionär ausließen, reichte ihnen schon seine bloße Eigenschaft als Jude („Jewrei") ihn gering zu schätzen und zu beschimpfen. Und der lange Zeit unterschwellige Judenhass Stalins trat in seinen späteren Lebensjahren in unmenschlicher Verfolgung durch Terror und Mord offen in Erscheinung.

Erst nach der Heimkehr erhielt ich zu meinem Entsetzen volle Klarheit über die grausigen Taten des Naziregimes, die dem deutschen Volk eine nicht abzuschüttelnde Last aufbürdeten.

Ende März befreite Bunge mich endlich von meinem Gipspanzer! Nachdem er das Knie gründlich untersucht hatte, meinte er, ich dürfe Gott dafür danken, dass der Heilungsprozess so weit fortgeschritten sei. Er erlaube mir daher, unter größter Vorsicht den Versuch zum Aufstehen zu machen! Als ich mich nach vielen Streck- und Beugeübungen auf das unversehrte linke Bein stellte, trug es mich nicht. Ich fiel auf den Strohsack zurück. Erst mithilfe der von der Lagerwerkstatt getischlerten Krücken gelang es mir, das Bett zu verlassen. Auf ihnen humpelte ich in die Nachbarbaracke und landete auf den gewohnten, harten Brettern des untersten Geschosses einer über zwanzig Meter langen Pritsche. Ich war in das Quartier der als arbeitsunfähig befundenen und in die „Dritte Gruppe" eingestuften Kameraden eingezogen! Viele dieser bedauernswerten, körperlich heruntergekommenen Menschen litten an Krankheiten, die sie in absehbarer Zeit reif für die Einlieferung in das Lazarett machen mussten. Auch die als gesund und voll arbeitsfähig befundenen Männer der „Zweiten Gruppe" waren durchaus nicht alle in befriedigender physischer Verfassung. Und Gefangene mit dem gesundheitlichen Status der „Ersten Gruppe" gab es damals im Walker Lager allenfalls in den Küchen und Werkstätten!

In der Baracke der „Dritten Gruppe" herrschte bleierne Langeweile! Es gab keine leichte Arbeit, und alles Berichtenswerte hatte man einander schon erzählt. Wie im Lazarett, kehrte auch hier nur Leben ein, wenn es etwas zu essen gab. Unsere Stunde schlug morgens, sobald die Arbeitskommandos das Tor passiert und noch einmal abends, wenn sie gegessen hatten. Dann hasteten, humpelten oder wankten die abgemagerten Bewohner unserer Baracke, so rasch sie konnten, an die Küchenschalter.

Seit meinem unglücklichen Sturz hatte sich im Lager vieles verändert. Fast alle mir vertrauten Gesichter waren verschwunden. Willi hatte mir im Lazarett die traurige Botschaft überbracht, dass Otto und Ulli, zusammen mit den übrigen Ostrowern mit unbekanntem Ziel verschickt worden seien. Inzwischen hatte das Lager sich mit Neuankömmlingen gefüllt, die mit Transporten aus kurländischen und ostpreußischen Sammellagern gekommen waren. Es wurde nicht weniger gehungert als zu Beginn des Winters, und doch wurde das Leben etwas erträglicher, denn auch Jurek und Co. waren verschwunden und mit ihnen der Terror.

Der letzte Schnee war schon geschmolzen, als sich die Kunde verbreitete, dass vor dem Lagertor eine lange Kolonne deutscher Gefangener stehe. Neugierig humpelte ich zum Tor. Kaum waren die ersten Glieder vorbeigezogen, als jemand meinen Namen rief! Es war ein Kamerad von der Tetschener Schule. Bald nach ihm folgte ein zweiter. Auf dem großen Platz vor der „Sauna" sammelte sich die Kolonne und wartete auf die Filzung sowie das ihr folgende „Bad". Die Tetschener Gefährten signalisierten mir mit den Händen: „Komm her!" Ich humpelte entlang einer Barackenwand an den Rand der Kolonne und ließ mich in Sichtschutz zu Boden sinken. Die beiden drängten sich zu mir und berichteten von dem tragischen Ende unserer Tetschener Kameraden: Im August des letzten Jahres waren fast alle, die ihre dreimonatige Frontbewährung überlebt hatten, zum Offizierslehrgang an die Kriegsschule in Posen kommandiert und im Januar dieses Jahres zu Leutnants befördert worden. Bevor sie jedoch den Fronttruppenteilen zugeteilt werden konnten, wurde Posen vom Ersten Sowjetischen Panzerkorps, das im Sturmlauf das westliche Polen durchquert hatte, eingeschlossen. Die zu einer „Offizierskompanie" zusammengefassten jungen Leutnants erlitten bei der Verteidigung der Festung Posen schwerste Verluste. Vor der Kapitulation der Zitadelle versuchten die Reste der Kompanie auszubrechen. Dieses aussichtslose Unterfangen hatten die beiden als Einzige überlebt. Vor ihrer Gefan-

gennahme war es ihnen noch gelungen, zehn Soldbücher ge-
fallener Kameraden an sich zu raffen und sie durch alle Filzungen zu schmuggeln!

Erschüttert und traurig hatte ich ihnen zugehört. Wäh-
rendessen hatten die Konvois schon begonnen, ihre Gefangenen für Filzung und Sauna in Gruppen zu formieren. Mir blieb
nur noch Zeit, die Soldbücher in Verwahrung zu nehmen, eilends zu meinen Krücken zu kriechen und mich im Schnek-
kentempo davonzustehlen. Bei der Rückgabe der Soldbücher
vergaß ich leider, nach dem Schicksal meiner Freunde Ernst
und Joachim zu fragen. Und am nächsten Tag waren die jungen Leutnants bereits in ein Offizierlager verbracht worden.

Endlich hatte sich der lange Winter verabschiedet und der
Frühling zog ein. Einige Wochen später, wir waren gerade
dabei, unsere Graupensuppe zu löffeln, ertönte gegen Abend
von den Quartieren der sowjetischen Garnison Sirenengeheul!
Ein deutscher Reserveoffizier, der vor Kurzem im Auftrag des
„Nationalkomitees Freies Deutschland" im Lager ein „Anti-
faschistisches Aktiv" gegründet hatte, gab bekannt, dass das
Deutsche Reich am vorigen Tage, dem 9. Mai, bedingungslos
kapituliert habe! Der ältliche Aktivist rief zugleich zu einer
Kundgebung auf. Er wolle mit uns die Befreiung Deutschlands durch die Rote Armee feiern und fordere uns auf, ein
Bekenntnis zur „brüderlichen Zusammenarbeit mit der gro-
ßen Sowjetunion beim Aufbau eines antifaschistischen
Deutschlands" abzulegen. Bis auf einige unverbesserliche
Anhänger Hitlers, die ihre Trauer über die Niederlage des
„Tausendjährigen Reiches" nicht verbargen, waren wir alle
erleichtert über das Ende des großen Mordens! Wie konnten
aber deutsche Kriegsgefangene, denen die Rotarmisten ent-
gegengeschrien hatten, dass sie beabsichtigten, die deutschen
Frauen zu vergewaltigen, Freude darüber empfinden, dass die
Rote Armee tief in ihre Heimat eingedrungen war? Dem Auf-
ruf folgte eine verschwindend geringe Zahl von Beflissenen
und Neugierigen.

Bis tief in die Nacht fand ich keinen Schlaf. Die Rotarmi-
sten feierten den sowjetischen Sieg, der um den Preis vieler
Millionen eigener Opfer erkauft worden war, mit frenetischem
Jubel. Ihre Triumphgesänge gipfelten in der vielfachen Wie-

derholung der Hymne auf die „Katjuscha", den von uns als „Stalinorgel" gefürchteten Raketenwerfer.

Unter uns gab es Optimisten, die fest daran glaubten, dass nun unsere Entlassung bevorstehe. Es war ein kleines Wunder, dass die Sowjets sich einige Monate später bereitfanden, eine größere Anzahl arbeitsunfähiger Schwerverwundeter, chronisch Kranker und extrem schwacher Dystrophiker zu entlassen. Wir erklärten uns dies mit der Tatsache, dass sie „unnütze Fresser" loswerden wollten.

Seit Anfang Mai verbesserten sich meine Lebensumstände erheblich. Wie Bunge mir mitteilte, hatten die Ärzte sich entschlossen, künftig die Ergebnisse der Eingangsuntersuchungen, die Entwicklung der Krankheitsbilder, die Art und Menge verabreichter Medikamente und weitere wichtige Daten schriftlich festzuhalten. Mir wurde die Aufgabe zugedacht, diese Krankengeschichten nach ihrem Diktat zu schreiben und sie zu verwalten. Die neue Tätigkeit brachte mir manche Vorteile ein. Ich wurde in dem geräumigen Wohn- und Schlafraum der Ärzte aufgenommen und bekam die Verpflegung aus der Lazarettküche. In das Wohlgefühl fielen aber unverhofft bittere Wermutstropfen. Berischnjew verpflichtete unseren Pathologen, jungen sowjetischen Militärärzten am Seziertisch Gelegenheit zur Vertiefung ihrer Wissensgrundlagen zu geben. Ich wurde dazu verurteilt, nun auch Sektionsberichte zu schreiben, die später von einem Dolmetscher ins Russische übersetzt werden sollten. Die Sektionen fanden in einer sehr kleinen, hinter unserem Lazarett gelegenen, stallähnlichen Baracke statt. Unser Pathologe, der die wissenschaftliche Laufbahn eingeschlagen hatte, gestaltete sie zu Seminaren über anatomische Pathologie. Dicht gedrängt füllten die sowjetischen Ärzte den kleinen Raum bis in den letzten Winkel! Als ich zum ersten Mal zusehen musste, wie die auf rohen Holzbrettern liegenden Körper verstorbener Kameraden geöffnet wurden, musste ich mich übergeben. Musste man denn Menschen, die in einer erbarmungswerten Weise zu Tode gekommen waren, derart entwürdigen?

Als einziger meiner Freunde und früheren Mitstreiter war Willi Ohlhoff im Lager zurückgeblieben. Auch er hatte den schrecklichen Winter nur mit knapper Not überstanden. Im

Frühjahr war es ihm gelungen, sich in der Lagerküche als
„Mann fürs Grobe" zu verdingen! Hierbei hatte er sich erholen können! Als er mich wieder einmal besuchte, um den Tabak abzuholen, hatte der sonst immer griesgrämig dreinschau-
ende Mann eine freundliche Miene aufgesetzt! Und ich sollte
bald den Grund dafür erfahren: Er war für die Tätigkeit auf
einem von Gefangenen bearbeiteten landwirtschaftlichen Gut,
das unserem Lager zur Selbstversorgung angegliedert war,
ausgewählt worden. Über solche als „Podzobnoje Chosjaist-
wo" (Unterstützungswirtschaft) bezeichneten Betriebe verfügten in der Sowjetunion die verschiedensten staatlichen
Einrichtungen, vom Militär und den Universitäten bis hin zu
industriellen Unternehmen.

Bald danach eröffnete Bunge mir, dass auch er auf das Gut
des Lagers überwechseln werde. Er solle dort die ärztliche
Versorgung der Menschen und der Tiere übernehmen. Es fiel
mir schwer, mich mit seinem Fortgehen abzufinden. Der Arzt,
dem ich die Heilung meines Knies verdankte, hatte mir auch
eine Vorstellung von den typischen Denk- und Reaktionswei-
sen der Russen, von der inneren Organisation der uns bewa-
chenden Truppen des Innenministeriums und der Tätigkeit
des sowjetischen Geheimdienstes in den Gefangenenlagern
vermittelt. Es hatte sich herausgestellt, dass wir in den wichtigsten Fragen, wie der Haltung gegenüber dem Naziregime
und dem Bild eines demokratischen Deutschlands, überein-
stimmten. Wir hatten aber auch Freude an darüber hinaus
gehendem geistigem Austausch gefunden. So war zwischen
uns trotz des Altersunterschiedes eine Freundschaft entstanden.

Beim Abschied mahnte er mich: „Du musst eisern fortfah-
ren, dein Bein zu trainieren. Sobald du ohne Beschwerden
laufen kannst, werde ich dich nachholen!"

3. Teil
Lagergut Kingu: Zwangsarbeit in der Knochenmühle 1945/47

Ende Juli stand Bunge schon wieder vor mir. Da ich keine Krücken mehr benötigte, wollte er mich auf das Gut mitnehmen.

„Es ist bereits alles geregelt", sagte er. „Berischnjew hat meinem Vorschlag, auf dem Gut aus Heilkräutern Arzneimittel herzustellen, zugestimmt. Meine Behauptung, dass du Pharmaziestudent seiest, hat er mir abgenommen und die Zustimmung des Lagerkommandanten erwirkt, dass du mich als Gehilfe begleitest."

Verblüfft gab ich zu bedenken: „Aber ich habe doch weder von Heilkräutern noch von der Gewinnung irgendwelcher Heilmittel die geringste Ahnung!"

„Das lass' nur meine Sorge sein", winkte er ab.

Ohne Gepäck, aber voller Neugier und Freude auf ein Abenteuer, kletterte ich auf die Ladefläche des 1,5-Tonners und nahm zwischen Säcken mit Lebensmitteln Platz. Wie selbstverständlich stieg der Doktor in das Führerhaus und der Konvoi setzte sich zu mir auf die harten Bretter!

Als die Walker Riesenbaracken hinter uns immer kleiner wurden, fiel von mir eine dreivierteljährige Last ab. Das Gelände stieg zusehends an, bis sich der alte Ford über eine Höhenwelle nach der anderen quälen musste. Zugleich wurde die Landschaft immer abwechslungsreicher und farbiger. Mich erfüllte ein Glücksgefühl, als ob ich auf dem Weg in die Freiheit wäre! Schließlich durchquerten wir ein Dörfchen, auf dessen Ortsschild ein vokalreicher, klangvoller Name zu lesen war: *Uniküla*. Hinter dem letzten seiner Gehöfte bog der Fahrer auf einen Weg ab, der durch hohen Kiefernwald auf eine ausgedehnte Lichtung führte. Von ihrem jenseitigen Waldrand grüßte ein stattliches Gebäude. Es war wie die Bauernhäuser aus Holz gebaut, wirkte aber durch seine Größe, den schön geschwungenen Giebel, das balkongeschmückte

Obergeschoss und die Veranden des Erdgeschosses wie das Herrenhaus eines ehemaligen Gutes. Aus der Nähe betrachtet, zeigte sich allerdings, dass dieser Palast bröckelte!

Als der Ford vor dem Eingang hielt, sprang Bunge mit dem Ruf: „Wir sind in Kingu!" aus der Kabine. Er wies auf das Haus: „Wir wohnen unten, und oben ist das Quartier der Wachmannschaft!"

Als Erstes stellte ich zu meiner angenehmen Überraschung fest, dass sich um das Haus nur ein einziger, kaum mannshoher Stacheldraht zog. Dies schien ein freundliches Gefängnis zu sein! In den beiden weiträumigen Zimmern des Erdgeschosses setzte sich dieser Eindruck fort: Hier standen ein- und zweistöckige Betten, auf denen Strohsäcke und Decken lagen. Es gab sogar einen Tisch, Bänke und Stühle. Der pure Luxus! Der Doktor zeigte auf ein Bett neben dem Fenster: „Das ist dein Bett." Dann öffnete er die Tür zu einem Nebenraum, auf der unter einem roten Kreuz die Aufschrift *Ambulanz* prangte. Dies sei sein Reich, sagte er. Der Raum war mit Bett, Truhe, Stühlen und Kleiderschrank üppig ausgestattet, und der breite Ambulanzschrank nahm eine ganze Wand ein.

Ich war tief beeindruckt: „ Das ist doch kein Gefangenenlager!"

„Täusch dich nicht, mein Junge", warnte der Doktor, „unsere vierzig Kameraden, fast ausnahmslos Bauern und Handwerker, schuften von Sonnenauf- bis Sonnenuntergang. Die Verpflegung ist zwar reichlicher als in Walk, reicht aber für die hiesige Schwerstarbeit nicht aus! Viele unserer Männer leiden, nachdem sich ihre in Walk erworbenen Hungerödeme zurückgebildet haben, an offenen Beinen, die zumeist mit eitrigen Entzündungen einhergehen. Ich werde dich zum Sanitätsgehilfen ausbilden. Du kannst mir auch bei der Behandlung der Pferde zur Hand gehen. Die meisten waren schon bei meinem Eintreffen krank. Außer dem Schimmel des Direktors habe ich nur noch drei gesunde und arbeitsfähige Tiere vorgefunden." Er erklärte mir, dass ich hier ein typisches Beispiel sowjetischer Misswirtschaft erleben würde. Daran seien die Zufälligkeiten sowjetischer Personalentscheidungen schuld! Unserem „Chef", einem „Starschina" (Hauptfeldwebcl), sci die Verantwortung für die Bewirtschaftung der

Podzobnoje und das Kommando über die Wachmannschaft übertragen. Von Landwirtschaft verstehe er so gut wie nichts! Rücksichtslos versuche er, aus den Gefangenen das Letzte herauszuholen, um durch landwirtschaftliche Erfolge seine Stellung zu festigen. Andererseits nutze er seine Macht, um sich persönliche Vorteile zu verschaffen.

„Zu diesem Zweck", fuhr Bunge fort, „hat er mir erlaubt, ohne Begleitung durch einen Konvoi die Esten und ihre Tiere zu behandeln. Dafür habe ich ihm ein ‚Entgelt' in Gestalt der Hälfte meines bei den Esten verdienten Honorars abzuliefern. Da er sich mit seinem landwirtschaftlichen Dilettieren nur Misserfolge einhandelte, hat er sich aus Walk einen deutschen Experten geholt. Du wirst seinen Günstling namens Schröder, der seit Wochen als Agronom und Einpeitscher hier sein Unwesen treibt, bald kennenlernen, gewiss nicht zu deiner Freude!"

Ich wollte meinen Augen nicht trauen, als Bunge in seine Truhe griff und ein Stück Braten sowie ein Bauernbrot zutage förderte! „Das ist der Rest des Honorars für meinen letzten Hausbesuch in Uniküla", erklärte er, „lass es dir zum Einstand gut schmecken!"

Gegen Abend kehrten die Brigaden von den Feldern zurück. Obwohl sie sich keinen Reim darauf machen konnten, wozu der von ihnen hoch geschätzte Doktor einen Pharmazie- und Sanitätsgehilfen benötigte, nahmen die Kameraden mich freundlich auf. Ich war der Jüngste unter ihnen und blieb es auch. Auf den Betten liegend, warteten sie müde und hungrig auf das Abendessen. Wie ich feststellte, war hier das Essen nicht viel reichlicher als im Lager. Dass es viel besser schmeckte, verdankten wir unserem tüchtigen Koch! Er musste allerdings hinnehmen, dass sich die sechs Rotarmisten des Wachkommandos ungeniert an unseren ohnehin schmalen Fett- und Fleischrationen bedienten. So blieb von den für uns bestimmten Lebensmitteln außer den Grundnahrungsmitteln wie Brot, Kartoffeln, Kohl, Mehl, Graupen und Hirse wenig übrig.

Am nächsten Morgen fand ich mich, zusammen mit Herbert Kundschaft, einem diplomierten Botaniker und Landschaftsgärtner, an den Uferhängen des Emajögi wieder. Hier, zwischen Uniküla und Jögeveste, wo er sein Tal in die vom Wald gekrönten Höhenzüge eingeschnitten hat, war der Fluss am schönsten! Wir schritten durch hohes Gras, dessen Grün mit den Farben vieler blühender Blumen und Kräuter bunt bestickt war. Mir wurde ein wenig schwindlig bei dem Anblick von so viel Freiheit und Schönheit um mich herum. Es glich einem Märchen, dass ich mich nach einem vollen Jahr des Eingesperrtseins nach Belieben in freier Natur bewegen durfte! Mein Lehrmeister, der bisher nur wenige Worte von sich gegeben hatte, schien ein drolliger Kauz zu sein. Obwohl er kaum älter als Ende dreißig sein konnte, war sein Gesicht faltig und verwittert. Die knorrigen und rissigen Finger schienen einem durch die Feldarbeit vorzeitig gealterten Bauern zu gehören. Wenn man ihn in seiner stets gebückten Haltung sah, hätte man glauben können, einem Erdmännchen zu begegnen. Doch unter buschigen Brauen schauten kluge braune Augen hervor, die unablässig die uns umgebende, üppige Vegetation erforschten. Ich erinnere mich, dass er am Hang außer vielen anderen heilbringenden Gewächsen Wiesensalbei fand und in Ufernähe Wasserschierling, der nach seiner Behauptung nicht nur für Giftmorde, sondern auch als Heilmittel verwendbar war. Auf den folgenden, tagelangen Streifzügen durch Wald und Flur, auf Trockenrasenflächen und Feuchtwiesen erbeutete er Fingerhut und Maiglöckchenpflanzen zur Gewinnung von Herzmitteln, Thymian, der zusammen mit Linden- und Kamillenblüten einen fieberstillenden Tee ergeben sollte und vieles mehr. Er genoss seinen Sammel- und Lehrauftrag sichtlich. Wenn er weniger pedantisch gewesen wäre, hätte er mich vielleicht für seine Wissenschaft begeistern können. Aber so, wie die Dinge lagen, musste er bald erkennen, dass er bei mir seine Perlen vor die Sau warf, war aber klug genug, sich damit abzufinden, dass ich mich auf das Sammeln weniger, für den Laien leicht zu bestimmender Pflanzen beschränkte.

Bunge hatte sich im Gebäude des Pferdestalles ein pharmazeutisches Labor eingerichtet. Mörser, Töpfe und Gläser hatte er bei estnischen Freunden geliehen, mithilfe unseres Schlossers einen Destillierapparat gebaut und von Berischnjew reinen Alkohol sowie eine Reihe weiterer benötigter Substanzen erhalten. Er hatte sich schon früh mit der Heilwirkung von Pflanzen beschäftigt und Einblicke in die Verfahren zur Herstellung pflanzlicher Heilmittel gewonnen.

Berischnjew, von Bunge für die Homöopathie gewonnen, nahm unsere Pülverchen und Tinkturen erfreut entgegen. Er erprobte sie sofort im sowjetischen Lazarett und ermunterte Bunge zur Fortsetzung. Voller Tatendrang kehrte Bunge mit Nachschub von Alkohol und sonstigem Produktionsbedarf aus Walk zurück. Das Labor lief auf Hochtouren, als eine böse Botschaft alle schönen Hoffnungen zunichte machte! Berischnjew war in ein Lazarett in Lettland versetzt worden, und sein Walker Nachfolger ließ wissen, dass er keinen Bedarf an pflanzlichen Heilmitteln habe. Ich hatte mir zwar nie vorstellen können, dass unser pharmazeutisches Abenteuer von Dauer sein würde, doch verdankte ich ihm, dass mein Knie eine Schonzeit erhielt. Da es jetzt hinreichend belastbar war, konnte ich mich getrost in die Arbeitsbrigaden einreihen. Eine Nebentätigkeit als Sanitätsgehilfe, der frühmorgens die wunden Beine der Kameraden zu verbinden und abends den kranken Pferden die Temperatur zu messen hatte, war damit problemlos zu vereinbaren.

Die Männer, mit denen ich jetzt täglich zur Arbeit geführt wurde, waren schon seit Gründung der Podzobnoje im Frühling dieses Jahres in Kingu eingesetzt. Was sie über ihre hiesigen Erfahrungen berichteten, war nicht ermutigend! Anfangs seien sie auf Flächen getrieben worden, die seit Jahren brachgelegen hatten und nun wieder bearbeitet werden sollten. Wegen des Mangels an Pferden seien sie von den Konvois vor die Pflüge gespannt worden. Da sie nach kurzer Zeit zusammengebrochen seien und sich trotz Drohungen und Misshandlungen nicht wieder als Zugtiere missbrauchen ließen, hätten ihre Peiniger dieses Experiment abbrechen müssen! Stattdessen seien sie gezwungen worden, mit dem Spaten andere, schon in den Vorjahren nicht bewirtschaftete Schläge umzugraben. Als der Direktor Schröder unseren „Mitgefangenen" als Agronom nach Kingu geholt habe, hätten sie gehofft, dass es ihnen unter dem Einfluss eines Kameraden besser gehen werde. Wie hätten sie damit rechnen können, dass er sich zum Instrument der Sowjets machen und sie schinden würde. Dieser ehemalige Oberwachtmeister der Artillerie schritt wie ein befehlsgewohnter Boss einher. Nie sprach er mit uns von gleich zu gleich, sondern immer nur im Befehlston, und wenn sein Blick uns streifte, so nahm er einen verächtlichen Ausdruck an. Auf den breiten Schultern dieses vierschrötigen Mannes ruhte ein stiernackiger Hals und unter der Nase wucherte ein schwarzer Schnauzbart. Schröder stammte aus Masuren und hatte sich den Russen mit der Behauptung, Gutsinspektor gewesen zu sein, angedient.

An meinem ersten Arbeitstag auf Kingu bekam ich zu spüren, wie berechtigt der Hass der Kameraden auf Schröder war! Gemeinsam mit einem der Konvois führte er unsere, aus zwölf Männern bestehende Gruppe auf eine Waldlichtung. Früher war sie beackert worden, seit einer Reihe von Jahren aber sich selbst überlassen geblieben. Auf einer dichten Decke aus Gras und Unkraut waren Büsche und Baumschösslinge aufgewachsen.

„Wir haben nur noch zwei arbeitsfähige Pferde, und die werden woanders zum Pflügen gebraucht", rief Schröder uns zu, „Ihr werdet jetzt diesen Acker umgraben, und zwar pro Nase täglich hundert Quadratmeter!"

Das war auf leidlich kultivierten Böden zu schaffen. Wie aber bei solchem Wildwuchs und mit Spaten und Beilen, die zum überwiegenden Teil von unserem Schmied aus den Stahlblechen sowjetischer Panzerwracks hergestellt worden waren? Wir schufteten mit kurzer Mittagspause mehr als zehn Stunden täglich, doch Schröders Norm hätte nur ein Herkules erfüllen können. Nach einer Woche musste Schröder einsehen, dass nicht einmal der Entzug der abendlichen Brotration ein geeignetes Mittel war, seine Forderungen durchzusetzen!

Die Einbringung der Kartoffeln, Kingus wichtigstem Produkt, wurde, sowohl was die den Gefangenen zugemuteten Strapazen als auch das Ernteergebnis betraf, zu einer Katastrophe. Um den zu spät gepflanzten Kartoffeln Gelegenheit zu weiterem Wachstum zu geben, hatte Schröder sie in der Erde belassen, bis ihn die ersten Nachtfröste überraschten. Nun erst wurden hundert Gefangene aus Walk herangekarrt und Hals über Kopf mit den Vorbereitungen für die Ernte begonnen. Unterstützt durch die Konvois, jagte er die Arbeitskräfte von einem Feld auf das nächste. Statt wenigstens das einsatzfähige Pferdegespann zum Herauspflügen der Kartoffeln einzusetzen, verwandte Schröder es für den sofortigen Abtransport der Ernte. Wie in „längst vergangenen Zeiten" grub eine Brigade die Kartoffeln mit dem Spaten aus. Eine zweite klaubte sie, auf dem nassen Boden kniend, mit den Händen oder einem „Kratzer" aus der Erde. Eine dritte sammelte die Kartoffeln in Körbe und schleppte sie zu den Transportfahrzeugen.

Nach einigen Tagen konnten die erschöpften Walker Kameraden dem von Schröder verordneten Akkordtempo nicht mehr folgen. Als sie zusammengepfercht auf den Ladeflächen der Lastwagen nach Walk zurückkehrten, versicherten sie uns, dass sie freiwillig niemals mit uns tauschen würden! Mit ihnen durfte, auf des Doktors energisches Drängen hin, unser Freund Herbert Kundschaft Kingu verlassen! Er war unter den Strapazen der letzten Monate zusammengebrochen. Unsere Hoffnung, während und nach der Ernte mehr Kartoffeln in der Suppe zu finden als vorher, erfüllte sich nicht. Nach der etwas besser ausgefallenen Rübenernte bestand unser Mittagessen zunächst aus garantiert fettfreiem Rübenmus. Als wir nach den ersten strengen Frösten den gut geratenen Kohl ernteten, erreichte die Großzügigkeit des Direktors ihren Gipfel: Unsere Löffel standen in Kohlsuppe, die überwiegend aus den untersten Blättern der Kohlköpfe bestand!

Auf den Flächen des zugunsten der Pozobnoje enteigneten estnischen Bauernhofes Makki befanden sich die Reste stark ausgebauter sowjetischer Feldstellungen. Wir hatten die aus roh behauenen Kiefernstämmen bestehenden Bunker und die durch ebensolche Stämme abgestützten Stellungen abzureißen und das Gelände einzuebnen. Während Schröder ständig auf das Tempo drückte, schufteten wir im November in dünnen, lehmbeschmierten Uniformen und Tarnjacken in Kälte und strömendem Regen. Mehrere Kameraden erkrankten an fiebrigen Erkältungen. Mich überfielen heftige, mit hohem Fieber verbundene Schmerzen. Bunge diagnostizierte eine Nierenbeckenentzündung. Er tat für uns, mithilfe von Medikamenten, die er in Walk erbettelt hatte, alles, was medizinisch möglich war und pflegte seine Kranken selbst.

Anfang Dezember fiel der erste Schnee. Jetzt zogen wir in die Wälder, um Holz einzuschlagen. Wir begannen die Wintersaison in guter Stimmung, denn Schröder war aus unserem Gesichtskreis verschwunden! Er hatte sich in sein Quartier nach Makki zurückgezogen und sollte sich der Aufgabe widmen, die im nahe gelegenen Sopaidu eingelagerten Kartoffeln, Rüben und Kohlköpfe gesund durch den Winter zu bringen. Unsere Stimmung sank allerdings auf den Nullpunkt, als wir erfuhren, dass wir nicht nur Kingu, sondern auch das Lager Walk und seine sowjetische Garnison mit Heizmaterial versorgen sollten.

In den folgenden Wochen schneite es ohne Unterlass. Dann schlug das Wetter von einem Tag auf den anderen um, und der Ostwind bescherte uns einen Kälteeinbruch. Die 25 Männer des „Waldkommandos" wurden mit ausrangierten Wattejacken und speckigen Pelzmützen der Roten Armee ausgestattet, doch blieben unsere unteren Körperteile ungeschützt dem schneidenden Wind ausgesetzt. Am schlimmsten stand es um Hände und Füße! Handschuhe gab es nicht, und als Ersatz für unsere völlig abgetretenen und schadhaften Lederschuhe hatte uns der Magazin-Sergeant Schuhe verpasst, die aus festem Textilstoff mit Holzsohlen bestanden. Unsere Wehrmachtswollsocken waren längst zu Lumpen zerfallen. An ihrer Stelle hatten wir Stoffreste feldgrauer Lumpen als Fußlappen um die Füße gewickelt.

Die Einteilung des Waldkommandos in Arbeitseinheiten übernahmen die Konvois. Zum Fällen und Zersägen der Bäume zogen sie die kräftigsten Leute heran. Sie sollten als Schrittmacher ein möglichst flottes Tempo vorgeben. Andere wurden zum Zweck des „Anhackens" der Bäume und ihres späteren Entästens mit den stumpfen Äxten und Beilen unseres Schmiedes ausgerüstet. Die zerschnittenen Baumstämme durch den Wald bis auf den nächsten, befahrbaren Weg zu schleppen und sie auf die dort vorfahrenden Lastwagen zu laden, blieb dem Rest des Kommandos, zu dem auch ich zählte, vorbehalten. Es war eine harte Arbeit, die schweren Stämme in tiefem Schnee viele Meter weit durch den Wald zu den Lastwagen zu „asten" und sie auf die Ladeflächen zu wuchten. Das schlechteste Los hatten aber die zum Sägen eingeteilten Männer gezogen! Ihr Werkzeug war alt und stumpf. Wenn der Schnee am Fuße des Baumes geräumt und der Stamm auf der Fallseite angehackt war, mussten die Holzfäller unter dem Gebrüll der Konvois mit ihren rostigen Bandsägen eine halbe Stunde oder noch länger „fiddeln", bis ihr Baum endlich fiel! Ihre Bewacher, die zugleich die Aufsicht bei der Arbeit führten, hatten für diese Nöte kein Verständnis. Jakov, ein dicklicher Rotarmist Mitte dreißig, war der bösartigste unserer Konvois. Seine Verschlagenheit und Heimtücke konnte sadistische Züge annehmen. Er ging sogar so weit, das Leben der Holzfäller mutwillig zu gefährden. So verlangte er von ihnen, mehrere nebeneinander stehende Bäume zugleich anzusägen, und es bereitete ihm großen Spaß, wenn eine der mächtigen Kiefern, deren unterste Äste erst in zehn Metern Höhe ansetzten, beim Fallen ihre Nachbarin, deren Stamm noch nicht vollständig durchschnitten war, mit sich riss! Obwohl Baranikow ihn wiederholt abmahnte, fand dieses Treiben erst ein Ende, als einer der Holzfäller von der Krone eines stürzenden Baumes erfasst wurde und mit schweren Verletzungen in das Walker Lazarett eingeliefert werden musste! Erst auf Bunges Proteste hin ließ der Direktor sich herbei, Jakov diese „Belustigungen" zu verbieten.

Doch bei aller täglichen Schinderei hatten wir auch einen Helfer in der Not: Igor, unser Konvoi, zeigte Verständnis und Mitgefühl! Ich sehe ihn noch heute leibhaftig vor mir, diesen kleinen, drahtigen Bergbauern aus Georgien, der seine „Wintowka" (Flinte) wie eine Heugabel trug und aus schwarzen Samtaugen unter der ihm zu großen Pelzmütze hervorlugte. Er gab uns zu verstehen, dass er Jakovs rabiates Verhalten verabscheue. Ohne sich um die höhnischen Zurufe seines Kameraden zu kümmern, forderte er uns auf, die herumliegenden Kiefernäste zusammenzutragen und entfachte ein Feuer, an dem wir uns, bevor wir die nächsten Stämme auf unsere Schultern luden, wärmen und ausruhen durften. Am Ende konnten Jakov und Baranikow nicht umhin, auch den Holzfällern und Entästern Ruhepausen am Feuer zu genehmigen. Igor teilte sogar seinen Tabak und die zu Zigarettenpapier zerrissenen Seiten der angeblich besonders wohlschmeckenden „Prawda" mit uns und führte vor, wie man auf zünftige Weise eine Machorkazigarette dreht.

Zum Jahresende hatte Bunge dem Direktor abgerungen, dass wir am ersten Weihnachtsfeiertag nicht zu arbeiten brauchten. Und er hatte sogar für ein Festessen gesorgt! Unter seinen Kunden hatte er einen estnischen Bauern ausfindig gemacht, der seinem arbeitsunfähigen Gaul nicht länger das Gnadenbrot geben wollte. Das Pferd wurde abgestochen, und Bunge übergab alle verwertbaren Teile unserem Koch. Antek, ein kleiner rundlicher Oberschlesier und ehemaliger Küchenunteroffizier, war für uns ein Glücksfall! Er wurde nie müde, gut für uns zu sorgen. Jeden Tag stand er als Erster auf und machte immer wieder den Versuch, klägliches Rohmaterial in genießbare Nahrung zu verwandeln. Jetzt kochte er uns aus Bunges unverhofftem Segen ein köstliches Gulasch. Am Neujahrstag gab es die Reste, die Antek mit Eis konserviert hatte.

Bis in den März hinein reihten sich die Tage der immer gleichen Sklavenarbeit aneinander. Ihre Wirkungen wurden überdeutlich! Die Holzfäller hatten nicht einmal mehr die Kraft, den brusthohen Schnee um die Stämme herum fortzuräumen! In ihrer Not schnitten sie die Bäume in einer Höhe von bis zu einem Meter über dem Boden ab! Wir „Schlepper" quälten uns im Schleichschritt durch den hohen Schnee, sodass wir die Stämme umso länger auf den Schultern tragen mussten. Keiner klagte, doch waren manche so entkräftet, dass sie die aus den Segeltuchschuhen heraushängenden Fußlappen hinter sich her zogen. Das war ein deutliches Signal für den drohenden Zusammenbruch! Erst wenn sie morgens, taub gegen jeden Fluch und unempfindlich für Fußtritte, auf dem Strohsack liegen blieben, durfte Bunge sich ihrer annehmen. Und wenn er ihnen nicht selbst helfen konnte, gelang es ihm meistens, die Überführung der Kranken in das Lager zu erreichen.

Ende März begann es zu tauen. In das nun einsetzende, allgemeine Niesen und Husten hinein überraschte uns Walter Jankowiak, Zimmermannsmeister und Pionieroberfeldwebel aus Magdeburg, durch die Bekanntgabe einer Anordnung des Direktors. Für die bevorstehende landwirtschaftliche Sai-

son werde die Stammbelegschaft des Gutes auf 60 Mann erhöht werden. Da wir dann in unserer jetzigen Unterkunft
keinen Platz mehr fänden, müssten wir in den bisherigen
Pferdestall umziehen. Mit seiner zweckentsprechenden Umgestaltung solle sofort begonnen werden! Jankowiak fügte
hinzu, dass der Direktor ihm die Leitung des Umbaues übertragen und hierfür eine Frist von drei Wochen gesetzt habe.

Das Stallgebäude stand leer, seit die schwer erkrankten Pferde verendet waren. Jankowiak leitete unsere Handwerkergruppe, die sich neben ihm aus je einem Zimmermann, Tischler, Schmied und Schlosser zusammensetzte und sich in dem
früheren Geräteschuppen des Gutshofes ihre Werkstatt, die
„Masterskaja", eingerichtet hatte.

Walter, der wegen seiner Tüchtigkeit, Geradheit und kameradschaftlichen Einstellung bei uns allen großes Ansehen
genoss, kam gleich zur Sache: „Morgen werden wir den Boden der früheren Stallräume mit Sand aufschütten, in Längsrichtung durch den Raum eine bis zur Decke reichende Mittelwand aufmauern und nach beiden Seiten zweistöckige Pritschen anbauen. Der Direktor besteht aus hygienischen Gründen darauf, dass wir unsere verwanzten Betten zu Feuerholz
machen und die alten Strohsäcke verbrennen. Da er uns angeblich keinen Ersatz und noch nicht einmal Bretter verschaffen kann, müssen wir die Liegeflächen der Pritschen leider
aus elastischen, grünen Nadelholzstämmen herstellen."

Wir waren empört über diese Notlösung. Wie sollten wir
auf Holzknüppeln Schlaf finden? Dennoch kamen wir nicht
umhin, die vor Jahren angelegten Nadelholzschonungen unserer Umgebung zu plündern. In kräftezehrendem Schuften
gelang es den Handwerkern, unterstützt durch die Arbeitsbrigaden, in drei Wochen das beschaulich wirkende Kingu in
ein „richtiges" Gefangenenlager zu verwandeln. Wir bauten
uns selbst einen rechteckigen Käfig aus dreieinhalb Meter
hohem Stacheldraht. Bestückt mit vier Ecktürmen, einem
stark gesicherten Eingang und einem Wachhaus, fehlte ihm
nichts als Betten und hygienische Einrichtungen, die diese
Bezeichnung verdienten! Weil unsere Wächter Bunges dankbare Patienten waren und ihr Chef ihn darüber hinaus als
„treuen Lieferanten" schätzte, entstand innerhalb des Sta-

cheldrahtes ein gesondertes Häuschen, das Bunge als Ambulanz und Wohnung bezog. Mit dem Drahtkorsett, das wir uns geschnürt hatten, konnten wir leben, aber nicht mit Jankowiaks Betten!

Während wir auf Befehl des Direktors damit beschäftigt waren, den Stacheldrahtzaun um einen halben Meter zu erhöhen, fuhr ein Lastwagen vor, auf dessen Ladefläche Uniformierte hockten. Uns wurde befohlen, im Eiltempo in Linie zu einem Glied anzutreten. Und dann erschien zu meiner grenzenlosen Verblüffung eine mir bekannte Frau vor unserer Front! Das war doch Tamara, die Fata Morgana meiner Ostrower Fieberträume! Sie war gerade so schön, so blond und so gepflegt, wie sie mir im September 1944 im ehemaligen Schweinestall der deutschen Etappe erschienen war. Ihren weißen Arztkittel trug sie über dem Arm, sodass – oder damit – jedermann ihre unbestreitbaren Reize zur Kenntnis nehmen konnte. Nicht nur Direktor und Konvois, sogar unsere, schon lange jeden Kontaktes mit der Weiblichkeit entwöhnte Schar abgerissener Hungerleider mochte den Blick nicht von ihr wenden. Die schöne Leningraderin warf aus blauen Augen einen geringschätzigen Blick auf die heruntergekommenen, bleichgesichtigen Objekte ihrer Mission.

Dann versetzte sie uns mit einem messerscharfen, „deutschen" Kommandoruf: „Chose weg!" in ratlose Verlegenheit.

Wir glaubten, nicht recht gehört zu haben. Wollte sie uns zu Vieh degradieren?

Erst als sie drohend zischte: „Ihr Sibirien?" ließen wir, die aufsteigende Wut beherrschend, widerwillig die Hosen herunter. Jetzt nahm sie, gefolgt von ihren Sanitätsgehilfen, die Parade unserer unansehnlichen Hinterteile ab. Bei einem jeden verhielt sie, um durch Besichtigung der Pobacken seinen Ernährungszustand festzustellen. Wenn sich ihre Haut so weit abziehen ließ, dass zwischen dieser und den Knochen kaum mehr Fleisch zu erfühlen war, rief sie ihren Adlaten in scharfem Befehlston das Untersuchungsergebnis zu: „Tretja Grupa!" (Dritte Gruppe). Sie packten den als nicht mehr arbeitsfähig bezeichneten Gefangenen am Arm, um ihn beiseite zu führen. Dass Tamara auch mich als arbeitsunfähig aussortierte, traf mich wie ein Blitz aus heiterem Himmel! Damals, in Ostrow, hatte ich es dem Zufall zu verdanken, dass sie mich als Schwerkranken aus der Menge der vielen, ebenso schwer leidenden, Gefangenen herausgefischt hatte. Hier hatte sie aber den Falschen ausgemustert! Das mochte ihr unterlaufen sein, weil mein Hinterteil schon vor der Gefangenschaft nicht die konvexe Wölbung besser ernährter und weniger trainierter Zeitgenossen aufgewiesen hatte! Der Gedanke, in die Baracke der Walker „Dritten Gruppe" mit ihrer niederdrückenden Atmosphäre zurückkehren zu müssen, war mir, trotz des in Kingu herrschenden, drakonischen Regimes, unvorstellbar. Ich zog es vor, hier in freier Natur und einer mir lieb gewordenen, schönen landschaftlichen Umgebung zu schuften, als, nach vorübergehender Schonung, nicht nur im Lager, sondern auch auf jedem Arbeitsplatz eingesperrt zu sein!

Deshalb trennte ich mich von den Ausgemusterten, um mich unter die als arbeitsfähig Befundenen einzureihen. Die Konvois quittierten meinen Seitenwechsel mit breitem Grinsen. Tamara aber wies, mit einem Fluch, ihre Leute mit ausgestrecktem Zeigefinger an, mich zum Lastwagen zu bringen. Als die Konvois auf ihn einredeten, fasste der Direktor sich ein Herz, die hohe Frau anzusprechen! Wie Bunge mir nachher übersetzte, schlug er ihr vor, mich in Kingu zu lassen, wo ich Gelegenheit erhalten würde, mich bei leichterer Arbeit zu erholen. Sie bedachte ihn mit einem scheelen Blick, fand es dann aber offenbar unter ihrer Würde, sich aus einem solchen Anlass auf eine Diskussion einzulassen. Ich blieb in Kingu! Diese Entscheidung hat den späteren Verlauf meiner Gefangenschaft entscheidend beeinflusst.

Tamara verabschiedete sich mit flüchtigem Kopfnicken. Ihre Begleiter stiegen mit unseren eingesammelten und über ihre Einstufung in die Dritte Gruppe zufriedenen Kameraden auf die Ladefläche des Lkw. Sie steckte sich eine Papiroß, die mondäne, aus fein geschnittenem „echten" Tabak und einem langen Mundstück bestehende Zigarette der Privilegierten, zwischen die hochrot geschminkten Lippen, schwang sich, ohne ihr Publikum eines Blickes zu würdigen, in die Fahrerkabine ihres Lkw und entschwand hinter der nächsten Waldecke.

Bunge und ich waren uns einig, dass es für unsere ausgebrannten Kameraden ein Segen war, von der Schinderei befreit zu werden! Immerhin bewies der Auftritt der kalten Schönheit, dass die Walker Lagerleitung uns davor bewahren wollte, in der Knochenmühle gänzlich zermahlen zu werden. Wer kaputt war, sollte durch „Frischfleisch" ersetzt werden, solange es in Walk vorrätig war. Noch herrschte daran in Walk kein Mangel! Für die „ausgesonderten" Kameraden trafen 30„noch" Arbeitsfähige ein. Der größte Teil des durch den Neuzugang auf 60 Männer angewachsenen Arbeitskommandos wurde zur Frühjahrsbestellung unter Schröders Peitsche herangezogen.

Auf die restlichen 17 Männer des Arbeitskommandos, zu denen auch ich zählte, wartete eine ungewöhnliche Herausforderung. Wir sollten eine Brücke bauen! Unserer Podzobnoje waren auf dem gegenüberliegenden Embachufer, etwa sieben Kilometer nordostwärts von Kingu, in dem Weiler Jögeveste gelegene Ackerflächen von mehr als fünfzig Hektar besten Bodens neu zugeteilt worden.

Die einzige Brücke, die es im Mittellauf des Flusses gegeben hatte, war im September 1944 von „meiner" Division gesprengt worden. Um die Frühjahrsbestellung der neuen Flächen zu ermöglichen, wurde Jankowiak beauftragt, in kürzester Frist an derselben Stelle eine für Lastwagen befahrbare neue Brücke zu errichten. Für diese Aufgabe standen uns nur Beile, Sägen, Hämmer, Spaten, Schaufeln, Brechstangen, an langen Stangen befestigte Bootshaken sowie eine schwere Rolle dicken Kabeldrahts, die wir auf dem hinteren Teil eines Ackerwagens festgebunden hatten, zur Verfügung.

Als wir nach einer Stunde am Standort der zerstörten Brücke ankamen, brach die Sonne durch die Wolken. Unter uns glitzerte die Strömung des längst vom Eise befreiten Flusses. Das diesseitige steil abfallende Ufer, überwuchert von jungem, üppigem Grün, wurde gekrönt von prachtvollem Hochwald, der sich viele Kilometer weit nord- und südwärts erstreckte. Zwischen das Braun und Grün mächtiger Kiefern mischte sich das schwärzliche Grau trockener Baumruinen. Ihre Kronen waren deutschem Artilleriefeuer zum Opfer gefallen.

Auf dem jenseitigen Ufer war weithin kein Gehöft, kein Haus zu erblicken, das nicht vom sowjetischen Artilleriefeuer bis auf die Grundmauern zerstört war. Willi Ohlhoff, der hier in Gefangenschaft geraten war, hatte mir berichtet, dass unsere zusammengeschmolzene 18. Armee dem machtvollen Druck der sowjetischen 3. Baltischen Front an der Embachlinie fast zwei Wochen lang standgehalten hatte.

Hier stand ich also der „Riegelstellung weiter im Westen" gegenüber, deren Errichtung unser Major als Sinn und Zweck unseres Widerstandes bezeichnet hatte. In diesem Augenblick empfand ich Genugtuung darüber, dass unsere Opfer nicht vergeblich gewesen waren. Der von Walk entlang des Embachs bis zum Vörts-See im Zentrum Estlands reichende Riegel hatte die Armeeabteilung Narwa vor der Vernichtung bewahrt. In seinem Schutz hatte sie sich bis nach Kurland absetzen können. Und so konnten auch viele Tausende estnische Flüchtlinge in Riga nach deutschen oder dänischen Häfen verschifft werden!

Die Brückenbauer waren ratlos! Der Fluss war hier sicher 40 Meter breit. Deshalb blieb uns unerklärlich, weshalb sein estnischer Name Emajögi nicht korrekt als „Mutterfluss", sondern verniedlichend als „Embach" ins Deutsche übersetzt wurde. Da auch die Uferhänge überbrückt werden mussten, würde die Brücke etwa 55 Meter lang werden. Ohne Pontons und schweres Gerät dürften die Chancen unseres Vorhabens gleich null sein! Auch die Konvois, Igor, unser guter Geist bei der Waldarbeit, und Sascha Batschinski, ein sympathischer, intelligenter und sehr kraftvoller Ukrainer, schüttelten die Köpfe.

Wir wollten wissen, weshalb Walter seiner Sache so sicher war. Doch er gab seine Strategie nicht preis und erteilte uns immer nur Weisungen für jeden einzelnen Schritt.

Er zeigte auf den Schilfgürtel des Ufers: „Schaut euch mal dort unten um. Ihr werdet manches finden, was uns helfen wird."

Wir entdeckten zwischen jeder Menge Wasserpflanzen zweiseitig abgeplattete Balken, die zum Teil noch von etwa 30 Zentimeter langen und dicken Bauklammern zusammengehalten wurden. Diese Überreste der Flussbrücke, auf der die sowjetischen Truppen beim Rückzug ihrer deutschen Gegner den Embach überschritten, würden sich später auch am jenseiti-

Blick auf den Embach (Emajögi) von der jetzigen Betonbrücke, die unsere damalige Holzbrücke ersetzt hat.

gen Ufer finden und uns von größtem Nutzen, die Bauklammern sogar unverzichtbar sein.

Während wir im nahen Hochwald als Brückenpfeiler geeignete „grüne"Kiefern fällten, verschwand Walter mit einigen Gehilfen im Wald. Bei der Rückkehr zogen sie einen großen, auf der Wagenachse liegenden, Eichenklotz hinter sich her, der mit Bauklammern bestückt wurde, die als Handgriffe dienen sollten.

„Das ist unser Rammbock", erklärte uns Walter.

Jetzt schoben wir die ersten beiden Pfeiler am Uferhang hinunter, bis ihre Spitzen in den vorbereiteten Gruben Widerstand fanden und richteten sie zuerst mit Brechstangen und Armen, dann mit Bootshaken auf. „Was nun, Walter?"

Er ließ uns um die Pfeiler herum aus Floßbalken ein Gerüst bauen. Von drei Männern gefolgt, kletterte er hinauf, während wir durch die Handgriffe des Rammbocks Taue zogen. An ihren Enden zogen die „Gipfelstürmer" den Rammbock hoch, während wir mit den Bootshaken von unten drückten. Dann wurden die beiden ersten Pfeiler eingerammt.

Als wir am nächsten Tag, mit nichts anderem als Hirse-
süppchen und trockenem Brot im Bauch, in Sillapuu ankamen, holte uns der Hunger rasch wieder ein und beschwor
ein tragisches Unglück herauf: Während zwei Kameraden im
Schilf nach letzten Floßbalken suchten, erspähten sie am
Flussufer Gewächse mit saftigen Stängeln, deren eiförmige
Wurzelstöcke an Sellerie erinnerten. Sie aßen davon. Kurz
darauf wälzten sie sich mit Magen- und Darmkrämpfen am
Boden. Dank Herbert Kundschafts Lehrstunden gelang es mir,
die Pflanzen zu identifizieren. Es war der sehr giftige Wasserschierling! Batschinski eilte im Laufschritt nach Kingu und
kehrte zusammen mit Bunge zurück. Der Doktor flößte den
Vergifteten sofort Mittel ein, die Erbrechen und Durchfall
auslösten. Sie brachten aber nur vorübergehende Linderung.
Er musste die beiden in kritischem Zustand ins Lazarett nach
Walk bringen, wo einer von ihnen starb!

Bunge nutzte das Unglück, um ähnlichen Tragödien vor-
zubeugen: Er überredete den Direktor, uns bis zur Fertigstellung der Brücke zusätzliche Verpflegung zu bewilligen. Ohne
diese Hilfe wären wir nicht imstande gewesen, die gewaltigen
Anstrengungen, die uns durch dieses abenteuerliche Vorhaben abverlangt wurden, zu bestehen!

Das erste, von der Auffahrt bis zum Flussufer reichende
Stück der auf eine Breite von fünf Metern ausgelegten Brükke bereitete uns relativ geringe Schwierigkeiten. Die aus „grünen" Stämmen mit einem Durchmesser von etwa 40 Zentimetern bestehenden Lager betteten wir an der Brückenauf-
fahrt auf große, in die Kiesschicht des Weges eingelassene
Granitsteine. Ihr anderes Ende ruhte auf den breiten Köpfen
der beiden ersten Pfeiler, die am Flussufer standen. Zum Glück
verfügten wir, dank der Roten Armee, über eine riesige Zahl
von Bauklammern, ohne die es unmöglich gewesen wäre, alle
Teile der Brücke fest und sicher miteinander zu verbinden.
Mit ihnen klammerten wir die Balken der ehemaligen Floß-
brücken als Brückenbelag an den beiden Lagern fest. Während dessen war Jankowiak auf einigen zusammenhängen-
den Balken der Floßbrücke „in See gestochen". Auf diesem
Floß stehend, maß er von Meter zu Meter die Wassertiefen,
an denen sich die jeweilige Länge der Brückenpfeiler ausrich-

ten musste. In der Flussmitte betrug sie dreieinhalb Meter. Hieraus zog Walter eine Folgerung, die nicht geeignet war, uns zu ermutigen. „Der Fluss ist hier schon bei normalem Wasserstand tiefer, als ich annahm. Wir werden die Pfeiler mit unserem kümmerlichen Rammbock nicht so tief in den Grund treiben können, wie es angezeigt wäre. Um der Brükke hinreichende Stabilität zu verschaffen, müssen wir alle dreieinhalb Meter ein Pfeilerpaar setzen! Fällt nun erst mal die vier dicksten, abgestorbenen Bäume, die in der näheren Umgebung zu finden sind."

Auf Walters Weisung fuhren wir enorm dicke und knochentrockene Baumstämme auf der Wagenachse an die Stirnseite der Brücke und schlugen zwei Meter oberhalb ihres vorderen Endes Bauklammern – aber nur bis zu ihrer Mitte – ein.

„Und nun", sagte Walter, „lassen wir je ein Paar dieser dicken Stützstämme an der linken und an der rechten Seite des Brückenkopfes zu Wasser, während wir die hinteren Enden an den letzten Balken des Brückenbelags festklammern. Da die Stämme trocken und leicht sind, werden sie mit ihrem vorderen Ende aufschwimmen. Ihr müsst sie aber nur so weit in das Wasser bringen, dass die Bauklammern aus dem Wasser heraus schauen. Zwischen den beiden Stämmen eines jeden Paares muss ein Abstand von etwa sechzig Zentimetern bestehen." Wir taten, was er uns sagte, ohne nach dem „Wozu" zu fragen. Auch die Konvois, beeindruckt durch die Persönlichkeit dieses, seiner Sache stets sicheren Mannes, warteten gespannt und schweigend auf die Lösung des Rätsels, das dieser Pionier uns allen aufgab.

Während die trockenen Stämme in der Strömung leicht dümpelten, fuhren wir ein schweres Pfeilerpaar auf die Brücke. An dem dickeren hinteren Ende befestigten wir den Anfang des langen stählernen Kabels. Mit der Kabelrolle waren schon mehrere Kameraden auf einem Floß zum anderen Ufer übergesetzt.

Unterdessen klammerte Walter einen Meter oberhalb der Pfeilerspitze in Querrichtung einen etwa sechs Zentimeter dicken, elastischen Laubholzknüppel fest.

„Jetzt wird's ernst", verkündete er: „Lasst den ersten Pfeiler zwischen den beiden trockenen Stämmen langsam ins

Wasser rutschen. Hierbei muss der unterhalb seiner Spitze angebrachte Knüppel mit seinen Enden jeweils auf einem der stützenden, trockenen Stämmen aufliegen."

Während die Pfeilerspitze unter Wasser tauchte, fasste der quer über ihr angebrachte Knüppel hinter die aus den trockenen Stützstämmen herausragenden Bauklammern!

„Das hat perfekt geklappt", lobte der Meister. „Solltet ihr es noch nicht kapiert haben, so verrate ich euch jetzt: Der Knüppel soll uns als Gelenk für die Aufrichtung des Pfeilers dienen!"

Mitsamt den Konvois hatten sich nun alle gespannt am Brückenkopf zusammengedrängt. „Los, Jungens", rief Walter, „jetzt gilt's! Hoch mit dem Pfeiler!"

Alle, die dafür Platz fanden, packten zu, und mit uns die Konvois. Da alle die Muskeln bis auf das Äußerste anspannten, hoben wir den schweren Brocken tatsächlich so hoch, dass andere sich unter den Pfeiler beugen konnten, um sich mit dem Rücken gegen ihn zu stemmen. Sobald wie möglich spießten wir die Bootshaken in das frische Holz und drückten den Pfeiler so hoch, dass ihn die Kameraden am jenseitigen Ufer, die sich das Kabel um die Hüfte gebunden hatten, vollends in die Senkrechte ziehen konnten!

Und dann stand er hoch und drohend über uns! Während uns der Atem stockte, balancierte Walter, in der Hand ein scharf geschliffenes Beil, hinunter zu dem Knüppel, dessen Elastizität über unseren Erfolg entscheiden würde. Unter dem Gewicht des Pfeilers bog er sich und wurde mit den stützenden trockenen Stämmen ein wenig unter Wasser gedrückt. Doch er hielt! Walters erster Versuch, den Knüppel zu durchschlagen, war „ein Schlag ins Wasser". Unser Meister wurde durch das hoch aufspritzende Wasser ausgiebig geduscht! Als er beim zweiten Versuch den Knüppel durchschlug, rauschte der Pfeiler blitzartig, Walter um ein Haar streifend, in das Flussbett! Trotz seines hohen Eigengewichts drang seine Spitze nicht tief genug in den schlammigen Grund ein. Er stand schief. Nur die trockenen Stützbalken zu seinen Seiten verhinderten, dass die Strömung ihn umwarf.

„Das war eingeplant", sagte Walter, „wie bei den gestern am Ufer gesetzten Pfeilern bauen wir auch um diesen herum mit denselben Floßbalken ein Gerüst, stellen ihn senkrecht und rammen ihn, auf dem Gerüst stehend, ein!"

Nachdem wir zu viert hinaufgeklettert waren, zogen wir an den am Rammbock befestigten Tauen den schweren Klotz nach oben. Zugleich hoben, stemmten und drückten die auf schwankenden Stützstämmen mit den Füßen im Wasser balancierenden Männer des „Bodenpersonals", geführt von Batschinski, den Rammbock hoch. Das Einrammen entwickelte sich zu einem Zirkuskunststück, weil die „Artisten" hierbei das Gleichgewicht nur halten konnten, da sie sich am Gerüst festgebunden hatten! Erst nachdem wir uns dreimal abgewechselt hatten, war Walter zufrieden: Der Pfeiler war tief genug im Fluss verankert.

Von einem Pfeilerpaar zum nächsten arbeiteten wir uns dem jenseitigen Ufer entgegen, während sich hinter uns ein Teil der Brücke an das andere fügte.

Nicht jedes Mitglied unserer Brückenbrigade hielt die wochenlangen, unerhörten Kraftanstrengungen aus. Sobald Walter aber bemerkte, dass die Kräfte eines seiner Männer sichtbar nachließen, wechselte er ihn aus und setzte, gemeinsam mit Bunge, durch, dass ihm die erforderliche Erholungspause zugestanden wurde. Dass wir uns in der Mehrzahl den Herausforderungen gewachsen zeigten, war unserer Zusatzverpflegung zu verdanken. Und nie hatten wir bisher unter der Leitung eines Mannes aus unserer Mitte gearbeitet, der uns nicht kommandierte, sondern immer als Erster zupackte und den schwersten Teil der Arbeit selbst übernahm. So hatte er uns bis zu dem hart erkämpften Erfolg mitgerissen. Am letzten Apriltag, dem uns vom Direktor gesetzten Termin, stand die Brücke. Nun konnten sie kommen, die Russen, Esten und Plennis, zu Fuß, zu Ross und auf dem Lastwagen!

Als es geschafft war, spürten wir, wie sehr die Brücke an unseren Kräften gezehrt hatte. Wir kehrten Sillapuu zwar mit Erleichterung den Rücken, aber auch mit Stolz auf Walters Werk und auf den Anteil, den wir daran hatten! Dass die Konvois diese Leistung bewunderten und sogar während dramatischer Phasen selbst zugefasst hatten, machte uns Hoffnung, dass alle unsere Wächter eines Tages die Leistungen der Gefangenen durch die Achtung ihrer Menschenwürde belohnen würden. Was die Konvois anbetraf, erfüllte sich diese Erwartung unter dem Einfluss Saschas und Igors weitgehend. Für den Direktor, diesen stets missmutig dreinschauenden Kommisskopf, durfte es gegenüber einem „Faschisten" nie Lob oder Anerkennung geben! In Sillapuu war er ein einziges Mal auf eine Viertelstunde erschienen, um vom Rücken seines hochbeinigen Schimmels auf uns herabzuschauen, ohne ein einziges Wort zu verlieren. Batschinski hatte Bunge aber hinterbracht, der „Alte" habe sich von ihm die Einzelheiten des von Walter ausgeklügelten Bauverfahrens beschreiben lassen. Daraufhin habe er den Kopf geschüttelt und eine alte russische Spruchweisheit zitiert: „Schickst du den Deutschen in den Wald, so erfindet er dort den Affen!"

In die Nebenräume und einen Anbau unserer neuen Unterkunft waren ein Schneider, ein Schuhmacher und ein Friseur eingezogen. Wenn man Handwerker nach Kingu schickte, musste man ihnen doch auch das nötige Arbeitsmaterial geben! Es war höchste Zeit, unsere Lumpen und zerlöcherten Schuhe gegen brauchbare Bekleidung und Schuhzeug einzutauschen!

Nach der sowjetischen Praxis gehörte zum Status des Rotarmisten der kahle Kopf, und auch uns wurden die Köpfe geschoren. Das diente dem Zweck, wenigstens diesen Körperteil läusefrei zu halten! Kaum hatte sich auf meinem Kopf ein weicher Flaum von Stehhaaren gebildet, wurde er beim nächsten „Saunabesuch" wieder abrasiert. Dass ich den Läusen nicht schmeckte, hatte mich nie davor bewahrt. Seitdem der aus dem Ruhrpott stammende Friseurmeister Heini mit seinem durch nichts zu erschütternden, ansteckenden Frohsinn in Kingu Schere und Rasiermesser schwang, wurde der Glatzenzwang aufgehoben. Mit Wohlgefallen erlebten wir, in Heinis leicht erblindeten Spiegel schauend, wie unsere Köpfe unter seinen Händen das lang entbehrte Aussehen von Mitteleuropäern zurückerhielten!

Neben mir, im zweiten Stockwerk der Knüppelpritsche, hatte sich einer der „Neuen" einquartiert. Unter einer, von dünnen, hellblonden Haaren umgebenen Halbglatze schauten aus einem blassen Gesicht ein wenig schüchtern blickende, wasserblaue Augen.

Als er auf meinen Willkommensgruß antwortete, stellte ich erfreut fest: „Mann, du sprichst ja mit holsteinischem Akzent. Sicher sind wir Landsleute!"

„Mach schon sein", sagte er, „ich heiß' Gustav Wehde und bin Bäcker aus Oldenburg in Holstein."

Gustav besaß alle charakterlichen Eigenschaften, auf die es hinter Stacheldraht ankam, nämlich gesunden Menschenverstand und zähes Durchhaltevermögen, unbedingte Ehrlichkeit und Vertrauenswürdigkeit. Und es zeigte sich, dass er es fertiggebracht hatte, in der Gefangenschaft nicht zum krassen Egoisten zu werden. Im Laufe der Zeit schlossen wir uns fester zusammen und wurden Freunde!

Außer der Verstärkung der Stammbelegschaft waren in Kingu auch zahlreiche „Leiharbeiter" aus Walk eingetroffen. Während wir an der Brücke gearbeitet hatten, waren alle verfügbaren Kräfte Schröders Fuchtel überantwortet worden. Mit dem „bewährten" schonungslosen Druck war es ihm gelungen, die Frühjahrsbestellung auf den diesseitigen Flächen Kingus zum Abschluss zu bringen. Nach Fertigstellung der Brücke hatten wir aber Gelegenheit, die absurdeste Harlekinade, die sich auf der Podzobnoje ereignete, mitzuerleben und zu erleiden!

Dem Direktor war von oberer Stelle befohlen worden, die Anbaufläche für Kartoffeln auszuweiten. Deshalb hatte er seinen Agronomen angewiesen, auch auf den „neuen Flächen" jenseits des Embaches Kartoffeln zu pflanzen. Wie Schröder selbstverständlich wusste, waren diese schweren Lehmböden für den Kartoffelanbau völlig ungeeignet. Schröder, dieser uns gegenüber so anmaßend auftretende Bursche, war aber wieder einmal zu feige gewesen, um seinem Chef zu widersprechen. Zumindest hätte er dafür sorgen müssen, dass die seit Jahren brachliegenden „neuen Flächen" vor ihrer Bepflanzung rechtzeitig kultiviert und gelockert wurden. Da wir weder Traktoren noch schweres Ackergerät besaßen, war die Podzobnoje auf die Hilfe der nahe gelegenen „Maschinen- und Traktorenstation" (MTS) angewiesen, eine sowjetische Einrichtung, die im Dienste der Kolchosen und Staatsgüter stand. Viel zu spät hatte Schröder dem Direktor angeraten, bei der MTS einen entsprechenden Antrag zu stellen. Als sie den

Vollzug meldete, hatte er versäumt dies nachzuprüfen.

Im ersten Morgengrauen brach Mitte Mai eine lange, graue Kolonne nach Jögeveste auf. Sie schleppte ihr Arbeitsgerät mit, denn der sie begleitende, einzige Lastwagen der Podzobnoje war mit Saatkartoffeln beladen. In Sillapuu konnten wir, die Brückenbauer, uns mit eigenen Augen davon überzeugen, dass die Brücke die Probe auf ihre Tragfähigkeit bestand!

Als wir nach anderthalb Stunden am Rande der „neuen Flächen" standen, starrten wir ungläubig auf das große Stück Land, das auf die Aussaat wartete!

Gustav, den wir in unsere Brigade aufgenommen hatten, fasste sich als Erster: „Da mach' man goar nich hinkucken. Hier kann doch keiner was pflanzen, das is n' Sturzacker!"

Wie sich herausstellte, hatten die Funktionäre der MTS, ohne die ihnen in Auftrag gegebenen Flächen persönlich besichtigt zu haben, in aller Eile zwei riesige Josef-Stalin-Traktoren mit ebenso gigantischen Pflügen hierher geschickt. Die Ungetüme hatten ein Chaos hinterlassen. Bis zu einem Meter hohe „Hügel" aus Erdschollen, deren Gras- und Unkrautnarben allenfalls grob zerschnitten waren, wechselten ab mit den daneben aufgerissenen „Tälern", in denen die Sonne, die in diesen Tagen heiß brannte, den Lehm hart gebacken hatte. Unbeaufsichtigt und unbeeindruckt durch ihre Hinterlassenschaft, hatten die Traktoristen nicht einmal versucht, das Chaos mit Scheibeneggen zu lockern und zu planieren.

Schröder, wie ein Hirtenhund am Feldrain hin und her laufend, riss uns aus unseren Betrachtungen. Im Kommandoton teilte er uns die tägliche „Norm" zu. Jede Brigade zu 15 Mann habe ein zweieinhalb Hektar großes Stück des Feldes mit Kartoffeln zu bepflanzen. Die Konvois, zu jener Zeit noch zugleich Bewacher und Aufseher, gaben das Startsignal.

Die Rollen, die wir übernehmen sollten, hatten wir unter uns verteilt, mit der Absprache, sie nach einer gewissen Zeit zu tauschen: Vorweg wanderten zwei Männer über diese Mondlandschaft, die mit einem „Marqueur" Pflanzreihen ziehen sollten. Dieses einfache Gerät bestand aus einem zweieinhalb Meter langen Längsbalken, an dem vorn ein Querbalken angebracht war, mit dessen Hilfe die menschlichen Zugtiere ihr sperriges Gerät zogen. Der hintere Querbalken des Marqueurs war mit drei langen Holzzinken im Abstand von je fünfzig Zentimetern versehen. Ihm folgte auf jeder von ihm gezeichneten Linie ein Mann, der mit einer schweren, stumpfen Eisenhacke im Abstand von 50 Zentimetern Pflanzlöcher aushacken sollte. Eine Sisyphusarbeit!

Den Säern, die den Hackern als dritte „Welle" folgten, erging es nicht viel besser: Sie trugen ihr Saatgut in schweren Eisenblechwannen am Bauch vor sich her. Ihnen blieb, wenn die Hacker kein Pflanzloch hinterlassen hatten, nur die Alternative, ihre Kartoffeln entweder auf die Grasschollen oder auf den nackten Lehm zu werfen. Die Aufgabe der vierten „Welle" schien am einfachsten. Sie sollte die Pflanzlöcher schließen, doch war es oft unmöglich, die hierfür erforderliche, lockere Erde zusammenzukratzen!

Am Feldrain lagen die für unseren Abschnitt zugeteilten Saatkartoffeln. An ihnen bestand wegen der sowjetischen Hungerkatastrophe dieses Jahres großer Mangel. In Kingu waren zwar laut Inventarbuch mehr Saatkartoffeln geerntet worden, als für die Aussaat benötigt wurden. Zu einem beträchtlichen Teil waren sie aber im Laufe des Winters verfault oder spurlos verschwunden. Deshalb war Schröder auf die hilfreiche Idee verfallen, jede Kartoffel in so viele Stücke zu zerschneiden, wie sie „Augen" hatte. Nein, in Jögeveste pflanzten wir keine Kartoffeln, sondern „beerdigten" Kartoffelschnitze! Das machte die Harlekinade perfekt, denn selbst ganze Erdäpfel hätten es schwer gehabt, auf diesem Sturzacker zu überleben!

In den Mittagspausen gab Antek in Jögeveste das Essen und Wasser aus. Seine Suppe dämpfte kaum unseren ärgsten Hunger, und das Wasser reichte nicht aus, um den brennenden Durst zu stillen. Nach dieser „Stärkung" durften wir uns auf einem breiten Grasstreifen im Schatten dichter Haselbüsche ausruhen. Unsere Gruppe lagerte in der Nähe der Konvois, zwischen denen sich auch der Genosse Direktor niedergelassen hatte. Von einer benachbarten Walker Brigade drangen Schmerzlaute zu uns herüber. Zwei Männer hatten sich durch ihren Heißhunger verführen lassen, rohe Kartoffeln zu essen. Nun krümmten sie sich im Gras unter kolikartigen

Leibschmerzen und Übelkeit. Ich bat Sascha Batschinski, die Erlaubnis zu erwirken, dass Antek sie nach Kingu mitnahm. Da stand plötzlich Baranikow vor mir. Er drückte mir vier leere Kochgeschirre der Roten Armee in die Hände und knurrte: „Nam nuschno woda. Dawaj, priwodi! Bistro! Tam wnisu chutor!" (Wir brauchen Wasser! Los, hole es schnell! Da unten liegt ein Bauerngehöft!)

Meine Überraschung ließ mich einen Augenblick zögern! War es denn möglich, dass er mich ohne Konvoi zu den Esten schickte? Nach Sekunden schaltete ich: Schnell weg, bevor er sich's anders überlegt! In den Händen die klappernden Kochgeschirre, fand ich rasch den Trampelpfad, der sich in engen Windungen durch dichtes Gebüsch abwärtsschlängelte. Nicht weit vom Talgrund gaben die Büsche den Blick frei auf ein sehr altes, bescheidenes, estnisches Anwesen. In der Mitte des Hofplatzes befand sich ein Ziehbrunnen, wie ich ihn aus meiner Heimat kannte. Gegenüber stand das Wohnhäuschen.

Kein Hundegebell kündigte mein Kommen an, den Hof belebten nur ein paar eifrig nach Würmern scharrende Hühner. Obwohl ich kräftig an das rissige Holz der Haustür klopfte, öffnete niemand. Als ich die Kurbel des Brunnens betätigte, um den Schöpfeimer hinunterzulassen, quietschte es durchdringend. Eine alte Frau öffnete das Fenster und erblickte einen jungen, mageren Soldaten in seiner zerschlissenen Uniform. Gleich darauf streckte mir eine kleine, gebückt gehende Bäuerin die Hand entgegen. Ihr gebräuntes, von vielen Falten zerfurchtes und von dünnem, grauem Haar umrahmtes Gesicht mit den breiten Backenknochen und den etwas schmal geschnittenen Augen war kennzeichnend für ihr Volk, das um die Zeitenwende aus seiner uralaltaischen Bergwelt an die Ostsee wanderte.

Sie schaute mich lächelnd an, fasste meinen Arm und sagte: „Ti adna?" (Du allein?)

Ich nickte und zeigte mit der Hand auf die Höhe hinter mir: „Tam Russki." (Dort sind die Russen.)

Sie zog mich an einer Hand hinter sich her und die kleine Holztreppe hoch. Ihre Küche dient zugleich als Wohnraum. In Windeseile brachte sie mir eine Schüssel mit der estnischen Kaltspeise „Kama Jahu", die aus geröstetem Bohnenmehl in gezuckerter, kalter Sauermilch besteht. Noch nie hatte ich etwas gegessen, was so erfrischend, wohlschmeckend und zugleich nahrhaft war.

Mit dem Finger auf sich deutend, sagte sie: „Minna olen Liisa Rinstejn." (Ich bin Liisa Rinstejn.) Hastig und unter Tränen, in russischen und deutschen Sprachbrocken, unterstützt durch Gebärden, erzählte sie mir von ihrem Schicksal und ihrer Einsamkeit. Ihr Mann von Rotarmisten umgebracht, der Sohn als Soldat mit der deutschen Armee davongezogen, seine junge Frau aus Angst vor russischen Gewalttätern geflohen und von beiden kein Lebenszeichen! Ich zeigte ihr, so deutlich ich konnte, wie sehr mich ihr Kummer berührte, während sie sich wieder fasste und mich drängte, rascher zu essen. Sie schien vier Hände zu haben, wickelte im Nu einen Streifen Speck und Stücke kalten Bratens in Leinentücher und stopfte sie in die Taschen meiner Feldbluse. Als ich mit raschem Dank hinausstürmte, um den Wassereimer aus dem Brunnen hochzuziehen und die Kochgeschirre zu füllen, folgte sie mir. Sie hängte einen prall gefüllten Leinenbeutel über meine Schulter, strich mir liebevoll über Wangen und Haar und murmelte in ihrer Sprache zum Abschied etwas sicherlich sehr Rührendes. Ich antwortete aus vollem Herzen: „Ich werde dich nie vergessen, liebe Liisa!" Ob sie es wohl verstanden hat?

Nach einem letzten Blick zurück verschwand ich im Gebüsch. Wo der Pfad unterhalb meines Rastplatzes verlief, ließ ich den schweren Beutel von der Schulter ins Gestrüpp gleiten, wo es am dichtesten war. Als ich mich aufrichtete, um den Inhalt meiner Taschen hinterherzuwerfen, sah ich Baranikow in der nächsten Biegung des Pfades vor mir stehen.

Wütend schrie er: „Schto ti djelajesch tak dugo?"(Was machst du so lange?)

Gleich würde ich den Kolben der Kalaschnikow im Kreuz spüren, und den Befehl erhalten, den Leinenbeutel der alten Frau aus dem Gestrüpp zu holen. Und dann würde er mir alles abnehmen! Doch weshalb sagte und tat er es nicht? Wollte er das Strafgericht dem Direktor überlassen? Schweigend führte er mich zum Rastplatz seiner Genossen, blieb aber zehn Schritte vor ihm stehen.

Als ich die Kochgeschirre abstellte, befahl der Direktor:
„Dawaj, prewiraj jewo!" (Los, filze ihn!)

Jetzt wird es gewiss Prügel setzen, heute und morgen nichts
zu essen geben, und dann wird der straffällig gewordene „Plenni" vielleicht nach Walk oder weiter nach Osten abgeschoben
werden, dachte ich. Schlechte Aussichten! Die größte Angst
hatte ich davor, dass auch die alte Frau bestraft werden könnte.
Den Esten war der Kontakt mit Gefangenen streng verboten!

Baranikow baute sich mit breiter Brust vor mir auf, wobei
er seinen Genossen den Rücken zukehrte. Während er mir
streng in die Augen schaute, fuhr er mit beiden Händen in
die großen Taschen meiner Feldbluse. Weil sie voll waren, blieb
für seine Finger nicht viel Spielraum. Dennoch fuhrwerkte er
weiter in den Taschen herum! Schließlich zog er seine Finger
wieder heraus und zerrte dabei aus jeder Tasche ein großes
Stück zerrissenes Leinen!

Mit höhnischem Gelächter rief er dem Direktor zu: „Tolko
drjapok!" (Nur Lumpen!)

Oh, Baranikow! Du hattest doch soeben Speck und Braten
in deinen Fingern und hast zugesehen, als ich den Leinenbeutel ins Gebüsch warf. Und gerade dich haben wir bis zum
heutigen Tage manchmal nicht weniger gefürchtet als den Bö-
sewicht Jakov!

Benommen vom Wechselbad der Gefühle ging ich mit unsicheren Schritten zu den Kameraden zurück. Gustav hatte sich
einen Platz unter einem Haselbusch gesucht, den die Russen
nicht einsehen konnten. Trotz der gerade erst überstandenen Angst, überlegte ich krampfhaft, was mit Liisas Leinenbeutel geschehen sollte. Wenn ich ihn holen wollte, musste
ich es sofort tun, da die Mittagspause bald vorbei sein würde.
Ich leerte meine Taschen in das Gras, wobei Gustav fast die
Augen aus dem Kopf fielen.

„Teile das mit den Kameraden. Ihr müsst es schleunigst
aufessen!"

Mit einem Stück Braten zwischen den Zähnen glitt ich seit-
wärts in die Büsche und robbte durch das Gesträuch. Nach
wenigen Minuten war ich zurück, mit neuen Löchern in den
Hosen, von Brombeerstacheln zerkratzt, aber mit dem unversehrten Leinenbündel. Mit fliegenden Händen riss ich es

auseinander. Zwei herrlich duftende, große Bauernbrote kamen zum Vorschein. Eines war in der Mitte durchgeschnitten. Die alte Frau hatte beide Hälften ausgehöhlt und mit Butter gefüllt. Ein Geschenk des Himmels oder doch eines gütigen Engels! Brote und Butter wurden hastig in fünfzehn Portionen aufgeteilt. Zum Glück litten auch die Russen unter der Hitze und gönnten sich eine längere Mittagsruhe als üblich. Deshalb konnten wir unsere Köstlichkeiten noch mit Hingabe genießen, bevor wir auf den Unglücksacker zurückgescheucht wurden.

Fast zwei Wochen lang schleppten wir uns Tag für Tag unter einer unbarmherzig brennenden Sonne von einem Ende der „neuen Flächen" zum anderen! Wenn die Sonne sank, durften wir unser Arbeitsgerät schultern, doch stand uns dann immer noch der lange Rückmarsch nach Kingu und Sopaidu bevor, auf dem der Hunger unser ständiger Begleiter blieb!

Wie konnte es aber anders sein? In den Jahren 1945 und 1946 war über die sowjetische Bevölkerung nach den furchtbaren Leiden des Krieges eine Hungerkatastrophe hereingebrochen! Während des Krieges waren weite, fruchtbare Gebiete des Landes unbestellt geblieben. Denn anstelle der Traktoren und Landmaschinen hatte die Industrie Panzer, Flugzeuge und Kanonen produziert. Am Ende des Krieges waren die besten Anbauregionen verwüstet, und die Viehbestände größtenteils geschwunden. Spätestens mit Beginn der Konfrontation zwischen Ost und West stellten die Vereinigten Staaten ihre, auch für die sowjetische Zivilbevölkerung segensreiche Nahrungsmittelhilfe ein. Deshalb musste die Sowjetunion die im Kriege vorgenommene Rationierung der Lebensmittel bis 1948 aufrechterhalten und sogar verschärfen. Wie verzweifelt die Versorgungslage war, stellte sich heraus, als es im Winter 1946/47 zu Hungeraufständen der ukrainischen Bevölkerung kam, die mit Blutvergießen erstickt wurden. Uns blieb nicht verborgen, dass seit dem Frühjahr 1946 zahllose Russen, zumeist ganze Familien, Estland auf der Suche nach Nahrung überschwemmten und sich den Bauern für das tägliche Brot als Arbeitskräfte verdingten. Wir fühlten mit ihnen! Selbstverständlich waren ebenso die Kriegsgefangenen von dieser Katastrophe betroffen! Zwangsarbeit und Hunger sorgten dafür, dass auf den Feldern von Jögeveste immer mehr unserer Kameraden entkräftet zusammenbrachen. Andere blieben morgens auf den Strohschütten oder Knüppelpritschen liegen. Bunge war pausenlos damit beschäftigt, den nicht mehr Arbeitsfähigen medizinische Hilfe zu leisten und sich den Versuchen der Konvois, sie gewaltsam auf die Beine zu bringen, zu widersetzen. Als die Frühjahrsbestellung beendet war, zeigten sich die mit uns durch die Knochenmühle der „Kartoffelkampagne" gedrehten Walker Kameraden erleichtert, in ihr Lager zurückkehren zu dürfen, wo sie weniger schamlos ausgebeutet wurden.

Die im Frühjahr und Sommer 1946 anhaltende ungewöhnliche Hitze brachte eine Dürre mit sich, die nicht nur für die russische Landwirtschaft verheerende Folgen hatte. In Estland litten besonders die Hackfrüchte. In Jögeveste kam es zu der vorhersehbaren Katastrophe, die auch durch ergiebige Regenfälle nur unerheblich gemildert worden wäre. Als Schröder sich einige Wochen nach der denkwürdigen Pflanzkampagne mit drei Dutzend Männern aufmachte, um dort die Kartoffeln anzuhäufeln, fanden sie eine einzige Unkrauthalde vor. Erst nach eifrigem Forschen stießen sie auf schwindsüchtige und nicht überlebensfähige Kartoffelpflänzchen. Da es in Jögeveste nichts anzuhäufeln gab, würde dort auch nichts zu ernten sein! Um sich zu rechtfertigen, wälzte der Direktor alle Schuld auf Schröder ab und schickte den Sündenbock wenig später nach Walk zurück. Dass sein Nachfolger, ein russischer Zivilangestellter, sich für seine Aufgaben als Agronom und Magaziner als ebenso wenig geeignet erwies, kümmerte uns nicht. Er behandelte uns mit menschlichem Verständnis!

Die Befürchtung, dass unsere ohnehin schmalen Rationen unter dem Druck der Not bis auf ein äußerstes Minimum gekürzt werden würden, bestätigte sich! Weder Mehlprodukte noch Sonnenblumenöl, weder Kartoffeln noch Gemüse wurden von der Kürzung ausgenommen, und Fleisch gab es überhaupt nicht mehr. Um unseren Speisezettel anzureichern, wurden wir auf die Weiden und an die Waldränder geführt, um säckeweise Brennnesseln und Löwenzahn zu rupfen. Das

Grünzeug mochte zwar Vitamine enthalten, die Suppe machte es weder nahrhaft noch essbar.

Die Feldbluse hing jetzt wiederum in Falten um meine magere Gestalt. Gustav, der vor seinem Fronteinsatz in einer Feldbäckerei gearbeitet hatte, litt wie alle Kameraden, die den lang andauernden, erbarmungslosen Hunger erst in der Gefangenschaft kennengelernt hatten, noch mehr als ich. Mir kam jetzt mein sechsmonatiges Hungertraining in Tetschen zugute! Kurz: Es war zum Leben zu wenig und zum Sterben zu viel!

Gewiss, die sowjetische Gefangenschaft war vor allem während des Krieges und der ersten Nachkriegsjahre, auch für uns, die wir von der Verschickung nach Sibirien, an das nördliche Eismeer oder die Kupfergruben Kasachstans verschont geblieben waren, eine furchtbare Leidenszeit, die viele Opfer forderte. Und doch habe ich immer die Überzeugung vertreten, dass wir kein Recht hatten, uns darüber zu beklagen. Im Winter 1942/43 hatte ich gegenüber meinem Elternhaus Gruppen sowjetischer Gefangener vorbeiziehen sehen, bewacht von deutschen Soldaten. Bei dem erbarmungswürdigen Anblick dieser halb verhungerten, mit den Lumpen ihrer Uniformen bekleideten menschlichen Ruinen schämte ich mich zutiefst für die Unmenschlichkeit eines verbrecherischen deutschen Regimes, für das ich bald in den Krieg ziehen sollte!

Die Gedanken hungernder Menschen kreisen, wenn kein Ende der Not abzusehen ist, nur noch um das nächste Stück Brot. Diesem Teufelskreis wollte ich nie wieder verfallen, und das konnte nur gelingen, wenn geistige Anregung für Ablenkung sorgte. Ich fand sie bei abendlichen Gesprächen mit Bunge.

Als Dresdner schilderte er mir in allen Farben das glanzvolle Kulturleben seiner Heimatstadt, an dem er bis zum Krieg lebhaft teilgenommen hatte. Von den herrlichen Konzerten, Opern- und Theaterabenden, die er lebendig werden ließ, hatte ich als Schuljunge aus der Provinz trotz gelegentlicher Kulturerlebnisse in Hamburg keine Vorstellung gehabt! Zu einem echten Gedankenaustausch kam es, wenn wir uns über historische oder politische Themen unterhielten. Gemeinsam bemühten wir uns, die Entwicklungen nachzuzeichnen, die es dem Nationalsozialismus schließlich ermöglicht hatten, die deutsche Öffentlichkeit und Gesellschaft mit seinem kranken Gedankengut zu durchdringen und sich zur Beute zu machen.

Oft machten wir auch den Versuch, aus den wenigen zuverlässigen Fakten, die zu uns durchsickerten, ein ungefähres Bild der gegenwärtigen weltpolitischen Lage, vor allem des Ost-West-Verhältnisses und unserer Aussichten auf Entlassung zu gewinnen.

Die einzige „Informationsquelle" in deutscher Sprache, die uns gelegentlich in die Hände fiel, war und blieb das Blättchen des Nationalkomitees „Freies Deutschland". Von den Organen der sowjetischen „Agitprop" oder ihren Gehilfen redigiert, war es eine Quelle der Desinformation! Das Blatt überschüttete uns vor allem mit Lobpreisungen der sozialen, wirtschaftlichen und kulturellen Errungenschaften der Sowjetunion. Es verherrlichte die unauflösliche Verbundenheit der sowjetischen Völker mit der bolschewistischen Partei, die in der Verfassung der Sowjetunion verbrieften Freiheitsrechte und vor allem die angebliche „Liebe" aller Sowjetmenschen zu ihrem „großen Führer" Stalin! Unter uns fand sich kein Leichtgläubiger, der diese Ergüsse für bare Münze nahm.

Die Postille des „Nationalkomitees" malte uns aber auch in den blühendsten Farben aus, wie segensreich die Sowjetunion bemüht sei, in ihrer Besatzungszone Deutschland, „zusammen mit den deutschen Werktätigen", die Grundlagen für einen „sozialistischen, demokratischen, freiheitlichen und unabhängigen deutschen Staat" zu legen. Demgegenüber konzentriere sich das Bestreben der westlichen Besatzungsmächte darauf, „Deutschland zu versklaven und zu einer Kopie ihres ausbeuterischen kapitalistischen Systems umzugestalten".

Zunächst hatten wir vermutet, dass sich das Ost-West-Einvernehmen nach dem Krieg fortsetzen würde. Erste Zweifel daran kamen uns, als das Blatt des „Nationalkomitees" äußerst aggressive Töne gegen den „westlichen Kapitalismus" anschlug. Jetzt, im Sommer 1946, hatte Bunge bei seinen ärztlichen Besuchen in Erfahrung gebracht, dass sich das Verhältnis zwischen den Kriegsverbündeten, vor allem wegen ihrer Zerstrittenheit in der Deutschlandfrage, Schritt für Schritt verschlechtert habe und in eine Konfrontation gemündet sei.

Ein estnischer Gesprächspartner hatte ihm dies anhand von Veröffentlichungen der Parteizeitung „Prawda" illustriert: Stalin hatte 1941 erklärt, „die Kommunistische Internationale sei aufgelöst", um bei seinen demokratischen Verbündeten die Illusion zu erzeugen, dass die bolschewistische Partei das Ziel der Weltrevolution aufgegeben habe. Wie zum Hohn sei kürzlich in der „Prawda" zu lesen gewesen, dass „aufgrund dieser Erklärung nicht mehr die Partei, sondern das Weltproletariat Träger der Weltrevolution sei"! Durch ein zur gleichen Zeit erschienenes Prawda-Interview habe Stalin Öl ins Feuer gegossen, indem er Churchill als „Hetzer zum Dritten Weltkrieg" verunglimpft und ihn mit Hitler verglichen habe. Schon Anfang des Jahres habe er endgültig die Maske der Friedfertigkeit fallen lassen, indem er in einer öffentlichen Rede das sowjetische Volk aufgefordert habe, sich auf neue Kriege vorzubereiten. Sie seien unvermeidbar, solange das kapitalistische System bestehe!

Wir kamen zu dem Ergebnis, dass die entstandene Ost-West-Konfrontation möglicherweise für eine freiheitliche Zukunft Westdeutschlands segensreich sein könnte, unser Schicksal aber eher negativ beeinflussen werde. Bisher hatten wir gehofft, dass die westlichen Mächte aus humanitären Gründen ihre Beziehungen zur Sowjetunion nutzen würden, um unsere Entlassung zu beschleunigen. Vermutlich, so hatten wir geglaubt, würde die Sowjetunion hierfür am leichtesten zu gewinnen sein, wenn man ihr vorschlüge, ein völkerrechtliches Abkommen über die gleichzeitige Entlassung sämtlicher Kriegsgefangenen des letzten Krieges abzuschließen. Woher sollten wir uns noch Hilfe erhoffen, wenn die großen Länder der freien Welt aufgrund der Zerrüttung ihrer Beziehungen zur Sowjetunion nicht mehr imstande waren, zu unseren Gunsten auf sie einzuwirken! Wir mussten uns also damit abfinden, dem sowjetischen Regime auf unabsehbare Dauer ausgeliefert zu sein!

Unser Direktor hatte sich in den Kopf gesetzt, in Kingu Gemüsesorten anzubauen, die der Russe überaus schätzt. Er war davon überzeugt, dass sie in den „südlichen" Gefilden Estlands rascher und vollständig reifen würden. Es ging ihm, wie sich später zeigte, nicht nur um die Anreicherung des eigenen Speisezettels. Er hoffte auch, sich bei der Walker Obrigkeit durch das Geschenk rarer Gartenfrüchte Liebkind machen und sie als ideen- und erfolgreicher Agronom beeindrucken zu können. Deshalb hatte er schon im Herbst 1945 unseren in Lübeck-Moorgarten ansässigen Senior und Gärtnermeister Heinrich Rau, genannt „Hein", beauftragt, im nächsten Jahr Zwiebeln, Gurken und Tomaten anzubauen. Hein begann im April mit der Aussaat. Als die letzten Kartoffeln in der Erde waren, bekam er Hilfe durch die neu gebildete Gärtnereibrigade. Gustav und ich hatten uns gern als „Gärtner" anwerben lassen. Bei dieser Beschäftigung musste sich doch etwas Essbares „abstauben" lassen! Der Brigade gehörten auch einige deutsche Offiziere aus dem Walker Lager an, die sich in der irrigen Hoffnung auf bessere Verpflegung zum Arbeitseinsatz auf dem Lande gemeldet hatten. Bei der Behandlung der Offiziere hielt sich die Sowjetunion grundsätzlich an die Haager Landkriegsordnung. Demgemäß wurden Offiziere nicht gegen ihren Willen zur Arbeit herangezogen. Sie erhielten auch täglich eine bescheidene Zusatzverpflegung. Sie bestand aus 20 Gramm Butter oder Speck, 50 Gramm Zucker und anstelle des sauren Schwarzbrotes, das die Mannschaftsdienstgrade bekamen, täglich 600 Gramm Weißbrot, nicht zu vergessen eine Packung nobler Papiros-Zigaretten pro Woche. Das bewahrte sie jedoch auch nicht vor dem Hunger!

Unser über vierzigjähriger Chef, ein großer, knochiger und dennoch kraftvoller Hanseat mit wettergegerbtem Gesicht, besaß nicht nur die Autorität des selbstständigen Handwerkers, sondern auch einen angeborenen Tatendrang, den nicht einmal die Gefangenschaft hatte bremsen können. Hinsichtlich der Führungsqualität kam ihm in Kingu nur Walter Jankowiak gleich. Wie dieser pflegte Hein sich nur selten und dann kurz und bündig zu äußern. Auch ihm war das Wohl seiner Kameraden bei Weitem wichtiger als die Sympathie der Russen.

Zum Sitz der Gärtnerei hatte der Direktor das Vorwerk Haavetare bestimmt, ein ärmliches Anwesen mit einem verwunschenen Häuschen, dessen einstige Bewohner sich vermutlich auf dem früheren Gut Kingu ein Zubrot verdient hatten. Der kurze Weg dorthin führte über den Holzsteg des Baches, der hinter Kingus altem Herrenhaus entlangfloss und durch dichte Wälder dem Embach zustrebte.

Der leichte Sandboden Haavetares war für den Anbau stark zehrenden Gemüses denkbar ungeeignet. Trotz Heins Widerstand hatte der Direktor darauf bestanden, dass gerade hier, und zwar auf der Fläche eines Morgens, die Zwiebeln auszusäen seien. Nun krochen die Männer seiner Brigade zwischen den 50 Meter langen Beeten herum, um die in dichten Reihen sprießenden Zwiebelchen auszulichten.

Wenn wir mit dem letzten Beet fertig waren, wies zwar das erste Beet einige mit bloßem Auge erkennbare Fortschritte auf, jedoch schwebten die Pflänzchen schon erneut in der Gefahr, von Unkraut überwuchert zu werden. Soweit sie noch kein Bäuchlein angesetzt hatten, bewahrten wir sie durch gewissenhaftes Jäten vor dem Ersticken. Die wenigen größeren, die schon Knöllchen mit Durchmessern von einem oder gar anderthalb Zentimetern entwickelt hatten, schützten wir noch nachhaltiger vor dem Erstickungstod: Wir verzehrten sie! Wenn sie auch zur Ernährung wenig beitrugen, so enthielten sie doch Vitamine! Unser Konvoi und Freund Igor nahm unsere vorzeitige Ernte nicht zur Kenntnis. Und Hein tröstete sich mit der Gewissheit, dass diese Embryos das Erwachsenenalter ohnehin nicht erreicht hätten. In der Unterkunft löste der scharfe Geruch Neidgefühle aus. Doch nachts, wenn die Zwiebelgase an die Luft drängten, rückten die Pritschennachbarn mit Verwünschungen von uns ab!

Für Hein kam das dicke Ende im Spätsommer: In Haavetare wurden von 2500 Quadratmetern ganze anderthalb Zentner Minizwiebeln geerntet! Zu seinem Glück konnte er dem Zorn des Direktors entgegenhalten, dass es in diesem heißen Sommer unmöglich gewesen sei, den sandigen Boden feucht zu halten.

An unsere nächste Aufgabe erinnere ich mich ungern: Der Direktor hatte befohlen, auf einer wohl 1500 Quadratmeter großen, unmittelbar neben unserem Stacheldraht gelegenen Parzelle Gurken zu pflanzen. Auf diesem für Gurken gut geeigneten Boden entwickelten sich die Pflänzchen früh und kräftig. Der Direktor hielt sie jedoch für unterernährt und verlangte, sie mit dem Inhalt unserer Latrine zu kräftigerem Wachstum anzuregen. Die Kloake besaß weder Dach noch Wände. Sie bestand aus einem etwa acht Meter langen und zwei Meter tiefen Graben, an dessen Rand ein geschälter Kiefernstamm im Sommer zu behaglichem Niedersitzen einlud. Im Winter verwandelte sie sich in einen sehr kalten und ungastlichen Ort, den man nur besuchte, wenn es unbedingt sein musste und nach vollbrachtem Werk fluchtartig verließ. Unsere an Stricken hinabgelassenen Eimer tauchten wir mit einer Stange tief in die Jauche und schleppten die überschwappenden Exkremente tagelang auf die Gurkenplantage. Schließlich stanken wir so abscheulich, dass wir uns selbst nicht mehr riechen konnten. Erst am Wochenende, als die Schweinerei überstanden war, erhielten wir Gelegenheit, uns in der „Sauna" von Sopaidu den Gestank vom Leibe und aus den Haaren zu schrubben und unsere Klamotten, so gut es ging, zu waschen. Die Gurkenernte fiel üppig aus. Der Direktor war sehr stolz auf seinen agronomischen Erfolg. Er ließ die Gurken sogleich in Salz einlegen und war sicher, bei den Walker Offizieren für diese Delikatessen große Anerkennung zu finden! Ob es ihnen wohl den Appetit verdorben hätte, wenn sie erfahren hätten, welch einen verdienstvollen Anteil die Gefangenen von Kingu an der Qualität des kulinarischen Produktes gehabt hatten?

Wieder einmal erfuhr ich, dass man sogar in sowjetischer Gefangenschaft Überraschungen erleben konnte, die uns als Geschenke des Himmels erschienen. Hein erhielt Weisung, sechs Männer seiner Brigade zum Blaubeersammeln abzustellen! Wir losten die Teilnahme unter uns aus, und ich hatte das Glück, unter den Gewinnern zu sein. Wie staunten wir aber, als wir erfuhren, welches unfassbare Vertrauen in uns gesetzt wurde! Wir sollten unbewacht die Beeren in den nahe gelegenen Wäldern zu beiden Seiten des nach Sillapuu führenden Weges pflücken! Als wir am nächsten Morgen, tatsächlich ohne Konvoi, von der Leine gelassen worden waren, unterdrückten wir mit Mühe unseren Jubel. Langsamen und schweren Schrittes, als ob wir das ganze Leid der Gefangenen auf unseren Schultern trügen, zogen wir mit einigen, jeweils bis zu 30 Kilo fassenden Spankörben in den Wald. Außer Sichtweite geraten, verfielen wir in Laufschritt und schauten weder nach links noch nach rechts. Erst als zwischen uns und Kingu einige Kilometer lagen, „gingen wir in die Blaubeeren". In Estland musste man sie nicht suchen. Wie überall im Baltikum war auch hier der Waldboden unter den hohen, schlanken Kiefern blau gesprenkelt. Wir rutschten auf den Knien von einem Strauch zum anderen und stopften uns gierig Beeren in den Mund, um den ärgsten Hunger zu stillen.

Mittendrin hielt Gustav plötzlich inne und stöhnte, mit dem für ihn typischen, träumerischen Gesichtsausdruck: „Wenn man doch dazu 'n lütt büschen Milch hätte!"

Fragend sahen wir uns an, bis Emil, ein Ostpreuße, der beim Brückenbau zu den Freiwilligen gehört hatte, rief: „Manntche, der Schimmelbauer ist doch janz nahe bej! Ejner muss hinjehn!"

Begeisterte Zustimmung! Im nächsten Augenblick redeten sie alle auf mich ein: „Du hast doch schon Esten getroffen und kannst auch ein bisschen Russisch. Du musst gehen!"

Das Risiko war nicht gering. Vielleicht würde unterdessen jemand kommen, um zu kontrollieren, ob die unbewachten Plennis etwa auf „dumme" Gedanken gekommen waren! Nach einigem Schwanken besann ich mich aber darauf, dass es sich lohnen würde, den Ausflug zu riskieren, damit wir uns endlich einmal satt essen konnten. Wenn ich mich recht besinne, erlag ich aber vor allem der Versuchung, von dem Geschenk der „Freiheit auf Zeit" Gebrauch machen zu können. Am schnellsten würde ich auf dem Fahrweg zu der Lichtung gelangen, auf der, etwa 400 Meter vom Weg entfernt, ein estnischer Hof lag. Auf dem Marsch zur Brücke hatten wir manchmal den Bauern gesehen, wenn er auf seinen Äckern mit einem Schimmel arbeitete und ihn auf den Namen „Schimmelbauer" getauft. Auf dem direkten Weg konnte man aber leicht Russen in die Hände laufen! Ich beschloss deshalb, querbeet durch den Wald nach Osten zu gehen. So würde ich auf jeden Fall auf die Lichtung gelangen. Nachdem ich mich eilig durch das Unterholz geschlagen hatte, stand ich vor einem Sumpf, der sich weit nach beiden Seiten zu erstrecken schien. Überall wuchsen auf seinen Grasinseln junge Birken. Schnell entschlossen sprang ich auf die vor mir liegende „Insel" und sank sofort bis zu den Knien in den morastigen, blubbernden Untergrund ein. Es war mühsam, das Bein herauszuziehen. Daher hüpfte ich nun in Sekundenschnelle von einer „Insel" zur nächsten. Der Sumpf schien nicht enden zu wollen. Zuerst packte mich Nervosität, schließlich kalte Angst. Erschöpft und in nassen Hosen erreichte ich endlich festen Boden und warf mich der Länge nach ins Gras. Wohin jetzt, nach rechts oder nach links? Da erinnerte ich mich, beim Kommiss gelernt zu haben, wie man sich an den Gestirnen orientiert. Jetzt erst schaute ich mich nach dem Sonnenstand um und schlug erleichtert die Richtung Südosten ein. Bald schon gelangte ich auf eine Lichtung und erblickte in der Nähe einen Bauernhof.

Die Eingangstür des von einem Zaun umgebenen Gehöfts war verschlossen. Ich stieg hinüber und pochte mit Herzklopfen an die Haustür. Schließlich rief ich. Da sich nichts rührte, ging ich um das Haus herum. Vielleicht war jemand im Garten? Erschrocken machte ich einen Schritt zurück, denn ein großer, struppiger Hund schoss mit wütendem Gebell hinter einem Stallgebäude hervor. Ich rannte zum Zaun. Und doch riss dieser Cerberus, während ich mich hinüberschwang, mir ein Stück vom linken Hosenbein ab. Jetzt wollte ich nur noch so schnell wie möglich zurück zu den Blaubeeren! Doch als ich eine Bodenwelle überquerte, fiel mir ein Stein vom Herzen: Vor mir schauten die Dächer eines zweiten Gehöfts über die nächste Anhöhe. Das musste der „Schimmelbauernhof" sein! Die Tür zum Garten stand offen. Als sich plötzlich die Haustür öffnete, schaute ich in ein Mädchengesicht, so hübsch, lieb und freundlich, wie man es sich nur erträumen kann! Doch schon im nächsten Augenblick verflog das Lächeln und ihr Gesicht nahm einen sorgenvollen Ausdruck an.

Auf Deutsch sagte sie: „Du bist geflohen!"

„Ich? Geflohen? Nein! Wir pflücken in der Nähe des Weges nach Jögeveste Blaubeeren. Ich bin gekommen, um für uns ein wenig Milch und Brot zu erbitten."

Sie schaute mich ungläubig an: „Sag mir die Wahrheit!" Und zog mich an der Hand durch Küche und Wohnraum in ein Zimmer, aus dessen Fenster man auf den Weg nach Kingu und Jögeveste sehen konnte. Vorsichtig schob sie mich hinter die halb geschlossene Gardine.

„Schau, dort fährt der russische Soldat, der soeben hier nach dir gefragt hat. Er suchte nach zwei entlaufenen Gefangenen und drohte für den Fall, dass wir Flüchtlingen helfen würden, mit harten Strafen!"

Ein jäher Schrecken durchfuhr mich bis in die Fußspitzen: Einige Hundert Meter vom Haus entfernt bog gerade Jakov auf dem Fahrrad in den Weg in Richtung Jögeveste ein, die Maschinenpistole auf dem Rücken.

Sie sagte: „Bitte vertraue mir. Ich heiße Irja und helfe während der Semesterferien meinen Eltern auf dem Hof. Ich werde dich nicht verraten." „Glaub doch, Irja, ich habe noch nie an Flucht gedacht, weil ich sie für sinnlos hielt. Im letzten Jahr ist es zwei Kameraden des Walker Lagers gelungen, von einer Baustelle zu fliehen. Keinem von beiden ist es gelungen, Ostpreußen und Polen zu durchqueren. Sie sind eingefangen und nach Walk zurückgebracht worden!"

„Was würde dir passieren, wenn sie dich auf der Flucht ergriffen?"

„Erst Prügel, dann nach Sibirien und für Jahre ins Straflager."

„Auch wenn du jetzt zurückgehst und sagst, du wolltest nicht weglaufen, werden sie dir nicht glauben und dich nach Sibirien verschicken. Die Russen kennen keine Gnade! Willst du wirklich zurückgehen? Wäre es nicht besser, du gingest in den Wald zu den Metsavendi, unseren Widerstandskämpfern gegen die russischen Besatzer? Eine ihrer Gruppen hat ihren Treffpunkt etwa zwanzig Kilometer von hier. Ich werde dir helfen, ein sicheres Versteck zu finden und den ‚Waldbrüdern' sagen, wo sie dich finden. Du bekommst die Zivilkleidung meines Bruders und was du sonst brauchst. Meine Eltern werden mir helfen, dich zu versorgen. Und wenn du voll zu Kräften gekommen bist, werden die Metsavendi dir zur Flucht nach Deutschland verhelfen. Sie haben Verbindungen bis hin zu den litauischen Widerstandskämpfern!"

Ich dankte Irja herzlich für ihr mutiges Angebot und bat sie um Verständnis, dass ich es nicht annehmen konnte: „Ich möchte trotz aller Gefahren zu meinen Kameraden zurückkehren. Das Risiko der Flucht wiegt allzu schwer. Es geht dabei um Leben oder Tod, und die Wahrscheinlichkeit, gefasst zu werden, ist unendlich viel größer als die des Gelingens!"

Es fiel mir sehr schwer, so rasch von ihr Abschied zu nehmen, doch konnte jedes Zögern meine Lage erschweren.

„Warte noch einen Augenblick!", rief sie und rannte in die Küche.

Erst jetzt erinnerte ich mich wieder an den Zweck meines Besuches und schämte mich, ein Bettler zu sein!

Als sie auf dem Küchentisch eine Menge Lebensmittel ausbreitete, sagte ich: „Das ist zu viel, bedenke doch, wir sind nur zu sechst und können nichts ins Lager mitnehmen! Es ist auch lieb von dir, dass du uns so viel Butter und Speck schenken willst, doch das würde uns wohl schlecht bekommen."

„Daran hätte ich denken sollen", sagte sie, „ich studiere Medizin."

Dann packte sie mir schnell ein Bündel, an dem ich schwer zu tragen hatte. Wie gern hätte ich sie zum Abschied in die Arme genommen, war aber trotz meiner zweiundzwanzig Jahre zu schüchtern, es zu tun!

„Hab Dank, liebe Irja. Ich werde deine Geschenke vor der Rückkehr zu den Kameraden verstecken und sie erst holen, wenn kein Russe bei ihnen ist! Ich wünsche mir sehr, dass wir uns wiedersehen!"

„Ich auch", erwiderte sie, „es wäre schön! Lauf so schnell du kannst, aber nicht auf dem Weg. Halte dich ein Stück abseits im Wald!"

In großen Sätzen, krampfhaft das Leinenbündel auf meiner Schulter festhaltend, sprang ich zum Waldweg hinunter, warf, bevor ich ihn überquerte, einen raschen Blick nach beiden Seiten und eilte parallel zum Weg durch den Wald in Richtung Kingu. Für einen kurzen Augenblick atmete ich auf, als ich endlich einen Feldgrauen zwischen Blaubeersträuchern herumkriechen sah. Eilig suchte und fand ich ein sicheres Versteck für Irjas Gaben.

Die Kameraden empfingen mich mit großer Erleichterung: „Hans, Mann! Was hast du für ein Schwein gehabt! Wir haben große Sorge gehabt, dass du Jakov in die Hände fallen könntest!"

„Hat er bemerkt, dass ich fehlte?", fragte ich, ohne die wiederkehrende Angst verbergen zu können.

„Nein", erwiderten sie. „Er hatte es sehr eilig. Im Vorbeifahren befragte er Emil, ob er zwei unserer Kameraden gesehen habe. Sie seien ihm beim Mohrrübenhacken davongelaufen und offensichtlich auf der Flucht."

Ich war erleichtert und rannte zurück, um das Leinenbündel zu holen.

„Vergesst die Blaubeeren", rief ich dann in den Wald, „und kommt sofort hierher. Wir müssen jetzt rasch alles auffressen, was ich mitgebracht habe. Sonst kriegen es die Russen!" Wir nahmen volle Deckung in dichtem Gestrüpp, stellten am Wege einen Beobachtungsposten auf und teilten Irjas Gaben in sechs Teile. Sie hatte es trotz meiner Mahnung allzu gut mit uns gemeint: Hausgemachte Leber- und Räucherwurst, Schinken, Käse, duftendes Bauernbrot und anderes mehr! Nach der großen und eiligen Fresserei empfand ich Sorge wegen möglicher Folgen, kann nun aber eine wichtige Erfahrung weitergeben: Der Genuss großer Mengen von Blaubeeren mildert die Empfindlichkeit von Magen und Darm für fettes Essen! Uns blieb nur eine halbe Stunde für die Verdauung, da bog schon der Direktor auf seinem Klepper in scharfem Trab um die nächste Wegbiegung.

Mit finsterer Miene herrschte er uns an: „Bistro, pascholl w Lagjer!"

Mit vollen Mägen, die halb gefüllten Körbe schleppend, konnten wir mit ihm nicht Schritt halten, bis er sich zu einem langsameren Tempo bequemte. Kaum auszudenken, welches Glück wir heute gehabt hatten! Solange dieser Direktor das Regiment führte, kam niemand wieder ohne Konvoi aus dem Lager heraus!

Einige Wochen später, wir waren gerade zur morgendlichen Zählung angetreten, fuhr ein Lastwagen vor, auf dessen Ladefläche, bewacht von zwei fremden Rotarmisten, unsere geflohenen Kameraden hockten. Nachdem der Direktor in Begleitung der Konvois erschienen war, stießen die Rotarmisten die beiden Eingefangenen vom Lastwagen herunter, wo Ja-

kov sie schon erwartete. Zu dritt schlugen sie die Unglücklichen mit schweren Knüppeln zusammen. Während sie blutend
auf dem Boden lagen, hielt der Direktor eine von Bunge ungern übersetzte Strafpredigt. Den in Litauen aufgegriffenen
„Delinquenten" kündigte er unter wüsten Beschimpfungen die
Verschickung in ein sibirisches Zwangsarbeitslager an. Uns wies
er drohend auf ihr warnendes Beispiel hin und fügte hinzu, die
beiden könnten von Glück sagen, dass sie nicht auf der Flucht
erschossen worden waren! Wir sollten uns jetzt auf eine ver-
schärfte Bewachung gefasst machen, die künftig jeden Flucht-
versuch vereiteln würde. Die Drohungen ließen mich kalt. Das
sadistische Schauspiel aber, das wir mit ansehen mussten, erfüllte mich mit ohnmächtiger Wut! Die beiden Flüchtlinge
waren nicht fähig, aus eigener Kraft die Ladefläche zu erklim-
men. Sie wurden wie Frachtgut aufgeladen. Wir schauten
stumm dem Lastwagen nach, bis er hinter der nächsten Wegbiegung im Wald verschwand! Erst am Abend drängte sich mir
der Gedanke auf, dass das nationalsozialistische Regime vermutlich vorgeschrieben hatte, Fluchtversuche sowjetischer
Kriegsgefangener sogar mit dem Tod zu ahnden!

Auf Weisung des Direktors hatte Meister Jankowiak inzwischen mit der Errichtung eines halb in die Erde hineingebau-
ten großräumigen Kartoffelspeichers von zirka 50 Meter Länge und über 15 Meter Breite begonnen. Dieses Vorhaben, bei
dem wir alle anpackten, hatte die größte Priorität, da die Hälfte
der 1945 geernteten Kartoffeln in ihrem „Speicher", einem
hierfür völlig ungeeigneten Heuschober auf dem Vorwerk
Sopaidu verfault war. Unter schwer beschreiblichen Arbeitsbedingungen waren wir unablässig darauf angewiesen, zu
improvisieren. So wurden uns zum Beispiel weder Nägel noch
Dachschindeln zugeteilt. Wir mussten die rostigen Nägel aus
zerfallenden Holzbauten der Umgebung ziehen und die Schin-
deln mit einem von Jankowiak gebauten, primitiven Gerät
selbst schneiden. Dass später in dem neuen Speicher im Winter abermals ein Großteil der 1946 geernteten Kartoffeln ver-
darb, war der Uneinsichtigkeit des Direktors und seiner Gehilfen zuzuschreiben. So konnte Kingu auch weiterhin seine
Aufgabe, die Versorgung des Lagers Walk und weiterer Läger
mit Kartoffeln sicher zu stellen, nicht erfüllen!

Währenddessen spielte sich hinter unseren Rücken eine Romanze ab, die ein tragisches Ende finden sollte. Im Juni war der Direktor aus Walk mit einer sehr jungen sowjetischen Feldscherin zurückgekehrt. Sie sollte auf höhere Weisung in Kingu die Leitung des Sanitätsdienstes übernehmen. Bunge hatte sich bei der medizinischen Versorgung der Gefangenen und der Mitglieder der Garnison allgemeine Anerkennung erworben. Trotz seiner zusätzlichen privaten Landpraxis hatte er sich durchaus nicht überlastet gefühlt. Die Walker Autoritäten hatten es aber als unangemessen betrachtet, einem Gefangenen auf Dauer eine so eigenständige Stellung einzuräumen, wie Bunge sie innehatte. Die Feldscherin im Range eines Leutnants war so sympathisch und so hübsch, dass er sich rasch mit seiner neuen Vorgesetzten abfand. Ob Gefangene oder Konvois, allen fiel es schwer, den Blick von diesem zierlichen Wesen mit ihrem reizenden Gesicht unter dem blonden Lockenkopf abzuwenden! Jeder war beglückt, wenn sie ihm eine Wunde verband oder ihm Pillen verabreichte, denn sie schenkte ihren Patienten, ob Russen oder Deutschen, immer ein freundliches Lächeln. In ihr lernten wir eine Russin kennen, die das genaue Gegenteil der eisigen Tamara war! Bunge und seine „Leutnantin" betreuten nun auch gemeinsam estnische Patienten. Sie ging ihm sogar bei der Behandlung der Tiere zur Hand. Als Offizier, der neben der Rotkreuztasche eine Pistole am Gürtel trug, war sie Bunges Schülerin und Wächterin zugleich, gab sich aber keineswegs den Anschein, das Kommando übernehmen zu wollen. Natürlich machten wir unsere Witzchen über das Paar. Bunge, dieser gebildete, gut aussehende Mann, übte eine starke Anziehungskraft auf Frauen aus und hatte seinerseits für sie ein weites Herz. Wohlweislich ließ er sich aber nicht anmerken, dass er für dieses Mädchen etwas anderes als den einem russischen Offizier geschuldeten Respekt empfand. Sie trat ihrerseits unbefangen und selbstbewusst auf. Dennoch schien mir diese sonderbare Praxisgemeinschaft Risiken ausgesetzt zu sein!

Eines Tages verletzte sich einer unserer Kameraden, der am Innenausbau des neuen Kartoffelspeichers beschäftigt war. Er wurde mit einer stark blutenden Wunde in die Ambulanz geschickt. Als er zurückkehrte, trug er einen unprofessionell angelegten Verband. Er berichtete, am Lagertor beobachtet zu haben, wie der Doktor und seine Kollegin, von einem sowjetischen Offizier begleitet, einen Lastwagen bestiegen hätten und davongefahren seien. Deshalb habe er den Friseur bitten müssen, ihn zu verbinden. Wochenlang warteten wir auf Bunges Rückkehr und gaben die Hoffnung erst auf, als ein aus dem Walker Lager kommender deutscher Sanitätsfeldwebel in die Ambulanz einzog.

Bunge hatte, was ihm an humanmedizinischer Ausbildung fehlte, durch ein beispielhaftes, praxisbezogenes Engagement ersetzt, ganz gleich, ob sein Patient Deutscher, Russe oder Este war. Mithilfe seiner russischen Sprachkenntnisse und einer beeindruckenden persönlichen Ausstrahlung hatte er oft Forderungen nach Erleichterung unseres Schicksals durchsetzen können und kranke wie schwache Kameraden vor Gewaltanwendung durch die Konvois beschützt. Er war unser Anwalt gewesen! Andererseits hatten ihn die ihm eingeräumten Privilegien von aller existenziellen Not befreit und ihn aus unserem Kreis herausgehoben. Das hatte Neidgefühle geweckt!

Ich hatte in Bunge einen Freund verloren, dem ich die Heilung meines Knies verdankte. Mit ihm verlor ich aber auch den einzigen Gesprächspartner, der mir in unserem Gedankenaustausch die intellektuelle Ödnis der Gefangenschaft erträglicher gemacht hatte.

Nicht nur mir drängte sich die Vermutung auf, dass unser Doktor und seine russische Feldscherin aus der Sicht des KGB einander zu nahe gekommen waren. Er bestrafte willkürlich jeden Menschen, den er für politisch verdächtig hielt. Dass er einen Gefangenen wegen des Verdachts bestrafen würde, eine Liebschaft mit einer Russin unterhalten zu haben, war unzweifelhaft. Sicher war aber, dass sich die Feldscherin in noch größerer Gefahr befand, ein Opfer des KGB zu werden.

Meine Freude war groß, als ich einige Monate später erfuhr, dass Bunge wieder im Lazarett des Lagers arbeiten durfte.

Die Kartoffelernte, wichtigstes Ereignis des Jahres auf unserem „Landgut", bot auch 1946 ein Zerrbild landwirtschaftlicher Aktivität! Die Anbaufläche war erweitert worden, jedoch waren die Anbaumethoden so schlampig und die Pflege der aufwachsenden Pflanzen so unzulänglich gewesen, dass der Ertrag pro Hektar niedrig ausfiel. Die Erntearbeiten vollzogen sich nach dem Muster des Vorjahres: Wiederum unterstützten uns Leiharbeiter aus Walk; wiederum waren weder Agrartechnik noch brauchbare Pferde verfügbar. Wiederum mussten wir deshalb mit Spaten, Hacken und „Kratzern" die Kartoffeln aus der Erde graben und klauben. Und wiederum schufteten wir unter dem Gebrüll der Konvois in einem Tempo, das sorgfältiges Arbeiten unmöglich machte. Obwohl sich zu dieser Zeit die russische Hungerkatastrophe abspielte, wurden die Kartoffeln wiederum so, wie sie aus der Erde gekommen waren, in das neue „Magazin" geschüttet!

Inzwischen war es November geworden, und wieder trottete eine Kolonne von Männern mit Gesichtern so grau wie ihre zerlumpten Uniformen in die Wälder. In diesem Winter änderte sich aber manches zum Besseren: Unter dem mäßigenden Einfluss Batschinskis und Igors, denen Baranikow sich angeschlossen hatte, konnte uns Jakov nicht unter Druck setzen. Das wäre auch ein Versuch an untauglichen Subjekten gewesen! Auf den ersten Blick war zu sehen, dass wir in der Mehrzahl sehr schonungsbedürftig oder sogar ausgebrannt waren. Wenn wir den Kampf gegen die eigene Schwäche bestanden, war es damit aber noch nicht getan. Der für die Arbeitsgeräte verantwortliche neue Magaziner hatte es wiederum unterlassen, brauchbare Sägeblätter, Äxte und Beile zu beschaffen. Was unsere Schmiede geschärft hatten, war, wie schon im Vorjahr, im Nu stumpf. Zum Entästen eingeteilt, drosch ich immer wieder mit einer klobigen Axt auf denselben dicken Ast ein und erreichte nur, dass er zerfaserte. Die Baumfäller verzweifelten, weil die stumpfen Sägeblätter erst nach halbstündigem Kraftaufwand einen mittelstarken Stamm durchschnitten.

Als der Winter mit schneidender Kälte über uns herfiel, schützte uns jetzt vollständige Wattekleidung. Jedoch besaßen wir immer noch keine Handschuhe und die Füße immer noch in Holzschuhen steckend, drohten zu erfrieren.

Wenn wir heimkehrten, erwartete uns wohlige Wärme. Die Handwerker versahen abwechselnd den „Innendienst" und heizten die Öfen. Harry, der aus Itzehoe stammende junge

Maurergeselle, der immer unwirsch wurde, wenn jemand sein Plattdeutsch nicht verstand, hatte sie aus Backsteinen gesetzt. Er hatte viel Lob geerntet, weil seine mit einer Eisenplatte gedeckten Kunstwerke „fast gar nicht" qualmten und auch als Kochherde dienen konnten, wenn es denn einmal etwas zum Kochen geben sollte. Je kälter es wurde, umso beängstigender glühten allerdings die Abzugsrohre. In friedlichem Wettstreit versuchten alle, für das Trocknen der Stiefel und Fußlappen ein Plätzchen in Ofennähe zu ergattern.

Unter der hohen Decke des ehemaligen Pferdestalles trat frühzeitig Stille ein, die nur durch Niesen, Husten und Röcheln unterbrochen wurde. Das störte den bleiernen Schlaf todmüder Männer nicht. Das morgendliche Wecken besorgte der Hunger. Die bis zur Ausgabe der Suppe verbleibende Zeit nutzten Hygienebeflissene für eine Morgentoilette, die sich notgedrungen auf Gesicht und Hände beschränkte. Sie wurden mitleidig belächelt, denn das Gros der Mannschaft beließ es bei dem an jedem Sonntag stattfindenden Reinigungsritual. Hierzu wurden wir nach Sopaidu eskortiert, wo es eine, von unseren „Betreuern" großmäulig als „Sauna" bezeichnete Baracke gab. Als obligatorischer Mittelpunkt sowjetischer Hygiene erwartete uns dort zunächst die Entlausungsanlage! Sie bestand aus einem abgetrennten Raum, der durch Öfen im darunter liegenden Kellerloch geheizt wurde. Dort hatten wir unter strenger Kontrolle der Konvois unsere sämtlichen Kleidungsstücke aufzuhängen. Dies schien mir beim ersten Besuch, angesichts der immerwährenden Läuseplage, eine nützliche und menschenfreundliche Einrichtung zu sein. Sie entpuppte sich jedoch leider als überaus läusefreundlich! Der Entlausungsofen erzeugte nämlich, selbst wenn er auf Hochtouren gebracht wurde, keineswegs eine Temperatur, die den Tierchen gefährlich werden konnte. Durch seine behagliche Wärme wurden sie vielmehr zu explosionsartiger Vermehrung angeregt, was sie wiederum veranlasste, sich in bislang wenig besiedelten Klamotten neuen Lebensraum zu erschließen! Nach Passieren der Entlausungsanlage wurden wir splitternackt mit Minihandtuch und Seifenstückchen in einen von Wasserdampf vernebelten Raum entlassen, wo es, entsprechend dem Standard sowjetischer Körperpflege, Holztröge und heißes Wasser gab.

Als der Wunsch, sich täglich waschen zu können, immer größer wurde, verlegten die Schmiede entlang der Außenmauer unseres Quartiers eine durch Brunnenwasser gespeiste Rohrleitung. Im Abstand von etwa sechzig Zentimetern wies sie Löcher auf, aus denen sauberes Nass tropfte. Wir fingen es auf, um unter sparsamstem Verbrauch der knappen Seife Gesicht und Hände oder sogar weitere Körperteile zu reinigen. In der wärmeren Jahreszeit herrschte hier großer Andrang. Wenn die Leitung eingefroren war, gingen einige Unentwegte auf die Suche nach sauberem Schnee. Aufgetaut reichte er aus, um wenigstens Gesicht, Hände, Hals und Ohren zu erfrischen. Die unter den Konvois vertretenen, schlichten Gemüter amüsierten sich über dieses aufwändige Verfahren der „Faschisten". Sofern sie tägliche Körperpflege für unumgänglich hielten, tauten sie Schnee im Mund auf, spuckten das Wasser in die Hände und wuschen sich die Augen aus.

Es muss kurz vor Weihnachten gewesen sein, als wir bei der Rückkehr aus dem Wald zwei Fremde in der Unterkunft vorfanden. Waren diese wohlgenährten Gestalten, die in nagelneuen, feldgrauen Uniformen steckten, wirklich Gefangene? Sie musterten unseren zerlumpten Haufen mit freundlicher Aufmerksamkeit und stellten sich vor. Der eine hieß Walter, der andere Helmut, und beide hatten in der sowjetischen „Antifa-Schule" eine Ausbildung durchlaufen, die ihnen als Grundlage für antifaschistisches Wirken in den Gefangenenlagern dienen sollte. Nazis gab es unter uns schon längst nicht mehr, doch hatte bisher keiner die Neigung gezeigt, ein Kommunist sowjetischer Prägung zu werden! Obwohl den Antifaschisten kein Willkommensgruß zuteil wurde, zogen sie sich ohne spürbare Betroffenheit in die ihnen als Wohn- und Wirkungsstätte zugewiesene Ambulanz zurück. Unser Sanitätsfeldwebel hatte wohl oder übel mitsamt seinen Binden und Salben in die ehemalige Haferkammer umziehen müssen.

Auch wenn wir unter uns waren, traute sich keiner, eine offene Diskussion über die Antifaschisten loszutreten. Doch überall auf den Pritschen wurde zwischen den Nachbarn im Flüsterton darüber gerätselt, was man sich wohl von ihnen zu erwarten habe. Anfangs hegten wir alle Misstrauen gegenüber den Absolventen der Antifaschule. „Überläufer zum Bolschewismus" und „Zuträger des NKWD" wurden sie hinter vorgehaltener Hand genannt. Helmut und Walter waren klug und sensibel genug, sich erst einmal zurückzuhalten. Obwohl sie nicht arbeiten mussten, begleiteten sie uns täglich in den Wald. Als sie Einblick in unsere Lebens- und Arbeitsbedingungen gewonnen hatten, äußerten sie sich empört über die Zumutungen, unter denen wir leben und leiden mussten. Hierbei beließen sie es nicht, sondern brachten den Direktor auf ihr Drängen zunächst dazu, uns endlich die ersehnten Filzstiefel zu beschaffen. Mit ihrer Forderung, uns sonntags von der Arbeit zu befreien, drangen sie nicht durch, jedoch verdankten wir es ihnen, dass der Natschalnik uns wiederum Weihnachten einen arbeitsfreien Tag zubilligte.

Einen Tannenbaum und festlichen Zeitvertreib, wie im letzten Jahr, gab es 1946 nicht. Jetzt herrschten „geordnete Verhältnisse"! Immerhin bekam Antek eine zusätzliche Menge Kartoffeln und ausnahmsweise Milch, um uns am Heiligen Abend und am ersten Weihnachtstag ein üppiges Kartoffelpüree zu servieren. Am Heiligen Abend saßen und lagerten wir in dem wohligen Gefühl, endlich einmal satt geworden zu sein, auf den Knüppelpritschen. Während wir die Gedanken zu unseren Lieben wandern ließen, stimmte ein junger Leutnant Lieder an, die nicht zu den traditionellen Weihnachtsliedern gehörten. Da sie für naziverdächtig gehalten wurden, ging seine Stimme in lauten Protesten unter. Die Aktivisten hätten daraus entnehmen können, dass sie mit dem Vorhaben, uns zu Gegnern des Nationalsozialismus zu erziehen, offene Türen einrennen würden. Wir vermuteten aber, dass ihnen ein viel weiter gestecktes Ziel vorgegeben worden sei. War es ihren sowjetischen Agentenführern nicht zuzutrauen, dass sie uns dafür gewinnen sollten, nach der Heimkehr für die Hinwendung zum Kommunismus und zur Sowjetunion zu werben? Aus meiner Sicht war es allerdings nach allem, was wir bisher in der Gefangenschaft erlebt hatten, ebenso anmaßend wie irreal, uns zu Handlangern des Bolschewismus machen zu wollen!

Unsere beiden Aktivisten wirkten wegen ihres Einsatzes

für unsere Anliegen nicht unsympathisch. Umso mehr lag mir daran, zu erfahren, weshalb sie sich entschlossen hatten, in den Dienst der sowjetischen Agitprop zu treten. Als ich ihnen während einer Arbeitspause am wärmenden Feuer inmitten des Kiefernwaldes begegnete, erzählten sie mir von ihrem Schicksal.

Helmut war schon im Sommer 1941 als neunzehnjähriger Soldat einer Aufklärungseinheit in Weißrussland in sowjetische Hände gefallen, während der ein Jahr ältere Walter Anfang 1943 bei den Rückzugskämpfen der Heeresgruppe v. Kleist in Gefangenschaft geraten war. Bis zum Frühjahr 1946 hatten beide, gemeinsam mit deutschen Kameraden und sowjetischen Zwangsarbeitern, in den Gruben des kasachischen Erzbergwerks Karaganda geschuftet. Dem Hunger, den Infektionskrankheiten und den Unfallgefahren, die in unzureichend gesicherten Stollen lauerten, war ein hoher Prozentsatz ihrer Leidensgenossen zum Opfer gefallen. So war ihnen das Angebot, am Antifa-Lehrgang teilzunehmen, als rettendes Mauseloch für ihr Überleben erschienen. Und tatsächlich hatten sie sich innerhalb eines halben Jahres bei guter Verpflegung, in angenehmen und warmen Unterkünften, ohne physische Anstrengungen, aber bei intensivem Unterricht in Geschichte und Dogmen des internationalen Kommunismus und des Bolschewismus erholen können. Sie waren, wie sie sagten, wieder zu Menschen geworden. Ihr Entschluss, sich der Sowjetunion für agitatorische Zwecke zur Verfügung zu stellen, mochte im Falle junger Menschen, die so lange wie sie die Not und die Schrecken der Gefangenschaft ertragen und deren Hoffnung auf Befreiung in weite Ferne gerückt war, verzeihlich sein. Ich versuchte, mich in ihre Lage hineinzuversetzen, in der sie sich befunden hatten. Doch kam mir nicht der geringste Zweifel, dass ich mich selbst in aussichtsloser Lage niemals hätte überwinden können, vom Teufel zum Beelzebub überzulaufen! Ein Urteil über den gegenteiligen Entschluss solcher früherer Kameraden wollte ich mir jedoch weder damals anmaßen, noch will ich es heute tun.

Es war einer jener seltenen Tage, in denen dieser graue Winter ein freundliches Gesicht aufsetzte. Unter wolkenlosem Himmel und bei strengem Frost blendete das Glitzern der angefrorenen Schneedecke die Augen. Wo Sonnenstrahlen durch das Gewirr der Kiefernzweige bis auf den Boden drangen, warf der Schnee sie als kleine, bläulich irisierende Lichtbündel zurück. Wie sollten aber Fronarbeiter ein Auge für winterliche Schönheit haben, wenn zugleich ein schneidender Nordwest den Wald fegte, und ihre ungeschützten, steif und fühllos gewordenen Hände Säge und Beil nicht mehr festhalten wollten? Deshalb waren wir freudig überrascht, als die Konvois uns schon gegen Mittag nach Kingu zurückführten. Als die Ersten auf die Lichtung von Kingu hinaustraten, ertönte ein Schrei: „Tamara ist da!" Enttäuschung breitete sich aus! Statt des warmen Ofens und einer heißen Suppe winkte uns Tamaras Fleischbeschau!

Auf ihren Wink stellten wir uns in eisigem Wind vor dem Tor in langer Reihe auf. Alle dachten in diesem Augenblick nur daran, die Prozedur so schnell wie möglich hinter sich zu bringen. Deshalb warteten die ersten unserer Reihe den legendären Befehl „Chose weg" nicht ab. Sie ließen unaufgefordert Watte- und Unterhosen hinunter, um Tamara die bloßen Hintern entgegenzustrecken.

Nachdem der erste Ärger über ihren abermaligen Angriff auf unsere „rückwärtigen Gebiete" überwunden war, mussten wir uns eingestehen, dass sie dieses Mal im richtigen Augenblick erschienen war. Obwohl ihre Untersuchungsmethode fragwürdig blieb, hatte sie neun Männer ausgemustert, deren Kräfte auch nach unserem Eindruck gänzlich verbraucht waren! Wären wir sicher gewesen, dass ihnen Gelegenheit zu voller Wiederherstellung gegeben würde, hätte wohl mancher unter uns den nächsten Besuch Tamaras herbeigesehnt!

Nach wenigen Tagen trafen aus Walk 15 Mann als Ergänzung unserer Stammmannschaft ein und bezogen jeden freien Platz auf unseren Pritschen.

Der Winter ließ seine Muskeln spielen! An dem bisher kältesten Tag des neuen Jahres machte ich seit dem frühen Morgen mit Säge und Beil aus einem Haufen trockener Fichtenstämme Feuerholz. Auf der anderen Seite des Weges stiegen aus dem Häuschen des Direktors dicke Rauchwolken auf, die der Wind sogleich in hellgraue Fetzen zerfledderte und davontrug. Ich fror sogar in der Wattekleidung. Nur selten nahm ich mir Zeit, um Hände und Ohren zu wärmen, denn der Direktor konnte durch seine Fenster beobachten, ob ich meiner Verantwortung, seinen Schornstein „am Rauchen zu halten", zu seiner Zufriedenheit nachkam! Im Laufe des Vormittags hatte ich jeden Armvoll gespaltenen Holzes in das Haus getragen, um mich ab und zu am Küchenherd aufwärmen zu können. Ljuba, die nette Haushälterin, hatte das gern erlaubt. Sie war eine russische Bäuerin wie aus dem Bilderbuch: rundlich, standfest, pausbäckig und ungeheuer gutmütig. Der magere junge Mann hatte ihr Mitleid geweckt, und sie hatte mir schon am Morgen einen Topf voll herrlich duftender Kartoffelsuppe mit Schweinefleischeinlage auf den Küchentisch gestellt. Als sich aber in Küche und Nebenraum das Holz zu hohen Stapeln getürmt hatte, fand ich für derartige Besuche keinen Vorwand mehr. Bald waren meine Hände blau gefroren und abgestorben. Wärmte ich sie in den Hosentaschen, so reagierten sie durch stechende Schmerzen, zog ich sie wieder heraus, so starben sie im Nu erneut ab. Während ich wieder einmal meine Arme um den Leib schlug und mir die Kälte aus den Füßen stampfte, sah ich den Postboten auf dem Fahrrad von Uniküla her kommen. Wenige Schritte vor mir lehnte er das Fahrrad an einen Baum und rief mir einige freundliche estnische Worte zu. Nachdem er aus seiner großen Ledertasche eine Zeitung und Briefe herausgekramt hatte, verschwand er im Haus des Direktors.

Ein menschliches Rühren zwang mich, eilig ein schützendes Gebüsch aufzusuchen. Als ich zum Sägebock zurückkehrte, lag auf ihm ein Paar wunderschöner, dicker Wollhandschuhe in bunten Farben, wie sie die estnischen Bäuerinnen strickten. Ich schaute um mich – und sah den Postboten an der in den Wald führenden Straßenbiegung sein Fahrrad besteigen! Ich rief ihm, so laut ich konnte, meinen Dank hinterher. Doch wurde er gewiss vom Wind verweht!

Dieses schöne Erlebnis bestätigte mir, dass mein Entschluss, in Kingu zu bleiben, richtig gewesen war. Die landschaftliche Schönheit Estlands hatte ich hier bereits kennen- und lieben gelernt. Sobald mir aber das Glück eines Tages einen gewissen Bewegungsspielraum bescheren würde, durfte ich darauf hoffen, Bewohner der näheren Umgebung kennenzulernen und vielleicht sogar Irja wiedersehen zu können. Alle meine Begegnungen hatten mir bewiesen, welch ein unendlich liebenswertes und mutiges Volk die Esten sind!

Im Kartoffelspeicher war es stockdunkel. Obwohl Walter genügend Lüftungsklappen eingebaut hatte, war die Luft dumpf, und in dem großen Raum hing ein leichter Geruch von Fäulnis. Wie sollte es wohl anders sein, wenn die in feuchtem Zustand eingelagerten Kartoffeln noch nicht ein einziges Mal umgeschichtet worden waren! Gemeinsam mit sechs anderen hohlwangigen Gefährten war ich auserkoren worden, faule Kartoffen auszusammeln, um die übrigen vor Ansteckung zu schützen. Solche Rettungsversuche kamen aber selbst in diesem neuen, allen fachlichen Ansprüchen genügenden Speicher zu spät, da der Direktor und seine Gehilfen das bei weitem wichtigste Erntegut Kingus ungetrocknet monatelang sich selbst überlassen hatten.

Wir waren aus dem Wald hierher geschickt worden, um bei leichterer Arbeit neue Kräfte sammeln zu können. Mit großen Holzschaufeln schippten wir die gesunden Kartoffeln der oberen Schichten aus den Speicherfächern auf den mit Sand bestreuten, durch den Speicher führenden Fahrweg. Nach Freilegung der mittleren Schichten legten wir die Schaufeln beiseite, denn in diesem Bereich war schon ein großer Teil der Erdäpfel angefault! Knieend und vornübergebeugt, klaubten wir sie im flackernden Licht der Kerosinfunzeln aus den Kartoffelbergen. Je mehr wir uns dem Boden näherten, umso deutlicher trat die Nachlässigkeit des Magaziners zutage: In den untersten Schichten waren zwischen den zu einem schwarzen, klebrigen Matsch zerfallenden Kartoffeln nur selten gesunde zu finden! Der Ruß der stark blakenden Lampen reizte zum Husten und erschwerte das Atmen. Erst abends auf den Pritschen fanden wir Gelegenheit, Klumpen schwarzer Rückstände aus den Nasenlöchern zu pulen.

Es war widerlich, während des ganzen Tages mit verschmierten Händen im Dreck zu wühlen. Doch tröstete es uns, dass wir unser Arbeitstempo selbst bestimmen konnten. Wenn der gerade aus Walk gekommene Konvoi uns bei der Arbeit zuschaute, so doch nur, um sich für wenige Minuten die Zeit zu vertreiben. Im Übrigen hielt er sich in der Nähe des Eingangstores auf. Sehr oft zog es ihn ins Freie, denn im Speicher war das Rauchen streng verboten. Dann legten wir Ruhepausen ein und machten es uns auf den Kartoffeln so bequem wie möglich. Einmal in der Woche kam ein Lastwagen, um die ausgeschriebene Kartoffelration der nächsten Woche zu holen. Bevor wir sie aus den Kisten auf die Ladefläche kippten, wog der russische Magaziner sie ab. Wenn es uns gelang, einen Blick über seine Schulter zu werfen, stellten wir fest, dass er ein höheres Gewicht notierte, als die Waage anzeigte!

Wir hatten gelernt, uns mit allen Widrigkeiten der Zwangsarbeit abzufinden, wenn aber ausgehungerte Menschen Tag für Tag im Überfluss eines Nahrungsmittels waten, erwacht ihre Gier! Was hätte es uns genützt, wenn wir die Hosentaschen mit Kartoffeln gefüllt hätten, da wir am Lagertor immer gründlich gefilzt wurden! Rudi, ein junger, kreativ denkender Leutnant aus Mecklenburg, der sich als einziger der Offiziere entschlossen hatte, in Kingu zu bleiben, fand die Lösung des Problems! Er hatte in einer Ecke des Speichers eine Rolle Draht entdeckt, die beim Annageln der Dachschindeln übrig geblieben war. Mit einer ihm vom Schmied geliehenen Zange, die er im Speicher versteckt hatte, schnitt er hiervon ein Stück ab und fädelte eine Auswahl gesunder Erdäpfel auf den Draht. Diese Kette band er sich in Höhe des Nabels um den nackten Bauch. Am Abend näherten wir uns, dem Test dieses kühnem Experiments entgegenfiebernd, dem Lagertor! Entsprechend der Routine, tastete der diensthabende Rotarmist Rudis wie auch unsere Jacken- und Hosentaschen sorgfältig ab. Er tat sogar ein Übriges, indem er die Hände forschend an den Hosenbeinen bis zu den Schuhen hinabgleiten ließ. Doch dann löste sich unsere Spannung! Er winkte uns durch!

Nach dem erfolgreichen Test trugen wir alle täglich bei der Rückkehr in die Unterkunft Zusatzverpflegung um den Bauch. Im ehemaligen Pferdestall verbreitete sich dann der appetitliche Duft der im Ofen gerösteten Kartoffeln. Die Sorge, entdeckt zu werden und wegen „Diebstahls von Volksvermögen" im Straflager zu landen, verdrängten wir. Unser blühender und nahrhafter Schmuggel blieb erstaunlich lange unentdeckt.

Als wir eines frostklaren Abends, wiederum reich kartoffelberingt, im Gänsemarsch heimkehrten, rutschte der Letzte in der Reihe auf dem vereisten Fußpfad aus. Dabei verrutschten Jacke und Unterhemd, sodass unseligerweise ein Teil des Kartoffelgürtels zwischen den Kleidungsstücken hervorlugte. Der unmittelbar hinter ihm gehende Konvoi zeigte keine Reaktion. Nachdem er vor dem Lagertor mit seinem wachhabenden Genossen einige Worte gewechselt hatte, ließ er uns kehrtmachen und auf dem freien Platz zwischen dem Quartier der Garnison und dem Stacheldraht antreten. Als der Direktor begleitet von den Konvois erschien, schwante mir Böses! Die ungewöhnliche Szenerie erregte auch die Aufmerksamkeit der Kameraden. Neugierig versammelten sie sich hinter dem Stacheldraht. Und dann zerriss ein krächzender Kommandoruf die Stille: „Ausziehen!"

Für alle Zuschauer vor und hinter dem Stacheldraht muss es ein umwerfend komischer Anblick gewesen sein, als wir Mann für Mann bis auf die umgegürteten Kartoffeln splitternackt im Schnee standen!

Gleich schlagen sie uns zusammen, dachte ich.

Weit gefehlt! Die Russen vor uns und die Kameraden hinter uns brachen in schallendes und nicht enden wollendes Gelächter aus! Ich beobachtete gespannt das Antlitz des Direktors. Aber selbst dieser zynische Menschenschinder wollte sich vor Lachen ausschütten! Schließlich winkte der Direktor den vor Kurzem aus Walk eingetroffenen „Mladschi Sergeanten" auf ein paar Worte zu sich. Diesem jungen Mann, einem Unteroffizier, war an einem schneidigen Äußeren gelegen. Als einziger der Garnison hatte er bereits Schuba (Wattejacke) und Pelzmütze abgelegt und stolzierte in seiner mit zwei farbenfrohen Orden geschmückten braungrünen Uniform umher. Die steife, tellerförmige Schirmmütze hatte er aus der Stirn zurückgeschoben.

Während die allgemeine Belustigung abebbte, bellte der junge Mann: „Anziehen, aber schnell!"

Auf dem zum Vorwerk Sopaidu führenden Weg versetzte
er uns in Laufschritt. Da wir bis auf die Knochen durchgefroren waren, kam uns das anfänglich entgegen. Wir liefen so
schnell wir konnten, sodass die Kartoffelringe bis auf die Hüft-
knochen hinabrutschten. Nachdem wir warm und müde geworden waren, liefen wir langsamer.

„Bistreje, bistreje!" (Schneller, schneller!), schrie er.

Als wir die Hälfte der fast fünf Kilometer langen Strecke
zurückgelegt hatten, fiel ich keuchend in Schritt und die Kameraden mit mir. Fluchend riss er seinen Nagan-Revolver aus
dem Gurt und fuchtelte mit ihm über seinem Kopf herum.

Mach du ruhig deine Fisimatenten, Bürschchen, dachte ich
bei mir, nachdem unser Anblick den Direktor zum Lachen
gebracht hat, wirst du bestimmt nicht schießen!

Ich behielt recht, doch er sann auf Rache. Wo der Weg weit
nach rechts ausholte, um die sumpfigen Wiesen zu umgehen,
befahl er uns, ohne Weg und Steg querbeet durch die Wiesen
nach Sopaidu zu laufen. Die Eisdecke auf Sumpflöchern und
Gräben trug nicht überall, sodass wir oft bis zu den Ober-
schenkeln in den Schlamm einsanken. Ihm erging es nicht
anders. So wurde der Langstreckenlauf zu einer Abfolge von
eisigen Schlammbädern und zu einer Strafe für beide Seiten.
Als wir in Sopaidu ankamen, folgte der letzte Akt unseres
Bußganges. Der seiner Eleganz beraubte Mladschi Sergeant,
dem das braune Schlammwasser aus Hosen und Stiefeln troff,
beschlagnahmte unsere Kartoffelgürtel. Dann sperrte er uns
in eine Scheune, wo es keine Beleuchtung, nichts zu essen
und wenig Stroh gab. Wir legten uns, eng aneinandergepresst,
auf eine dünne Strohschütte, froren aber so erbärmlich, dass
wir die zweite Hälfte der Nacht damit verbrachten, uns hin
und her laufend zu erwärmen. Als wir, im Marschschritt nach
Kingu zurückgekehrt, am warmen Ofen Erholung fanden,
wurde uns erstmals bewusst: Das hätte noch schlimmer enden können! Schade nur, dass es keine Ofenkartoffeln mehr
geben würde!

Unterdessen hatten Helmut und Walter ihr Wirken begonnen. Mittwochs und sonnabends waren wir am Abend in ihr
Quartier, die frühere Ambulanz, eingeladen. Zusammenge-

pfercht füllte das Auditorium den Raum bis auf das letzte Eck-
chen.

Wir wussten, dass sie uns nichts anderes Aktuelles bieten
würden als ihr Blättchen. Doch die bleierne Langeweile unserer Abende, das Fehlen geistiger Anregung – und ein wenig
Neugier auf die Methoden ihres Werbens – trieben ihnen, trotz
aller Skepsis, ihr Publikum zu. Die Skepsis bestätigte sich
voll und ganz: Abwechselnd übergossen uns Helmut und Walter mit Lobpreisungen auf die Sowjetunion und ihre genialen
Führer, auf die von ihnen geschaffene klassenlose Gesellschaft,
Vorbild und Modell der „um ihre Befreiung ringenden Werktätigen in aller Welt".

Ich war wütend und beschämt zugleich, diesem Hymnus zugehört zu haben, wohl wissend, dass ich gezwungen war, auf
jeglichen kritischen Einwurf zu verzichten! Mein Entschluss,
dem Umerziehungs-Kurs fernzubleiben, geriet jedoch zum ersten Mal ins Wanken, als das Thema des Marxismus an die Reihe kam. Ich glaubte, dass die Agitprop ihren Zöglingen wenigstens einen bescheidenen, intellektuellen Zugang zu den Grundlagen der Philosophie von Marx und Engels verschafft haben
müsste. Was sie uns aber hierzu vortrugen, war so wirr und ge-
spickt mit halb verstandenen Theoremen, dass den Zuhörern
die Köpfe auf die Brust fielen. Sie erwachten erst, als ihnen ver-
kündet wurde, dass Marx und Engels die Verehrung der Mensch-
heit gebühre, da sie die Grundlagen für das Entstehen gerechter
sozialer Verhältnisse und die Befreiung des Proletariats aus Jahr-
tausende währender Sklaverei gelegt hätten. Wir dürften als
Deutsche stolz auf sie sein!

Allen Erfahrungen zum Trotz ließ ich mich von meinem
historischen Interesse erneut dazu hinreißen, den Antifaschisten ein weiteres Mal zuzuhören, als sie die Geschichte der
deutschen Arbeiterbewegung behandelten. Zu diesem Thema hatte die Agitprop ihren Aposteln eine Betrachtungswei-
se eingeschärft, die eine besonders unverschämte Geschichts-
klitterung darstellte: Für sie begann die Arbeiterbewegung
erst nach dem Ersten Weltkrieg mit der Gründung der Kommunistischen Partei Deutschlands durch Karl Liebknecht und
Rosa Luxemburg.

Als ich vorsichtig fragte, ob nicht eigentlich der in der Mitte des 19. Jahrhunderts gegründete und später mit der Sozialdemokratischen Partei Bebels und Liebknechts vereinigte Arbeiterverein Lasalles den Beginn der deutschen Arbeiterbewegung darstellte, handelte ich mir eine entrüstete Abfuhr ein: Entgegen ihrer „verlogenen Selbstdarstellung" habe die Sozialdemokratie nie die wahren Interessen der Arbeiterschaft vertreten. Sie habe sie verraten, da sie sich den wichtigsten marxistischen Maximen, wie der Vergesellschaftung der Produktionsmittel und der Diktatur des Proletariats, stets verweigerte. Demgegenüber seien Karl Liebknecht und Rosa Luxemburg durch Ausrufung der sozialistischen Republik dem Beispiel Lenins gefolgt und hätten aus den Unabhängigen Sozialisten unter Trennung der Spreu vom Weizen die Kommunistische Partei Deutschlands geformt. Bei ihr habe die Arbeiterschaft endlich ihre wahre politische Heimat gefunden. Mit verteilten Rollen gingen Helmut und Walter daran, uns etwa noch verbliebene Zweifel am „Verrat" der SPD zu zerstreuen: Zum Abschluss hoben sie erwartungsgemäß Ernst Thälmann, den Vorsitzenden der KPD, wegen seiner Rolle während der „Kampfzeit" von 1925 bis 1933 auf ein hohes Podest. Dem Mann, der in der zweiten Hälfte der zwanziger Jahre, durch die Moskauer Komintern gesteuert, seine Partei auf die Bolschewisierung Deutschlands und die Übernahme des stalinistischen Modells des „demokratischen Zentralismus", das heißt der absoluten Herrschaft des Parteiapparates und der bolschewistischen Internationale, ausgerichtet hatte, unterstellten sie eine „vaterländische Gesinnung"!

Ebenso hingebungsvoll wie die Führer der nationalsozialistischen Jugend während ihrer Heimabende das Leben und den Kampf Adolf Hitlers glorifiziert hatten, verklärten die Antifaschisten das Leben und die Taten Lenins.

Nachdem die immer lächelnd und unverkrampft auftretenden Propagandisten Lenin mit einem Heiligenschein versehen hatten, durften sie Stalin nicht dahinter zurückbleiben lassen. Entsprechend dem sowjetischen Sprachgebrauch, würdigten sie ihn als den großen, weisen Führer und Lehrer. Er habe den Sowjetmenschen geschaffen, der vom Glauben an die Vollendung des Sozialismus in der angeblich auf ihn folgenden Ära des Kommunismus beseelt sei und die Sowjetunion von einem rückständigen Agrarland in einen modernen Industriestaat verwandelt, der Anschluss an die industrielle Entwicklung der kapitalistischen Länder gefunden habe und jetzt dazu ansetze, sie zu überholen. Dem Generalissimus Stalin wanden sie einen Lorbeerkranz. Er sei der wahre Sieger des Zweiten Weltkrieges gewesen! Die Hekatomben unschuldiger Menschen aller sowjetischen Völker, die Lenin und Stalin ihrem Fanatismus und ihrer Paranoia geopfert hatten, blieben selbstverständlich unerwähnt, ebenso der Hitler-Stalin-Pakt.

Zum Abschluss ihres Umerziehungs-Kurses verkündeten sie uns keine Neuigkeit: Die Sowjetunion hätte einem Regime den Todesstoß versetzt, das mit seinem Rassenwahn und seiner unvorstellbaren Expansionsgier die Deutschen in die furchtbarste Katastrophe ihrer Geschichte gerissen hätte. Diese Bilanz hatten wir längst für uns selbst gezogen. Es fiel mir allerdings auf, dass sie das entsetzlichste, Hitler vorgeworfene Verbrechen, die Vernichtung der europäischen Juden, nur beiläufig erwähnten. Die sowjetische Version der Ursachen für den Aufstieg Hitlers zur Macht klammerte die wichtigsten Faktoren aus: die Folgen des Versailler Vertrages, wie die Inflation, die Zersplitterung der demokratischen Parteien, die republikfeindlichen Haltung der Deutsch-Nationalen Volkspartei, die Unterwanderung der Demokratie durch die kommunistische Partei sowie die Weltwirtschaftskrise.

Meine Gefährten in Kingu waren mit geringen Ausnahmen Bauern, Handwerker und Landarbeiter. An den wenigen, die bereit waren, sich mit ideologisch-doktrinärer Argumentation auseinanderzusetzen, prallten bolschewistische Indoktrinierungsversuche ab. Für die übrigen waren sie, auch wegen ihrer Erfahrungen in sowjetischer Gefangenschaft, Schall und Rauch. Die meisten Kameraden machten kein Geheimnis daraus, dass sie die Seminare unendlich langweilten. Wenn sie sich trotzdem zur Teilnahme aufrafften, geschah dies meistens aus Sorge, dass es die Antifaschisten bemerken, ihnen das Fernbleiben ankreiden würden und dies möglicherweise ihre Entlassung verzögern könnte.

Unser Verhältnis zu Helmut und Walter war zwiespältig. Wer wollte wohl sowjetischen Agenten volles Vertrauen schenken? Mit großen Privilegien, wie Befreiung von jeglicher Arbeit, reichhaltiger Ernährung, guter Kleidung, individueller Unterbringung und der vermutlichen Anwartschaft auf frühere Entlassung ausgestattet, führten sie ein Sonderdasein. Um ihre Privilegien beneideten wir sie nicht. Das war der Lohn für eine Aufgabe, die wir als inakzeptabel betrachteten.

Trotz des Kartoffelklaus durften wir die Arbeit im Speicher fortsetzen, mussten uns allerdings damit abfinden, dass der Konvoi uns jetzt stets im Auge behielt und auf das Arbeitstempo drückte. Unter diesen Bedingungen wurde uns das Leben in Dunkelheit und dumpfer Luft zur Last! Als endlich das letzte Fach des Speichers von faulen Kartoffeln gesäubert war, kehrten wir in den Wald und an die frische Luft zurück. Dass dies für mich zu einem kurzen Gastspiel wurde, verdankte ich einem Ereignis, das sich im Zentrum der Aufmerksamkeit eines jeden Russlandgefangenen vollzog: in der Küche!

Seit langer Zeit hatten die Konvois ihren Natschalnik gedrängt, den Koch der Garnisonsküche davonzujagen. Er tischte ihnen miserable Mahlzeiten auf, obwohl ihm Lebensmittel in reichlicher Menge und guter Qualität zur Verfügung standen. Sie beneideten uns um Antek, der aus dürftigsten Zuteilungen von Rohmaterial minderer Güte essbare Mahlzeiten zubereitete.

Antek hatte sich unser aller Sympathie und unseren Respekt nicht nur durch seine Kochkunst, sondern auch durch seinen aufrechten Charakter erworben. Nicht nur während der Brennnesselära hatte er sich getraut, gegenüber dem Direktor wütend zu protestieren. Was andere den Job gekostet hätte, war ihm wegen seiner beeindruckenden Persönlichkeit nicht angekreidet worden.

Für uns war es ein Unglück, dass der Direktor dem Drängen der Posten nachgab und Antek, trotz seines Sträubens, die Küche im Hause der Garnison übernehmen musste. Sein bisheriger Gehilfe rückte zu unserem Küchenchef auf und machte Freund Gustav, der als Bäcker einen verwandten Beruf erlernt hatte, zu seinem Nachfolger. Gustav, diese immer hungrige Seele, fühlte sich wie Hans im Glück.In der Russenküche konnte Antek zur Freude der neuen „Kundschaft" sei-

ne glänzenden Kochkünste voll zur Geltung bringen. Mit umso
größerem Nachdruck verlangte er, beiden Küchen täglich trok-
kenes Feuerholz zu liefern. Der Direktor bewilligte ihm hierfür zwei Gefangene, ordnete aber zugleich an, dass sie auch
für das Heizen seines Hauses und des Quartiers der Garnison
trockenes und wenig qualmendes Holz zu liefern hätten. Da
für ihre Bewachung kein Konvoi verfügbar sei, sollten zwei
der ehemaligen Blaubeersammler zum Holzmachen herangezogen werden. „Denn diese Leute hätten sich ja schon bei ihrem damaligen, ohne Bewachung erfolgten Einsatz als vertrauenswürdig erwiesen." Das Los fiel auf den Ostpreußen
Emil und mich!

Vom Glück begünstigt, machten wir uns auf die Suche nach
trockenem Holz. Sobald wir eine genügende Menge trockener
Stämme geschnitten hatten, brachte ein Pferdefuhrwerk sie
nach Kingu. Dort schlugen wir hinter einer Hecke unseren
Arbeitsplatz auf. Unser Glück erreichte seinen Höhepunkt!
Antek bedachte uns mit seiner Fürsorge! Sobald die Russen
gegessen hatten, schleppten wir das für die Zubereitung der
nächsten Mahlzeit benötigte Feuerholz in seine Küche, um
uns anschließend in die Vorratskammer zu verkrümeln. Dort
ließen wir uns schmecken, was er vom Tische der Reichen für
uns aufgehoben hatte. Wir verachteten deshalb aber nicht die
bescheidenen Erzeugnisse unserer eigenen Küche und versorgten auch sie und unsere eigenen Öfen mit trockenem Holz.
Diese nahrhaften Wochen verhalfen uns zu neuer Kraft. Mir,
dem schmalen, mageren Jungen von zweiundzwanzig Jahren,
wuchsen allmählich die Schultern in die Breite. Anteks Ar-
beitgebern konnte auf die Dauer nicht verborgen bleiben, dass
ihr Starkoch auch uns beköstigte. Weil er aber bei ihnen so
hoch im Kurs stand, ließen sie ihn gewähren. Ganz ungescho-
ren kamen wir allerdings nicht davon. Es reichte den Konvois
nicht mehr, dass wir das Brennholz für ihre Öfen lieferten –
wir mussten sie nun auch heizen!

Als der Frühling begann und weniger geheizt wurde, waren wir nicht mehr ausgelastet. Wir wurden angewiesen, halbtags einer Gruppe unserer arbeitslos gewordenen Waldarbei-
ter beim Abreißen der Ruinen eines einsam am Embach gelegenen Hauses zu helfen. Während die Kameraden noch mit

dem Konvoi über die Organisation der Arbeit diskutierten, packte mich die Entdeckerlust. Ob sich in den Ruinen wohl noch Spuren finden ließen, die an die früheren Besitzer des Hauses erinnerten? Da es, entgegen der für die ländlichen Gebäude üblichen Holzbauweise, aus Backsteinen errichtet worden war, mochte hier vielleicht ein Lehrer oder ein Förster gewohnt haben. Im Erdgeschoss türmten sich Trümmerhaufen aus Steinen und Dachbalken. Über sie hinweg kletternd fand ich die ins Kellergeschoss führende Treppe. Auch hier unten bot sich ein Bild der Verwüstung. Zwischen die Trümmer der Mauern mischten sich zerbrochene Küchengeräte, Teile von Spielsachen und Reste von Kleidungsstücken. Ich war im Begriff umzukehren, als ich im Halbdunkel einer Kellerecke einen Buchrücken aus dem Schutt hervorlugen sah. Ich grub den Fund aus und traute meinen Augen nicht, als ein zerfleddertes, auf Deutsch geschriebenes Lehrbuch der russischen Sprache aus den achtziger Jahren des 19. Jahrhunderts ans Licht kam! Einen Jubelschrei unterdrückend, schob ich den kostbaren Fund blitzschnell unter mein Hemd

Seit Bunges unfreiwilligem Abschied hatte es unter uns niemanden mehr gegeben, dessen russische Sprachkenntnisse über ein mehr oder minder primitives Radebrechen hinausgingen. Wenn ich lernen könnte, ein einigermaßen einwandfreies Russisch zu sprechen und zu schreiben, könnte uns das von größtem Nutzen sein. Seit Langem hatte ich mich schon bemüht, die quälende Langeweile der Winterabende in einer von Ofen- und Machorkarauch geschwängerten Luft durch das Erlernen des kyrillischen Alphabets zu vertreiben. Anfangs mussten mich die Konvois für einen Kettenraucher gehalten haben, da ich sie fortwährend um „Zigarettenpapier" anbettelte. Die Fetzen ihrer „Prawdas" und „Iswestijas" waren mein Studienmaterial! Soweit die Buchstaben der griechischen Schreibweise ähnlich waren, hatte ich ihre Bedeutung erraten können. Um Bedeutung und Aussprache der übrigen zu ermitteln, hatte ich hilfsbereite Konvois wie Igor und Batschinski angesprochen. Manchmal mögen sie belustigt gewesen sein über den seltsamen Vogel, der sich gebärdete, als könne man auf der „kalten Universität" etwas anderes studieren, als die Mittel und Wege für das Überleben! Abends hatte ich dann die erlernten Buchstaben immer wieder mit einem Stöckchen in den Sand des Fußbodens gemalt, um mir durch ihre Wiederholung die Schreibweise einzuprägen. Sie zu Worten zusammenzusetzen, war jedoch nur gelungen, wenn es sich um solche handelte, die von den Konvois oft benutzt wurden. Deshalb war das Ergebnis enttäuschend geblieben. Jetzt verhalf mir das Finderglück endlich zu spürbaren Fortschritten. Während jeder freien Stunde konzentrierte ich mich ganz auf die Sprachübungen und konnte nach einiger Zeit die verschiedenen russischen Deklinationen und Konjugationen auswendig hersagen. Es bedurfte jedoch monatelanger Ausdauer, bis ich grammatisch einwandfreie Sätze bilden konnte und mir die Syntax eingeprägt hatte! Hierbei hatte ich Walter Jankowiak viel zu verdanken! Er trat mir das grobe Schreibpapier ab, das bei seinen Bauzeichnungen übrig geblieben war und schenkte mir einen Bleistift!

Ab Mitte April zeigten sich die ersten Boten des baltischen Frühlings. Die Sonne hatte genügend Kraft gewonnen, um den letzten Frost aus dem Boden zu vertreiben. Weshalb zögerten unsere Sklaventreiber den Beginn der Frühjahrsbestellung weiter hinaus? Und warum hatten wir seit Wochen den russischen Agronomen nicht mehr zu Gesicht bekommen?

Alex Batschinski verriet es uns hinter vorgehaltener Hand: „Hinweise aus der Bevölkerung", sagte er, „haben dazu geführt, dass die Miliz kürzlich eine Bande von russischen und estnischen Übeltätern erwischte, die in den Wäldern der Umgebung aus Kartoffeln und Rüben gesetzwidrig Schnaps brannte. Bei den Verhören stellte sich heraus, dass unser Magaziner sie mit Kartoffeln aus seinem Speicher beliefert hatte. Bezahlt hatten sie ihn natürlich mit Schnaps. Und dieser miese Kerl hat uns nicht einen einzigen Schluck abgegeben! Deshalb geschieht es ihm ganz recht, dass er jetzt mit seinen Kumpanen im Knast sitzt und Wasser saufen muss!"

Dieser ersten Erschütterung der Hierarchie Kingus folgte über Nacht eine schwerere. Der Direktor verschwand, ohne von der Garnison Abschied zu nehmen! Die Konvois, unter denen er nur wenige Freunde hatte, hielten nicht mit der Vermutung hinter dem Berg, dass er mit dem Magaziner unter einer Decke gesteckt habe. Er habe schon kurz nach dem Entstehen der Podzobnoje bei dem Verkauf ihrer Kühe und Schweine eine undurchsichtige Rolle gespielt. Für uns war sein Verschwinden ein Glücksfall! Dieser brutale Mann hatte jahrelang eiskalt und geradezu genussvoll die Knute über uns geschwungen. Schlechter als mit ihm konnte es unter einem neuen Direktor kaum werden.

Die Konvois fühlten sich nicht in der Lage, uns Einsatzbefehle für die Bestellung der Felder zu geben. Deshalb halfen wir Hein Rau in diesen Tagen beim Bau eines Treibhauses, den noch der verschwundene, gartennärrische Direktor befohlen hatte. Während ich ausgehobene Erde davonkarrte, rief jemand vom Waldrand meinen Namen. Als ich mich umwandte, erblickte ich Helmut, der im Laufschritt auf mich zukam und dabei lachend ein Stück Papier schwenkte. Und dann hielt ich eine Rotkreuz-Antwortkarte meiner Eltern in der Hand! Aus den in meinen Tränen verschwimmenden Buchstaben ging hervor, dass sie lebten und zusammen mit meiner Schwester und den aus dem schlesischen Schmiedeberg vertriebenen Großeltern in unserer Heimatstadt wohnten. Auch Ulla hatte das letzte Kriegsjahr und das furchtbare Luftbombardement der Stadt wohlbehalten überlebt. Mit weichen Knien ließ ich mich auf die Schubkarre sinken, um die kurzen Zeilen immer wieder aufs Neue zu lesen. In fast drei langen Jahren hatten wir nichts voneinander gehört! Alle Anfragen der Eltern bei den Suchstellen waren zurückgekommen, mit dem Vermerk: *In Estland vermisst. Nachforschungen ergebnislos!*

Die Antifaschisten hatten bei ihrer Ankunft in Kingu festgestellt, dass man in Walk bei der Verteilung der ersten Rot-Kreuz-Karten die Belegschaft von Kingu vergessen hatte. Auf ihre Veranlassung hatten wir sie mit großer Verspätung erhalten, und ich hatte den Eltern sofort geschrieben. Nun war ich nicht mehr verschollen! Nachdem ich hoffen durfte, meine Lieben eines Tages wohlbehalten wiederzusehen, konnte ich mich unbeschwerter auf den Tag der Heimkehr freuen!

Unfassbarer Wandel: Kingu erhält ein menschliches Gesicht 1947/48

Als wir im Mai 1947 eines Morgens zur Arbeit ausrückten, stand neben dem Lagertor ein noch junger, schlanker Mann in knapp sitzender, grünbrauner Uniformbluse, blauen Breecheshosen und blanken Reitstiefeln. Nanu! Wir hatten hohen Besuch! Ich entdeckte auf seinen mit Gold geränderten Schulterstücken je vier goldene Sterne. Er war also ein „Kapitän", ein Hauptmann. Was mochte er wohl hier suchen? Der in ungeordneten Reihen an ihm vorüberziehende Haufen, bekleidet mit oft geflicktem Zeug, das von den Uniformen übrig geblieben war und den Männern um den mageren Leib schlotterte, bot keinen erfreulichen Anblick. Der Kapitän, wie wir ihn anredeten, in dessen markantem, sonnengebräuntem Gesicht ich einen freundlichen Ausdruck zu erkennen meinte, musterte uns mit sichtlichem Interesse. Als wir erfuhren, dass er, Kapitän Andrej Owjetschkin, unser neuer Direktor sei, staunten wir nicht schlecht. Auf diesen, bisher von einem Dilettanten miserabel geführten und nur von Zwangsarbeit am Leben gehaltenen Betrieb gehörte doch als Chef endlich ein erfahrener Landwirt und kein sportlich-eleganter Militär!

Wenig später hatte der „Neue" uns bereits davon überzeugt, dass er für Kingu und seine Gefangenen ein Glücksfall war! Kaum hatte er sich zu Fuß und zu Pferd einen Überblick über die Gemarkungen des Gutes, ihren Zustand sowie die Art und Weise ihrer bisherigen Bewirtschaftung verschafft, als er schon begann, die auf der Podzobnoje bestehenden Verhältnisse umzukrempeln. Als Erstes holte er sich aus dem Lager Walk als Agronom einen deutschen Diplomlandwirt und Gutsbesitzer, den Ex-Oberleutnant der Reserve Wagner, einen untersetzten, breitschultrigen Bayern. Sein Selbstbewusstsein und seine Tatkraft schienen in der Gefangenschaft nicht im Mindesten gelitten zu haben.

Ich werde aus diesem verlotterten Gut eine Musterwirtschaft machen", sagte er, „und ihr werdet hierbei nichts zu lachen haben."

Sein nassforsches Auftreten forderte uns heraus. Er bekam zu spüren, dass er hier nicht seine bayerischen Hinters-
assen, sondern eine durch Leiden hart gewordene und zusam-
mengewachsene Mannschaft vor sich hatte, die keinen Anlass sah, vor ihm strammzustehen. Zu einer ernsten Konfrontation kam es nicht, weil der Direktor Wagners autokratischem
Gehabe enge Grenzen setzte. Nach eingehenden Gesprächen,
bei denen ich zum ersten Mal dolmetschte, wählte er mit Bedacht aus unseren Reihen drei in fachlicher und personeller
Hinsicht hervorragende Landwirte als Brigadiere aus. Mit
Ausnahme der Köche, des Sanitäters, des Gärtners, des Schnei-
ders und Schuhmachers sowie der Gespannführer wurden wir
in drei für die Feld- und Waldarbeit bestimmte Brigaden eingeteilt. Die Handwerker der Masterskaja erhielten unter der
Führung Jankowiaks einen eigenen Brigadestatus. Die Leitung des täglichen Arbeitseinsatzes übertrug der Direktor den
Brigadieren und beschränkte hierdurch Wagner auf die fach-
lich-landwirtschaftliche Leitung. Den Konvois verbot er, sich
weiterhin in unsere Arbeit einzumischen. Trotz dieser ein-
deutigen Regelung mussten die Brigadiere Wagner oft in seine Schranken verweisen. Er legte sich sogar mit dem Direktor an, wenn ihm dies in einer ihm wichtigen Frage nötig
schien. Da sein Temperament immer wieder mit ihm durch-
ging, tauften wir ihn auf den Namen „Kugelblitz".

Bei der Vorbereitung der Frühjahrsbestellung verlor
Owjetschkin keine Zeit. Er erreichte im Handumdrehen, was
bisher nie gelungen war: Unser kümmerlicher Bestand von
nur zwei eigenen Pferden wurde durch Zuteilung der benötigten leistungsfähigen Tiere aufgestockt. Die MTS reagierte
umgehend auf sein energisches Auftreten. Wagner konnte ihre
zwei größten Traktoren für die Bestellung der neuen Flächen
in Empfang nehmen und setzte sich zu Beginn der Arbeiten
selbst neben einen Traktoristen ins Führerhaus. Für das Kohl-
pflanzen lieh der Direktor eine Maschine, die Pflanzlöcher
stanzte, und erleichterte uns das Leben, als er dazu auch einen kleinen Traktor beschaffen konnte. Vorbei waren die Zeiten, als wir noch dazu verdammt waren, die Felder in vorsint-
flutlicher Weise mit primitivem Werkzeug zu bestellen. Was
bisher den Einsatz einer kriegsstarken Kompanie von Gefan-

genen aus Walk erforderte, bewältigten wir jetzt mit eigener Kraft.

Während die anderen auf die Kartoffel- und Rübenäcker marschierten, zog das auf zwanzig Mann verstärkte Brückenkommando erneut unter Jankowiaks Führung nach Sillapuu. Wir müssten uns beeilen, hatte Wagner uns auf den Weg mitgegeben, damit auf der anderen Flussseite in Jõgeveste rechtzeitig Kohl gepflanzt werden könnte.

Als wir vor der Brücke standen, verstummten wir. Der Embach hatte bei der Eisschmelze seine Muskeln gezeigt! Zum Glück war der größere Teil der Brücke unversehrt geblieben. In der Mitte des Flusses hatten aber Eisgang und Strömung die meisten Pfeiler umgestürzt und auf den Grund gedrückt. Andere wiesen Schlagseite auf, sodass Teile der Lager mitsamt dem Brückenbelag ins Wasser hingen.

Während wir noch traurig den desolaten Zustand unseres, dem Embach durch größte Mühen abgerungenen Werkes betrachteten, kam Walter kurz und klar zur Sache: „Was hier zu geschehen hat, wird mehr sein als eine Reparatur, aber weniger als ein Neubau. Die fehlenden Träger und Balken des Belags hat der Embach inzwischen wohl in den Wirzsee oder bis nach Dorpat mitgenommen. Wir werden sie ersetzen und die schräg stehenden Pfeiler wieder aufrichten. Was auf dem Grund liegt, können wir nicht heben. Noch etwas: Den mittleren Teil der Brücke müssen wir verstärken. Zwischen die bisherigen Pfeilerpaare werden wir jeweils einen dritten Pfeiler setzen. Die Brücke soll doch zumindest so lange halten, wie wir in Kingu sind!"

Ich fragte: „Wie lange willst du denn noch hierbleiben?"

Da wurde er ernst: „Gebe Gott, dass dieses das letzte Jahr ist! Und nun ran!"

Wie Walter mir anvertraute, hätte er seine Technologie bei diesem zweiten Anlauf gern verbessert. „Ich habe mir den Kopf darüber zerbrochen", sagte er, „wie man eine Rammvorrichtung mit Flaschenzug bauen könnte, um nicht die Pfeiler von Hand einrammen zu müssen. Aber solange man mir keine schweren Pontons gibt, müssen wir weiter malochen wie die Steinzeitmenschen!"

So lief denn alles ab wie im Vorjahr. Es ging auch nicht schneller voran, denn im Gegensatz zu Emil und mir, den beiden „Küchenschaben", hatten andere während des letzten Winters ihre Kraft in den Wäldern gelassen. Deshalb packten wir in allen Bauphasen als Erste dort zu, wo Not am Mann war. Unfreiwillige Bäder im Fluss schreckten uns dabei nicht ab, da dieser Frühling noch schöner und wärmer wurde als der vorherige.

Eines Abends auf dem Rückmarsch nach Kingu fragte ich Batschinski, wo er seine Deutschkenntnisse erworben habe. Bevor er antwortete, nahm er mir das Versprechen ab, für mich zu behalten, was er mir anvertrauen werde. Dann berichtete er: Er sei als Leutnant in den Krieg gezogen und bei den Kesselschlachten in der Ukraine in deutsche Gefangenschaft geraten. In mehreren deutschen Lagern habe er mit seinen Kameraden ein Martyrium erlitten und nur knapp überlebt. Für längere Zeit habe er aber das Glück gehabt, bei der Arbeit in einem Bauunternehmen auf Deutsche zu treffen, die ihm Mitgefühl und tätige Hilfe erwiesen hätten. Ihnen verdanke er auch seine lückenhaften Deutschkenntnisse. Nach dreieinhalb Jahren sei er mit anderen Überlebenden von anrückenden amerikanischen Soldaten befreit und russischen Truppen übergeben worden. Für die „Sünde", in Gefangenschaft „gegangen zu sein", habe er lange in sowjetischen Straflagern gebüßt und gelitten. Zum Sergeanten degradiert, sei er durch den NKWD als Konvoi der deutschen Kriegsgefangenen eingesetzt worden.

Wir hatten bereits die letzten Pfeiler gesetzt, als nach den „Rekruten" aus Walk auch einige unserer Veteranen des Brückenbaus den Rest ihrer Kräfte verbraucht hatten. Als nichts mehr zu gehen schien, warfen Sascha Batschinski und Igor ihre Maschinenpistolen auf den Brückenbelag, um mit Walter, Emil und mir auf die schwankenden Gerüste zu klettern und gemeinsam den Rammbock zu stemmen. Nach einigen Wochen übergab Jankowiak dem Direktor die neue Brücke, die unvergleichlich stabiler war als die erste. Owjetschkin, der uns mehrfach zugeschaut und manche schwierige Phase miterlebt hatte, zeigte sich tief beeindruckt. Er lobte uns und sprach Walter seine Bewunderung über diese ungewöhnliche

Vorn die kümmerlichen Reste „unserer" Brücke, die mein Sohn 1994 noch im Flussbett des Embach fand. Im Hintergrund oben links ist ein Betonpfeiler der heutigen Brücke zu sehen.

Leistung aus. Im nächsten Winter hielt unsere Brücke dem Eisgang stand. Wie viele weitere Winter mochte sie noch überdauert haben?

Als mein Sohn Oliver und ich fünfzig Jahre nach meiner Gefangennahme auf unserer Reise durch das befreite Estland in Sillapuu haltmachten, war unser Holzbau durch eine Betonbrücke ersetzt. Oliver fand aber unter der neuen Brücke auf dem Grunde des Flussbettes die Reste unserer mächtigen

Pfeiler, die kein Hochwasser hatte forttragen können. Auf dem Geländer der neuen Brücke sitzend, feierten wir seine Entdeckung und prosteten uns dabei fröhlich mit Wodka zu!

Inzwischen waren die Saatkartoffeln in ausgezeichnet vorbereiteten Böden. Die Brigaden, nun verstärkt durch die Brükkenbauer, setzten im Schnellschritt die von Hein gezogenen Kohlpflänzchen auf dem Lehmboden von Jögeveste in vorgestanzte Löcher. Während der hierauf folgenden Aussaat der restlichen Feldfrüchte ließ Owjetschkin eines Abends die gesamte Mannschaft antreten. Zum ersten Mal erlebten wir, dass sich ein sowjetischer Lagerkommandant uns gegenüber verständnisvoll und mitfühlend über unsere Arbeits- und Lebensbedingungen äußerte. Er ging jedoch weit darüber hinaus, denn er verkündete uns das Ende unseres bisherigen Daseins als Sklaven- und Zwangsarbeiter. Den wesentlichen Inhalt seiner Ansprache habe ich in Erinnerung behalten, da er mich beauftragte, sie Satz für Satz zu übersetzen. Obwohl ich bei dieser Bewährungsprobe aufgeregt war, gelang mir die Übersetzung wohl insoweit, als ich den Sinn seiner Worte nicht verfälschte.

Er sagte etwa Folgendes: „Vor wenigen Wochen habe die Verwaltung der in Estland bestehenden Kriegsgefangenenlager beschlossen, ein neues Regime einzuführen. Wer unzureichend ernährt, bekleidet, untergebracht und ohne das erforderliche Gerät zur Arbeit gezwungen werde, könne sich nicht für ihren Erfolg verantwortlich fühlen. Das gelte in noch höherem Maße, wenn er feststellen müsse, dass ein großer Teil seiner Arbeitskraft wegen mangelnder fachlicher Befähigung der für die Leitung Verantwortlichen in plan- und sinnloser Weise vergeudet würde. Unter dem neuen Regime würde unsere Arbeit fachgerecht organisiert und geleitet werden, um sie für die Sowjetunion rentabel zu machen. Angemessene Behandlung, Verpflegung und Unterbringung, vernünftige, erfüllbare Normen und die Übertragung von Mitverantwortung sollten darauf hinwirken, dass wir uns künftig mit unseren Aufgaben identifizieren könnten. Hierfür hätte er schon erste Maßnahmen getroffen und sich in den letzten Wochen davon überzeugen können, dass wir sie durch hervorragende Leistungen honoriert hätten. Dafür spreche er uns

Dank und Anerkennung aus! Er würde sich nach besten Kräften bemühen, unsere Verpflegung, Bekleidung und Unterkunft zu verbessern. In Kingu würde niemand mehr hungern und frieren müssen! Künftig würden wir einen Arbeitslohn erhalten. Wer wie wir im inneren Dienst der Lager oder für ihre Versorgung eingesetzt sei, erhielte aber nur eine monatliche Pauschale von fünfzehn Rubel. Sie würde uns ab nächstem Monat ausgezahlt werden, und wir würden Gelegenheit erhalten, hierfür Nahrungsmittel oder Waren des täglichen Bedarfs zu kaufen. Unsere Unterbringung sei völlig unzureichend, und die hygienischen Einrichtungen unannehmbar. Er beauftrage hiermit den Brigadier der Handwerker, beides so rasch wie möglich in einen menschenwürdigen Zustand zu versetzen und würde alles benötigte Material beschaffen sowie zusätzliche Handwerker aus Walk anfordern. Künftig wären die Brigadiere dafür verantwortlich, dass die Kräfte ihrer Leute nicht überfordert würden. Es sei seine Hoffnung, dass wir die Podzobnoje gemeinsam zu einem ertragreicheren Betrieb entwickeln würden."

Durch die Ernennung von Brigadieren aus unserer Mitte und ihre Ermächtigung, die Bedingungen unserer Arbeit zu bestimmen, waren wir künftig davor bewahrt, bis zur völligen Erschöpfung zu schuften. Kingu hatte den Schrecken einer Knochenmühle verloren! Die Versprechungen des Direktors für weitere Verbesserungen erschienen aber vielen so weitgehend, dass sie an ihre Verwirklichung nicht glauben mochten. Schließlich hatten wir uns doch jahrelang von den Russen sogar das billige Versprechen anhören müssen: „Skoro bajeditje damoi!" (Bald werdet ihr nach Hause fahren!) Das „Instrument Hoffnung" hatte uns anspornen sollen, die Arbeitsnorm zu erfüllen. Das war immerhin ein freundlicheres Mittel gewesen als ein Fußtritt, hing uns aber schließlich zum Hals heraus. Ich zweifelte nicht an der Vertrauenswürdigkeit des neuen Direktors und sah mich durch seine nächste Maßnahme bestärkt.

Er bestellte Batschinski zum Chef des Wachkommandos und wechselte die „bösen Buben" unter den Konvois gegen Rotarmisten aus, die ihm die Gewähr für die strikte Einhaltung seiner Anordnungen bieten sollten. Als Erster verschwand Jakov. Ihm folgten der schneidige Mladschi-Sergeant, der Usbeke und schließlich, zu meinem Bedauern, auch Baranikow. Seine raue Schale mochte ihn zu einem unbequemen Untergebenen machen. Wir hatten aber seit dem letzten Frühjahr unter seiner rauen Schale sein gutes Herz entdeckt!

Walter Jankowiak und seine Handwerker, um zwei Dachdecker und zwei Zimmerleute aus dem Lager Walk verstärkt, machten sich an die Umgestaltung des früheren Pferdestalles. Wir mussten für mehrere Wochen nach Sopaidu umziehen und in Heu und Stroh kampieren.

Als wir nach Kingu zurückkehren durften, standen wir mit Bewunderung vor dem vollendeten Werk! Die Außenwände unserer Unterkunft schimmerten strahlend weiß, die Fensterrahmen in hellem Blau, und das mit neuen Ziegeln gedeckte Dach leuchtete in frischem Rot.

Die Bewunderung löste sich in Gejohle auf, als einer sie auf seine Weise in Worte fasste: „Nu brauchen se bloß noch den Stacheldraht abzureißen, denn is dat n' Sanatorium!"

Und seit diesem Augenblick hieß der einstige gutsherrliche Pferdestall bei uns „das Sanatorium".

Bei der Besichtigung seiner Rückseite gab es eine freudige Überraschung: „Menschenskind, guckt doch mal. Der Donnerbalken is weg! Sie haben tatsächlich ein richtiges Scheißhaus mit Einzelkabinen gebaut! Jetzt donnern wir aber vornehm!" Und entlang der Rückwand war eine überdachte, durch Brunnenwasser gespeiste Waschanlage entstanden.

Als wir voller Spannung in das Innere drängten, kam Begeisterung auf! Unser düsterer „Schlafstall" war in einen großen, hellen Raum verwandelt! Durch die um das Doppelte vergrößerten Fenster fiel das Tageslicht auch in den letzten Winkel, und die Wände leuchteten in einem hellbeigen Anstrich. Die elenden Knüppelpritschen waren verschwunden und durch doppelstöckige, mit neuen Strohsäcken und Wolldecken bestückte Betten ersetzt. Die andere Hälfte des Raumes war mit Tischen und Bänken möbliert. Wir bekamen also ein Wohnzimmer! Arbeitsräume für Sanitäter, Friseur, Schuster und Schneider befanden sich noch im Bau und auch Wagner sollte durch den Ausbau der früheren Pferdegeschirr-Kammer sein eigenes Reich bekommen.

Als der Chefkoch uns nach unserem Einzug in die „Luxus-
herberge" berichtete, dass unsere Zuteilungen an Fleisch,
Mais, Hirse und Maisöl als Erstes um ein Drittel erhöht worden seien, zeigten sich auch die letzten Skeptiker davon überzeugt, dass auf das Wort des neuen Direktors Verlass war!
Am nächsten Sonntag sahen wir Owjetschkin, begleitet von
seiner hübschen, jungen Frau, die kürzlich aus einer russischen
Großstadt in das Direktorenhäuschen am Wege nach Uniküla
übergesiedelt war, vor dem Stacheldraht stehen. Sie betrachteten unser veredeltes Quartier. Ljuba Owjetschkina rief, fröhlich winkend, den auf dem Hof stehenden Plennis, einen Gruß
zu. Wie Gustav berichtete, erschien sie oft in der Küche und
prüfte kritisch den Inhalt der Kochkessel. Sie besichtigte das
neue Gewächshaus in Haavetare und ließ sich in der Masterskaja sehen!

Von jeher war es einer unserer dringendsten Wünsche gewesen, sonntags von der Arbeit befreit zu werden, sofern dem
nicht dringende landwirtschaftliche Erfordernisse entgegen-
standen. Als Owjetschkin uns tatsächlich diesen Wunsch erfüllte, meinte Batschinski, das Frau Ljuba hieran nicht ganz
unbeteiligt gewesen sei. Offenbar war uns ein Schutzengel
zugeflogen!

Unerwartet verstärkte sich die sowjetische militärische
Präsenz in Kingu, wobei es sich allerdings um zwei Gestalten
von höchst unkriegerischem Äußeren handelte. Dem Direktor wurde der junge, hoch aufgeschossene Unterleutnant Tkatschenko als Assistent zugeteilt. Mit der Nickelbrille auf der
Nase, dem rundlichen Gesicht, das einen leicht pubertären
Ausdruck bewahrte, bekleidet mit einer, für breitere Schultern zugeschnittenen Uniformbluse, sah er eher einem Stu-
diosus des ersten Semesters gleich als einem Militär. Sein
Äußeres und sein schüchternes Wesen forderten die Konvois
zu gnadenloser Häme heraus. Er galt ihnen überdies als Mut-
tersöhnchen, denn dieser gute, verantwortungsbewusste Sohn
hatte seine Mutter, eine Kriegerwitwe, zu sich genommen.
Zunächst wusste der Direktor offenbar nichts mit ihm anzu-
fangen, bis sich endlich etwas Nützliches ergab: Er beauftragte
ihn, die vom Revaler Stab der estnischen Lager angeforderte
„Karte" unserer Podzobnoje zu zeichnen. Sie sollte, so weit

wie möglich maßstabgerecht, alle Gemarkungen Kingus mit
ihren sämtlichen Feld-, Grünland- und Waldflurstücken enthalten. Keine leichte Aufgabe, wenn man weder mit Lage und
Art der darzustellenden Ländereien vertraut war und darüber hinaus keine zeichnerische Begabung besaß! Der Leutnant schob sie ratlos vor sich her, bis er auf den Gedanken
kam, einen Gefangenen hinzuzuziehen.Owjetschkin hatte
nichts dagegen, nur befand sich kein Landvermesser unter
uns. Da mir als einem der dienstältesten Kingulaner Lage,
Art und Ausdehnung der Gemarkungen der Podzobnoje vertraut waren und ich den sprachlichen Anforderungen leidlich
gewachsen war, verfielen sie auf mich. Obwohl mir dieser Auftrag mangels eigener Fachkenntnisse unbehaglich war, konnte ich ihn nicht ablehnen. Ich beruhigte mich aber damit, dass
die Tallinner Obrigkeit wohl kaum ein Erzeugnis von profes-
sioneller Qualität erwarten würde, sondern mit einem schlichten Lageplan zufrieden wäre.

Owjetschkin besaß eine Generalstabskarte des Gebietes
zwischen Walk und dem im Zentrum Estlands gelegenen Wirzsee im Maßstab 1 : 25 000. In einer „Pause" dieser Karte zeichnete ich neben den äußeren Grenzen der Podzobnoje die auf
ihrem Gebiet liegenden Waldstücke, Uferwiesen und Sumpf-
flächen ein. Dann klebte ich vier DIN-A4-Blätter zusammen,
teilte den großen Bogen in Quadrate ein und übertrug auf
diese die von mir in die „Pause" eingezeichneten Daten. Nun
begann der mühevollste Teil der Arbeit. Es galt, die auf
Owjetschkins Karte nicht dargestellten landwirtschaftlich
genutzten Grundstücke sowie die Gehöfte mit allen Gebäuden und Hofflächen in möglichst genauen Abmessungen zu
erfassen und einzuzeichnen. Gemeinsam mit Emil, der mir
als Gehilfe zugeteilt worden war, schritt ich sie ab, ein lang-
wieriges Unternehmen, bei dem Tkatschenko uns hoch zu
Ross oder auch zu Fuß begleitete, sich aber auch oft beteiligte. Hierbei kamen wir uns menschlich näher. Zuweilen spürten wir aber, wie er sich plötzlich mit einer gewissen Befangenheit zurücknahm. Offenbar war ihm dann eingefallen, dass
ein sowjetischer Offizier gegenüber den gefangenen Feinden
einen deutlichen Abstand wahren müsse.

Nach mehreren misslungenen Versuchen brachte ich eine

Karte zustande, die keinen Anspruch auf geodätische Qualität erheben konnte, jedoch ein anschauliches und informati-
ves Bild Kingus vermittelte. Sie empfahl sich auch durch saubere, ansprechende Zeichnung, für die Tkatschenko mir in
Walk Tusche und Stahlfedern besorgt hatte. Der Direktor
teilte uns bald darauf mit, dass der Revaler Stab ihn wegen
der Karte gelobt habe.

Weshalb man Kapitan Avramow, den dicklichen, in sich
ruhenden zweiten Neuankömmling auf einen landwirtschaftlichen Betrieb entsandt hatte, konnten wir uns nicht erklären. Mit der Landwirtschaft war er nie in Berührung gekommen. Und sie interessierte ihn nicht die Bohne! Er übernahm
auch keine irgendwie geartete Aufgabe. Wie Antek behauptete, war das Einzige, was ihn interessierte, gutes und reichli-
ches Essen. Avramow legte offensichtlich auch den größten
Wert auf eine geregelte Verdauung. Hiermit erklärten wir uns
jedenfalls, dass seine einzige Beschäftigung im Spaziergehen-
hen bestand. Dabei begleitete ihn oft seine sicherlich zwanzig
Jahre jüngere, dicke Eheliebste, aus deren hautengen Klei-
dern die Fettpolster hervorquollen. Als ich mehrere Jahre
später Gontscharows Roman „Oblomow" las, glaubte ich, in
Avramow die sowjetische Version dieser klassischen Figur des
lebensuntüchtigen Nichtstuers kennengelernt zu haben!

Mitte Mai war es zeitweise kühl und regnerisch geworden.
Anschließend hatte Wagner sich über eine Mischung aus viel
Sonne und warmem, mildem Landregen, die sprichwörtliche
Garantie für eine reiche Ernte, freuen können. Die sauber
angehäufelten Kartoffeln und die anderen, unter seiner strenger Aufsicht sorgfältig gepflegten Hackfrüchte hatten sich
besser entwickelt als je zuvor. Hafer und Roggen, die auf sein
Betreiben erstmals auf geeigneten kleineren Schlägen gesät
worden waren, standen hoch und hatten sehr gut angesetzt.
Wenn er sich immer noch nicht unsere allgemeine Sympathie
erworben hatte, so doch unseren Respekt. Man musste zugeben, dass er ein ausgezeichneter Landwirt war, denn das Gut
blühte unter seiner Regie und der Führung Owjetschkins
sichtbar auf.

Bevor die Feldfrüchte sowie die Tomaten und Gurken in

Heins „verbotenen Gärten" reiften, war für uns in den Wäldern und an ihren Rändern ein reicher Tisch gedeckt. Überall waren die saftig-süßen Blaubeeren reif geworden. Längst hatten wir gemerkt, wie versessen die Russen auf Waldbeeren waren. Das in diesem Jahr besonders üppige Angebot der Wälder veranlasste den Kommandeur der Walker Garnison, Owjetschkin aufzufordern, für das Offizierskasino Blaubeeren zu liefern. Er werde sie jeweils durch Lastwagen abholen lassen. Owjetschkin verband den Gehorsam mit dem Nützlichen: Er war enttäuscht darüber, dass sich manche seiner Gefangenen trotz verbesserter Ernährung und Zuteilung leichter Arbeit immer noch in schlechtem körperlichen Zustand befanden. Ein Wunder war das eigentlich nicht, denn sie waren schon vor seiner Ankunft zu weit heruntergekommen und „reif für Tamara" gewesen. Nun verfügte er, dass eine Gruppe neun hohlwangiger Männer „in die Blaubeeren gehen" solle. In der Annahme, dass sie wegen ihrer Schwäche keinen Gedanken an Flucht verschwenden würden, wollte er ihnen keinen seiner anderweitig benötigten Konvois mitgeben. Er übertrug mir die Führung und Verantwortung für die Beerenbrigade und drückte dabei mahnend die Hoffnung aus, dass ich ihm keine Probleme bereiten werde. Das versprach ich gern, gab jedoch zu bedenken, dass es nicht empfehlenswert sei, aufs Geratewohl loszumarschieren. Mit seiner Erlaubnis suchte ich den estnischen Förster Hurt auf, dem wir während der Waldarbeit oft begegnet waren. Auf meine Frage nach den besten Jagdgründen für Blaubeeren empfahl er mir, den südwestlichen Teil der sich zwischen dem Embach und der Autostraße von Dorpat nach Walk erstreckenden Wälder.

„Von Kingu sind es bis dorthin allerdings zehn Kilometer", sagte er, und meinte mit lebhaftem Augenzwinkern: „Aber ihr werdet dort gewiss nicht unter Heimweh leiden!" Bevor ich mich nach Unterkunftsmöglichkeiten erkundigen konnte, fügte er hinzu: „Ich bin mit dem Bauern Peterson, einem Jagdgenossen aus besseren Zeiten, befreundet. Sein kleiner Hof liegt unmittelbar am Rande der Wälder. Er ist schon in meinem Alter, hat aber eine hübsche, junge Frau. Bei ihm werde ich euch anmelden. Du kannst gewiss sein, dass er, wie alle Esten, euch „Sakslanna" gern aufnehmen wird!"

Mit dem Einverständnis des Direktors machte sich unser Häuflein auf den mir von Hurt beschriebenen Weg. Schon in den Morgenstunden brannte die Sonne heiß von einem wolkenlosen Himmel. Der schmale Feldweg war zerfahren und staubig. Das Ziehen der Karre, die mit etlichen Spankörben und den Rohprodukten unserer Verpflegung für eine Woche schwer beladen war, wurde uns lästig. Dennoch wanderten die Veteranen zunächst mit leichtem Schritt. Wir konnten es immer noch nicht fassen, für Wochen in eine halbe Freiheit entlassen worden zu sein! Beim Ziehen des Karrens hatten wir uns in kürzeren Abständen abgewechselt und doch wurden, als wir kaum die Hälfte der Strecke zurückgelegt hatten, die Schritte kürzer. Als wir eine Mittagspause machten, flimmerte die von keinem Hauch bewegte Luft vor Hitze, und alle ließen sich ins Gras fallen. Ich brachte die kleine Schar nur mit Mühe wieder auf die Beine. So erreichten wir erst nach zweistündigem Marsch den Rand der Wälder. Obwohl wir nun zeitweise im Schatten marschierten, musste ich den Männern auf dem letzten Stück des Weges nach jedem Kilometer eine Ruhepause gönnen.

Endlich sahen wir unser Ziel vor uns liegen. Vom Wald nur durch den Weg getrennt, lag ein Bauernhof der für Estland typischen Art: ein vom Garten umgebenes Wohnhaus mit sorgfältig gestrichenen, bretterverschalten Wänden und der Veranda, deren gelbe und blaue Farben in der Nachmittagssonne einladend leuchteten. Rund um den Hof herum solide gebaute, kleine Wirtschaftsgebäude mit Balkenwänden und in der Mitte der Ziehbrunnen. Als wir den Hofplatz betraten, und der Hund anschlug, kam uns der Bauer entgegen, ein Mann mittleren Alters mit faltigem, wettergebräuntem Gesicht, vom Ackern und Schleppen schwerer Lasten schon etwas gekrümmt.

„Tere tulemast!" (Willkommen), rief er, und: „Mu nimi on Jüri!" (Mein Name ist Jüri) Während er uns die Hände schüttelte, trat aus dem Wohnhaus eine junge, schlanke Frau mit einem Baby auf dem Arm. Sie winkte uns freundlich zu.

Er zeigte auf sie: „Linda, minnu abikaasa." (Linda, meine Ehefrau)

Jüri sprach auch etwas Russisch, machte davon aber nur

ungern Gebrauch und bequemte sich nur dazu, weil ich damals nur wenige estnische Worte verstand. Im Übrigen war er überhaupt kein Freund vieler Worte.

Jüri führte uns zu einem leeren Getreidespeicher. Er hatte den Bretterboden dick mit Stroh ausgepolstert. „Hier ist eure Wohnung", sagte er und zeigte uns auch die Kochstelle, die er neben dem Speicher aus Feldsteinen gebaut hatte.

Todmüde streckten meine Gefährten sich im Stroh aus. Ich hätte mich gern dazugelegt, fand aber keine Ruhe. Ob Hurt mit seiner Behauptung von dem unerschöpflichen Beerenreichtum dieser Waldgebiete nicht doch übertrieben hatte?

Ein schmaler Trampelpfad führte in den Kiefernwald. Zunächst fand ich nur wenige, verstreut stehende Blaubeerbüschchen. Kaum fünfzig Meter weiter mochte ich jedoch meinen Augen nicht trauen: Eine dichte Decke von Blaubeersträuchern, die den Waldboden weithin überzog, war übersät mit einer solchen Fülle der schwarzblauen Beeren, wie ich sie noch nie gesehen hatte. Ich mochte den Pfad nicht verlassen, weil ich mit jedem Schritt viele Beeren zertreten hätte. In Laufschritt fallend, stieß ich weiter in den Hochwald vor und der überbordende Reichtum wollte nicht enden! Hier würden wir unsere Norm mit Leichtigkeit erfüllen, dachte ich.

Als ich das herrlich kühle Wasser des tiefen Ziehbrunnens trank, wehte ein verlockender Geruch aus Lindas Küche herüber und erinnerte mich daran, dass es an der Zeit war, etwas zu essen. Ich holte Ewald aus dem Stroh, und wir gingen daran, zwischen den Feldsteinen unserer Kochstelle Feuer zu machen, um einen Eimer voll nahrhaftem, dickem Weizenkascha zu kochen. Plötzlich erlahmte unser Eifer, denn wir sahen unsere Gastgeber aus dem Hause treten, jeder mit einer riesigen Pfanne in den Händen. Zunächst starrten wir die hoch aufgetürmten, mit Speck und Eiern schön gelbbraun gebratenen Bratkartoffeln ungläubig an.

Ewalds heiserer Freudenschrei alarmierte unseren müden Verein, der aus dem Speicher stürzte, als ob ein feindlicher Einbruch drohe. Was machte es, dass nach dieser himmlischen Schlemmerei manchem in der Nacht der Bauch wehtun würde? Dankbar fragte ich Jüri, ob er auf dem Hof Hilfe brauchen könne.

„Warum nicht", sagte er. Am nächsten Tag wolle er von einem Feuchtgebiet, das in der Nähe liege, nach dem zweiten Schnitt das Heu einfahren und im Übrigen könne auch die Gerste schon gemäht werden. Mein Angebot, zwei Männer für leichte Arbeit freizustellen, nahm er gern an. Am nächsten Morgen gab es zum Frühstück unseren üblichen Brei, aber in Vollmilch, mit Falläpfeln und Zucker gekocht, was alles Linda spendiert hatte.

Mit vollen Bäuchen werden die Kameraden meinen Zumutungen sicher leichter gewachsen sein, dachte ich und verkündete: „Zwei von uns, die sich hierfür freiwillig melden, werden morgen dem Bauern bei Erntearbeiten behilflich sein, was mit Sicherheit eine sehr nahrhafte Aufgabe ist! Wenn ihr mitmacht, möchte ich in täglichem Wechsel zwei Mann zu Jüri oder zu seinen Nachbarn abordnen. Wir sollten uns nicht einbilden, dass unsere Gastgeber umsonst die Fressalien erübrigen können, die wir brauchen, um uns wieder Fleisch auf die Rippen zu pulen! Obwohl wir also ab morgen nur zu acht Mann pflücken werden und schon übermorgen Abend der erste Kleinlaster aus Walk kommt, um zwölf volle Körbe abzuholen, müssen wir pro Tag sechs Körbe Beeren pflücken."

Als sie einwandten, dass das nicht zu schaffen sei, bat ich sie, sich im Wald umzuschauen, bevor sie sich ein Urteil bildeten. Als sie dann vor den Blaubeerteppichen standen, verstummte jeder Zweifel. Nicht einmal unsere beiden Ostpreußen konnten sich entsinnen, jemals einen solchen Beerenreichtum gesehen zu haben!

Auf den Knien hockend, hatten Paul und ich schon vor Mittag unsere Körbe bis zum Rand gefüllt. Die meisten Kameraden mussten sich bald hinsetzen und kamen deshalb langsamer voran. Alle waren aber eifrig bei der Sache. Daher war am Abend abzusehen, dass wir unser tägliches Pensum auch zu acht schaffen würden. Unbesorgt konnte ich Jüri bitten, seine Nachbarn zu fragen, wer von ihnen bereit sei, abwechselnd täglich zwei schonungsbedürftige deutsche Arbeitskräfte zu beschäftigen.

Am Westrand der großen Wälder lagen, in der Gemarkung Priipalu verstreut, wohl ein Dutzend kleiner Bauernhöfe, während das „Zentrum" des Dorfes nur aus dem hübschen

Kirchlein und einer Handvoll ehemaliger Tagelöhnerhäuschen bestand. Die sowjetischen Invasoren hatten auch hier den für die estnische Landwirtschaft typischen, kleinbäuerlichen Besitz, sofern er fünfzehn Hektar nicht überschritt, vorläufig noch nicht angetastet. Was darüber hinausging, war für die neuen Sowchosen und die geplanten Kolchosen vereinnahmt worden. Großbäuerliche Betriebe wurden zur Gänze vergesellschaftet. Solange die kleinen Höfe erhalten blieben, gab es, obwohl sie eine Menge ihrer Erzeugnisse an den Staat abliefern mussten, in Estland auch in den Nachkriegsjahren keinen einschneidenden Nahrungsmangel.

Jüri stieß bei seinen Erkundigungen auf mehr „Nachfrage", als wir befriedigen konnten. Die Kameraden, die nun abwechselnd jeden Tag ausschwärmten, kamen begeistert zurück. Überall hatte man ihnen nur leichte Arbeit zugemutet, jedoch waren sie mit allem verwöhnt worden, was ihre Herzen begehren und ihre Mägen bewältigen konnten. Sie brachten sogar „milde Gaben" in Form von Milch, Brot, Kartoffeln und Fettigkeiten mit, sodass auch die Beerenpflücker reichlich versorgt und unsere Gastgeber entlastet wurden. Dennoch gelang es uns auch, die aus Kingu mitgebrachten und wöchentlich ergänzten Lebensmittel zu verputzen! Wer noch fit genug war, half abends auf „unserem" Hof bei der Feldarbeit und im Garten.

Nachdem wir etliche Walker Kleinlastwagen mit den blauen Beeren beladen hatten, wurde absehbar, dass die Fundstätten in der Nähe des Hofes bald erschöpft sein würden. Deshalb ging ich auf die Suche nach neuen, lohnenden Sammelgründen. Es waren wohl die besten Stunden meiner bisherigen Gefangenschaft, in denen ich allein, auf schmalen Jägerpfaden, durch den harzduftenden Kiefernhochwald streifte. Endlich entdeckte ich am Waldrand neben einer Schonung einen breiten, lang gezogenen Blaubeerstreifen, nicht weniger ergiebig, als es unsere bisherigen „Weiden" gewesen waren. Und doch musste ich immer wieder auf die Suche gehen, weil die Kameraden von Tag zu Tag geschickter und rascher pflückten.

Nach zwei Wochen hatten wir uns weit nach Norden vorgearbeitet und es war uns nicht mehr möglich, die schweren

Körbe, die wir für den Transport an biegsame Holzstangen hängten, bis zum Hof zu schleppen. Deshalb verlegten wir unsere Aktivität in die Nähe des östlichen Waldrandes, an dem die „Autostraße" von Walk nach Dorpat, in Wahrheit eine elende, pockennarbige Schotterpiste, entlangführte. Wir verbrachten die Mittagspause vor Ort und schafften die Körbe abends an den Straßenrand. Dann kam Jüri, um sie mit seinem Gespann abzuholen, und wir liefen hinterdrein.

Bei allem Bedauern, dass unsere „Freiheit auf Ehrenwort" sich dem Ende neigte, musste ich mir eingestehen, dass die Blaubeeren nun allenthalben knapper wurden. Bei meinen Streifzügen hatte ich jedoch ein Feuchtgebiet entdeckt, das dicht mit den Sträuchern der Klukwa (Moosbeere) bedeckt war. Ihre Zweige hingen voller Kugeln tiefschwarzer Farbe, die zweimal so dick wie die Blaubeeren waren. Zwar waren sie weniger aromatisch, unter ihrer Schale verbarg sich aber süßes, schneeweißes Fruchtfleisch. Wenn wir sie unter die Blaubeeren mischten, würden die Körbe sich rascher füllen.

Ich war gerade im Begriff, einige Männer zu den Klukwabeeren in Marsch zu setzen, da ertönte plötzlich ein Alarmruf: „Achtung! Wir kriegen Konkurrenz!"

Auf dem Pfad, der durch den Wald zur großen Straße führte, kamen zwei Frauen mit Körben in den Händen auf uns zu. Bei ihrem Näherkommen sah ich, dass sie sich in ihrem Äußeren von den estnischen Frauen unterschieden, denen wir in dieser ländlichen Umgebung bisher begegnet waren. Als sie uns mit großer Herzlichkeit in nahezu fließendem Deutsch begrüßten, blieben wir zunächst vor Verblüffung stumm.

Dafür überschütteten sie uns mit Fragen: „Wir erfuhren, dass ihr ohne Bewachung bei Jüri und Linda wohnt. Wie ist das möglich? Kommt ihr aus Kingu oder aus Walk? Wie werdet ihr von den Russen behandelt? Seid ihr gesund? Seid ihr hier gut untergebracht? Habt ihr genug zu essen?"

Als ich ihnen erklärte, weshalb der Direktor sich entschlossen hatte, uns ohne Konvoi in die Blaubeeren zu schicken, dass wir hier wie im Paradies lebten und unseren Gastgebern und ihren Nachbarn dafür zutiefst dankbar seien, waren sie froh. Nein, sie hätten noch nie deutsche Kriegsgefangene zu Gesicht bekommen. Obwohl den Esten von Hitlerdeutschland viel Böses widerfahren war, fühlten sie sich den Deutschen, mit denen ihre Vorfahren durch viele Jahrhunderte zusammengelebt hatten, immer noch verbunden.

„So", erklärten sie, „jetzt müsst ihr aber essen, was wir mitgebracht haben!"

Wir setzten uns im Kreis um unsere Besucherinnen und vertilgten herrliche hausgemachte Speisen.

„Ich bin Alwine Tera", sagte die ältere der beiden, die im Alter meiner Mutter sein mochte. „Unser Hof ist nur knapp drei Kilometer von hier entfernt."

An unseren beiden letzten Tagen im Blaubeerwald kamen sie zur Mittagsstunde wieder, um uns mit lauter Köstlichkeiten zu verwöhnen. Nicht nur wegen der guten Gaben tat es uns leid, von diesen großherzigen und mutigen Frauen Abschied nehmen zu müssen.

Alwine wollte keinen Abschiedsschmerz aufkommen lassen: „Wir werden uns wiedersehen", versicherte sie uns und fügte, zu mir gewandt, hinzu: „Vor allem dir traue ich zu, dass du es schaffen wirst, dich zu uns zu schleichen. Komm, sobald du kannst! Unser Hof liegt für sich allein, einige Hundert Meter hinter Kuigatse am Fahrweg nach Mägiste. Ihr alle seid uns jederzeit herzlich willkommen!"

Wir hatten gerade den letzten Anderthalbtonner nach Walk abgefertigt, als unsere Gastgeber uns erneut ihre rührende Zuneigung bewiesen. Sie hatten für uns ein Abschiedsessen vorbereitet. Zu ihm waren alle Bauersleute eingeladen, bei denen die Kameraden während der letzten Wochen gearbeitet hatten.

Die Gäste erwartete eine mit vielen herzhaften Speisen besetzte Tafel, die Veranda und Wohnraum einnahm. Die Esten steckten uns mit ihrer Freude am Feiern und ihrer Fröhlichkeit an und waren bemüht, uns den Abschiedsschmerz vergessen zu lassen. Ebenso wie bei der Arbeit wurde hier kräftig zugelangt. Und wenn wir ein Glas Selbstgebrannten geleert hatten, so war es sofort wieder gefüllt. Erneut erhob sich dann die ganze Runde, um mit uns auf ein Wiedersehen anzustoßen: „Tervis!"

Am nächsten Morgen musste ich sanfte Gewalt anwenden, um die verkaterte Mannschaft aus dem Stroh zu holen. Schwe-

ren Herzens nahmen wir Abschied von Jüri und Linda. Und
schon nach wenigen Schritten begannen wir, uns umzuwen-
den und ihnen immer wieder zuzuwinken, bis wir im Wald
verschwanden.

Wenn ich jetzt unsere kleine Gruppe betrachtete, schien mir
der Aufbruch von Kingu nicht Wochen, sondern Monate zurück-
zuliegen! Während der gesamten Wegstrecke marschierten alle
leicht und unbeschwert. Kein mühevolles Nachziehen der Füße,
kein Ringen nach Luft mehr! Ich schaute in leicht gerundete
Gesichter, die wieder frische Farbe angenommen hatten.

Als wir gegen Mittag vor dem Eingangstor des „Sanatoriums" standen, liefen die Innendienstler auf dem Hof zusammen, um die Beerensammler zu empfangen, die sie bei ihrem
Aufbruch als „Fußkranke" verabschiedet hatten. Jetzt wunderten sie sich darüber, was aus ihnen geworden war!

Der Direktor lobte uns für unsere fleißige Arbeit und äußerte seine Zufriedenheit mit dem sichtbar verbesserten Zustand der Männer. Bevor sie wieder in die Brigaden einge-
reiht würden, wolle er ihnen Gelegenheit geben, wieder voll
arbeitsfähig zu werden.

Während wir ihn erwartungsvoll anblickten, fragte er mich,
ob ich mich mit Pilzen auskennen würde.

„Gut genug", erwiderte ich. Meine Eltern, große Pilzfreunde
und -kenner, hatten uns als Kinder immer zum Pilzsammeln
mitgenommen und gründlich in die Pilzkunde eingeführt.
Zugleich wies ich auf Paul und Ewald, die sich in den Wäldern
von Pripaluu nach jedem guten Speisepilz gebückt hatten, um
ihn Linda mitzubringen: „Diese beiden verstehen aber mehr
davon als ich!"

„Gut", sagte Owjetschkin, „dann werde ich euch gleich
wieder in den Wald schicken, denn die Walker Garnison hat
mich gebeten, ihr nun auch Pilze zu schicken."

Wir beschlossen, unser Glück zuerst in einem nahen Misch-
waldgebiet zu versuchen. In solchen, in weiten Teilen lichten
Wäldern wuchsen mehr und bessere Pilze als im dunklen
Nadelwald. Ich schickte Paul und Ewald als „Kundschafter"
voraus und folgte ihnen, die Augen immer auf den Boden geheftet, mit dem Rest der Gruppe. Es dauerte nicht lange, bis
mir auf sandigem Boden einer mit niedrigen Birken und Kie-

fern bewachsenen Lichtung Pilzgeruch in die Nase stieg. Halb versteckt schauten gelbe Köpfchen aus vorjährigem Laub und Gras hervor. Sobald wir die dünne Laubdecke weggekratzt hatten, schimmerte die Lichtung bis hin zu ihren Rändern goldgelb! Keine hundert Meter entfernt fand sich eine ähnlich ergiebige Stelle. Das machte den Männern Mut und regte ihre Entdeckerlust an! Unsere Spankörbe waren schon bis zum Rand gefüllt, als die Kundschafter zurückkehrten. Sie brachten ein reiches Sortiment der besten Speisepilze mit. Stolz zeigten sie uns Raritäten, wie den gern unter Eichen wachsenden roten Ziegenbart. Die beiden Experten hatten aber auch eine Reihe der gefährlichsten Giftpilze, Knollenblätter-, Satans- und Pantherpilze, mitgebracht, damit wir vor der Heimkehr unsere Pilznovizen mit den wichtigsten Arten giftiger Pilze bekannt machen konnten.

Nach Ablauf von zwei Wochen hatten wir in weitem Umkreis Wälder und Buschwaldflächen abgeweidet. Und die Wachstumszeit unserer ergiebigsten Beute, der Pfifferlinge, war zu Ende.

Noch ein letztes Mal bekamen die ehemaligen „Fußkranken" einen kräfteschonenden Auftrag: die Tabakernte in Haavetare. Dort war, nachdem die Handwerker das alte heruntergekommene Häuschen in einen bewohnbaren Zustand versetzt hatten, ein sowjetischer Offizier mit Frau und Kindern eingezogen. Der „Neue", so berichteten die Handwerker, sei „ein feiner Kerl". Und er habe eine sehr sympathische Frau. Wir hatten gerade mit der Arbeit begonnen, als ein nicht mehr ganz junger, etwas fülliger Oberleutnant aus dem Hause trat. Schwarzes Haar und stark gebräunte Gesichtsfarbe deuteten auf seine Herkunft aus südlichen Regionen hin. Er grüßte uns freundlich, drehte sich eine Zigarette und schaute uns eine Weile zu. Plötzlich krempelte er die Ärmel seiner Uniformbluse auf und nahm Will, unserem Senior, das Haumesser aus der Hand. Ohne eine Unterbrechung hackte er schwungvoll, mit dem Geschick eines erfahrenen Landarbeiters, die dicken, stammartigen Stängel einer langen Reihe von mehr als hundert Tabakpflanzen ab. Nachdem er Will das Haumesser zurückgegeben hatte, fragte er nach seinem Alter. Dann meinte zu uns gewandt, einem Menschen dieses

Alters müsse Gelegenheit zum Ausruhen gegeben werden!
Bisher hätten wir uns nicht vorstellen können, dass ein sowjetischer Offizier zur Unterstützung eines Kriegsgefangenen
selbst Hand anlegen würde!

Trotz des beginnenden Herbstes war es noch einmal sehr
warm geworden. Beim Abschlagen der Tabakpflanzen wirbelte von dem leichten Boden viel Staub auf. Gerade zum rechten Zeitpunkt, als unsere Zungen am Gaumen klebten, rief
uns der nette Kosak ins Haus. An der Tür wurden wir von
seiner hübschen, jungen Frau begrüßt, deren schwarzes, in
der Mitte gescheiteltes Haar bis auf die Schultern herabfiel.
Zwei kleine Kinder, die sich an ihren Rock klammerten, starrten die Fremden ängstlich an. Die Frau schöpfte aus einem
hölzernen Fass eine Flüssigkeit, die man für leicht getrübtes
Wasser halten konnte.

„Das ist Kwass", erklärte sie uns, „wir zapfen ihn im Frühjahr aus Birken. Er ist sehr erfrischend!"

Birkensaft? Das kannten wir doch nur als Haarwaschmit-
tel! Als wir davon probiert hatten, verflogen jedoch unsere
Zweifel: Dieser bei den Russen so beliebte, leicht vergorene
Saft, besaß einen angenehmen, milden Fruchtgeschmack und
löschte den Durst weit besser als Wasser.

Kapzow, unser Gastgeber, geriet ins Erzählen. Er sei kürzlich demobilisiert worden und habe es bis zu einer neuen Verwendung nicht leicht, seine Familie durchzubringen. Sie sei-
en sehr glücklich, dass Kapitän Owjetschkin, ein Kriegska-
merad, sie eingeladen habe, hier vorläufig zu wohnen. Großen Dank, sagte er, schuldeten sie auch unseren Handwerkern dafür, dass sie das Haus so gut wie nur möglich wieder
hergerichtet hätten. In dieser wunderschönen Gegend biete
die Natur viele Möglichkeiten, die Ernährung aufzubessern.
Leider sei sein Versuch, im Embach Fische zu fangen, ohne
nennenswerten Erfolg geblieben, und andere Fischgewässer
scheine es in der Nähe nicht zu geben.

„Doch", widersprach Paul, unser Fischer. Er sei kürzlich
beim Pilzsammeln auf einen zur Hälfte vom Schilf zugewach-
senen Teich gestoßen. An seiner Oberfläche habe er Bewe-
gungen beobachtet, die mit Sicherheit von größeren Fischen
herrührten. Mit dem Segen des Direktors eilten die beiden

Fischer am nächsten Morgen zu dem von Paul entdeckten
Gewässer! Am Abend kehrte er, feucht bis zu den Hüften,
aber glücklich über seinen Erfolg zurück. Wie er vorausge-
sagt hatte, war der Teich voller Fische! Seine Hoffnung, es
wären Karpfen, hatte sich leider nicht erfüllt, jedoch wim-
melte das Gewässer von ihren nahen Verwandten, den Karau-
schen, die in Masuren „Bauernkarpfen" genannt würden. Sie
hätten so eifrig angebissen, dass zwei Eimer voll geworden sei-
en! Einen Eimer hatte Kapzow dem Direktor und der Garnisonsküche überlassen, um seinen Gastgeber dafür zu gewinnen, dass Paul weiterhin mit ihm zum Fischen gehen durfte.

Die Schonzeit hatte alle Beeren- und Pilzsammler wieder
voll arbeitsfähig gemacht. Während Ewald, hinter dem Steu-
errad des neu erworbenen, ersten Traktors der Podzobnoje
sitzend, abgeerntete Getreideäcker pflügte und eggte, waren
wir anderen den Brigaden zugeteilt worden. Schon hatten die
Blätter der Birken sich gelb gefärbt, und das zeigte uns das
Nahen der Kartoffelernte an! Owjetschkin, assistiert durch
Wagner, hatte die Anbaufläche der Kartoffeln nach einer erneuten Zuteilung von Brachland weiter ausgedehnt. Sie nahm
jetzt zwei Drittel der unter den Pflug genommenen Flächen
ein. Hiermit sollte Kingu zum weitaus größten Kartoffelpro-
duzenten für die in Estland bestehenden Gefangenenlager
werden. Aus Sorge vor frühen Nachtfrösten drängte der Direktor seinen Agronom, die Vorbereitung der Ernte zu beschleunigen. Er hatte bereits die MTS Törva verpflichtet, die
erforderliche Anzahl von Erntemaschinen mit den dazugehörigen Pferdegespannen zur Verfügung zu stellen. Jankowiak
und seine Handwerker arbeiteten mit Hochdruck an der Herstellung des nötigen Werkzeuges, vor allem aber einer großen
Zahl von Tragekisten, die auf ein Fassungsvermögen von jeweils fünfzig Kilogramm Kartoffeln genormt wurden. Mir
stand vor Augen, dass in den letzten Wintern eine skandalöse
Menge von Kartoffeln wegen der nachlässigen Art ihrer Einlagerung verfault war. Es musste doch möglich sein, solche
Verluste auf ein Minimum zu begrenzen, indem man die Kartoffeln vor der Einlagerung weitestgehend von anhaftender,
feuchter Erde befreite. Ich sprach Walter Jankowiak hierauf
an. In gemeinsamen Überlegungen fanden wir schließlich eine

einfache, praktikable Lösung: Die Kartoffeln sollten noch auf dem Feld über einen hölzernen Rost geschüttet werden. Das Modell einer „Kartoffelrutsche" fand allgemein Beifall und wurde in der benötigten Stückzahl gebaut.

Noch bevor die von Owjetschkin in Walk angeforderten zweihundert Erntehelfer eintrafen, machte Wagner mir eine überraschende Mitteilung: Es sei beschlossene Sache, dass ich als dienstältester „Kingulaner" die Leitung der Arbeit auf den Kartoffelfeldern übernehmen solle! Ich war überrascht, war ich doch auf Kingu immer der Jüngste geblieben! Jahrelange Erfahrungen machen aber selbstbewusst. Weshalb sollte ich kneifen?

Im Strudel der Geschäftigkeit, der Kingu erfasst hatte, kümmerte ich mich zuerst um die Unterbringung und Versorgung der aus Walk kommenden Helfer. Wir richteten die Speicher und Scheunen in Sopaidu und Makki durch Abdichtung der Außenwände und Dächer so weit her, dass die Erntehelfer in diesen Notquartieren nicht wieder, wie in früheren Jahren, unter Kälte und Nässe litten. Sie mussten allerdings mit dicken Strohschütten vorliebnehmen. Wir verbesserten auch ihre Kochstellen.

Owjetschkin hatte angeordnet, die morgendliche Verpflegung unserer Helfer mit den vom Vorjahr übrig gebliebenen Kartoffeln anzureichern. Da sie aber mittags nur 200 Gramm trockenes Brot erhielten, musste es ihnen schwerfallen, die langen Arbeitstage durchzustehen. Deshalb erbat ich die Erlaubnis des Direktors, dass jede Brigade einen Mann als Koch abordnen durfte, der in der Mittagspause seine Kameraden mit frisch geernteten Pellkartoffeln versorgte. Owjetschkin stimmte bereitwillig zu, unter der Bedingung, dass die Köche in „guter Deckung" arbeiteten und keinen weit sichtbaren Rauch verursachten.

An einem Oktobertag begann die Sonne gerade den Rest des Frühnebels zu vertreiben, als sich eine lange Kolonne zu den Kartoffeläckern in Marsch setzte. Den feldgrauen Plennis und braungrünen Konvois folgte der Tross der Erntemaschinen und der Pferdegespanne, die mit Arbeitsgerät, Tragekisten, „Kartoffelrutschen" und Bergen von Eimern beladene Ackerwagen zogen. Wir hatten in diesem Jahr großes Glück. Das sonnige Wetter blieb über die Kartoffelernte hinaus beständig. Am Rande des größten Feldes teilte ich die Walker Erntehelfer in Brigaden zu zwanzig Mann ein und wies jeder Brigade, ob aus Walk oder Kingu, die gleiche Zahl von Kartoffelreihen zum Abernten zu. Als Menschen, Gespanne und Maschinen sich auf die ausgedehnte Fläche ergossen, ging es lebhaft zu. Vorweg unter „Hü" und „Hott" die Gespanne! Sie zogen die Erntemaschinen. Die Arbeit der den Maschinen folgenden Männer beschränkte sich nicht darauf, die sichtbar auf dem Boden liegenden Kartoffeln zu sammeln, denn ebenso viele Kartoffeln verbargen sich in der durch die Greifarme ausgeworfenen Erde. Sie mussten sich anstrengen, um der Maschine folgen zu können! Sobald eine Kiste gefüllt war, schleppten die Träger sie zu ihrer Kartoffelrutsche. Dort half ihnen ihr Brigadier, die fünfzig Kilo schwere Last hochzustemmen und auf die Rutsche zu kippen.

In Absprache mit Wagner hatte ich den Brigadieren eingeschärft, die über die Rutsche geschütteten Kisten mit Kreidestrichen auf dem Holzgestell zu vermerken, jedoch mit der Einschränkung, dass nach jeweils zwanzig angekreideten Kisten die folgenden vier Kisten nicht zu notieren seien. Diesem Verfahren, das dazu diente, die bei der Einlagerung etwa entstehenden Verluste buchhalterisch ausgleichen zu können, hatte der Direktor zugestimmt. Wir verbanden hiermit allerdings auch die Absicht, eine „Reserve" anzulegen, von der sich für unsere und die Walker Küche „Sonderrationen" abzweigen ließen! Nachdem die „Rutschen" ihre Prüfung bestanden hatten, ließen wir die Kartoffeln in der Sonne trocknen, bevor sie im Speicher eingelagert wurden.

Nachdem alle Kartoffeläcker abgeräumt waren, griff allgemeine Erschöpfung um sich. Jedoch schieden die Walker Kameraden dieses Mal mit besseren Erfahrungen von Kingu als in früheren Ernteeinsätzen.

Die Kampagne hatte an unseren Kräften gezehrt. Während uns früher die ohnehin dürftigen Ernteergebnisse gleichgültig gewesen waren, freuten wir uns nun unter dem „neuen Regime" mit unserem Direktor über den stolzen Erfolg, den er mit fast dreifacher Steigerung der Erntemenge des Vorjahres vorweisen konnte. Er mochte spüren, dass wir bemüht waren, durch unsere Identifizierung mit seinen Zielen unsere Dankbarkeit auszudrücken. Auch in Jögeveste, wo feste Kohlköpfe in langen Reihen standen, erzielten wir nach Menge und Qualität ein ausgezeichnetes Ergebnis. Kingu war unter seinem neuen, fähigen Direktor endlich ein rentables landwirtschaftliches Unternehmen geworden!

Als Fachmann ließ Wagner die Felder nicht bis zum Frühjahr liegen, sondern düngen und sofort wieder umbrechen. Ich hatte mich schon in der Schulzeit bei Bauer Fischer in Groß-Kummerfeld im Pflügen und Eggen versucht und meldete mich jetzt hierfür als Freiwilliger. Da aber unsere Landwirte meine „Künste" kritisch beäugen würden, nahm ich zunächst bei Willi Ohlhoff Nachhilfeunterricht. Es war nicht leicht, dieses Raubein zufriedenzustellen.

Eines Tages ließ der Direktor mich rufen. In seinem winzigen Arbeitszimmer eröffnete er mir ohne Umschweife, dass ich mit sofortiger Wirkung die Aufgaben des Buchhalters und des Magaziners zu übernehmen hätte! Mein russischer Vorgänger, der gekündigt habe, werde mich in alle Arbeiten einweisen und mir die in seinem Besitz befindlichen Unterlagen aushändigen. Das verschlug mir die Sprache! Ich musste ihn derart verdutzt und ungläubig angesehen haben, dass er mir zur Ermutigung zurief, er sei überzeugt davon, dass ich diesen Posten besser ausfüllen würde als meine Vorgänger. Ich hätte sein volles Vertrauen.

So blieb mir nichts anderes übrig, als mich für das Vertrauen zu bedanken und ihm zu versichern, dass ich mich nach besten Kräften anstrengen würde, ihn nicht zu enttäuschen.

Mit der Hilfe meines Vorgängers erhielt ich rasch einen Überblick über das neue Aufgabengebiet. Es bestand in der Rechnungsführung über das gesamte tote und lebende Inventar Kingus. Ich war auch für die Qualität der eingelagerten landwirtschaftlichen Produkte, von Kartoffeln über Kohl, Rüben und Gemüse bis hin zu Salzgurken und Sauerkraut verantwortlich. Außerdem hatte ich die Namensliste der Gefangenen zu führen, ihr Bekleidungsmagazin zu verwalten und die Vollständigkeit der aus den Walker Magazinen für unsere beiden Küchen gelieferten Lebensmittel zu überwachen. Was mein Vorgänger mir als wichtigste Regel einschärfte, Produkte nur herauszugeben, wenn sie von der Walker Verwaltung oder unserem Direktor für den Empfänger ausgeschrieben worden seien, und mir alles und jedes quittieren zu lassen, schien mir selbstverständlich. Dies bestärkte mich in der Vermutung, dass die Tätigkeit des „Buchgalters" durchaus erlernbar sei. Meine Zuversicht schmolz dahin, als er mir in langatmigen Ausführungen erläuterte, welche unzähligen kleinkarierten Verwaltungsvorschriften und Formalitäten bei der monatlichen Berichterstattung an die Lagerverwaltung zu beachten wären. Jetzt erst kapierte ich, was es hieß, dem „roten Bürokratius" in die Hände zu fallen.

Die Feldarbeit war getan. Raues Wetter ließ uns den baldigen Beginn des Winters ahnen. Wie jedes Jahr zogen die Arbeitsbrigaden zum „Holzmachen" in die Wälder. Dank Owjetschkins Hilfe konnte ich sie mit neuen Sägen, Äxten und Beilen ausrüsten, sodass die Waldarbeit viel von ihrem Schrecken verlor. Bevor noch die große Kälte kam, gab ich die winterliche Wattebekleidung aus. Sie war das Einzige, was ich im Bekleidungsmagazin in brauchbarem Zustand vorfand. Alles andere taugte nur zum Wegwerfen. Wie gut traf es sich da, dass mir meine „Beförderung" die Chance eröffnete, hier für Abhilfe zu sorgen! Warte nur, Owjetschkin, dachte ich, du hattest doch in deiner Antrittsrede versprochen, uns von den Lumpen zu befreien! Daran werde ich dich jetzt erinnern!

Wagner hatte mich in sein Quartier, die frühere Futterkammer, aufgenommen. Es gab hier einen Ofen mit guter Kochplatte, eine Waschgelegenheit und einen Tisch. Ich rückte ihn an das Fenster und besaß nun einen prächtigen Arbeitsplatz. Allmorgendlich ging ich als Erstes in den Speicher, um Antek und Gustav Kartoffeln und Gemüse für ihre Küchen auszuhändigen. Ich konnte wegen unserer Reserven darauf verzichten, Kartoffeln und Kohl auf Kilo und Gramm abzuwiegen. Die Küchen bekamen hiervon so viel sie brauchten, um ihre Kunden voll zufriedenzustellen, während die Köche mir nur die ihnen nach den „Normen" zustehende Menge quittierten. Den langen Weg nach Sopaidu zur Futterausgabe trat ich nur zweimal wöchentlich an. Dennoch blieb mir nicht allzu viel Zeit, um mich systematisch in die Buchhaltung einzu-

arbeiten, denn es näherte sich der Termin für die Abgabe des
allmonatlich fälligen Berichts an die Walker Verwaltung. Für
den Oktober mussten unsere Ernteergebnisse in seinem Mittelpunkt stehen. Inhaltlich bereitete mir das wenig Schwierigkeiten, doch die schwer oder gar nicht verständlichen Vorschriften für die Form des Berichts wurden für mich zum Problem! Deshalb legte ich mein Machwerk mit Selbstzweifeln
dem Direktor vor. Owjetschkin zeichnete den Bericht ab und
bemerkte, er habe doch gewusst, dass mir die Einarbeitung
keine Mühe bereiten würde! Von bürokratischem Nonsens
solle ich mich nicht beeindrucken lassen. Er würde ohnehin
nach Walk fahren und mich mitnehmen, damit ich den Bericht selbst übergeben könne.

Noch vor unserer Abfahrt fand ich Gelegenheit, ihn über
den trostlosen Zustand unseres Bekleidungsmagazins zu unterrichten. Owjetschkin zeigte Verständnis für unsere Notlage. Dass unsere Uniformen Lumpen glichen, habe er schon
bei seiner Ankunft in Kingu bemerkt und deshalb wiederholt
neue Feldblusen und Hosen angefordert. Leider sei ihm immer geantwortet worden, dass sie weder im Walker Magazin
vorrätig, noch woanders zu beschaffen seien.

Der für Kingu zuständige Oberleutnant der Walker Verwaltung staunte nicht schlecht, als der Direktor der Podzobnoje ihm einen Kriegsgefangenen in geflickter Tarnjacke und
ausgefransten grauen Hosen als neuen Buchhalter vorstellte.
Nachdem Owjetschkin gegangen war, musterte mich der Offizier mit Unbehagen. Er prüfte den Bericht Wort für Wort
mit sichtlichem Eifer. Dass es ihm nicht gelang, einen inhalt-
lichen Fehler zu entdecken, sondern nur viele russische Recht-
schreibfehler, stimmte ihn nicht freundlicher. Sein Gesicht
hellte sich erst auf, als er ausfindig machte, dass ich eine ganze Reihe materieller und formaler Vorschriften nicht beach-
tet hatte. Das nahm er zum Anlass für eine ausufernde, aber
unumgängliche Belehrung über Sinn und Zweck der Bestimmungen über die Form landwirtschaftlicher Berichterstattung,
von der mich erst die Rückkehr Owjetschkins befreite. Der
Verwaltungschef hatte ihm erlaubt, selbst die von uns benötigten Bekleidungsstücke auszuwählen und dem Magaziner
Weisung gegeben, die Wünsche des Kapitäns zu erfüllen. Ent-

täuscht mussten wir feststellen, dass weder feldgraue Uniformen noch Handschuhe oder Socken vorrätig waren. Dagegen konnten wir unseren Bedarf an Unterwäsche und leidlich brauchbaren Schnürschuhen einschließlich einer Reserve für unser Magazin decken.

Außerdem rückte der Starschina für jeden „Kingulaner" eine getragene, aber heile Tarnjacke heraus! Als wir im Begiff waren, uns zu verabschieden, fragte er, ob wir vielleicht auch Mäntel bräuchten. Wir hatten sie bisher nicht vermisst, weil sie wegen ihrer Länge bei der Arbeit hinderlich waren. Bevor ich die Frage verneinte, fiel aber der Groschen!

Ich sagte, zum Direktor gewandt: „Aus Mänteln kann man doch Anzüge machen! Wozu haben wir denn unseren tüchtigen Schneidermeister?"

Er zögerte keinen Augenblick und meinte „Boidjom posmotretj!" (Lassen Sie uns nachschauen!)

In einen hinteren Raum geführt, entdeckten wir dort einen wahren Schatz: Gegenüber den grünbraunen Mänteln der Rotarmisten und neben olivfarbenen lettischen Beutestücken lagen gestapelt nagelneue deutsche Wehrmachtsmäntel! Wir nahmen sie alle mit!

Nach der Rückkehr von ihrer Arbeit fanden die Kameraden unsere Errungenschaften vor. Meine Ankündigung, dass jetzt jeder zwei Garnituren neuer Wäsche und eine Tarnjacke bekommen werde, alle unbrauchbar gewordenen Schuhe gegen brauchbare ausgewechselt werden würden, und dass aus den Mänteln für jeden ein neuer Anzug geschneidert werden solle, folgte ein stürmischer Freudenausbruch: „Jetzt schmeißen wir die Lumpen weg!" Ich mahnte, dass wir die alten Klamotten nach einer gründlichen Säuberung und Aufarbeitung bei der täglichen Arbeit tragen könnten. Das ging zunächst im allgemeinen Jubel unter, wurde dann aber doch befolgt.

Nur einer schaute an diesem Abend mürrisch drein, unser aus Chemnitz stammender Schneidermeister. Als wieder Ruhe einkehrte, meckerte er lauthals: „Wenn'r jloobt, dass ick alleene 'ne Kleederfobrik uffmachen du, seid'r schief jewickelt!"

Owjetschkin half, auch dieses Problem zu lösen. Er ließ leihweise einen zweiten Schneider aus Walk kommen!

Wir waren uns einig, dass der neue Anzug einen möglichst

zivilen Schnitt haben müsste. Deshalb sollten blusenartige, kurze Jacken, die an der Hüfte durch „Bündchen" zu schließen seien, die alten Waffenröcke ersetzen. An die Stelle der x-mal geflickten „Röhrenhosen" sollten Hosen mit „Schlag" treten, die in Deutschland zuletzt in Mode gewesen waren. Unter reger Anteilnahme gingen die Schneider ans Werk!

Es war kurz vor Weihnachten. Die Dämmerung ging schon in Dunkelheit über. Jeden Augenblick konnten die Brigaden aus den Wäldern zurückkehren. Während ich an unserem Wohn-, Ess- und Schreibtisch im Licht einer Kerosinlampe arbeitete, wurde ich zum Direktor gerufen. Er beauftragte mich, meinen Kameraden eine schier unglaubliche Botschaft zu überbringen:

Die Erfahrungen der letzten Monate hätten ihn davon überzeugt, dass wir sein volles Vertrauen verdienten! Deshalb gestatte er uns hiermit, am Weihnachtstag und an jedem darauffolgenden Sonntag von 8 bis 18 Uhr das Lager zu verlassen. Er mache hierbei zur Bedingung, dass wir uns nicht allzu weit von Kingu entfernten, uns nur in der ländlichen Umgebung aufhielten und immer pünktlich zurückkehrten!

Ich stand auf und blieb fassungslos vor ihm stehen, bis er mich in barschem Ton anpfiff: „Bist du taub geworden? Dawai! Sag es deinen Kameraden!"

Als ich ihnen die Mitteilung des Direktors verkündete, glaubten sie zunächst, nicht recht gehört zu haben. Dann erhob sich Geschrei: „Was, freier Ausgang? Das kann's doch nicht geben! Das muss irgendeinen Haken haben!"

Als ich die Eindeutigkeit schilderte, mit der Owjetschkin seine Genehmigung des freien Ausganges begründet hatte, verflogen die Zweifel und machten überschäumender Freude Platz! Bis in die Nacht hinein wurde gerätselt, ob er „das auf seine Kappe genommen" hätte. Anderenfalls müsste doch wohl dieselbe Regelung für alle Kriegsgefangenen der Sowjetunion gelten! Da aus dem Lager Walk nichts dergleichen bekannt wurde, blieb das Rätsel unserer Privilegierung bis auf Weiteres ungelöst. Doch eines war uns klar: Owjetschkin hätte es nie wagen können, uns Freigang zuzubilligen, ohne dazu vom Tallinner Stab ermächtigt worden zu sein! Er genoss dort offenbar ungewöhnliche Wertschätzung. Wie auch immer: Dies war eine umwälzende Veränderung unseres Schicksals! Und wir waren uns einig, unseren Wohltäter nicht zu enttäuschen.

In diesen Tagen nahmen die beiden Antifaschisten Abschied. Sie waren aus der Gefangenschaft entlassen worden und durften über Walk die Heimreise antreten! Das war kein Geschenk, sondern der „Lohn" dafür, dass sie sich den Sowjets angedient hatten. Wir missgönnten den früh in Gefangenschaft geratenen Männern nicht die Heimkehr! Sie hatten sich uns gegenüber immer als hilfsbereit erwiesen. Ob sie hinter unserem Rücken Aufträge des sowjetischen Geheimdienstes erfüllt hatten, blieb uns auch nach ihrem Abschied verborgen.

Trotz des unerhört großzügigen Geschenkes des Direktors spürten wir am Heiligen Abend wieder brennende Sehnsucht nach der Heimat. Zum ersten Mal in meiner Gefangenschaft erhielt das Weihnachtsfest jedoch eine festliche Note. Von den Offizieren des Lagers Walk, die zeitweilig freiwillig in Kingu gearbeitet hatten, war als einziger der evangelische Pfarrer Otto Kirschbaum für kurze Zeit zu uns zurückgekehrt. Er versammelte uns zu einem Gottesdienst, an dem alle, ohne Rücksicht auf ihre Konfessionszugehörigkeit teilnahmen. Otto sprach zu uns nicht im Ton des Seelenhirten, sondern als ein Gefangener aus unserer Mitte und in unserer Sprache. Ihm war es ein Leichtes, die hinter uns liegenden Stadien des Elends und der Hoffnungslosigkeit wieder lebendig werden zu lassen. Er hielt uns aber auch den Spiegel vor: Weder uns noch sich selbst ersparte er die bittere Wahrheit, dass wir in den ersten Jahren der Gefangenschaft unter der Geißel von Hunger, Zwangsarbeit und Krankheit oftmals gegenüber dem Leid unserer verzweifelten oder todgeweihten Kameraden gleichgültig geworden waren und unsere Menschenpflicht, ihnen beizustehen, nicht oder nicht mit der nötigen Hingabe erfüllt hatten. Mit ihm gedachten wir der ungezählten Kameraden, die einsam und ohne Trost gestorben waren. Mit ihm dankten wir aber auch Gott dafür, dass unser Schicksal sich so überraschend aufgehellt hatte. Der Gottesdienst erfüllte uns mit neuer Zuversicht, unsere Lieben in nicht zu ferner Zeit wiederzusehen und in ein glücklicheres Leben mit ihnen zurückzukehren.

Unsere estnischen Freunde

Am nächsten Morgen passierte ich, sobald es dämmerte, das geöffnete Lagertor und tauchte im tief verschneiten Wald unter. Oft hatte ich mir gewünscht, Irja wiederzusehen! Jetzt bot sich hierfür Gelegenheit, denn sie würde sicherlich die Festtage bei ihren Eltern verbringen. Ich besann mich aber noch rechtzeitig darauf, dass Walter Jankowiak in ihrem Vater, dem „Schimmelbauern", einen Freund gefunden hatte. Es war bitter, verzichten zu müssen, doch ein so kleiner Hof konnte nicht zwei Gefangenen zur Heimstatt werden.

Zu Jüri und Linda und deren Nachbarn zog es Kameraden der Blaubeerbrigade.

Ich hatte keine Mühe, ein entfernteres Ziel anzusteuern und beschloss, der Einladung Alwine Teras zu folgen. Es war sehr kalt, sodass der Atem sich in eine Dampfwolke verwandelte. Nachdem ich mich lange durch dichte Fichtenhölzungen durchgeschlagen hatte, verlor ich die Orientierung. Alles Suchen nach Jägerpfaden blieb wegen des Schnees vergebens. Sollte ich nicht besser umkehren, um die Wälder auf dem mir vom Sommer her bekannten Feldweg zu umgehen? Doch in diesem Augenblick stieg die Sonne über die Wipfel der Fichten und verwandelte alles um mich herum in ein schimmerndes, glitzerndes Wintermärchen. Das machte mir Mut: Wenn du stetig nach Südosten der Sonne entgegengehst, triffst du irgendwann auf die Autostraße von Walk nach Dorpat, dachte ich mir. Bei jedem Schritt bis über die Knie in den Schnee einsinkend, stapfte ich mühselig „querbeet". Endlich gelangte ich in den lichten Kiefernhochwald. Doch in der hier besonders hohen Schneedecke versank ich noch tiefer als bisher! Welche Erleichterung, als endlich der östliche Waldrand in Sicht kam! Drei Stunden nach dem Aufbruch stand ich an der großen Straße, und über weiße Flächen hinweg grüßte der Turm des Kirchleins von Priipalu! Geschafft! Erschöpft ließ ich mich in den Schnee fallen, ohne die Kälte zu spüren.

Alles Weitere war ein Spaziergang. In Priipalu bog ich von der breiten Autopiste in die nach Mägiste führende Straße

ein und durchquerte bald darauf Kuigatsi, wo sich altersgraue
steinerne Gehöfte und die Mühle zu einem Dorfkern zusam-
mendrängten. Wenig später erblickte ich, wie von Alwine beschrieben, ein auf der rechten Straßenseite einzeln stehen-
des Anwesen. Beim Näherkommen erwies es sich als größer
und stattlicher als alle anderen, die ich in dieser Gegend zu
Gesicht bekommen hatte. Solide steinerne Wirtschaftsgebäude umgaben im Halbrund ein gepflegtes Wohnhaus, dessen
Außenwände sorgfältig mit Brettern verschalt und in hellen
Farben gestrichen waren. Ich strebte darauf zu, bis mich ein
großer, schwarzer Hund mit unfreundlich gebleckten Zähnen
und wütendem Gebell attackierte. Auf einen Pfiff gab er den
Weg frei. Alwine stand auf der zur Haustür führenden Treppe!

Sie breitete strahlend die Arme aus: „Endlich kommst du!
Wir warten schon lange auf dich!"

An der Hand zog sie mich durch die Diele in zwei geräumige, ineinander übergehende Wohnzimmer. Dort kam mir ein
großer, hagerer, und trotz ergrauten Haares kraftvoll wirken-
der Mann entgegen. Als er mir die Hand drückte, musste ich
mich zusammennehmen, um nicht aufzujaulen!

„Das ist Karel, mein Mann", sagte Alwine. „Ich habe ihm
von den Treffen mit dir und deinen Kameraden im Wald erzählt."

Ich schaute in ein schmales, markantes Gesicht, in das die
Jahre schon früh Runen eingegraben hatten. Aus hellblauen
Augen traf mich ein eindringlich forschender Blick. Als mir
der vom Hausherrn selbst gebrannte Begrüßungsschnaps feu-
rig durch die Kehle gelaufen war, erwachten meine Lebensgeister wieder. Alwine plauderte fröhlich drauflos, als ob wir
alte Freunde wären. Sie überschüttete mich mit Fragen nach
dem Befinden meiner Blaubeerkameraden und nach Einzelheiten unseres Lebens in Kingu.

Als ich erzählte, wie grundlegend sich unsere Lebensverhältnisse verbessert hätten, leuchteten ihre Augen auf: „Gott
sei Dank! Jetzt kannst du uns oft besuchen kommen!"

Karel blieb sehr ernst. In recht gutem Deutsch sagte er mit
betonter Skepsis, es sei nach aller Erfahrung unvorstellbar,
dass die Sowjets ihren Gefangenen aus rein humanitären
Gründen so weit entgegenkämen, wie sie es in Kingu offen-

bar täten. Die gute Behandlung hätte gewiss zum Ziel, uns als Helfer bei der Bolschewisierung Deutschlands zu gewinnen. Nachdem Alwine in die Küche gegangen war, blieb er zunächst auffallend einsilbig. Ob er mir zeigen wollte, dass ich ihm nicht willkommen war? Seine Zunge begann sich erst zu lösen, nachdem wir einander mehrfach schweigend mit seinem Feuerwasser zugeprostet hatten.

Anfangs stockend, später lebhafter werdend, begann er zu reden: Er und seine estnischen Landsleute, so sagte er, hassten die Bolschewiken zutiefst. In einem Vierteljahrhundert seien sie ihnen dreimal zum Opfer gefallen. Nach dem Ersten Weltkrieg sei es mit einem erheblichen Blutzoll und zeitweise mit der durchaus nicht altruistischen Hilfe der deutsch-baltischen Landeswehr gelungen, sie aus dem Baltikum zu vertreiben. Als sie 1940 im Zeichen des Hitler-Stalin-Paktes wiedergekommen wären, hätten sie blutige Rache genommen und darüber hinaus während der einjährigen Besetzung zigtausende Esten, zumeist der Ober- und Mittelschicht, nach Sibirien deportiert. Während des letzten Krieges hätten die jungen Esten, gemeinsam mit ihren deutschen Kameraden, der Roten Armee verzweifelten Widerstand entgegengesetzt und hierbei verheerende Verluste erlitten. Es sei bitter, dass es die Esten und ihre baltischen Nachbarn nun noch härter getroffen hätte als je zuvor! Inzwischen wären nicht nur ihre staatliche Unabhängigkeit und ihre freiheitliche Lebensform ausgetilgt. Sie litten in allen Bereichen des täglichen Lebens schwer unter dem Joch des Sowjetkommunismus. Demokratisch und patriotisch gesinnte Esten müssten damit rechnen, durch die Spitzel, die es auch in den eigenen Reihen gebe, an den NKWD verraten zu werden. Die genaue Zahl ihrer zahlreich ermordeten Landsleute sei nicht bekannt. Jedoch wären in den letzten drei Jahren wiederum an die fünfzigtausend Esten nach Sibirien an die eisigen Küsten des Ochotskischen Meeres verschleppt worden. Obwohl viele von ihnen umgekommen seien, lebten dort im Umkreis der Minenstadt Magadan inzwischen wohl mehr als fünf Prozent der Angehörigen seines Volkes als Zwangsarbeiter. Wer bisher verschont geblieben wäre, sehe einem düsteren Schicksal entgegen. Estland sei ein Agrarland geblieben. Deshalb habe die Enteignung des über fünfzehn Hektar hinausgehenden Grundbesitzes nicht nur die Landwirte, sondern die estnische Wirtschaft insgesamt ins Mark getroffen. Auch ihm wären von den fünfzig ererbten Hektar nur fünfzehn geblieben. Wegen der erstklassigen Bodenqualität könnten sie davon zu zweit gut leben. Aber wie lange wäre ihnen das noch vergönnt? Nachdem die Bolschewiken das geraubte Bauernland überwiegend zur Gründung von Sowchosen benutzt hätten, bereiteten sie jetzt mithilfe estnischer Kommunisten die Umwandlung des restlichen bäuerlichen Besitzes in Kolchosen vor.

„Wie wird es Bauern ergehen", fragte er, „die wie auch ich sich nicht in diese moderne Form der Leibeigenschaft zwingen lassen wollen? Auf die Wiederkehr von Freiheit, Demokratie und Wohlstand können diese und künftige Generationen nicht hoffen!"

Bekümmert erwiderte ich, dass meine Kameraden und ich mit Bitterkeit daran dächten, welches zynische Verbrechen Hitler an den Völkern des Baltikums begangen hatte, als er sie Stalin als Preis für seine Mitwirkung am Überfall auf Polen überlassen habe. Wir schämten uns dafür nicht nur, weil Estland und Lettland seit Jahrhunderten geschichtlich und kulturell mit Deutschland verbunden seien, sondern mehr noch, weil wir erlebten, dass die menschliche Verbundenheit, trotz allen Leides, das Nazideutschland über die Esten gebracht habe, bei ihnen bis heute lebendig geblieben sei. Das werde uns durch den beispiellosen Wagemut und ungewöhnliche Opferbereitschaft, mit denen sie uns beistünden, vor Augen geführt. Was sie hierbei auf sich nähmen, betrachteten wir als ein seltenes Beispiel christlicher Nächstenliebe und Menschlichkeit. Es sei für uns lebenswichtig, von Menschen umgeben zu sein, auf deren Sympathie und Mitgefühl wir rechnen dürften. Dies alles würden wir ihnen nie vergessen. Das Leid und die Unterdrückung, die sie ertragen mussten, empfänden wir mit ihnen, zumal wir die Schrecken des bolschewistischen Regimes als Gefangene kennengelernt hätten. Um der Wahrheit willen müsste ich jedoch hinzufügen, dass man nach unseren Erfahrungen nicht alle sowjetischen Funktionäre, Offiziere und Soldaten über einen Kamm scheren dürfe. So wäre es unredlich, wenn ich nicht anerkennen würde, dass unser gegenwärtiger sowjetischer Direktor ein gutes Beispiel für verständnisvolle und verantwortungsbewusste Behandlung Kriegsgefangener sei.

Hatte Karel testen wollen, wes Geistes Kind er vor sich hatte? Jedenfalls spürte ich, dass er Vertrauen fasste, denn seine Zurückhaltung ließ nach. Während wir miteinander Weihnachten feierten, erzählte Alwine, dass ihr an der Narwa-Front verwundeter Sohn in einem deutschen Lazarett genesen und in Deutschland geblieben sei. Ihre Tochter hätten sie unter Schmerzen überredet, vor dem sich abzeichnenden Eindringen der Roten Armee in Estland zu ihrem Bruder nach Deutschland zu fliehen. Seine Anschrift hätten sie ihr mitgegeben. Bevor die Postverbindung abgerissen sei, hätte die Tochter ihnen noch mitteilen können, dass sie jetzt mit dem Bruder vereint sei. Dass sie seither keine Verbindung mit den Kindern hätten, sei ihr größter Kummer, doch seien sie andererseits froh, dass die Kinder in Sicherheit lebten.

Ich fühlte mit ihnen, doch ganz wich das Glücksgefühl, das ich an diesem Abend empfand, nicht. Für diese lieben Menschen, die selbst in einer fragwürdigen und bedrohten Freiheit lebten, war ich kein hergelaufener Fremder mehr, sondern ein willkommener, in die Familie aufgenommener Freund!

So fiel mir erst nach Eintreten der winterlichen Dämmerung ein, dass es höchste Zeit zum Aufbruch sei, wenn ich rechtzeitig nach Kingu zurückkommen wollte.

„Bleib noch ein wenig", sagte Alwine. „Wir wollen dir den langen Fußmarsch ersparen, damit du umso lieber wiederkommst. Karel wird in einer Stunde anspannen."

Es war dunkel, als ich von ihr mit Rührung und Dankbarkeit Abschied nahm. Mit zwei Pferden vor dem flachen Schlitten brachte Karel mich bis nach Uniküla. Unterwegs verriet er mir, dass unser abenteuerlicher Brückenbau über den Embach in der ganzen Gegend Bewunderung erregt habe und manchem Bauern nützlich geworden sei. Beim Abschied nahm ich Alwines, mit leckeren Sachen prall gefüllten Leinenbeutel auf die Schulter, wiederholte mein Versprechen, am nächsten Sonntag wiederzukommen und passierte das Lagertor kurz vor der gesetzten Frist.

Aus meinem Versprechen wurde nichts. In der folgenden Woche schien der Himmel sich auf die Erde senken zu wollen.

Aus grauschwarzen Wolken ließ er unablässig und fuderweise nassen Schnee herabfallen. Durch die Fensterscheiben unseres Sanatoriums fiel nur ein fahler Lichtschimmer, und wir zündeten schon mittags die qualmenden und stinkenden Kerosinlampen an. Die Kameraden spielten Schach, Mühle oder Halma und nebelten dabei das Innere des Sanatoriums mit Machorkarauch ein. Seit Weinachten waren wir jedoch für die Unterhaltung nicht mehr allein auf Brettspiele angewiesen. Irja hatte sich in der auf dem elterlichen Hof herrschenden, weihnachtlichen Stimmung von Walter Jankowiak überreden lassen, uns ihr Klavier auszuleihen. Es war eine Sensation, als das Instrument eines Tages seinen Einzug in das Sanatorium hielt! Die Freude erreichte ihren Höhepunkt, als Will am Klavier Platz nahm und sich als guter Pianist erwies. Er spielte, was immer wir uns wünschten: Schlager, Operettenlieder oder klassische Musik! Seitdem er seine Wunschkonzerte gab, hatten Stumpfsinn und Langeweile, die uns unsere abendliche Freizeit oft vermiest hatten, ein Ende!

In kluger Voraussicht hatte Owjetschkin, solange die Straße noch befahrbar gewesen war, unseren Ford-Anderthalbtonner nach Walk geschickt, um unsere Lebensmittelrationen und die der Garnison für zwei Wochen in Empfang zu nehmen. Der Direktor einer ebenfalls von dem Walker Lager versorgten, in der Nähe Viljandis (deutsch: Fellin) gelegenen Podzobnoje, hatte dies versäumt. Da die Straßen inzwischen für Lastwagen unpassierbar geworden waren, hatte Owjetschkin aus Walk Weisung erhalten, sofort ein Schlittengespann in Marsch zu setzen, um den Leuten in Viljandi ihre Lebensmittel zu bringen. Für diese Mission, so befand er, sei der Magaziner zuständig. Voller Erwartung auf eine abwechslungsreiche Winterreise machte ich mich an die Auswahl eines Fahrers nebst Gespann. Meinen „muckschen" Landsmann Willi wollte ich nicht dabeihaben, sondern fragte seinen Kollegen Fritz Dau, ob er Lust auf dieses Abenteuer habe.

„Mien Gott", sagte Fritz, „sowat gifft dat nich wedder: Ohne Iwan quer dörch Estland to föhrn und antoholen, wo wi wüllt! Dor mutt ick mit!"

Fritz, der einen zwischen Kiel und Eckernförde gelegenen

Bauernhof bewirtschaftete, entsprach in seinem Äußeren ganz
und gar nicht dem Typus des Landwirts. Er war spindeldürr
und von kleiner, durch schwere Arbeit leicht gekrümmter
Gestalt. Wegen seiner hochgradigen Kurzsichtigkeit trug er
auf der spitzen Nase eine kreisrunde „Schießbrille" mit Me-
tallrahmen, die er durch die Gefangenschaft gerettet hatte.
Anstelle der abhanden gekommenen Bügel befestigte er sie
mit Bindfäden an den Ohren. Wer glaubte, dass es einem so
mageren Mann an Kraft mangeln müsse, sah sich getäuscht,
da Fritz sich mühelos zentnerschwere Hafersäcke auf die
Schultern lud! Und noch etwas zeichnete ihn aus: So naiv
und unschuldig er wirken mochte, wenn er durch seine Brille
schielte – hinter der kümmerlichen Gestalt verbarg sich ein
gewitzter Charakter.

Am Morgen des Silvesterabends fuhren wir in das Schneegestöber hinein. Obwohl die Pferde sich brav durch den Schnee
kämpften und außer uns beiden Leichtgewichten vorerst keine
Fracht zu ziehen hatten, brauchten wir für die knapp dreißig Kilometer nach Walk mehr als das Doppelte der normalen Fahrzeit.

Angesichts unseres Noteinsatzes zeigte der für das Verpfle-
gungsmagazin verantwortliche Starschina sich freundlich: „Geladen wird erst morgen früh. Stellt die Pferde in den Nachbar-
schuppen und sucht euch ein warmes Plätzchen im Lager. Die
Küche ist angewiesen, euch zu essen zu geben!" Nachdem das
große Stacheldrahttor sich quietschend hinter uns geschlossen
hatte, ging ich auf die Suche nach Bunge. Das Lazarett hatte
sich zu seinem Vorteil verändert: Keine drangvolle Enge und
kein Gestank mehr, und es gab sogar Bettwäsche!

Einer der Ärzte sagte mir, dass Bunge hier nicht mehr ar-
beite. „Du findest ihn gegenüber in der Offiziersbaracke."

Diese Bude kannte ich doch! Hier waren Otto und ich im
Dezember 1944 fast von den Wanzen aufgefressen worden.
Jetzt gab es hier saubere Böden, statt der Pritschen einstö-
ckige Betten, dazwischen Sitzgruppen aus Tischen und Ho-
ckern. Nach einigem Suchen fand ich Bunge in einer Runde
von Skatspielern. Als ich „Wolf!" rief, schaute er auf, warf die
Karten hin und starrte mich entgeistert an, als ob ich vom
Mond käme.

„Wie kommst du denn hierher? Willst du mit uns Silvester

feiern oder hat man etwa auch dich ins Lager verbannt?"

„Zum Glück nicht", beruhigte ich ihn und erklärte ihm den Anlass meines Besuches. So folgte er verblüfft meinem Bericht über die unerhörte Wendung, die unser Schicksal in der Zwischenzeit genommen hatte.

„Das hört sich wie ein Wunder an", meinte er. „Ich freue mich für euch! Lange genug wurdet ihr durch die Knochenmühle gedreht!"

Bunge wirkte sehr verändert. Von dem Charme, der Frische und dem mitreißenden Optimismus, mit denen er uns in den schwersten Jahren so oft ermuntert und getröstet hatte, war kaum etwas übrig geblieben. Mit den katastrophalen Zuständen, die hier 1944/45 geherrscht hatten, so sagte er, seien die jetzigen Lebensverhältnisse nicht zu vergleichen. An Hunger sterbe in Walk niemand mehr. Wenn man jedoch seine Tage ständig in der Baracke totschlage, werde das Leben unerträglich. Deshalb habe er sich freiwillig zur Arbeit auf einer Baustelle gemeldet. Die hundert Rubel, die er pro Monat erhalte, reichten aus, um die notwendigste Zusatzverpflegung zu kaufen. Das Verbot, die Arbeit im Lazarett fortzusetzen, habe ihn schwer getroffen. Aus ihm müsse er wohl schließen, dass er von den Sowjets auch in Zukunft nichts Gutes zu erwarten habe. Er leide sehr unter der quälenden Ungewissheit, was mit der jungen Feldscherin geschehen sei! Als wir bei dem zentralen Thema der Heimkehr angelangt waren, berichtete Bunge, dass die Walker Kommandantur in den letzten Jahren immerhin dazu übergegangen wäre, die arbeitsunfähigen Gefangenen gruppenweise zu entlassen.

Und dann stellte er eine Frage, die mich alarmierte: „Ist das Gerücht, dass die Alliierten des letzten Krieges sich geeinigt hätten, alle Kriegsgefangenen bis Ende 1948 zu entlassen, auch zu euch gedrungen?"

Ich bemühte mich, meine innere Erregung zu beherrschen: „Nein! Vielleicht ist es besser, sich nicht an einen solchen Hoffnungsschimmer zu klammern." Dennoch konnte ich ihn den Kameraden in Kingu natürlich nicht vorenthalten! Das Wiedersehen mit dem Freunde, dem ich so unendlich viel verdankte, konnte mich nicht froh machen. Wir redeten bis tief in die Nacht hinein und versprachen einander, nach der Heimkehr jede Möglichkeit zu nutzen, um miteinander Kontakt aufzunehmen. Ich lag noch lange wach. Die Traurigkeit dieses Wiedersehens und die Geister der Vergangenheit dieses Ortes, wo einst Deutsche ihre russischen Gefangenen und wenige Jahre später Russen ihre deutschen Gefangenen mitleidlos hatten sterben lassen, verfolgten mich bis in den Schlaf.

Als es am nächsten Morgen hell wurde, hatten wir auf dem jetzt schwer beladenen Schlitten noch nicht einmal die Hälfte des Weges bis zu dem Städtchen Törva zurückgelegt. Bis Viljandi lagen noch sechzig Kilometer vor uns. Diese Strecke wäre bei gutem Wetter in einem Tag zu schaffen gewesen. Da wir uns aber durch extrem hohe Schneemassen kämpfen mussten, rechneten wir mit der doppelten Reisezeit! Fritz hatte sich als Kutschersitz einen Graupensack über die ganze Breite des Schlittens gelegt. Ich thronte, auf einem längs liegenden Mehlsack reitend, über ihm. Trotz eisiger Kälte froren wir nicht. Der nette Starschina in Walk hatte ein Übriges getan, indem er uns sowjetische Militärpelze und Pelzmützen geliehen hatte.

Immer wieder zwangen uns die meterhohen Schneewehen zum Absteigen, um den Pferden mit der Schaufel einen Durchlass zu bahnen. Der Vorhang aus tanzenden Flocken zerriss selten. Nur dann konnte man einen flüchtigen Blick auf die uns umgebende Landschaft erhaschen. Vor dem Hintergrund tief verschneiter Wälder kuschelten sich verstreut liegende Gehöfte in flaumige, weiße Daunen. Alles Leben schien zu schlummern, da der Schnee jedes Hundegebell, jeden Vogelruf erstickte. Unser Blick blieb an den dünnen Rauchfahnen haften, die aus den Schornsteinen aufstiegen, um sich in Sekundenschnelle im Schneegestöber aufzulösen. Überall würden jetzt die Frauen den Neujahrsbraten im Backofen haben. Und an knisternden Kaminen würden sich auf den Bauernhöfen Behaglichkeit und Festtagsstimmung ausbreiten.

Irgendwo hinter Törva wurden die Umrisse eines Gehöftes sichtbar, das sich an die hohe Straßenböschung duckte. Wir beschlossen, den Pferden hier eine Ruhepause zu gönnen. Kaum waren wir abgestiegen, als ein Mann aus dem Haus trat, uns anrief und nach dem „Woher" und „Wohin" fragte. Ich begann, ihm auf Russisch Bescheid zu geben. Ihm genügte es schon, dass wir „Njemzi" (Deutsche) waren.

„Sakslanne!", rief er. „Tere tulimast!" (Willkommen) Mit einer einladenden Handbewegung forderte uns auf, einzutreten. In dem gemütlichen Haus empfing uns wohlige Wärme und der verlockende Duft von Gänsebraten! Die rundliche Bauersfrau wich beim Anblick der russischen Pelze und Mützen einen Schritt zurück. Sichtlich fiel ihr ein Stein vom Herzen, als sich aus dieser Verkleidung deutsche Kriegsgefangene herausschälten! Die Freude dieser schlichten, liebenswerten Menschen über das plötzliche Auftauchen von Deutschen, die ihnen seit dem Kriege nicht mehr begegnet waren, bewegte uns sehr. Wir wussten, dass durchaus nicht alle deutschen Besatzungsbehörden in Estland Sympathien erworben hatten! Gern erinnere ich mich an die herrlich braun gebackene Gans, auf die der Bauer unsere Mägen durch einige Schnäpse vorbereitete. Die russischen Sprachkenntnisse unserer Gastgeber reichten aus, um uns zu verstehen zu geben, dass wir erst weiterfahren sollten, wenn Leib und Seele gestärkt und durchgewärmt waren! Als dies geschehen war, und die Pferde anzogen, scholl uns außer guten Neujahrswünschen die Aufforderung: „Tullete tagasi varsti!" (Kommt bald wieder!) hinterher! Und das versprachen wir gern.

Sobald wir allein waren, sahen wir uns an – überrascht von so viel unverdienter Freundschaft.

Als wir in dem Dorf Kärstna etwa die Hälfte des Reisewegs zurückgelegt hatten, waren die Pferde müde geworden. Wir mussten ein Nachtquartier finden. Kurz entschlossen klopften wir an die Tür des nächsten Hauses. Es öffnete eine hübsche und gut gekleidete Frau, die diese ungebetenen Gäste misstrauisch musterte und ihren Mann herbeirief. Auch hier genügte es jedoch, dass wir uns als Deutsche zu erkennen gaben, um Unbehagen in Gastfreundschaft zu verwandeln. Und auch hier fuhr die Hausfrau auf, was die Küche zu bieten hatte. Ihr Mann goss uns noblen Markenwodka ein und verwöhnte unsere Rösser durch Unterbringung in einem warmen Stall und viel Heu. Tönis, so hieß er mit Vornamen, war ein sympathischer und, wie sich herausstellte, gebildeter Mann, der nicht nur fließend russisch, sondern auch recht gutes Deutsch sprach. Ich hatte mich für die freundliche Aufnahme bedankt und hinzugefügt, wie glücklich wir über die großzügige Hilfsbereitschaft seien, die uns allenthalben von den Esten entgegengebracht wurde.

Tönis fühlte sich aufgefordert, hierfür eine freimütige Erklärung zu liefern. „Ihr glaubt hoffentlich nicht, dass die Esten sich unter der jahrhundertelang auf ihnen lastenden Herrschaft des deutsch-baltischen Adels wohlgefühlt haben oder gar glücklich gewesen sind. Die Ordensritter und die deutschen Geistlichen haben ihnen und ihren lettischen Nachbarn zwar das Christentum gebracht und sie mit den Grundlagen westlicher Kultur bekannt gemacht, sie jedoch zugleich als Leibeigene versklavt. Wiederholte, blutig niedergeschlagene Aufstände der Esten gegen die Herrschaft der Ordensritter und ihrer säkularen Nachfahren haben Zeugnis davon abgelegt, dass ihnen dieses Schicksal unerträglich gewesen ist! Einig sind die Esten, Liven und Letten mit ihren deutschen Zwingherren nur dann gewesen, wenn es wieder einmal galt, die über das Baltikum herfallenden russischen Heerscharen mit vereinten Kräften zurückzuschlagen. Als sie Jahrhunderte später dennoch unter die Herrschaft der Zaren fielen, haben sie es immerhin als tröstlich empfunden, unter der Selbstverwaltung des deutschen Adels besser zu leben, als es den russischen Muschiks unter der Knute ihrer Gutsherren vergönnt gewesen ist. Es bleibt auch unvergessen, dass die Leibeigenschaft im Baltikum auf Betreiben des baltendeutschen Adels ein halbes Jahrhundert früher als im übrigen Russland aufgehoben wurde, dass der estnischen und lettischen Bevölkerung, wenn auch spät, der Zugang zu höherer Schulbildung und zum Universitätsstudium eröffnet und damit ihre Zugehörigkeit zur westlichen Welt und ihrer Kultur fest verankert wurde. Nachdem der Bolschewismus in Russland gesiegt hatte, ist den baltischen Völkern klar gewesen, dass er eine latente Bedrohung ihrer neu gewonnenen Freiheit darstellte und sie auf den Schutz ihrer westeuropäischen Nachbarn angewiesen wären.

Umso größer war ihre Enttäuschung und Empörung, als Hitler sie bei dem Moskauer Länderschacher Stalin zum Fraß vorwarf! Dennoch empfingen sie die deutschen Truppen 1941 als Befreier. Nach den Schrecken der Bolschewikenherrschaft betrachteten sie die deutsche Besetzung als ein notwendiges

Übel. Nur deshalb ertrugen sie willig die bedrückende Nazi-
herrschaft, die auf ihre politische Gleichschaltung abzielte.
Was die deutschen Kriegsgefangenen angeht, so versteht es
sich von selbst, dass man hilfsbedürftige Menschen der eigenen Religion, gemeinsamer kultureller Grundlagen und ethi-
scher Überzeugungen, deren Waffenbrüder die Esten im letzten und in früheren Kriegen gewesen waren, aus Mitmensch-
lichkeit und persönlicher Sympathie unterstützt."

Im Übrigen sollten wir bedenken, dass die baltischen Völker
sich bei nüchterner Betrachtung in ähnlicher Lage befänden
wie wir: Auch sie seien de facto Gefangene der Sowjets! Gewiss, sie hätten das Privileg, sich im größten Teil ihres Landes
frei bewegen zu dürfen und nicht hungern zu müssen. Demgegenüber besäßen die Deutschen aber die weitaus besseren Zu-
kunftsperspektiven. Eines hoffentlich nicht fernen Tages würden wir in die Freiheit entlassen werden, während die Esten
vor der Wahl stünden, sich entweder unter Verlust ihrer Selbst-
achtung mit dem Bolschewismus abzufinden und unter Rück-
fall in eine „moderne" Form der Sklaverei ihr Leben als Kol-
chosarbeiter zu beschließen, oder als Zwangsarbeiter nach Sibirien deportiert zu werden. Solange wir noch hier wären, stellten wir aus ihrer Sicht eine letzte, lebende Verbindung mit ihrer geistigen Heimat, dem freien Europa, dar.

Wenn wir dorthin zurückkehrten, bliebe ihnen die Hoffung,
dass wir, jenseits der unüberwindbaren Grenzen, in unserer
Heimat Zeugnis ablegen würden von ihrem Leiden unter der
sowjetischen Besetzung. Sie sei für die Esten nicht nur gleichbedeutend mit Unterdrückung, Mord und Verschleppung,
sondern auch der Bedrohung, durch die massive Einschleu-
sung von Sowjetbürgern im eigenen Land in die Minderheit
zu geraten! Wir sollten aber auch von der Entschlossenheit
der Esten berichten, den Widerstand gegen die unmenschli-
che bolschewistische Diktatur nie aufzugeben!

Was Tönis uns an diesem Abend sagte, habe ich mir zu eigen gemacht und seine Botschaft nach der Heimkehr bei jeder sich hierfür bietenden Gelegenheit an meine Landsleute
weitergegeben.

Nachdem wir auf weich gepolsterten Ofenbänken geschla-
fen hatten, waren wir froh, als uns beim Erwachen der Duft

von Kaffee, begleitet vom Geruch frisch gebackener Pfann-
kuchen empfing! Mit bleibenden Erinnerungen an einen beeindruckenden und aufrichtigen Gesprächspartner und unserem Dank für die Gastfreundschaft dieser beiden Menschen
brachen wir auf. Doch schon nach 50 Metern standen wir am
Ortsausgang vor einer gewaltigen Schneeverwehung. Wir hätten sehr lange schaufeln müssen, wenn uns Tönis nicht umgehend mit zwei Nachbarn zu Hilfe geeilt wäre!

Vor Viljandi, in der Nähe des Ortes Viitsaküla, dessen Name
die Schönheit der vokalreichen und klangvollen estnischen
Sprache ahnen lässt, fanden wir den Sitz unserer Schwester-
Podzobnoje. Als wir in ihren Hof einfuhren, ließen die Kameraden ihr Essen im Stich. Sie stürzten heraus, umringten unser Gefährt und dankten uns für die Mühen, die wir auf uns
genommen hatten.

Mit den dreißig Fellinern an einem langen Tisch sitzend, machten wir uns gemeinsam über einen im Ofen kross gebratenen
Schweinebraten her. Diesen Gefangenen schien es „richtig" gut
zu gehen! Der von uns herangekarrte Proviant war offenbar für
sie nicht viel mehr als ein „Zubrot", denn sie eröffneten uns,
dass sie schon seit einem halben Jahr jeden Tag nach der Arbeit
in die nähere ländliche Umgebung ausschwärmen dürften und
erst am Abend zurück sein müssten! Hier hätte längst jeder „seinen" Hof, wo er in die Familie aufgenommen war und bei der
Arbeit half. Wo Frauen allein wirtschaften mussten, spielten
manche sogar die Rolle der Ersatzbauern.

Als ob sich das von selbst verstünde, luden uns diese Glücks-
pilze sogar zum „Neujahrsball" ein! Nach einem Saunabad
fühlte ich mich dem bevorstehenden Ballvergnügen gewachsen. Fritz zog es vor, mit den daheim bleibenden Kollegen
gesetzteren Alters einen „Klönschnack" zu halten.

In Filzstiefeln und Wattejacke und mit geliehenen Schnürschuhen in der Hand, stapfte ich inmitten der jüngeren Jahr-
gänge im Stockdunkeln durch den Schnee nach Viitsaküla.
Dort gab es ein bescheidenes Gasthaus mit einem Mehrzwecks-
aal. Als wir eintraten, probte die Kapelle, bestehend aus Ak-
kordeon, Klarinette und Schlagzeug, schon die ersten Takte.
Hier ging es so sittsam und geordnet zu wie in der Tanzstun-
de! An beiden Längswänden waren Stühle aufgereiht. Auf ei-

ner Seite saßen die Mädchen, die ihren Feststaat angelegt hatten, wie Hühner auf der Stange. Ihnen gegenüber hatte gerade einmal eine Handvoll junger Esten Platz genommen. An ihnen herrschte hier, wie im ganzen Land großer Mangel. Umso mehr wurde unser Kommen begrüßt. Nach meinem Eindruck genossen die estnischen Frauen in ihrem Volk eine bevorzugte Stellung. Deshalb überraschte es mich nicht, dass der Ball mit „Damenwahl" eröffnet wurde. Ich tanzte gern und mein Herz klopfte schneller, als ein Mädchen mit raschen Schritten auf mich zukam. Sie schaute mich aber so schüchtern an, dass sich mein Lampenfieber schnell legte. Märta war ein hübsches Mädchen vom Lande, hellblond, kräftig und gut gewachsen, ein Bild von Gesundheit und Natürlichkeit! Wir tanzten mit Hingabe Walzer und Polka. Trotz der Verständigungsschwierigkeiten überwand sie ihre Schüchternheit.

Als ich auf ihre Frage, „Kauaks Te siia jääte?" (Wie lange bleiben Sie hier?) antwortete, dass ich leider schon am nächsten Tag wieder abfahren müsse, schien sie das zu bedauern. Zum Abschied war dann sogar ein Küsschen auf die Wange erlaubt.

„Oli väga meeldiv", sagte Märta, (es hat mir sehr gefallen) und „Jumelaga!" (Gott sei mit dir!)

Nicht ich, aber Fritz und seine Pferde waren gut ausgeruht, als wir in der Frühe anspannten und von den Kameraden Abschied nahmen Es schneite nicht mehr. Von der schweren Fracht befreit, legten die Pferde sich kräftig ins Zeug.

Als wir uns dem Hof des Ehepaares näherten, das uns am ersten Neujahrstag so herzlich zum Gänsebraten eingeladen hatte, erinnerten wir uns an unser Versprechen, sie auf dem Rückweg wieder zu besuchen.

Wir stellten fest, dass sie auf uns gewartet und in rührender Weise sogar ihre Betten für uns geräumt hatten! Nachdem wir das Wiedersehen mit der Familie begangen und hierbei einige Bettschwere erlangt hatten, blieb uns, um sie nicht zu beleidigen, keine Wahl: Wir mussten unter die warmen und mit Gänsedaunen gefüllten Plumots kriechen, während sie sich mit dem Lager auf den Ofenbänken begnügten. Wie gern hätten wir diese lieben Menschen bald wiedergesehen, doch für einen Sonntagsausflug war der Weg von Kingu zu ihnen zu weit!

Unter wolkenlosem Himmel und bei eisiger Kälte erreichten wir Törva. Die Bewohner des Städtchens schaufelten den Schnee von den schmalen Bürgersteigen und der Mitte der Fahrbahnen an den Rand der Straßen und türmten ihn dort zu Mauern auf. Als wir im Zockeltrab ihr bescheidenes Nest durchquerten, hielten die Leute inne. Wer bei so viel Schnee Schlitten fuhr, musste ein wenig verrückt und deshalb näherer Betrachtung wert sein! Auf unser „Tere hommikust" (Guten Morgen) antworteten von überall her ermunternde Zurufe, gute Wünsche für das neue Jahr und glückliche Heimkehr!

Als sich vor uns die Lichtung von Kingu öffnete, überkam mich trotz der hinter uns liegenden Strapazen Traurigkeit. Vier Tage ganz über sich selbst verfügen zu können und frei von allen Zwängen der letzten Jahre willkommene Gäste liebenswürdiger Esten zu sein, das würde wohl in der Gefangenschaft ein einmaliges Erlebnis bleiben!

Meine wichtigste Aufgabe als Magaziner war es, die eingelagerten Kartoffeln gesund durch den Winter zu bringen. Mit einigen Gehilfen entnahm ich jedem „Fach" des Speichers mehrere Proben. Im letzten Jahr hatten wir schon im Januar unzählige Zentnerkisten verfaulter Kartoffeln entsorgen müssen. Jetzt fanden wir dank unserer neuen Erntetechnik und des hervorragenden Speichers nur vereinzelte angefaulte Erdäpfel, und ich konnte auf das sehr arbeitsaufwändige, mehrfache Umschaufeln der gesamten Vorräte verzichten. Als ich Owjetschkin hiervon unterrichtete, benutzte ich diese Gelegenheit, um ihm volle Klarheit über die Menge der von uns während der Ernte nicht verbuchten „Reserven" zu geben.

Mit einem Augenzwinkern meinte er: „Von meiner Zustimmung zur Anlegung einer Reserve habt ihr wirklich ausgiebigen Gebrauch gemacht. Bei so großen Überschüssen besteht aber die Gefahr, dass uns bis zur nächsten Ernte doch noch etliche Kartoffeln verfaulen. Ich werde deshalb dem Walker Versorgungschef vorschlagen, dass seine Gefangenen, solange unser Vorrat dies ermöglicht, am Sonntag eine Extraportion Kartoffeln erhalten. Das ist ein Gebot der Gerechtigkeit, denn viele von ihnen haben geholfen, diese Rekordernte einzubringen!"

Und nun geschah tatsächlich, was wir mit dem Trick der nicht gezählten Kisten bezweckt hatten: In den nächsten Monaten gab es in Walk sonntags „Kartoffelpüree satt"! Natürlich profitierte auch die sowjetische Garnison des Lagers hiervon. Anfangs begleitete ich die Transporte nach Walk. Hierbei gewann ich mit Hilfe von Karels Speckpaket die Sympathie des für die Bekleidung zuständigen Magaziners, der sich bereits um uns verdient gemacht hatte. Jetzt erlaubte er mir, die feldgrauen Lumpen abzuschreiben und gab uns als Ersatz gebrauchte Arbeitskleidung. Ich konnte sogar zwei feldgraue Kradmäntel „abstauben". Mehr gab er ungern her, weil sie sich als Regenschutz bei den Russen großer Beliebtheit erfreuten. Leichter trennte er sich von einer Partie Khaki-Sommerjacken. Der Magaziner verschaffte mir auch Zugang zu einem Besuch in der Offiziersbaracke. Ich erfuhr dort, dass Bunge vor Kurzem mit mehreren Kameraden an einen anderen Ort verbracht worden sei. Wie bei den Maßnahmen des NKWD üblich, wusste aber niemand wohin. Nach der Heimkehr forschte ich monatelang bei mehreren Suchstellen nach Bunge. Zu meiner Enttäuschung konnte mir keine Aufschluss über sein Schicksal geben!

Inzwischen waren unsere Schneider sehr fleißig gewesen. Es war ein großer Augenblick, als Will, unser Senior, als Erster in die neue „Kluft" stieg. Der Schnitt dieser „Kreation" erinnerte an die Uniform unserer Panzertruppe, trug aber zivilen Charakter. Mann für Mann wurden wir alle neu eingekleidet. Auch ich als Jüngster konnte mich schließlich über die Verschönerung freuen, die ich durch den schicken Anzug erfuhr. Ich schonte das gute Stück und zog es vor dem Beginn der besseren Jahreszeit nur sonntags an.

Nach der Einarbeitung nahmen meine neuen Aufgaben mich gewöhnlich nur halbtags in Anspruch. Danach schloss ich mich einer Arbeitsbrigade an und vermied hierdurch, dass meine Kameraden glaubten, der frisch gebackene Buchhalter hielte sich für etwas Besseres. Sonntags zog es mich zu den Freunden nach Mägiste. Ich half Karel bei der Stallarbeit und nahm estnischen Sprachunterricht bei Alwine, die mich mit liebevoller Fürsorge und ihren Küchenkünsten verwöhnte. Weil der Rückweg lang war und ich Karel ersparen wollte, mich zurückzufahren, beschloss ich, mich über den von

Owjetschkin für 18 Uhr verordneten „Zapfenstreich" hinweg-
zusetzen. Die wachhabenden Konvois, für die ich immer ein
kleines Geschenk dabeihatte, würden mir keine Schwierigkeiten machen. Und für unvorhersehbare Probleme sorgte
ich vor: Walter Jankowiak versprach mir, bei Gefahr im Ver-
zuge in der am Waldrand gelegenen Masterskaja eine Warnung zu hinterlegen. Deshalb lief ich sie zuerst an, wenn ich
verspätet zurückkehrte.

Als ich mit Fritz im Schlitten durch Jögeveste gefahren
war, hatte ich beschlossen, mich um die liebe, alte Liisa Rin-
stein zu kümmern. Als ich anderthalb Jahre nach der unsäglichen „Kartoffelschlacht" vom Frühjahr 1947 wieder vor ihrem Anwesen stand, wurde mir noch deutlicher, wie winzig,
wie urtümlich und wie ärmlich es war. Wohnhäuschen, Ställe
und Speicher, bemoost und altersgrau, mochten den Block-
hütten ähnlich sein, die den Esten in früheren Jahrhunderten als Heimstätten gedient hatten. Als ich an die Haustür
klopfte, rührte sich zunächst drinnen nichts. Erst nach mehr-
fachem Klopfen näherten sich schlurfende, unsichere Schritte. Liisa schaute durch den Türspalt und fragte nach meinem
Anliegen. Hatte sie denn vor zwei Jahren auch schon so grei-
senhaft und elend ausgesehen? Sie erkannte mich nicht!
„Liisa, ich bin der deutsche Gefangene, der vor anderthalb
Jahren zu dir kam, um Wasser für die Russen zu holen und
den du so reich beschenktest!"
Da leuchteten ihre Augen auf, und ich nahm die zerbrech-
liche Gestalt in die Arme. Ich musste berichten, wie es mir
seither ergangen war. Da ich in letzter Zeit durch Alwines
Unterricht Fortschritte im Estnischen gemacht hatte, konnte ich ihr erklären, dass nicht Hunger mich zu ihr getrieben
hatte. Ich hätte sie wiedersehen und ihr helfen wollen.
„Zuerst", sagte Liisa, „wollen wir essen und trinken."
Während sie sich am Herd zu schaffen machte, setzte ich
mich an den Tisch. Ofen und Herd bullerten, und der Duft
einer Suppe aus Gemüse und Fleisch mischte sich mit dem
Geruch des Rauches, der sich im Laufe ungezählter Jahre in
den Holzbalken der Decke festgesetzt und sie geschwärzt hatte. Als Liisa das Essen auf den Tisch stellte, dachte ich daran,

dass es für sie damals ein großes Opfer gewesen sein musste, ihre Speisekammer für den jungen Gefangenen zu plündern!

„Ich bin sehr krank", sagte Liisa, während sie als Nachtisch Blaubeerkompott herbeibrachte und zeigte auf ihr Herz. „Deshalb kann ich mein Ackerland nicht mehr selbst bestellen. Das hat Anders übernommen, ein Vetter meines Mannes. Er wohnt oben in Jögeveste und hilft mir auch dabei, die beiden Kühe und das Schwein zu versorgen."

Trotz ihres Sträubens bestand ich darauf, aus den Kiefernstämmen, die hinter dem Stall aufgestapelt waren, Feuerholz zu machen. Es rührte mich, wie sehr sie sich über mein Versprechen freute, bald wiederzukommen. Bei meinem nächsten Besuch brachte ich ihr ein Herzstärkungsmittel mit, das ich bei den Ärzten in Walk erbettelt hatte. Als ich später einmal Anders bei ihr antraf, machten wir viel Feuerholz, sodass Liisa für den Rest des Winters damit versorgt war. Im Frühjahr griff ich zur Mistgabel, um die Ställe auszumisten und grub den Gemüsegarten um. Es tat gut, sich erkenntlich zeigen zu können!

Mehr als ein halbes Jahr war vergangen, seit ich durch die erste Rot-Kreuz-Karte Kontakt zu meinen Eltern bekommen hatte. Die Karten boten nur wenig Raum, doch erfuhr ich, dass sie, Inge und Ulla gesund waren.

Ich hatte in dem folgenden, regelmäßigen Austausch ohnehin nicht viel zu berichten, da es verboten war, Angaben über Aufenthaltsort, Unterbringung, Zahl der Gefangenen des Lagers sowie Inhalt der Arbeitstage zu machen. Erdreistete sich etwa jemand, über schlechte Behandlung, schwere Arbeit oder mangelhafte Verpflegung zu klagen, so kassierte die Zensur seine Karte, und er lief Gefahr, künftig keine weitere mehr zu bekommen. Als ich wieder einmal die ersehnte Antwortkarte meiner Eltern in der Hand hielt, fiel mir ein, wie bedrückt die Teras darüber waren, von ihren Kindern abgeschnitten zu sein. Ich beschloss, ihnen meine nächste Karte zu opfern, indem ich sie unter meinem Namen, jedoch verschlüsselt, an ihre Kinder richtete. Als ich ihnen dies am nächsten Sonntag vorschlug, zeigten sie sich gerührt über mein Angebot, wollten es aber aus Sorge vor dem damit für uns alle verbundenem, unkalkulierbaren Risiko nicht annehmen.

Da entwarf ich eine Botschaft an „Meine liebe Kusine Inger". Nach meiner Erinnerung enthielt sie etwa folgende Mitteilungen: *Ich bin in sowjetischer Gefangenschaft gesund geblieben und hoffe, bald auch Dich gesund wiederzusehen. Mit meinen Eltern habe ich Verbindung. Offenbar haben sie ausreichend zu essen, wobei ihnen die eifrige Aktivität meines Vaters in seinem Gartengrundstück sehr zugutekommt. Er wird in einigen Wochen sein 49. Lebensjahr vollenden, und in einem halben Jahr können die Eltern in Gesundheit ihre Silberne Hochzeit feiern. Ob Du, liebe Inger, wohl eine Beschäftigung im erlernten Beruf gefunden hast? Ich hoffe sehr, dass die Kriegsverletzungen Deines Bruders ausgeheilt sind und dass er passende Arbeit gefunden hat!*

Dieser Text schien den Freunden unverfänglich. Und die Kinder könnten wegen der Daten des Geburtstages und der Silbernen Hochzeit ihre Eltern als Urheber der Karte identifizieren. Sie meldeten aber Zweifel an, ob die Karte ihrer Tochter zugestellt würde. Ihr Vorname Inger dürfe, weil er auch in Deutschland vorkomme, in der Anschrift erscheinen, nicht aber der estnische Familienname!

„Wir werden an seiner Stelle einfach einen der in Deutschland gebräuchlichsten Familiennamen benutzen", sagte ich. „Die deutschen Postbeamten werden bei der Auslieferung nachfragen, ob sich der Familienname, vielleicht durch Eheschließung, geändert habe."

Da Karel und Alwine hiermit einverstanden waren, sandte ich die Karte mit einer entsprechenden Anschrift ab. Ob ich als Familiennamen Müller, Schulze oder Schneider benutzte, habe ich vergessen.

Nach einem Monat des Wartens auf eine Antwort konnten die beiden Teras eine nervöse Spannung nicht verbergen, und ich ließ mich davon anstecken. Doch es kam der Tag, an dem ich die Eingangstreppe in Mägiste mit Anlauf in einem einzigen großen Satz nahm. Sobald sich die Haustür hinter mir geschlossen hatte, zog ich die Rotkreuz-Antwortkarte von Inger aus der Tasche. Alwine stieß einen Freudenschrei aus! Solange die Eltern dieses Lebenszeichen ihrer Kinder nach Jahren der Trennung wieder und wieder lasen, saßen wir stumm beieinander. Dann flossen die Tränen! Ich fühlte mit ihnen. So oder ähnlich würde meinen Eltern ums Herz gewesen sein, als sie nach drei Jahren quälender Ungewissheit erfuhren, dass ich am Leben war!

Um unseren Traktor wieder einsatzfähig zu machen, brauchten wir einige Ersatzteile. Die Walker Verwaltung teilte uns mit, dass die bei einem Dorpater Unternehmen bestellten Teile an das dortige Gefangenenlager ausgeliefert worden seien. Daraufhin wies Owjetschkin Bachstein und mich an, sie abzuholen. Wir brachen früh auf, weil Alwine uns eingeladen hatte, vor der Abreise bei ihnen zu frühstücken. Es war ein erhebendes Gefühl, danach unbewacht und durch Dienstreiseausweis von der Zahlung befreit, in Mägiste inmitten ziviler Reisender einen Personenzug besteigen zu dürfen! Während der kaum einstündigen Fahrt wuchs bei mir mit jedem Kilometer, um den wir uns unserem Reiseziel näherten, die Spannung. Es war aufregend und unwirklich, als deutscher Gefangener wie ein freier Mensch in eine Stadt zu reisen, die von Deutschen gegründet und in mehr als sieben Jahrhunderten von ihnen geprägt worden war. Ihre Universität, an der bis in die zweite Hälfte des 19. Jahrhunderts deutsche Professoren, manche mit weltweitem Ruf, in deutscher Sprache lehrten, hatte Dorpat zur geistigen Hauptstadt des Baltikums werden lassen, die nicht nur deutsche und estnische, sondern auch russische Studenten anzog.

Von dem alten, inzwischen abgebrannten Dorpater Bahnhofsgebäude kommend, gerieten wir auf eine schmale Straße, die am Fuße des bewaldeten Domberges entlangführte und in einen großzügig geschnittenen Platz mündete. Hier bot sich uns ein Bild, an dem niemand ohne Verweilen und bewunderndes Betrachten vorbeikommt! In nahezu vollendeter Schönheit und Harmonie reiht sich um den Dorpater Rathausplatz in sauberem Frühklassizismus und leuchtendem Gelb ein stattliches Gebäude an das andere. Die Stirnseite nimmt das rosefarbene Rathaus mit seinem elegant geschwungenen Walmdach ein, dessen klassizistisches Ebenmaß das zierliche, barocke Uhrtürmchen nicht beeinträchtigt.

In stummes Betrachten versunken, blieb ich stehen. Der pflichtbewusste und nüchterne Bachstein mahnte: „Komm schon! Wir sind doch nicht hierher geschickt worden, um alte Gemäuer anzugaffen!" Doch mich lockten die kolossalen weißen Säulen, die in der vom Rathausplatz abzweigenden Ünikoli (= Universitätsstraße) schimmerten. Dort stand ich vor dem Hauptgebäude der Universität, einem spätklassizistischen Gebäudeklotz mit antikisierendem Säulenportal. Wie gut, dass man für ihn einen Standort außerhalb des Rathausplatzes gefunden hatte, sonst würde er die schwerelose Atmosphäre des alten Dorpater Stadtzentrums stören.

Wir fragten uns zu der Embachbrücke durch und wunderten uns, dass die angesprochenen Passanten nicht im Geringsten befremdet waren, unbewachten Feldgrauen zu begegnen. Sie antworteten uns entgegenkommend und freundlich, manche sogar auf Deutsch.

Als wir uns jenseits des Flusses nach dem Gefangenenlager erkundigten, wurden wir auf einige Baracken verwiesen, deren größte wegen ihres rundlich geformten Daches wie eine Halle wirkte. Vergeblich hielten wir Ausschau nach den unverzichtbaren Kennzeichen eines Lagers. Es gab aber weder Postentürme noch hohen Stachelverhau!

„Schau doch nur", sagte Bachstein und zeigte auf schief stehende Pfosten, von denen der Stacheldraht schlaff auf den Boden herabhing.

Staunend spazierten wir an dem leeren Wachhaus vorbei, durch das sperrangelweit offen stehende Eingangstor und in die weiträumige Baracke. Den hiesigen Kumpels geht es gut, dachten wir beim Betrachten der Inneneinrichtung, die im Vergleich mit der unsrigen komfortabel wirkte. Jetzt erst erhoben sich einige Kameraden, um uns zu begrüßen und zu fragen, weshalb und woher wir kämen. Als wir berichteten, dass unsere Lage sich nach bitteren Leidensjahren grundlegend verbessert habe und wir jetzt sogar sonntags frei ausgehen dürften, schien sie das nicht im Mindesten zu beeindrucken. Demgegenüber war das, was wir über ihr eigenes Schicksal erfuhren, unglaublich und sensationell!

In den beiden Nachkriegsjahren war das Dorpater Lager streng bewacht und mit harter Hand regiert worden. Hier war ebenso gelitten und gehungert worden wie in den anderen Lagern auch. Der überwiegende Teil der Männer war beim

Wiederaufbau der im Krieg stark zerstörten Innenstadt eingesetzt worden und hatte bei miserabler Verpflegung bis zum
Umfallen geschuftet. Seit dem Herbst des vorletzten Jahres hatte
sich aber ein totaler Wandel vollzogen. Die Mehrzahl der Gefangenen arbeitete jetzt in industriellen Unternehmen. Für ihren
Lohn konnten sie Lebensmittel kaufen, die ihnen vorher nie zu
Gesicht gekommen waren. Da sich auch die Qualität der Lagerküche verbesserte, hatten sich alle von den Hungerjahren erholen können. Schließlich war ihnen sogar erlaubt worden, täglich
nach Arbeitsschluss und am Sonntag ganztägig bis zur abendlichen Zählung in die Stadt zu gehen. Während der letzten Monate waren jedoch auch hier die meisten Kameraden schubweise
nach Kohtla Järwe in die Ölschiefergruben gebracht worden,
sodass die Belegschaft auf knapp zweihundert Mann geschrumpft
war. Sie durften wie bisher das Lager verlassen, jedoch hatte das
sowjetische MWD die Kontrollen in Dorpat spürbar verschärft!
Von jeher war es den Gefangenen untersagt gewesen, Kontakt
mit Zivilpersonen aufzunehmen. Doch bisher hatten sie das Verbot unter größter Vorsicht und mit List umgehen können. Jetzt
mussten sie es ernster nehmen!

Wir waren verblüfft! Dass hier, in der zweitgrößten Stadt
einer Sowjetrepublik, wo der MWD, wie überall, ein straffes
Regiment führte, die Gefangenen sogar wochentags das Lager verlassen durften, war uns unbegreiflich!

Der hinzukommende Koch zeigte hierfür Verständnis: „Ihr
müsst wissen", sagte er, „dass wir dies alles glücklichen Zu-
fällen zu verdanken haben. Vor etwa einem Jahr übernahm
ein Major Antonow das Kommando des Lagers. Er erwies sich
als ein ungewöhnlich gutherziger und kluger Mann, der überzeugt war, dass man von Kriegsgefangenen nur optimale Arbeitsleistungen erwarten kann, wenn man ihnen gute Ernährung, erträgliche Arbeitsbedingungen, Schonung der Schwachen und Fürsorge bei Krankheit angedeihen lässt. Für all
das sorgte er und erzielte Erfolge, die über seine Erwartungen hinausgingen. Als er beschloss, uns weitgehende Bewegungsfreiheit einzuräumen, war hierfür vermutlich folgen-
der Zufall mit ursächlich: Unter uns befand sich ein Diplom-
ingenieur, der auf den verschiedensten Gebieten der Technik
sowohl theoretisch als auch praktisch zu Hause und darüber

hinaus handwerklich außerordentlich begabt war. Wenn hiesige Unternehmen sich angesichts technischer Probleme keinen Rat mehr wussten oder ihre Produktionsanlagen moder-
nisieren wollten, erbaten sie seine Hilfe. Er erwarb sich bei
Russen und Esten den Ruf des „Alleskönners". Als der Major
ihn näher kennenlernte, fanden sich zwei Menschen, die sich
gesucht und gefunden hatten, denn auch der Major war von
der Liebe zur Technik besessen. Bald lagen die beiden zusammen unter einem alten Auto, dem Typ einer früheren Luxus-
klasse, das den Krieg nach der Flucht seines Eigentümers als
„Rostlaube" überlebt hatte. Sie machten es wieder flott und
ließen es in alter Schönheit erstehen. Der Major hütete sich
aber davor, mit der frisch lackierten Karosse in Dorpat Aufsehen zu erregen. Sie unternahmen ihre Ausflugsfahrten auf
Landstraßen. Später entdeckte Antonow in der Nähe des Embachs das herrenlose Wrack eines Motorbootes, das er gemeinsam mit seinem deutschen Freund reparierte, was wohl fast
auf einen Neubau hinauslief. Mit Familie und in Begleitung
seines Ingenieur-Freundes machte er nun sonntägliche Ausflüge auf dem Embach, flussaufwärts bis zum Wirzsee und flus-
sabwärts bis in den Peipussee. Unser Kamerad fand auf diese
Weise Familienanschluss, und wir profitierten davon! Kürzlich
ist er, zusammen mit einigen Kranken, nach Hause entlassen
worden.

Der Major hat bald darauf die Lagerkommandantur einem
jüngeren Offizier übergeben, soll aber in der Stadt das Kommando des Sicherheitsdienstes übernommen haben."

Das klang in unseren Ohren wie ein Märchen! Gern hätte
ich mir auch von einem der Männer der Arbeitskommandos
bestätigen lassen, dass hier freiheitliche Verhältnisse, von denen Russlandgefangene nicht zu träumen gewagt hätten,
Wirklichkeit geworden waren. Da wir aber am Abend in Kingu zurückerwartet wurden, ließen wir uns die Ersatzteile aushändigen und nahmen Abschied von diesem Ort der Wunder.

In Kingu bestürmten uns die Kameraden: „Wie sieht es im
Dorpater Lager aus? Was habt ihr dort erlebt?"

Ich überließ es Bachstein, unser Abenteuer auf seine Art,
kurz und trocken, zu schildern: Da alle ihn als krassen Reali-
sten kannten, zweifelte keiner daran, dass er die Darstellung

Der Rathausplatz in Dorpat. Foto von 1994.

der Dorpater Kameraden korrekt wiedergegeben habe. Dennoch überwog bei ihnen die Vermutung, dass wir in Dorpat „eingeseift" worden seien.

Dunkle Wolken, die der Nordwestwind von der Ostsee herantrug, verdüsterten den Himmel. Dauerregen hatte wiederum alle Wege aufgeweicht und unsere Jacken durchfeuchtet. Und doch konnten wir über die Umstände der Waldarbeit nicht mehr klagen. Wir mussten die Stämme nicht mehr auf den Schultern schleppen, sondern ließen sie jetzt von Pferden zu den Verladeplätzen ziehen. Sobald aber Wald und Feld ihre weiße Decke verloren und in einem grauen Brei aus Nebel und Wolken versanken, drückte der Kampf des nördlichen Winters gegen die Wiederkehr des Lichts bleischwer auf das Gemüt von Mensch und Tier. Als der Wind endlich begann, aus verschiedenen Richtungen zu blasen, konnte man das Nahen des Frühlings vorausahnen. Es dauerte nicht mehr lange, bis ein beständiger, frischer Südost den Himmel fegte, und zwischen zerfransten, weißen Wolken blaue Inseln hervorschauten.
In diesem Frühjahr erschien Tamara nicht! Sie hatte ge-

wiss erfahren, dass es keinen Anlass mehr gab für die Wiederholung der Fleischbeschau. Wir hatten aber nicht nur unsere körperlichen Kräfte wiedergewonnen. Dass uns bei der Arbeit die Initiative überlassen worden war, hatte ein neues Selbstbewusstsein in uns geweckt. Es war kein erzwungener Gehorsam mehr, dem wir zähneknirschend folgten. Wir packten freiwillig zu und waren davon überzeugt, dass dies das letzte Jahr unserer Gefangenschaft sei. Das spornte uns an, uns selbst und den Russen zu beweisen, was wir zu leisten vermochten. Obwohl die Frühjahrsbestellungen jetzt den Einsatz aller Kräfte forderte, nahm der Direktor sich zugleich unseres dringendsten Anliegens an. In seinem Auftrag bauten die Handwerker, am Bachufer, dort, wo der Steg nach Havetaare hinüberführte, eine geräumige und nach den besten estnischen Vorbildern ausgestattete Sauna! Jetzt konnten wir uns, wann immer wir wollten, mit warmem Wasser waschen und am Wochenende ein zünftiges Schwitzbad mit anschließender Abkühlung im Bach nehmen!

An einem Sonntagmorgen in der zweiten Aprilhälfte strahlte die Sonne von einem wolkenlosen Himmel! Wer es besonders eilig hatte, weil er auf „seinem" Hof den fehlenden „Wirt" an Pflug und Egge vertrat, hatte sich schon vor acht Uhr auf den Weg gemacht. Ich wanderte gemächlich durch die Wälder nach Mägiste. Im Winter hatte ich Karel beim Holzhacken und Ausmisten geholfen, jetzt gab es anderes zu tun: Während er pflügte, führte ich das Pferd, damit er seine Ackerfurchen mit letzter Exaktheit ziehen konnte. Alwine hatte einige junge Leute aus Kuigatse eingeladen. Anfangs ging es sehr vergnügt und sogar ausgelassen zu. Als dann aber ein als Bausoldat eingezogener Bauernsohn über seine Erlebnisse in der Roten Armee berichtete, wurden seine Zuhörer still! Unter der Fuchtel russischer Offiziere und Unteroffiziere schufteten die Soldaten, ausschließlich Esten, wie Sträflinge. Nichtige Anlässe genügten den Vorgesetzten, um ihnen mangelnden Arbeitseifer zu unterstellen und die jungen Leute mit Fußtritten und Prügeln zu traktieren. Ausgang gab es nicht. Immerhin war es den Soldaten erlaubt, ihre Familien vierteljährlich für ein Wochenende zu besuchen und sich mit Lebensmitteln zu versorgen. Ungewollt gelang es mir, die Stimmung wieder aufzuheitern! Meine Versuche, mich auf Estnisch am Gespräch zu beteiligen, klangen in den Ohren der Gäste oft so lustig, dass die Runde immer wieder in fröhliches Gelächter ausbrach! So war es zu erklären, dass Karel mich erst nach Anbruch der Dunkelheit in Sillapuu absetzte.

Wo der aus Sillapuu kommende Waldweg in die Lichtung Kingus mündet, hörte ich vom Lager Musik und dröhnenden Gesang herüberschallen. Aha! Will saß wieder einmal am Klavier und ließ sich von sangesfreudigen Kumpanen begleiten. Der Gesang war aber noch nie so laut gewesen! Unruhig werdend, beschleunigte ich mein Tempo zur Masterskaja, sodass der Leinenbeutel, in dem außer Brot, Butter und Schinken auch zwei Literflaschen Schnaps steckten, auf meinem Rücken hin und her hüpfte.

In der Hobelbank fand ich Walters schriftliche Warnung: „Aus Tallinn ist ein großer Lastzug mit einem Offizier und drei Rotarmisten gekommen. Wir sollen nach Kohtla Järwe gebracht werden! Owjetschkin erwartet dich dringend und verlangt, dass du dich, unbemerkt von den Ankömmlingen, ins Lager stiehlst. Unsere Konvois wissen Bescheid. Im Augenblick sitzen zwei von ihnen mit den Tallinner Russen im Wachthaus!"

Ich war wie vom Donner gerührt! Es gab nur einen Weg, um unbemerkt ins Lager zu gelangen, und auch dieser war nur mithilfe unserer Konvois gangbar!

Also schlich ich mich am Waldrand von hinten an das Gebäude der Garnison heran. Ich hatte Glück! Im ersten Stock, den Wohnräumen der Konvois, brannte Licht! Ich warf ein Steinchen an die Fensterscheibe. Dann öffnete sich das Fenster, und ich erkannte im flackernden Lichtschein Stjepan, den Benjamin der Wachmannschaft.

„Stjepka, komm runter!"

Ich gab ihm alles, was ich auf dem Rücken trug. „Geh hiermit ins Wachthaus und bewirte, zusammen mit deinen Genossen, die Leute aus Tallinn. Wenn ihr nicht selbst zu viel sauft, werden diese zwei Liter hochprozentigen Samogonkas genügen, um die Gäste in Stimmung zu bringen. Dann werde ich mich unbemerkt ins Lager schleichen. Sobald der Schnaps gewirkt hat, kommst du hierher zurück!"

Sichtlich erfreut über diese angenehme Mission zog Stjepan ab. Das anhaltende Getöse aus dem „Sanatorium" machte mich nervös. Nachdem die Kameraden eine Pause einge-
legt hatten, drang nun aus dem Wachthaus Gesang. Nach der
Lautstärke zu urteilen, hatten die dortigen Sangesbrüder
schon die zweite Flasche entkorkt. Ich lauschte ihnen ange-
spannt, bis der Gesang schließlich in Gejohle überging. Als
Stjepka zurückkehrte, um den vollen Erfolg seiner Mission
zu melden, verriet er mir nichts Neues.

„Geh wieder ins Wachthaus, Stjepka. Ich folge dir in kurzem Abstand, damit du mich notfalls warnen kannst. Schließe das Lagertor nicht hinter dir und lehne dich im Häuschen
mit dem Rücken gegen das Fenster der Tür, damit niemand
hinausschauen kann. Unser Plan kann nur gelingen, wenn in
den nächsten Minuten niemand das Wachthaus verlässt!"

Als der aus dem Wachthaus fallende Lichtschein schwächer
geworden war, legte ich mich auf den Boden. Während drinnen die Genossen schon wieder das martialische Leib- und
Magenlied der Roten Armee grölten, robbte ich mich durch
das Tor und an der Tür des Wachthäuschens vorbei. Nach
fünfzehn weiteren Metern huschte ich ins „Sanatorium"!

Kaum hatte ich die Tür hinter mir geschlossen, als es schon
Fragen hagelte: „Haben sie dich etwa erwischt und wieder laufen lassen?" „Wie bist du an den Kaschaköpfen vorbeigekom-
men?" „Hat denn kein einziger von ihnen Wache gestanden?"

Ich erklärte, wie ich es mithilfe Stjepkas geschafft hatte. Doch
nun musste ich Wagners und Bachsteins Vorwürfe über mich
ergehen lassen. „Warum hast du es mit deinen ewigen Verspä-
tungen auf die Spitze getrieben? Du hast Owjetschkin in eine
peinliche Lage gebracht. Er hat seinem Tallinner Kollegen versichert, dass der Buchhalter damit beschäftigt sei, die Begleit-
papiere auszustellen. Mit dieser Notlüge wäre er aufgeflogen,
wenn du bei der Rückkehr geschnappt worden wärest. Zum
Glück war der Oberleutnant damit einverstanden, dass ihm
die Papiere erst morgen früh vorgelegt werden!"

Sie hatten natürlich recht, aber Walter beschwichtigte sie:
„Entscheidend ist doch", meinte er, „dass Hans unbemerkt
hereingekommen ist und Owjetschkin deshalb nicht mehr
Gefahr läuft, bloßgestellt zu werden!"

Erleichtert ging ich an die auf mich wartende Arbeit, eine Namensliste mit jeweiliger Angabe des Geburtsdatums und - ortes, des ehemaligen Truppenteils, des Dienstgrades und des Ortes der Gefangennahme zusammenzustellen. Außerdem sollte ich ein Verzeichnis der Art und Zahl der „mitgehenden" Bekleidungsgegenstände vorlegen. Mittlerweile hatten die Kameraden Atem geschöpft und begannen erneut zu singen. Das Lied von der „Pest an Bord" schien ihnen als Ausdruck des Protestes passend. Das machte allenfalls insoweit Sinn, als es den Rotarmisten des Tallinner Rollkommandos zeigte, dass wir uns von ihnen nicht wie Schafe zur Schlachtbank führen lassen wollten!

Nachdem die Anspannung der letzten Stunden verflogen war, wurde mir erst vollends bewusst, welches Geschick uns blühte! Uns würde alles, was man uns mit der einen Hand als Lohn und Ansporn gegeben hatte, mit der anderen wieder genommen werden! Schlimmer noch: Von einem Gut, das sein Aufblühen unserer Arbeit verdankte, sollten wir in die Ölschieferbergwerke von Kiwi Öli, der ödesten Gegend Estlands, verschleppt werden! Anstelle der sehnlich erwarteten Entlassung würde man uns dort auf unabsehbare Zeit, über oder unter Tage, durch eine neue Mühle drehen! Besonders weh tat mir der Gedanke, dass ich nicht einmal Gelegenheit haben würde, von den Freunden in Mägiste Abschied zu nehmen.

Als ich beim Zusammenstellen der Namensliste die Kameraden um Angabe ihres letzten Truppenteils bitten musste, antworteten manche erst nach längerem Nachdenken. Unerkannte SS-Angehörige gab es unter uns mit an Sicherheit grenzender Wahrscheinlichkeit nicht! Es gab aber Truppenteile des Heeres, deren Angehörige wegen ihres Einsatzes gegen Partisanen oder sogar als Soldaten besonders erfolgreicher Divisionen Gefahr liefen, in ein sowjetisches Straflager verschickt zu werden. So überlegte sich mancher, ob es nicht ratsam wäre, sich als Angehöriger eines weniger „verdächtigen" Truppenteils auszugeben.

Am folgenden Morgen schauten wir verdutzt in die Runde. Auf zwei Wachtürmen grünbraune Uniformen und vor dem Tor ein patrouillierender Rotarmist! Dieser Anblick genügte, um alle von der Sinnlosigkeit weiterer Protestdemonstrationen zu überzeugen. Im „Sanatorium" verbreitete sich Abschiedsstimmung! Batschinski nahm, missmutig dreinschauend, meine Listen entgegen. Hierbei gab er wieder, was er von Owjetschkin über die Geschehnisse des Vortages erfahren hatte:

Gegen Mittag war unangekündigt ein Oberleutnant mit drei schwer bewaffneten Rotarmisten aus Tallin auf einem Lastwagen mit Anhänger am Lagertor vorgefahren. Die Russen hatten ihren Augen nicht getraut, als sie das Wachthaus und die Türme unbesetzt fanden und waren durch das offene Tor ins Lager gestürmt. Im Mannschaftsraum hatten sie Ordnung und Sauberkeit vorgefunden, aber keinen einzigen Menschen. Dasselbe wiederholte sich in allen anderen Räumen. Schließlich hatten sie auf dem kleinen Rasenstück hinter der leeren Ambulanz einen bejahrten Gefangenen entdeckt, der sich auf seiner Wolldecke an diesem windgeschützten Fleck in der Sonne zu einem Nikkerchen ausgestreckt hatte. Will hatte es nicht verlangt, auszugehen, zumal andere ohnehin ihre Mitbringsel mit ihm teilten. Der Arme war unsanft aus dem Schlaf geweckt worden.

„Was ist hier los? Sind die Gefangenen ausgebrochen? Ist dieses Lager immer unbewacht? Wo sind die Konvois?"

Will hatte wenig von alledem verstanden. Nach vergeblichen Versuchen, seinen Quälgeistern begreiflich zu machen, dass wir sonntags freien Ausgang hätten und pünktlich zurückkehren würden, hatte er auf die Frage nach unseren Konvois auf das Garnisonsgebäude gezeigt. Dass auch dort niemand zu finden war, hatte das Rollkommando vollends ratlos gemacht! Jetzt erst war der Oberleutnant auf den Gedanken gekommen, den Direktor in seinem Haus aufzusuchen. Er überfiel Owjetschkin in größter Erregung und ließ seiner Empörung über die unglaublichen Zustände, die er in diesem Ableger des Walker Lagers vorgefunden habe, freien Lauf. Die Tallinner Kommandantur hätte ihm befohlen, die Gefangenen der Podzobnoje nach Kohtla Järwe zu bringen, doch das Lager sei leer!

Owjetschkin, den man zuvor nicht unterrichtet hatte, war aus allen Wolken gefallen: „Wer soll dann hier die Arbeit tun? Wir befinden uns doch mitten in der Frühjahrsbestellung!"

Der andere hatte erwidert, das gehe ihn nichts an, hatte einen schriftlichen Ukas vorgelegt und verlangt, dass der Kapitän gefälligst sofort die Gefangenen herbeischaffen solle.

Er gebe ihm sein Wort, hatte Owjetschkin erklärt, dass sie sämtlich um sechs Uhr wieder hier sein würden! Wie Batschinski zu wissen glaubte, hatte Ljuba Owjetschkina den ungebetenen und aufgebrachten Gast durch Charme und gute Bewirtung versöhnlich gestimmt. Jedenfalls hätten, wie er sagte, die beiden Offiziere um halb sechs am Lagertor gestanden und Ausschau nach den Gefangenen gehalten. Als Erster sei Jankowiak in Sicht gekommen. Dann hätte man auch die übrigen Ausflügler aus verschiedenen Himmelsrichtungen auf das Lager zu eilen sehen, und um sechs Uhr seien die Gefangenen wie auch die Konvois zurück gewesen – bis auf eine, mir gut bekannte Ausnahme!

Ich war überrascht, als Sascha Batschinski mir schon wenig später die Namensliste zurückbrachte. Während der Oberleutnant die Bekleidungsliste flüchtig gelesen und sie ohne Kommentar in die Tasche gesteckt hätte, sei es wegen der Zahl der nach Kothla Järve zu bringenden Gefangenen zwischen ihm und dem Direktor zum Streit gekommen. Am Ende hätten sie sich darauf geeinigt, dass bis zur Übergabe des Gutes an die Nachfolger elf Kriegsgefangene in Kingu zurückbleiben sollten, um den Betrieb durch Erledigung der dringendsten Arbeiten am Leben zu halten.

„Die Namen der Zurückbleibenden sind auf der Liste durchgestrichen", erklärte Sascha, „du sollst sie sofort unterrichten, damit ich die Liste zurückbringen kann." Grinsend zeigte er auf meinen durchgestrichenen Namen! „Auch du darfst vorläufig bleiben. Owjetschkin ist sauer darüber, dass er dem Oberleutnant nicht mehr Leute abhandeln konnte."

Das Häuflein der „Nachhut" war wirklich für die ihm zugedachte Aufgabe viel zu klein! Die beiden Pferdepfleger und zwei Handwerker wurden bis zum Schluss benötigt. Dass der Direktor auch mich zurückbehielt, war ebenfalls verständlich, denn sonst hätte er den mit der Übergabe verbundenen Papierkrieg allein führen müssen. Lächerlich gering bemessen war aber die nur sechsköpfige Gruppe für die Erledigung der dringlichsten Arbeiten auf den Feldern. Weder Wagner, noch Jankowiak oder auch nur einen der Brigadiere hatte Owjetschkin zurückbehalten dürfen!

Kingu wird Straflager für sowjetische Offiziere

Der letzte Akt vollzog sich im Eiltempo. Während die Rotarmisten unter dem Eindruck der Proteste des vorigen Tages ihre Maschinenpistolen im Anschlag hielten, kletterten die Kameraden, erbittert, aber gefasst, mit ihren gebündelten Habseligkeiten auf die Ladeflächen des Lastzuges. Die jungen „Kaschaköpfe" mit den Schießwerkzeugen folgten ihnen auf dem Fuß, und ihr Chef verschwand im Führerhaus. Wir, die Hinterbliebenen, standen am Stacheldraht und riefen den Kameraden gute Wünsche zu. War es für sie ein Trost, dass wir nach der Übergabe der Podzobnje an noch unbekannte Nachfolger ihr Los teilen würden?

Auf die Tragödie folgte sogleich die Komödie. Kaum war der Gefangenentransport außer Sicht, da öffnete Batschinski mit einladender Geste das Lagertor: „Ihr habt sicher heute noch einiges zu tun! Das Tor bleibt jetzt ständig offen!"

In Kingu war es einsam geworden! Avramow und Tkatschenko hatten schon vor Monaten über Nacht das Feld geräumt, ohne die kleinste Lücke zu hinterlassen. Zu unserem großen Bedauern hatte sich auch die liebenswerte Kosakenfamilie Kapzow gegen Ende des Winters verabschieden müssen. Nur der Direktor, Batschinski und zwei seiner Konvois waren hiergeblieben. Wir elf, die letzten Mohikaner, hätten gern unsere Kräfte geschont, da sie demnächst in den Bergwerken strapaziert werden würden. Wie sollte man sich aber auf wenige, vordringliche Arbeiten beschränken, wenn es so vieles gab, was keinen Aufschub duldete? Hafer, Sommergerste und Rüben waren auszusäen. Bald würden auch Kartoffeln und Kohl gepflanzt werden müssen! Unsere Landwirte gingen auch ohne Wagners Anweisungen unter Beachtung der Prioritäten zielbewusst an die Arbeit. Owjetschkin, der täglich nach dem Rechten sah, sparte nicht mit Lob und Ermunterung, und dennoch blieb das meiste ungetan. Ich füllte ungezählte Seiten mit der Abrechnung des letzten Monats und abschließenden Inventarlisten für Speicher und Magazine. Als ich sie dem Direktor übergab und ihn dabei fragte, wer denn wohl unsere vielen Zentner bester Saatkartoffeln in die Erde bringen werde, erwiderte er mit kühler Resignation: „Das soll sich überlegen, wer auf den Gedanken gekommen ist, unsere Männer abzuziehen!"

In wenigen Wochen hatten wir, ganz auf uns gestellt, beachtliche Teile der Frühjahrsbestellung und der Aussaat bewältigt und damit fast doppelt so viel geleistet, wie Owjetschkin erwartet hatte.

An einem wunderschönen Frühlingstag hatten wir auf dem ausgedehnten Feld neben dem „Sanatorium" Rote Beete gepflanzt. Jetzt saßen wir zu sechst an einem Holztisch vor der uns als Wohnung zugewiesenen Sauna und genossen unsere Mittagspause. Der Schmied, inzwischen als brauchbarer Koch erprobt, tischte ein kräftiges Mahl auf. Was wir sonntags von unseren Freunden mitbrachten, wanderte in die gemeinsame Küche. Während wir überlegten, was am nächsten Tage zu tun sei, störte plötzlich mein Tischnachbar die Gemütlichkeit!

„Schaut doch", rief er, „im Gebüsch dort drüben funkelt es!"

Alle schauten angestrengt hinüber, und schon nach wenigen Sekunden wussten wir: Das waren die Spitzen aufgepflanzter Bajonette. Sie schwankten im Schritttempo ihrer Träger über den Gebüschen, die den von Havetaare kommenden schmalen Pfad säumten. Uns packte die Neugier. Ob die Rotarmisten Kameraden aus dem Lager Walk eskortierten, die uns ablösen sollten?

Doch dann wurden wir Zeugen eines unwahrscheinlichen Schauspiels! Vorweg kamen zwei Rotarmisten mit aufgepflanzten Bajonetten in ihren schäbigen Uniformen und ausgelatschten Knobelbechern aus den Büschen heraus. Ihnen folgte eine nicht enden wollende Schlange uniformierter, unbewaffneter Männer. Sie wurden in kurzen Abständen begleitet und bewacht durch weitere bewaffnete Rotarmisten. Die sich uns gemessenen Schrittes nähernden Gestalten der so eskortierten Kolonne trugen steinerne Mienen zur Schau und schienen bemüht, aufrechte Haltung zu bewahren. Alle waren in gut sitzende, gepflegte Uniformen verschiedener Waffengattungen der Roten Armee und Flotte gekleidet.

Es gab keinen Zweifel mehr: Auf uns marschierte eine aus lauter sowjetischen Offizieren bestehende Marschkolonne zu! Weshalb mochten sie wohl ihre abgetakelte militärische Eleganz in unseren entlegenen Waldwinkel bringen? Als die ersten Offiziere den Bachsteg im Gänsemarsch überquert hatten und an unserem Tisch vorbeidefilierten, sahen wir, dass keiner ein Rangabzeichen, geschweige denn eine Auszeichnung trug. Jetzt erst erwachten wir aus unserem begriffsstutzigen Hinstarren. Das waren Strafgefangene des MWD! Und jetzt wussten wir auch, weshalb diese Art von Gefangenen nicht für jedermann sichtbar durch die estnischen Dörfer gekarrt, sondern zu Fuß auf verschwiegenen Pfaden hierher geführt wurde!

Aufrecht, aber schweigend trotteten die Sträflinge dahin, die Augen starr auf den Boden geheftet, stumpf und ausdruckslos. Wie sollten wir Mitleid mit ihnen empfinden, da wir selbst Gefangene waren? Ich spürte aber auch keine Genugtuung und erst recht keine Schadenfreude, sondern nur den Schrecken, der von dem furchtbaren Regime Stalins ausging.

Sobald als Letzte der Befehlshaber der Wachmannschaft und zwei Konvois über den schmalen Steg geschritten und hinter der Waldecke verschwunden waren, folgten wir ihnen unauffällig. In guter Deckung bleibend, beobachteten wir, wie die Kolonne Einzug in unseren ehemaligen Stacheldrahtkäfig hielt! Sie hatten tatsächlich mit uns getauscht! Und nun redeten wir plötzlich alle durcheinander: „Die werden sich wundern, in einem so noblen Hotel unterzukommen." „Ein so komfortables Gefängnis gibt es im sowjetischen Strafvollzug bestimmt nicht noch mal!!", „Aber sie müssen anbauen, wenn sie es so bequem haben wollen wie wir!", „Ob die wohl jemals Kohl und Kartoffeln gepflanzt oder gar eine Sense in der Hand gehabt haben?", „Sowjetoffiziere hinter unserem Stacheldraht, und wir draußen! Ist denn das zu glauben?"

Diese „verkehrte Welt" konnte nicht lange Bestand haben. Kurz nach Feierabend, zu der Stunde, in der uns sonst Batschinski zu besuchen pflegte, hörten wir Hufschlag. Owjetschkin schwang sich von seiner Fuchsstute und trat zu uns an den Tisch.

„Ihr wisst jetzt, was aus Kingu wird", sagte er. „Ich hatte gehofft, dass wir bis zu eurer hoffentlich baldigen Heimreise gemeinsam hier weitermachen könnten! Ihr müsst jetzt, wie auch ich, Abschied von Kingu nehmen. Immerhin habe ich erreicht, dass ihr nicht nach Kohtla Järwe gebracht, sondern weiterhin in der Landwirtschaft beschäftigt werdet. Heute kam aus Walk der Bescheid, dass ihr der Podzobnoje Ani zugeteilt worden seid. Sie liegt in der Nähe Dorpats, untersteht aber unmittelbar dem Tallinner Stab. Ich wünsche euch, dass sie zur letzten Station eurer Gefangenschaft wird. Morgen werdet ihr, begleitet von Sergeant Batschinski, mit der Eisenbahn nach Dorpat fahren. Habt Dank für eure hervorragende Arbeit und die mir bewiesene Loyalität! Lebt wohl!"

Wir konnten unser Glück kaum fassen, da saß er schon wieder im Sattel und trabte an, sodass wir ihm Dank und gute Wünsche hinterherrufen mussten. In der Nacht rückten wir zusammen, um Platz für die aus Sopaidu gekommenen Kameraden zu machen.

4. Teil
Übersiedlung nach Dorpat auf das Lagergut Ani 1948

Früh am Morgen brachen wir mit Batschinski zum Bahnhof Mägiste auf. Als wir mit unserem Gepäck das „Sanatorium" passierten und mit einem letzten Blick von der selbst geschaffenen Behausung Abschied nahmen, war sie bereits in ein Hochsicherheitsgefängnis verwandelt. Oben, auf allen vier Türmen wachten Posten mit umgehängten Kalaschnikows und unten patrouillierten Rotarmisten! Wir schieden ohne Bedauern von dem Ort, der uns am Ende doch ein wenig heimatlich geworden war! Die Vorfreude auf das Erlebnis der Reise im Personenzug in das von mir so hoch gepriesene Dorpat, und die Neugier auf die nächste Station der Gefangenschaft machten uns lange Beine. So hatten wir schon anderthalb Stunden vor Abfahrt des Zuges die Häuser von Kuigatse hinter uns gelassen. Der sonst so fröhliche Batschinski, der noch nicht wusste, wohin es ihn verschlagen würde, war still und in sich gekehrt. Er stimmte bereitwillig zu, als ich ihn bat, mich für einen kurzen Besuch bei Freunden zu beurlauben.

Als Alwine die Tür öffnete, musste ich ihr nichts erklären. In meinem Gesicht las sie, dass die Stunde des Abschieds gekommen war und rief Karel ins Haus. Dann schlug sie mit fliegenden Händen Eier in die Pfanne und schnitt dicke Scheiben vom selbst gebackenen Brot und vom Schinken ab.

„Hans", sagte Karel, „nach allem, was wir in den letzten Monaten miteinander erlebt haben, bin ich überzeugt, dass es dir gelingen wird, auch von Ani den Weg zu uns zu finden!"

Er wollte sogar darüber nachdenken, wie er mir dorthin eine Fahrkarte zukommen lassen könne. Ich bat ihn, sich ein solches Wagnis aus dem Kopf zu schlagen, wenn sie nicht riskieren wollten, im Viehwagen nach Sibirien zu reisen! Sie könnten sich darauf verlassen, dass sie mich bald wiedersehen würden. Beim Abschiednehmen blieb es nicht bei feuchten Augen. Mit wehem Herzen lud ich mir mein Bündel, das

durch „Mutti" Alwines Reiseproviant noch schwerer geworden war, auf den Rücken. Ohne zurückzuschauen, eilte ich
den Gefährten nach.

Vor dem Dorpater Bahnhof übergab Batschinski uns einem
altersgrauen, dürren Starschi-Sergeanten. Wir waren dankbar
dafür, dass Sascha sich bemühte, den Veteranen für uns einzunehmen. Eigentlich wäre das nicht nötig gewesen, denn der Alte
erwies sich als die personifizierte Gutmütigkeit. Seine „Wintowka", eine Flinte aus der Anfangszeit des Krieges, passte zu seinem friedfertigen Aussehen. Er benutzte sie als Stütze für seine
wackligen Beine. So seltsam es klingen mag: Wir bedauerten es,
von Batschinski, unserem Bewacher, Abschied nehmen zu müssen! Stets hatte er uns vor Misshandlungen durch seine Kollegen bewahrt und war unser Freund geworden.

Bevor wir auf die Ladefläche des Lkw kletterten, drückte
er alle Hände, die sich ihm entgegenstreckten und rief uns
herzliche Wünsche für baldige, glückliche Heimkehr zu! Der
Lkw rumpelte auf wenig ansehnlichen Vorstadtstraßen um
die Dorpater Innenstadt herum. Nachdem er auf die in südlicher Richtung nach Werro verlaufende Landstraße eingebo-
gen war, öffnete sich der Blick auf eine leicht wellige Kultur-
landschaft. Sauber gepflügte oder schon bestellte Äcker wechselten mit saftig grünen Weiden ab, auf denen Kuhherden
grasten. Dies war mit unserer bisherigen „Waldheimat" nicht
zu vergleichen! Der Kreis Tartu (= Dorpat) war viel dichter
besiedelt als „Valgamaa" und die hier qualitativ besseren Böden konnten durchweg landwirtschaftlich genutzt werden. Ich
mochte mich mit der neuen Umgebung zunächst nicht an-
freunden. Wälder gab es auch hier, doch mir fehlten die weiten, vielfach unberührten Waldgebiete, auf deren Lichtungen
die Bauernhöfe im Schutz von Kiefern und Fichten ihr idylli-
sches Reich hatten.

Nach etwa zwanzig Minuten bog der Fahrer in einen Wirt-
schaftsweg ein und schaukelte auf ein stattliches Wohnhaus
zu. In ihm verschwand der „Starschi" für Minuten, um uns
dann in Linie zu einem Glied antreten zu lassen. Aus der Haustür trat würdevoll ein kleines, kugelrundes Männchen, dessen
Offiziersrock sich vorn bedrohlich spannte und kam in Trip-
pelschritten die Treppe hinab. Während der Major a. D. Rotow

unsere kurze Front abschritt, fasste er jeden seiner neuen
Untertanen scharf ins Auge. Auf den Fußspitzen stehend, hielt
er eine militärisch kurze, aber fulminante Ansprache, die ich,
um sie voll zur Wirkung kommen zu lassen, Satz für Satz übersetzen musste. Mit rauer Kommandostimme, die so gar nicht
mit seinen Rundungen harmonierte, forderte er als Direktor
der Podzobnoje Ani von uns strikten Gehorsam. Da wir ihm als
landwirtschaftliche Spezialisten zugeteilt worden seien, erwarte
er von uns hervorragende fachliche Leistungen. Für seinen
Betrieb seien die Besten gerade gut genug.

„Wenn ihr meine Erwartungen erfüllt, können wir gute
Freunde werden, versagt ihr, so behalte ich mir alle für diesen Fall in Betracht kommenden Maßnahmen vor!", beende-
te er seine Rede.

Als der Starschi uns zur Unterkunft der Ani-Gefangenen
führte, stellten wir befriedigt fest, dass diese teils aus Ziegel-
steinmauern aufgeführte und mit einem soliden Dach versehene, ehemalige Scheune nicht eingezäunt war. Kaum hatte
die „bewaffnete Macht" mit dem Versprechen baldigen Wiedersehens die Tür hinter sich geschlossen, als wir uns vor
Lachen über den Auftritt des kleinen „fetten Igels" ausschütten wollten. In der Tat verkörperte Rotow den absoluten Gegensatz zu dem sportlich-eleganten und das leise Wort lieben-
den Owjetschkin!!

Unser neues Quartier konnte sich zwar mit dem „Sanatorium" keineswegs messen, schien uns aber doch wohnlich
genug. Bei der Erkundung der Umgebung sahen wir aus dem
Schornstein eines benachbarten Gebäudes dünnen Rauch auf-
steigen.

„Freunde, das ist die Küche! Nichts wie hin!"

Der Koch, in weißer Arbeitskleidung, war von unserem
Erscheinen nicht überrascht. „Ihr seid uns angekündigt", rief
er vergnügt. „Gut, dass ihr pünktlich kommt. Das Mittagessen ist gleich fertig. Es gibt Erbsensuppe mit viel Schweinefleisch. Die anderen werden auch gleich zum Essen kommen!"

Als wir ihn fragten, wer denn „die anderen" seien, klärte
er uns auf: „Als die Russen das Lager Dorpat auflösten, verfrachteten sie auch den größten Teil der Belegschaft des La-
gergutes Ani nach Kiwi Öli. Wir blieben zu acht zurück. Vor

einer Woche bekamen wir Verstärkung durch zwölf Leute der Podzobnoje Viljandi, die ebenfalls von der Verschickung verschont geblieben waren. Und mit euch erreichen wir wieder unsere Sollstärke."

Aus dem neben der Küche liegenden Essraum kam Gepolter. Nach fröhlicher Begrüßung, bei der ich Kameraden wiedersah, die ich bei unserem Besuch der Podzobnoje Viljandi kennengelernt hatte, ließen wir uns zusammen mit den „anderen" eine Erbsensuppe schmecken, die dem Küchenchef ein erstklassiges Zeugnis ausstellte. Hierbei erfuhren wir, dass Rotow je einen Kriegsgefangenen zum Agronom und zum Buchhalter bestellt und beide nicht für die Verschickung nach Kiwi Öli freigegeben hatte. Auch den Schneider hatte er behalten. Ein tüchtiger Zimmermann sei aus Viljandi zu ihnen gestoßen. Nun wussten wir, weshalb Wagner und Jankowiak nicht unter uns waren, und mir wurde klar, dass ich hier nicht als Buchhalter benötigt würde!

Unsere neuen Kollegen schärften uns ein, dass man nicht umhinkomme, sich um das Wohlwollen des „Igels" zu bemühen. Er verfüge über gute landwirtschaftliche Kenntnisse und erscheine fortwährend unangemeldet an den Arbeitsplätzen, um sich ein Bild vom Fleiß und Können eines jeden seiner Arbeiter zu machen. Seine Beobachtungen speichere er mit dem Gedächtnis eines Elefanten und habe, solange das Lager Dorpat bestanden habe, bereits seine Entschlossenheit bewiesen, sich umgehend von Faulenzern oder für die landwirtschaftliche Arbeit ungeeigneten Leuten zu trennen. Wenn man ihn zufriedenstelle, ziehe er die Stacheln ein, halte sich jedoch immer an Stalins Grundsatz, dass „Vertrauen gut, Kontrolle aber besser" sei. Unsere Unterkunft betrete er nie. Die Aufsicht habe er seinem einzigen Untergebenen, dem ausgedienten Sergeanten, übertragen. Dieser sei seinem Major treu ergeben und erscheine pflichtgemäß jeden Abend um 20 Uhr zur Anwesenheitskontrolle in unserer Unterkunft, verzichte aber aus unendlicher Gutmütigkeit und Altersschwäche meistens auf eine förmliche Zählung. Stattdessen begnüge er sich mit der Versicherung seiner Schutzbefohlenen, dass „alle da seien und sich wohl befänden", versuche dann, mit ihnen ein wenig zu plaudern und ziehe sich mit Gute Nacht-Wünschen zurück. Die allgemeine Sympathie, die er bei seinen „Schäflein" genieße, komme vorrangig in Geschenken von Schnaps oder auch von Speck und Butter, die sie von estnischen Freunden erhielten, zum Ausdruck, denn auch Rotow habe seinen Gefangenen sonntags von 8 bis 20 Uhr freien Ausgang erlaubt.

Angesichts so verheißungsvoller Aussichten schlief ich an diesem Abend in dem Bewusstsein ein, dass ich hier am rechten Ort gelandet sei!

Am nächsten Morgen ging es in aller Frühe hinaus zum Kartoffelpflanzen. Unser hiesiges Areal erreichte kaum mehr als ein Drittel der Fläche Kingus, umfasste aber keinen Waldbestand. Während dort der arbeitsintensive Anbau von Hackfrüchten bei Weitem überwog, war hier eine Hälfte der unter dem Pflug befindlichen Felder dem Getreide-, die andere dem Hackfrüchteanbau vorbehalten. Dennoch war das Arbeitspensum pro Kopf nicht geringer als in Kingu, da unsere Belegschaft um die Hälfte kleiner war, und es weder einen eigenen Traktor gab, noch in den „Stoßzeiten" Erntehelfer zur Verfügung standen. Ich trauerte meinem Buchhalterjob nicht nach, sondern war damit zufrieden, beim Kartoffelpflanzen die Hacke zu schwingen. Die Frühjahrsbestellung erhielt durch die Verstärkung aus Kingu einen kräftigen Impuls. Das brachte uns die Anerkennung Rotows und die Sympathie der Kameraden ein. Abends sanken wir todmüde auf die Strohsäcke. Von dem erhofften Wiedersehen mit Dorpat konnte ich vorläufig nur träumen!

Während dieser ersten Wochen nahm mich eines Sonntags einer der „eingesessenen" Kameraden mit auf „seinen" Hof. Er gehörte, wie auch Ani, zu den Anwesen des Dorfes Kambja, die verstreut in unserer Nachbarschaft lagen. Die Bauersleute pflanzten mit ihren beiden etwa 16- beziehungsweise 18-jährigen Töchtern Kartoffeln. Mit unserer Hilfe bewältigten sie ihr Tagesprogramm schon gegen Mittag und luden uns in die Sauna ein. Voller Freude auf einen Genuss, der uns auch in Ani nur einmal wöchentlich vergönnt war, warfen wir im Vorraum des urigen Saunahäuschens die Klamotten ab und stürmten splitternackt in den angrenzenden Baderaum, wo schon Stunden zuvor angeheizt worden war. Die rohen Balkenwände hatten die Badefeste etlicher Generationen gesehen und den säuerlich-strengen Rauch ungezählter Holzfeuer eingesaugt. Auf einem plumpen Eisengestell, unter dem ein starkes Feuer loderte, erwarteten uns zwei mächtige, gühende Findlinge. Die übrige Einrichtung bestand aus einem Rauchfang, aus Holzbänken, auf denen Handbesen aus Birkenreisern lagen, aus einem großen, mit kaltem Wasser gefüllten Zuber sowie einigen Eimern und Kellen. Leider griffen wir in unserem Eifer nicht nach den hierfür vorgesehenen Kellen, sondern schütteten zwei Eimer kaltes Wasser auf die Steine. Explosionsartig und zischend schossen glühend heiße Dampf- und Rauchwolken bis zur Decke empor. Sie füllten im Handumdrehen den ganzen Raum, sodass wir einander nur noch undeutlich sahen. Unser Herzschlag beschleunigte sich zu Galoppsprüngen, und wir sanken, nach Luft ringend, auf die Wandbänke. Wir hatten angenommen, dass man uns als Ehrengästen den Vortritt eingeräumt habe, und wir während der Badefreuden selbstverständlich „unter uns" bleiben würden. Wie soll ich unsere peinliche Überraschung beschreiben, als wir durch Rauch und Dampf schemenhaft die ganze Familie im Adams- beziehungsweise Evaskostüm hereinkommen sahen! Während der Bauer das durch unseren Gewaltakt fast erstickte Feuer wiederbelebte, wären wir als wohlerzogene Jünglinge am liebsten unter die Bänke gekrochen, beließen es aber dabei, uns der Wand zuzuwenden und die Augen nach oben zu richten! Als nach innerem Kampf meine Neugier siegte, riskierte ich schließlich doch einen flüchtigen Seitenblick und wurde belohnt. Wie hübsch waren doch die beiden strammen, aber wohl proportionierten Mädchen anzuschauen! Ich sah auch, dass sie sich ganz ungeniert bewegten und uns unbefangen mit freundlichem Blick ins Auge fassten. Weil wir dabei blieben, die Vorderseiten krampfhaft der Wand zuzukehren und versuchten, hinter Birkenreisern zu verbergen, was man nach den uns anerzogenen Anstandsregeln den Blicken junger Mädchen nicht preis geben darf, begannen sie, uns zu necken. Und schließlich übernahmen sie sogar das Kommando! Wir erhielten Weisung, uns auf die Bänke zu legen, und nun bearbeiteten sie unter dem Gelächter der Eltern, schwungvoll ausholend, unsere Rückenpartien mit den Birkenbesen! „Nanu"! rief ich, „das Auspeitschen ist doch sogar in Russland nicht mehr in Mode!" Solche Vorhaltungen imponierten ihnen gar nicht, doch wir spürten, wie uns ein Wohlgefühl der Entspannung und Frische überkam. Den Höhepunkt der Fröhlichkeit erreichte das Badefest, als die ganze Gesellschaft, wir, nun ohne schützende Birkenreiser, ins Freie zog und die beiden niedlichen Nackedeis uns etliche Eimer kaltes Wsser über die Köpfe schütteten!

Sobald die Frühjahrsbestellung beendet war, und die Arbeit wieder in ruhigeren Bahnen verlief, zog es mich sonntags unwiderstehlich in die Stadt. Zusammen mit Bernhard, der die landwirtschaftliche Lehranstalt in Lüneburg besucht hatte und mir im Alter nur wenig voraus war, machte ich mich auf den Weg nach Dorpat. Hierfür hatten wir uns ein zivilisiertes Äußeres zugelegt. Zum ersten Mal zog ich die nagelneuen Wehrmachtsschnürschuhe an, die ich in Kingu für den größten Teil meiner ersparten Rubel von Stjepan erworben hatte. Wo mochte er sie wohl ergattert haben? Der Rest meines bescheidenen Kapitals war an den Schneidermeister für die Umarbeitung einer Khaki-Uniformjacke zu einem zivil aussehenden Kleidungsstück und für die Herstellung einer Mütze geflossen. So ähnelte ich jetzt dem Bild eines sportlichen Zivilisten, hatte aber keine einzige Kopeke mehr „auf der Naht". Auch Bernhard war „blank".

Unterwegs verbarg ich die Spannung, die nach jedem Kilometer stärker wurde. Gewiss, in Kingu hatte ich mich ohne irgendeinen Ausweis viel weiter vom Lager entfernt. Doch dort, in Wald und Flur, brauchte man nicht besorgt sein, aufgegriffen zu werden. Während der Fahrt nach Viljandi waren wir durch unsere Fracht legitimiert und der Kurzbesuch Dorpats, gemeinsam mit Bachstein, war eine „Dienstreise" mit Ausweis gewesen. Jetzt wollten wir ohne Rückendeckung durch die zweitgrößte Stadt Estlands streifen, die vor noch nicht vier Jahren von der Roten Armee in blutigen Straßenkämpfen mit ihren deutschen und estnischen Verteidigern erobert worden war und heute sicherlich unter ständiger Überwachung durch Miliz und Sicherheitsdienst stehen würde. Durften wir uns darauf verlassen, dass das angeblich so tolerante Regime des Majors Antonow noch unverändert fortbestand?

Es mag fast anderthalb Stunden gedauert haben, bis wir am Embachufer in der Nähe des Stadtzentrums standen. Die

Sonne hatte es allzu gut gemeint! Wir waren in Schweiß gebadet, vom Straßenstaub eingepudert und unsere Zungen klebten am Gaumen. Durst! In der Stadtmitte sollte man wohl besser das Embachwasser nicht probieren. Doch wo gab es hier eine brauchbare Quelle? Erst nach längerem Umschauen entdeckten wir in einer Nebenstraße ein leicht angerostetes Schild, das eine gastliche Stätte zu verheißen schien.

Kurzes Zögern, tiefes Durchatmen! Dann traten wir ein. Der Gastraum war klein. Nur der runde Mitteltisch war besetzt. Mit „Tere Hommikust!" (Guten Morgen) begrüßte uns der Wirt und wies einladend auf die unbesetzten Tische.

Doch wir blieben stehen: „Wir wollten nur um ein Glas Wasser bitten", sagte ich auf Estnisch.

„Kann es auch ein Glas Bier sein?", fragte er lachend.

„Leider nicht, wir haben kein Geld!"

Nun kam er hinter der Theke vor, um uns näher zu betrachten. „Wer seid ihr? Woher kommt ihr?" Bernhards feldgrauen Anzug musternd, meinte er: „Wenn das hiesige Lager nicht aufgelöst wäre, würde ich euch für Deutsche halten!"

„See tosi", (das stimmt) sagte ich.

Für einen Augenblick wurde es still. Dann rief der Wirt: „Tere tulimast!" (Seid willkommen!)

Zugleich erhob sich ein grauhaariger Herr mit intellektuellem Habitus, wohl kaum zehn Jahre jünger als mein Großvater und korrekt in Sonntagsanzug mit Krawatte gekleidet. Während seine Tischnachbarn zusammenrückten, lud er uns in fließendem, hartem Baltendeutsch ein, an dem runden Stammtisch Platz zu nehmen.

Als ich bemerkte, dass ich bisher noch keinen Esten so gutes Deutsch sprechen hörte, erklärte er mir den Grund: „In Dorpat sind von jeher Deutschkenntnisse verbreiteter als in jeder anderen Stadt Estlands. Im Übrigen habe ich im Hauptfach Germanistik studiert und früher am Gymnasium unter anderem Deutsch unterrichtet. Daher spreche ich es wohl ein wenig besser als meine neben mir sitzenden Freunde und werde euch gern als Dolmetscher dienen."

Jetzt wurde es lebhaft in der Kneipe. Kaskaden von Fragen brachen über uns herein. Wir mussten berichten, wo wir lebten und arbeiteten, wo wir in Gefangenschaft gerieten, wie

es uns in den letzten Jahren ergangen war, ob wir Hilfe bei
der estnischen Landbevölkerung fänden, wo wir in Deutschland daheim seien und manches mehr. Währenddessen stellte
der Wirt zwei Krüge Bier vor uns auf den Tisch und fragte, ob
wir nicht auch Hunger hätten. Selbstverständlich seien wir
zu allem eingeladen. Dankbar nahmen wir die Einladung an.

Väterlich bemüht mahnte uns der dolmetschende alte Herr,
die Freundschaft, die wir hier und auch andernorts in Estland fänden, nicht als bloße christliche Wohltätigkeit zu betrachten! Die Esten fühlten sich mit uns in ein und demselben Boot und die meisten hätten darüber schon weitgehend
verdrängt, was ihnen 1940 von Nazideutschland angetan worden war. Über ihnen hinge allerdings, wie wir sicher wüssten,
ständig das Schwert der Verfolgung und der Deportation durch
die Sowjets. Alle, die um diesen Tisch säßen, hätten bereits
auf die eine oder andere Weise gelitten, könnten sich aber
jederzeit im Sträflingslager in Mogadan am Ochotskischen
Meer wiederfinden. Demgegenüber scheine sich unsere Zukunft aufzuhellen.

Unwillkürlich die Stimme senkend, versetzte er uns in freudige Erregung: Zu ihnen sei durchgesickert, dass die mit den
Sowjets in ernste Konfrontation geratenen westlichen Besatzungsmächte Deutschlands in diesem Frühjahr beschlossen
hätten, in ihren Zonen einen unabhängigen, demokratischen
deutschen Staat zu errichten. Unter lebhafter Zustimmung
der Tischrunde fügte er hinzu, sie alle hofften, dass diese
Entwicklung unsere Heimkehr beschleunigen werde! Die Mitglieder des Freundeskreises schilderten uns eindringlich, dass
ihre Heimatstadt von allen estnischen Regionen und Städten
kulturell am engsten mit Deutschland verbunden sei. Auch
bei der jüngeren Generation sei nicht in Vergessenheit geraten, dass Dorpat seinen einstigen Rang als geistige Hauptstadt des Baltikums dem Wirken von Generationen deutscher
Professoren und Forscher der hiesigen Universität verdankte, und dass es die baltendeutschen Stände gewesen seien, die
den Esten in der ersten Hälfte des 19. Jahrhunderts den Zugang zur Universität geöffnet hätten. Bei einem Gang durch
die Stadt würden wir auf Schritt und Tritt sorgfältig bewahrten Zeugnissen deutscher Kultur begegnen, wenn auch die ge-

waltigsten, wie die Domkirche und das alte Wahrzeichen der Stadt, die prachtvolle gotische Johanniskirche, in Trümmern lägen. Unser „Dolmetscher" bedauerte, dass er uns nicht in seine Wohnung einladen könne, weil das für beide Seiten zu riskant wäre. Damit gab er das Stichwort für die Frage, die uns auf den Nägeln brannte: Ob es wohl zutreffe, dass die sowjetischen Stellen in Dorpat die Zügel etwas lockerer ließen als anderswo? Wir hätten von dem früheren, einzigartig freizügigen Regime des früheren hiesigen Lagerkommandanten erfahren und hofften, dass es in der Stadt noch heute nachwirke.

„Es stimmt", antwortete er, „dass hier eine größere Toleranz herrscht als in manchen anderen Städten. Davon ist aber leider die Bildungsschicht ausgenommen. Das MWD wittert auch unter seiner hier relativ toleranten Führung stets eine von ihr ausgehende Gefahr der Verschwörung. Deshalb können Freundesgruppen wie die unsere es nicht wagen, sich regelmäßig zu treffen, sondern nur nach mündlicher Vereinbarung ad hoc und an wechselnden Orten. Was euch betrifft, so glaube ich, dass ihr euch unbehelligt in der Stadt bewegen könnt, wenn ihr Auffälligkeiten und Übertreibungen aller Art vermeidet. Dann wird man euch auch flüchtige Kontakte und gelegentliche Gespräche mit einzelnen Esten nachsehen."

Wenn wir nicht die Absicht geäußert hätten, vor dem Heimweg noch einen Rundgang durch die Innenstadt machen zu wollen, hätten wir gewiss noch länger in diesem gastfreundlichen Lokal und in ermutigendem Gespräch mit den überaus sympathischen und beeindruckenden Persönlichkeiten dieses Freundeskreises vor Anker gelegen.

Nachdem wir den Rathausplatz und die schlichte Schönheit vieler unversehrt gebliebener, alter Fassaden der Nachbarstraßen bewundert hatten, trafen wir auf die Trümmer der Johanniskirche, dieser einst so schönen, ehemaligen Hauptkirche der Stadt, deren herrliche Terracotta-Figuren die Kriegszerstörung überlebt haben. Die Ruinen des Domes, der schon früh russischen Heeren zum Opfer gefallen war, verrieten den monumentalen Charakter, die dieser stolze, romanisch-frühgotische Bau besessen hatte. In den ausgedehnten Grünanlagen des Dombergs konnte man als Deutscher ins Träumen kommen: Fern der Heimat fand man sich in der

behaglichen Atmosphäre einer deutschen Universitätsstadt
wieder. Im Hintergrund, im Schatten hoher Bäume, erhoben
sich die Gebäude der Alma Mater aus dem letzten Jahrhundert, in ihrer Mitte die halbkreisförmige „Alte Anatomie",
und manche Wege mündeten in kreisrunde Plätze, die mit
Bronzestandbildern deutscher und estnischer Gelehrter geschmückt waren! Unter ihnen ragte der Begründer der Em-
bryologie, Ernst von Baer, hervor. Nicht weit, am Ostrand des
„Berges", fanden wir die Sternwarte, die der bedeutende deutsche Astronom, Professor Struve, geschaffen hatte.

Beim Betrachten der „Alten Anatomie" hatte mich wie ein
Blitz die Erinnerung an Irja, die Tochter des „ Schimmelbauern", getroffen. Während der dramatischen Augenblicke in
ihrem Elternhaus hatte sie mir gesagt, dass sie in Dorpat
Medizin studiere. Nun begann ich, die uns begegnenden Menschen eingehender zu mustern.

An den nächsten Sonntagen ging ich allein in die Stadt.
Unablässig umherspähend durchstreifte ich die Gassen und
Plätze der Innenstadt. Ich streunte durch die Straßen und
Alleen der Vorstadtviertel auf beiden Seiten des Flusses, schaute in die Pauluskirche und dehnte meine Suche bis in den
Raadipark am Nordrand der Stadt aus. Ich bezog Posten auf
den Bänken des Domberges und des Bahnhofes, saß auf den
Treppen des Rathauses und der Universität und ließ auf der
wunderschönen, klassizistischen Engelbrücke und am Embachufer stehend, die Vorbeigehenden Revue passieren. Auf
diese Weise lernte ich zwar Dorpat kennen, fand aber nicht
die Frau meiner Träume!

Am folgenden Sonntag hatte ich wieder einmal die bei den
Studenten beliebtesten Treffpunkte umsonst abgeklappert,
da beschloss ich, meine Strategie zu ändern. Bisher hatte ich
nie jemanden auf Irja angesprochen, um sie nicht zu kompro-
mittieren. Jetzt blieb mir kein anderer Weg mehr, obwohl ich
nicht einmal ihren Familiennamen in Erinnerung behalten
hatte! Kurz entschlossen setzte ich mich auf die Rathaustreppe
neben zwei ins Gespräch vertiefte junge Leute, die ich für
Studenten hielt. Nachdem ich einige Zeit vergebens darauf
gewartet hatte, sprach mein Nebenmann mich endlich an: Ich
sei doch gewiss ein Kommilitone!

„Noch nicht", sagte ich, „doch möchte ich es gern bald werden!" Und verriet durch mein Pidgin-Estnisch, dass ich Ausländer war.

Nun wollten die beiden wissen, mit wem sie es zu tun hatten. Als ich es ihnen sagte, geriet ich in ein Kreuzfeuer neugieriger Fragen, denn sie waren noch keinem deutschen Kriegsgefangenen begegnet. Während ich beschrieb, wo die Sowjets mich „kassiert" hatten, fiel Felix, Student der Botanik, in seinem Schuldeutsch ein. Er stamme aus Võruma (Kreis Werro) und kenne den Landstrich zwischen Vastseliina und Võru wie seine Jackentasche! Der Ältere, ein Physikstudent aus Reval, hatte im Krieg seinen Bruder verloren. Er war an der Narwafront gefallen. Der Vater habe nach dem Krieg seinen Beruf aufgeben müssen. Wie manche andere, die keine Verwandten auf dem Lande hatten, habe die Familie zeitweise gehungert. Felix' Eltern konnten froh sein, dass man ihnen von ihrem stattlichen landwirtschaftlichen Besitz wenigstens noch 15 Hektar gelassen hatte.

Nach dem Schulabschluss waren die beiden sofort zu sowjetischen Baubataillonen eingezogen worden. Unter menschenunwürdigen Bedingungen waren sie zu Befestigungsarbeiten an der estnischen Küste eingesetzt worden. Sie mussten diese Quälereien ertragen, sonst wären sie nicht zum Studium zugelassen worden. An der Universität seien sie ständig dem Versuch der Umerziehung zum Bolschewismus ausgesetzt und hätten dem Fachstudium ein Semester Marxismus-Leninismus vorschalten müssen. Die estnischen Studenten seien, wie mit wenigen Ausnahmen die gesamte estnische Bevölkerung, patriotisch und antikommunistisch gesinnt. Trotz intensiver Bemühungen gelinge es dem MWD nur sehr selten, unter ihnen Spitzel anzuwerben. Da man diese aber in der Regel bald identifiziere, bliebe der von ihnen angerichtete Schaden begrenzt. Vor dem Abschied von den sympathischen Jungen fasste ich mir ein Herz und fragte, ob sie mir helfen könnten, eine Medizinstudentin namens „Irja" ausfindig zu machen.

Sie lachten: „Es gibt hier mehr Studentinnen als Studenten und sehr viele Studentinnen der Medizin. Sicherlich werden nicht wenige von ihnen Irja heißen!" Dennoch wollten sie versuchen, mir behilflich zu sein.

In Dorpat verliere ich mein Herz!

Für den nächsten Sonntag hatten wir ein Wiedersehen im Park auf dem Domberg vereinbart. Felix erwartete mich dort allein. Sein Freund habe, wie er sagte, das Glück gehabt, von einem Lastwagen nach Tallinn mitgenommen zu werden. Sie hätten sich überall nach Irja umgehört, jedoch noch keinen Erfolg gehabt.

„Komm jetzt mit in den botanischen Garten der Universität", sagte er, „während der Woche helfe ich dort dem Gärtner, um ein paar Rubel zu verdienen."

Felix versuchte mit rührender Geduld mir, dem botanischem Blindgänger, seine Pfleglinge ans Herz zu legen. Da drang plötzlich eine helle Stimme zu uns: „Felix, komm doch mal rüber!" Auf dem Weg jenseits der Beete standen zwei schlanke Mädchen in sommerlichen Röcken und Blusen. Ich fasste sie scharf ins Auge. Sie waren zwar ebenso blond wie Irja, doch welches estnische Mädchen ist nicht blond!

„Los", sagte Felix, „du gehst natürlich mit mir, die beiden sind in Ordnung und sprechen besser deutsch als ich!" Er stellte vor: „Das ist mein deutscher Freund Hans, und dies ist meine Freundin Sirje und ihre Freundin Aino!"

Die Mädchen zeigten keine Spur von Überraschung. Erst als wir zu viert auf einer Bank Platz genommen hatten, erkundigte sich Sirje bei ihrem Freund, wo er denn diese seltene Pflanze aufgesammelt habe. Sie war ein niedliches, fröhliches Mädchen vom Lande und plauderte immer unbekümmert drauflos. Demgegenüber blieb Aino still und zurückhaltend. Wenn sie mit ihrer Freundin oder mit Felix sprach, betrachtete ich ihr ausdrucksvolles Gesicht und konnte meine Augen nicht von ihm losreißen. Das zu einem Pferdeschwanz gebundene Haar gab den schlanken Hals und die schön geformten Ohren frei und ihre Haut besaß den warmen, goldbraun schimmernden Farbton, mit dem der Himmel die Nordländer für ihre langen, dunklen Winter entschädigt. Kein Zweifel: Aino war wunderhübsch und sehr anziehend! Als sie mich schließlich bei einem meiner bewundernden Blicke überraschte und mir plötzlich in die Augen schaute, war mir zumute, als sei ich ein ertappter Dieb!

Sie lachte über meine Verlegenheit hell auf und sprach mich zum ersten Mal an: „Wann erzählst du uns endlich, woher du kommst und was du hier tust?"

Die Mädchen fanden spannend, was ich zu berichten hatte. Ich lebte auf, als sie zum Schluss sagten, sie freuten sich, einen jungen Deutschen kennenzulernen. Felix mahnte zum Aufbruch: Er wolle uns in ein kleines, in einem verschwiegenen Winkel auf der nördlichen Flussseite liegendes privates „Kohvik" (Kaffeestube) führen. Ich fragte die Mädchen, ob sie keine Angst davor hätten, mit mir in der Stadt gesehen zu werden.

„Nein!" erwiderten sie. „Wir Esten sind von Natur nicht bange. Im Übrigen wird deine feldgraue Hose kein Aufsehen erregen, denn auch manche junge Esten tragen umgearbeitete graue Uniformstücke, weil es hier nichts Neues zu kaufen gibt."

An diesem Abend wurde mir der Rückweg kürzer als sonst. Ich war glücklich, die Bekanntschaft etwa gleichaltriger Studenten gemacht zu haben. Es war doch mein brennender Wunsch, endlich selbst studieren zu können! Nachdem ich ein gutes Stück des Weges gegangen war, überfielen mich selbstkritische Überlegungen. Die Mädchen hatten zwar behauptet, dass sie keine Angst hätten, sich in meiner Gesellschaft in der Öffentlichkeit zu zeigen. Aber wir konnten jederzeit einem Milizionär begegnen, der mich nach meinem Ausweis fragen und zur Vernehmung abführen könnte. Ich konnte dieses Risiko eingehen, da ich nicht allzuviel zu verlieren hatte. Vielleicht würden der legendäre Antonow oder Rotow dafür sorgen, dass ich nicht in einem Zwangsarbeitslager landete. Was würde aber meinen Begleitern geschehen? Würden sie nicht Gefahr laufen, von der Universität verwiesen zu werden? Ich fragte mich, weshalb ich daran nicht schon während der Suche nach Irja gedacht hatte! Und nicht allein daran! Wieso hatte ich mir eigentlich eingebildet, dass die Zuneigung, die sie mir bei unserer kurzen, aber unvergesslichen Begegnung in ihrem Elternhaus so liebevoll entgegengebracht hatte, noch fortbestehe? Als der Sonntag nahte, glaubte ich endlich zu wissen, dass meine Suche nach Irja der Jagd nach einem Phantom geglichen hatte. Ich wusste aber auch, dass mir in der Gefangenschaft die Freude am Leben noch nicht abhandengekommen war und mich das Verlangen nach Freundschaft und Zuwendung umtrieb. Es musste doch möglich sein, mich an die neuen Freunde anzuschließen, ohne ihnen zum Risiko zu werden! Ich schwor mir, zu ihrem Schutz immer die größte Sorgfalt vor einer Entdeckung walten zu lassen.

Eine Woche später hatte ich im Marschtempo der deutschen Infanterie die Stadt und ihre Brücke hinter mir gelassen. Auf schmalem Pfad wanderte ich am Embachufer entlang eine weite Strecke flussaufwärts, bis ich die drei Gesuchten am vereinbarten Treffpunkt zwischen Weidenbüschen fand. Nach lebhafter Begrüßung hatte ich es eilig, den Straßenstaub los zu werden. Ein Gefangener besitzt zwar normalerweise keine Badehose! Unser Schneider hatte aber Rat gewusst: Aus einem ausgedienten, groben Leinenbettlaken hatte er mir für fünf Rubel ein solches Luxusstück genäht. Dass es sein Geld nicht wert war, merkte ich erst, als ich mich, schnatternd und mit Gänsehaut, aus dem noch immer ziemlich kalten Wasser an Land geflüchtet hatte: Die sportlich knappe Hose klebte an mir wie eine zweite Haut. Sie war durchsichtig geworden und gab alles preis, was sie eigentlich hatte dezent verhüllen sollen! Peinlich berührt und trüben Blickes das getreue Relief meiner Unterpartie musternd, stand ich vor den andern und provozierte schallendes Gelächter. „Du kannst die Hose getrost ausziehen", rief Felix, „sie wärmt nicht und ist auch sonst zu nichts nütze!" Ich schaute ihn verdutzt und kopfschüttelnd an. „Na, so was", sagte Felix, „dann machen wir dir's vor." Im nächsten Augenblick hatten alle drei die Badeanzüge ins Gras geworfen und waren in den Fluss gesprungen. „Komm rein", schrieen sie, „aber ohne Hose! Das ist in Estland unter Freunden der Brauch!" Welches Glück, dass ich schon in der Sauna eine Probe estnischer Unbefangenheit genossen hatte! Das erleichterte es mir, ihrer Zumutung zu folgen. Aber dann! Welch ein erregend neues und befreiendes Gefühl war es, ohne einengendes Textil zu schwimmen! Jetzt war mir auch das Wasser nicht mehr zu kalt, und außerdem war es hier, weit vor der Stadt, sauber und klar. Fröhlich bis

zur Ausgelassenheit erprobten wir, wer den weitesten Start-
sprung schaffte. Aino übertraf uns alle drei! Nach kurzem
Anlauf stieß sie sich kraftvoll vom äußersten Ende der erhöh-
ten Böschung ab und flog, lang gestreckt und elegant, über
das in Ufernähe langsamer fließende Wasser in die Strömung.
Beim Wettschwimmen, ob im Brust -, Rücken- oder Crawl-
Stil, mussten wir uns Mühe geben, nicht von den Mädchen
abgehängt zu werden.

Anschließend lagen wir unter einem wolkenlosen Himmel
im hohen Gras und ließen uns von der Julisonne trocknen.
Hierbei vertraute Aino mir an, dass sie wegen des akademi-
schen Berufes ihres Vaters lange auf die Zulassung zum Studium warten musste. Ursprünglich wollte sie Germanistik studieren. Weil aber dieses in Estland früher so bedeutende Stu-
dienfach von den Sowjets gestrichen worden war, hatte sie
Anglistik und Chemie für das Lehrfach belegt.

Plötzlich wandte sie mir ihr Gesicht zu und fragte mit blit-
zenden blauen Augen: „Was hast du eigentlich in meinem
Gesicht gefunden, als du es im Botanischen Garten so einge-
hend gemustert hast?"

Ihr Überfall verwirrte mich, und ich musste einige Male
schlucken, bevor ich stockend beichtete: „Ich sah, dass du sehr
hübsch bist, fand aber auch, dass dein Gesicht nicht durchweg estnische Züge trägt."

„Du übertreibst", behauptete sie, das „R" baltisch rollend.
„Offenbar besitzt du wenig Erfahrung in Bezug auf weibliche
Schönheit. Das gefällt mir, und es freut mich, dass ich dir
gefalle! Im Übrigen hast du gut hingeschaut: Der größere Teil
meiner Vorfahren lebte auf der Insel Saaremaa, die auf
Deutsch Ösel heißt. Viele waren estnischer, manche aber auch
deutscher oder schwedischer Abstammung. Meine deutsch-
stämmige Großmutter sprach immer deutsch mit mir und
sorgte dafür, dass ich es gründlich lernte!"

Bei Ballspiel tobten wir uns aus, um uns dann über das von
Sirje und Aino auf einem Tuch ausgebreitete, üppige Pick-
nick herzumachen.

Während der Zeit der hellen nordischen Nächte will der Tag
auch in Estland nicht zur Neige gehen. Doch für mich war es,
als die Sonne ermattete, hohe Zeit zum Aufbruch. Auf dem

Rückweg sagte ich den Freunden, dies sei seit dem Abschied von der Heimat der schönste Tag meines Lebens gewesen. Umso unglücklicher würde es mich machen, wenn sie wegen der Freundschaft mit einem Kriegsgefangenen Schaden erleiden würden. Wir versprachen einander, größtmögliche Vorsicht walten zu lassen und uns nicht am hellen Tag gemeinsam auf Dorpats Straßen zu zeigen. Und hieran hielten wir uns, als wir uns an den nächsten Sonntagen wiederum trafen.

Inzwischen waren die auf Ani zusammengewürfelten Reste der Gefangenen dreier „Podzobnen" zu einer Gemeinschaft verschmolzen.

Dass unter uns Eintracht herrschte, war neben dem uns von Rotow zugestandenen Freiraum der Führungskunst unseres Agronomen zu verdanken. Schon am Tage unseres Eintreffens war mir am Mittagstisch ein schlanker, temperamentvoller Mann mit schmalem Gesicht, lockigen, schwarzen Haaren, dunkel glänzenden Augen und bräunlicher Hautfarbe aufgefallen. Sollte etwa ein Italiener unter uns geraten sein?

Auf meine Frage, wer das sei, hatte mein Tischnachbar geantwortet: „Oh, den wirst du bald näher kennenlernen. Das ist Franz, unser Agronom, ein lustiger Kerl!"

Als es an die Arbeit ging, fand ich den Gerühmten gar nicht lustig. Voller Dynamik und mit akribischer Sorgfalt steuerte er, stets in unserer Mitte arbeitend, hinsichtlich Arbeitsqualität und Tempo einen ungewöhnlich hohen Standard an.

Unsere selbstbewussten Landwirte aus Kingu witzelten anfangs: „Dieser superschlaue Franz verwechselt offenbar die Landwirtschaft mit einer Schlossgärtnerei."

Franz hütete sich davor, sie zu kritisieren. Er bewies ihnen aber durch sein Beispiel, dass durch eine intelligente Arbeitstechnik unter geringerem Kraftaufwand bessere Ergebnisse zu erzielen sind, als durch gewisse seit jeher gebräuchliche landwirtschaftliche Praktiken. Hierdurch erwarb er sich ihren Respekt! Das war kein Wunder, denn Franz war nach Lehrzeit und Ausbildung an einer höheren landwirtschaftlichen Lehranstalt schon in ungewöhnlich jungen Jahren als Gutsinspektor mit der Leitung größerer Betriebe in seiner sudetendeutschen Heimat betraut worden.

Es war drückend heiß! Gewiss hätte ich mir auf Ani einen schattigen Ruheplatz gesucht, wenn mich nicht die Sehnsucht auf die Landstraße getrieben hätte. Die Sehnsucht hatte einen neuen Namen bekommen. Sie hieß jetzt Aino und war unwiderstehlich! Fast acht Kilometer in sengender Hitze und Staub saßen in meinen Knochen, als ich in das „Kohvik" an der unscheinbaren Dorpater Vorstadtstraße, unseren bevorzugten Treffpunkt, eintrat. Alle Müdigkeit verflog, als ich Aino wiedersah! Zugleich klopfte mein Herz so stark, dass ich befürchtete, die Freunde könnten es pochen hören. Ich gewann mein Gleichgewicht erst zurück, als Felix verkündete, wir würden heute mit dem Fahrrad an einen der schönsten Badeplätze des Kreises am Saadsee fahren. Für mich hätten sie ein Rad geliehen. Welche Freude, nach fünf Jahren wieder auf ein Fahrrad steigen zu können! Ich genoss es, auf schmalen, sandigen Wegen, hügelauf und hügelab durch reifende Felder, Wälder und Weiler nach Norden zu fahren. Von einer Anhöhe aus sahen wir vor uns den schilfumgürteten See liegen. Seine Oberfläche schimmerte in der Sonne in leuchtendem Blau, das mit dem Grün der Ufer und benachbarten, weiß blühenden Buchweizenäckern wunderbar kontrastierte.

Im Geiste sah ich meine holsteinische Heimat vor mir und rief entzückt: „Wie schön ist dieses Land!"

„Ja", gab Aino zurück, „Freiheit, Wohlstand und Zukunft haben sie uns geraubt. Nur die Schönheit Estlands konnten sie nicht davonschleppen!"

Felix führte uns zu einem schattigen Plätzchen am Seeufer. Hier war der Schilfgürtel ein Stück weit unterbrochen, und der aus hellem Sand bestehende Untergrund lockte zum Einsteigen. Unter Lobgeschrei auf unseren tüchtigen Felix warfen wir die Klamotten weg und stürzten uns in den aufspritzenden See. Sirje hatte im Schilf ein kleines Floß entdeckt. Wenn es einem von uns in tiefem Wasser gelungen war, dieses herrliche Spielzeug zu entern, gingen die übrigen sogleich zum Angriff über. Wer am meisten dazu beitrug, den Besitzer hinunterzuschubsen, durfte hinaufsteigen, musste aber meistens schon bald dem nächsten weichen. Nach ausgedehnter, trickreicher Wasserschlacht gelang es Felix und

Sirje, das Floß in ihren gemeinsamen Besitz zu bringen. Während Aino und ich uns am Ufer in der Sonne aalten, verfolgten wir blinzelnd die Gleichgewichtsmanöver der mit beiden Händen rudernden Seefahrer. Weit vor dem Schilf rückten sie auf dem schwankenden Fahrzeug eng zusammen und küssten sich leidenschaftlich. Hierbei wurden sie aber allzu stürmisch, kippten mitsamt dem Floß um und verschwanden eng umschlungen unter Wasser.

Ich lachte noch immer, als Aino die Arme um mich legte und sagte: „Ich würde auch gern mit dir abtauchen. Hier können wir uns aber küssen, ohne umzukippen!"

Wie gut war es, dass wir auf festem Boden im Gras lagen. Mir wurde bei diesem Kuss so schwindlig, dass ich, hätte sie mir ihn auf dem Floß geschenkt, sehr viel Wasser geschluckt hätte!

Die sowjetische Gefangenschaft hatte uns zu mancherlei Erkenntnis verholfen. Die wichtigste war nach meinem Empfinden, dass Sehnsucht, mag sie auch schmerzlich sein, dennoch nicht Leiden, sondern Leben bedeutet! Die Unglücklichen, die durch Krankheit und Hunger stumpf geworden, nicht mehr fähig waren, Sehnsucht nach Freiheit, Heimat, Geborgenheit und Liebe zu empfinden, um daraus neue Widerstandskraft zu schöpfen, waren als Erste verloren gewesen! Wer dieser Gefahr entrann, weil er seiner Seele durch die Sehnsucht eine Festung errichtet hatte, durfte hoffen, die Heimat wiederzusehen. Er musste allerdings darauf gefasst sein, dass seine Sehnsucht auf eine harte Probe gestellt werden würde. Dies alles hatte auch ich schon erfahren, bevor mich das Schicksal nach Dorpat führte. Doch nie hätte ich mir träumen lassen, dass mein Sehnen nach dem, was die Freiheit für mich bereithalten sollte, noch während der Gefangenschaft durch das Erlebnis der Liebe für einige glückliche Monate in den Hintergrund gedrängt werden könnte!

Beim Abschied hatte Aino mich gefragt, ob ich nicht schon am Abend des nächsten Sonnabends nach Dorpat kommen könne. Sie habe für mich eine Überraschung!

„Natürlich komme ich!", hatte ich ohne nachzudenken geantwortet.

Bisher war keine Woche vergangen, ohne dass sich nicht einer meiner Kameraden bereits am Samstagabend verabschiedet hätte. Für den Fall, dass unser „Starschi" sich gegen alle Gewohnheit eines Abends entschließen würde, uns zu zählen, schoben wir eine Strohpuppe unter die Bettdecke des Ausflüglers, um seine Anwesenheit vorzutäuschen.

Aino hatte in unserem Kohvik auf mich gewartet. Sie streckte mir eine Eintrittskarte entgegen und verkündete strahlend: „Wir gehen ins Kino! Es gibt den deutschen Tonfilm ‚Operette', russische Kriegsbeute mit Untertexten auf Russisch."

Ich fiel ihr um den Hals: „Ist das zu glauben? Du willst deinen Gefangenen in einen deutschen Film führen und dazu noch in einen solchen, der ihn begeistert hat! Ich war damals siebzehn Jahre alt!"

„Los!", rief Aino, „ich gehe voran."

Als sie im Kino verschwunden war, lugte ich zunächst vorsichtig um die Hausecke in den Vorraum. Er quoll über vor Menschen, darunter auch sowjetischen Uniformierten, die sich unter Einsatz ihrer Ellbogen den Weg zur Kasse bahnten. Wie hätten wir wohl ohne die Hilfe der mit Aino befreundeten Studentin, die hier an der Kasse einen Gelegenheitsjob hatte, zu Eintrittskarten kommen sollen! Ich wartete ab, bis ein Klingelzeichen den Beginn der Vorstellung ankündigte, um mich dann an der Wand entlang zu unseren vornehmen Sitzen im „Rang" zu schleichen. Um dem Unterhaltungsbedürfnis der „Volksgenossen" entgegenzukommen, hatte Goebbels, Hitlers Propagandaminister und getreuester Kumpan, manchmal Spielfilme zugelassen, die keine nazistischen Tendenzen aufwiesen. Während des Krieges dienten sie dem Regime dazu, die Bevölkerung von den Katastrophen der Bombennächte und den blutigen Gräueln an den Fronten abzulenken. „Operette" war einer der erfolgreichsten Streifen dieser Art. Im Gewand einer glitzernden Revue bot er der nach Lebensfreude hungernden Bevölkerung einen bunten Strauß der gefälligsten und beschwingtesten Operettenmelodien, garniert mit glamourösen Tanzszenen und Liebesromantik. Es war vor allem die Jugend, die sich von dieser ungewöhnlich spritzigen, wenn auch handlungsarmen Darbietung hinreißen ließ. Wofür sollten denn junge, von der herrschenden Ideologie nicht vereinnahmte Leute während der braunen Diktatur schwärmen, wenn nicht für Marika Rökk und Johannes Heesters? Dass ich dies, Hand in Hand mit meiner großen estnischen Liebe, noch einmal erlebte und hierbei ihre Begeisterung spürte, war unbeschreiblich schön!

Wir waren sehr glücklich miteinander und vergaßen oft, dass es nur ein Glück auf Zeit war. Sirje und Felix hatten Verständnis für unser Bedürfnis nach Einsamkeit zu zweit. Doch blieben wir den Freunden treu und schlossen uns manchen von ihnen vorgeschlagenen Ausflügen an. Unter ihnen ist mir in tiefer Erinnerung unser Besuch des südöstlich von Dorpat gelegenen Ahja-Tales geblieben. Er hat mir einen Eindruck von der naturnahen und -gläubigen Romantik verschafft, die in Urzeiten zur Quelle estnischen kulturellen Empfindens wurde. Sein Fortleben in sorgfältig gepflegten Gebräuchen und Überlieferungen bildete die Grundlage für das enge, fast familiär zu nennende Bewusstsein untrennbarer Zusammengehörigkeit, die dieses kleine Volk befähigt hat, jahrhundertelange Unterdrückung und die Leiden, die während der zweiten Hälfte des letzten Jahrhunderts sein Leben bedrohten, zu bestehen.

Nördlich des Städtchens Pölva hat sich der zum Peipussee strebende Ahjafluss ein tiefes, schmales Bett in mächtige, ausgedehnte Sandsteinschichten geschnitten. Seine mehr als 20Meter hohen Felswände leuchten in kräftigem Rot. Als wir auf schmalem Pfad, unmittelbar neben dem Felsabsturz dem Lauf der Ahja folgten, ließ uns Sirje gegenüber einer weit klaffenden Höhle halten, die der reißende Fluss tief in die Sandsteinwand gewaschen hat. „Das ist die Jungfrauengrotte", erklärte sie, „die den Esten schon mehr als tausend Jahre vor ihrer Christianisierung und noch danach als Weihe- und Opferstätte für ihre Götter diente." Es dürfte wenige Orte gegeben haben, die den alten Esten zur Ansiedelung ihrer Götter geeigneter erscheinen konnten, als diese wildromantische Landschaft mit ihren klaren Quellen, der zwischen steilen Wänden dahin schießenden Ahja, ihren Felsen und Höhlen. Hier wird auch der von ihnen hoch verehrte Sängergott Vanemuine sein Reich gehabt haben. In uralten Zeiten mögen sei-

ne Jünger darauf gewartet haben, dass er, mit langem weißen
Bart, das Haupt laubbekränzt, die goldene Leier im Arm, aus
den im felsigen Boden wurzelnden knorrigen Baumgruppen
und Gebüschen hervortreten werde. Die Liebe zum Gesang
ist den Esten seit jeher angeboren und noch heute tragen viele ihrer Theater- und Konzertgebäude den Namen Vanemu-
ines. Wenn man weiß, dass die Sängerfeste des 19. Jahrhunderts einen der stärksten Anstöße zum nationalen Erwachen
der baltischen Völker gegeben haben, wird man die Feststel-
lung, die Balten hätten sich während des Zusammenbruches
der Sowjetunion „ihre Freiheit ersungen", nicht leichthin als
spaßhaft abtun können!

An der Universität hatten die Semesterferien begonnen.
Felix und Sirje waren zu ihren Eltern gefahren, um ihnen bei
der Ernte zu helfen. Aino eröffnete mir, dass ihre Eltern ebenfalls auf sie warteten. Sie müsse, so schwer es ihr falle, mich
für drei Wochen allein lassen. Ich tröstete sie, indem ich ihr
ausmalte, dass wir nach dem Wiedersehen noch glücklicher
miteinander sein würden als bisher. Mich selbst zu trösten
gelang mir nicht!
Meine Trübsal verflog, als ich mich an das Versprechen erinnerte, das ich Alwine und Karel beim Abschied in Kuigatsi
gegeben hatte. Auf Karels Drängen hatte ich versichert, dass
ich selbst von Ani her den Weg zu ihnen finden würde. Jetzt
war hierfür der geeignete Zeitpunkt gekommen! Bernhard,
der auf einem Hof nahe Kambja ein Zuhause gefunden hatte,
lieh bei seinen Freunden einige Kleidungsstücke für mich aus.
Er brachte auch die Abfahrtszeiten der Züge von Elwa, der
nächstgelegenen Bahnstation, in Richtung Walk in Erfahrung.
Durch eine dreiviertellange, weite Jacke, deren Saum mit far-
bigen Bändern verziert war, etwas zu kurzen Röhrenhosen
und eine schirmlose Mütze war ich in einen estnischen Jung-
bauern verwandelt. Natürlich hatte ich die wenigen Rubel
des monatlichen Lohnes längst ausgegeben, und die Kameraden waren ebenfalls „pleite". So verabschiedete ich mich am
nächsten Sonnabend nach Arbeitsschluss mit leeren Taschen
von ihnen. Anstelle des Fahrgeldes nahm ich ihr Versprechen
mit, mir die Daumen zu drücken und mein Bett so herzurich-

ten, dass an meiner Anwesenheit kein Zweifel möglich wäre.

Auf dem Bahnsteig in Elwa wartete nur eine Handvoll Menschen auf den aus Narwa über Tapa und Dorpat nach Walk fahrenden Zug. Als er mit einiger Verspätung eintraf, nahm ich die aussteigende Schaffnerin in näheren Augenschein. Nach meinem Eindruck hatte sie deutliche estnische Gesichtszüge. Sie wechselte mit den einsteigenden Fahrgästen ein paar estnische Sätze, ohne sich hierbei die Fahrkarten zeigen zu lassen. So verlief auch mein Einstieg problemlos. Jetzt stellte sich für mich die Frage, ob auch russisches Personal an Bord war. Zur Sicherheit ging ich auf Spähtrupp, konnte aber von der Volkszugehörigkeit der zweiten Schaffnerin kein klares Bild gewinnen. Ich bezog Posten im Vorraum eines Waggons in der Mitte des kaum halb vollen Zuges und hoffte, dass während der kurzen Fahrzeit keine Kontrolle kommen würde. Vergebens! Die Kontrolle nahte schon auf halber Strecke! Mein Herzklopfen ließ erst nach, als ich die Schaffnerin wiedererkannte, die ich in Elwa als Estin identifiziert hatte. Sie äußerte gegenüber dem „Bauernburschen" auf Estnisch den Wunsch, seinen Fahrausweis zu sehen. Mit dem Versuch, durch Charme ihre Sympathie zu gewinnen, schaute ich ihr sekundenlang lächelnd und vertrauensvoll tief in die Augen und eröffnete ihr dann: „Ma olen Saksla, mul ei ole raha!" (Ich bin Deutscher, ich besitze kein Geld.)

Vor Überraschung wurden ihre Augen groß, doch dann leuchteten sie auf! „Du deutsch", sagte sie, „dann nix Fahrkarte!"

Damit sie nicht auf den Gedanken kam, dass ich auf der Flucht wäre, erklärte ich ihr, dass ich estnische Freunde in der Nähe von Mägiste besuchen und am nächsten Abend nach Elwa zurückfahren wolle. Lächelnd erwiderte sie, dass sie dann wieder in diesem Zug arbeiten würde. Ich müsse dann nur „gut kuuken" und mich in ihrer Nähe aufhalten Das wollte ich gern tun und sagte zum Abschied, dass die Esten wunderbare Menschen seien.

Karel war damit beschäftigt, seinen Wirtschaftshof zu fegen. Als er mich erblickte, legte er den Besen zur Seite, nahm mich so fest wie ein Schraubstock in die Arme und erklärte, er habe doch gewusst, dass ich kommen würde. Nein, helfen könne ich ihm heute nicht. Jetzt werde das Wiedersehen gefeiert! Alwine vergoss Freudentränen, verschwand aber, ohne viel zu fragen, rasch in der Küche, um dem Wiedersehen den nötigen Rahmen zu geben. Karel führte mich durch Ställe, Scheune und Speicher. Alles war unverändert und musterhaft gepflegt. Auf den Feldern, so sagte er, stünden Getreide und Hackfrüchte vorzüglich. Es werde eine sehr gute Ernte geben. Doch was nütze das noch, wenn den estnischen Bauern das Ende ihrer Freiheit bevorstünde? Der Druck, mit dem die Sowjets sie in die Kolchosen zwingen wollten, werde von Monat zu Monat stärker. Die Biegsamsten seien ihm schon gefolgt. Noch stemme die Mehrheit sich gegen die Versklavung. Doch wie lange noch? Ich äußerte mein Mitgefühl und meinen Abscheu vor diesem Todesstoß gegen die noch verbliebene freie Bauernschaft. Da diese Katastrophe aber unausweichlich sei, müsse man sich fragen, ob es nicht besser wäre, „mit den Wölfen zu heulen", als „ihnen in Sibirien zum Fraß vorgeworfen zu werden". Karel lehnte das ab. Er werde seine Freiheit weder verschenken noch verkaufen. Im Übrigen habe er bei der Bauernschaft des Kreises Ansehen und Vertrauen zu verlieren. Wir saßen bis in die späten Nachtstunden zusammen, da die beiden alles erfahren wollten, was ich auf Ani und in Dorpat erlebt hatte. Manches Mal warfen sie kopfschüttelnd ein, was ich berichtete, würde allen Vorstellungen über die sowjetische Gefangenschaft widersprechen und wünschten, dass mir dieses unverhoffte, ja unglaubliche Glück bis zur Heimkehr erhalten bliebe! Der Freude des Wiedersehens folgte am Sonntagnachmittag wegen der ungewissen Zukunft, die ihnen und unserer Freundschaft bevorstand, ein trauriger Abschied. Mit dem Versprechen, noch vor Anbruch des Winters wiederzukommen, brachte ich die Lieben davon ab, mich zum Bahnhof zu begleiten. Dagegen konnte ich ihnen nicht verwehren, mir das Geld für die Rückfahrkarte zuzustecken. So bestieg ich als legaler Fahrgast den Zug. Als die freundliche Schaffnerin tatsächlich während der Rückfahrt erschien, um die Fahrausweise zu kontrollieren, fand sie mich auf einem Sitzplatz am Fenster. Ich streckte ihr mit vergnügtem Blinzeln meine Karte entgegen und wünschte ihr allezeit gute Fahrt!

Am nächsten Sonntag war ich der früheste Gast in unserem Kohvik. Die Wirtsfrau sagte, dass Aino sich bisher nicht zurückgemeldet habe und lud mich zu einem Krug Bier ein. Dann begann sie, Gläser zu waschen. In dem winzigen Gastraum war außer gelegentlichem Klirren der Gläser nur das Summen der Fliegen zu hören. Das Bier und die sonntägliche Stille taten ihre Wirkung. Obwohl ich sehnlich auf Aino wartete, musste ich gegen eine zunehmende Müdigkeit ankämpfen. Gerade hatte ich beschlossen, mich zu verabschieden, um einer Einladung zum Essen zuvorzukommen, als Aino in der Tür stand. Unsere gastliche Klause füllte sich bis zur Decke mit Wiedersehensfreude!

Wenig später erzählten wir einander im Raadipark, was wir in den letzten Wochen erlebt und wie sehr wir einander vermisst hatten. Aino sagte, dass sie oft der Gedanke an die bevorstehende Trennung gequält habe. Doch nachdem wir endlich wieder beieinander seien, werde sie derartige Gedanken mit Entschlossenheit verdrängen. Gerührt nahm ich sie in die Arme!

Früh, schon Mitte September, kündigte sich der Herbst mit Regen und starkem Wind an. Selbst im flachen Saadsee machte das Baden keinen Spaß mehr. Auch unsere Ausflüge in Wald und Flur wurden seltener, jedoch fiel Aino immer wieder etwas ein, was die Wochenenden vergoldete. Sie führte mich in das Museum für estnische Volkskunst und in Konzerte, sicherte uns, wenn im Kino wieder einmal ein Beutefilm aus deutscher Produktion lief, mithilfe ihrer guten Beziehungen die Eintrittskarten. Das gelang ihr sogar, als das Leningrader Ballett in Dorpat vor überfülltem Hause glanzvoll mit „Schwanensee" gastierte. Und manchmal machten wir uns auf die Suche nach nahezu vergessenen Spuren früherer deutscher Präsenz in den alten, im Herbst 1944 stark zerstörten Teilen der Dorpater Altstadt.

An einem Sonnabend hatte ich mit Aino ein Treffen am späteren Nachmittag verabredet, war aber schon eine Stunde früher in Dorpat. Bei dem Blick in das Schaufenster eines Fotogeschäfts fiel mir ein, dass ich nie versucht hatte, meinen Eltern ein Foto von mir zukommen zu lassen. Und ein Foto würde auch das einzige Andenken sein, das ich Aino bei unserer unabwendbaren Trennung hinterlassen könnte.

Ich trug noch mein stolzes Monatssalär von fünfzehn Rubeln unangebrochen in der Tasche. Ob das wohl ausreichen würde? Mein grauer Kradmantel stand als Regenschutz nicht nur bei den Rotarmisten, sondern auch bei estnischen Zivilisten hoch im Kurs. Der Fotograf konnte daher zunächst nicht erkennen, dass er einen Kriegsgefangenen vor sich hatte. Als ich aber in meinem immer noch fehlerhaften Estnisch nach dem Preis eines Passfotos fragte, verriet ich mich.

„Für dich kostet es gar nichts", antwortete er lächelnd, und wollte sich nicht von meiner Zahlungsfähigkeit überzeugen lassen! „Doch sage mir", fragte er, „ist denn das frühere Gefangenenlager wieder belegt?"

Ich erläuterte ihm, dass es nur noch einen kleinen Ableger des aufgelösten Dorpater Lagers in der Nähe von Kustja gebe.

„Wenn du Kameraden hast, die an Passbildern interessiert sind", erwiderte er, „kannst du sie gern zu mir schicken!"

Das versprach ich. Ein Doppel des Fotos, das ich auf meine nächste Rot-Kreuz-Karte nähte, gelangte tatsächlich ohne Probleme zu meinen Eltern!

Inzwischen waren auch Felix und Sirje zurückgekehrt. Wir trafen uns mit ihnen im Botanischen Garten. Was aber tun unter grauem Himmel und bei Regen? Die Freunde hatten erfahren, dass im Universitätscafé „etwas los sei". Dort spiele ein neues Studententrio, und es werde sogar getanzt.

„Lasst uns hingehen", meinten alle drei.

Trotz meiner Sicherheitsbedenken bestand Aino darauf, dass wir mitmachten: „Dort sind wir doch unter uns! Sogar die Bedienung besteht aus Studenten. Im Übrigen wirst du einer Milizstreife so leicht nicht auffallen."

Das Café quoll über von jungen Leuten und von Fröhlichkeit. Kein Tisch war frei! Eine Gruppe von Studenten rückte aber bereitwillig zusammen, damit wir uns zwischen ihnen auf die Bänke quetschen konnten. Zum Dank spendierte Felix eine Runde billigen Schnaps, was wiederum andere bewog, sich in gleicher Weise zu revanchieren. Mit dieser Starthilfe lockerte sich die Stimmung merklich. Da ich einige an mich gerichtete Worte unserer Tischnachbarn nicht verstand, übersetzte Aino sie.

Gratispassbild eines estnischen Fotografen. Diese „Verkleidung" trug ich, wenn ich in Dorpat mit Freundin und Freunden ausging. Das Bild entstand kurz vor dem Abschied von Aino, Ende September 1948.

Obwohl sie leise sprach, bekamen wir sogleich die Quittung: „Das ist eine schöne Überraschung! Tervis, Saksla!"

Alle versprachen Diskretion, doch am Ende war der Schnaps stärker als die guten Vorsätze. Ich bemerkte, wie die mir gegenübersitzende Studentin zu dem Klarinettisten ging und mit ihm einige Worte wechselte. Bald darauf intonierte das Trio die Sehnsuchtsserenade „Heimat, Deine Sterne" und

ähnliche deutsche Schnulzen. Als den Musikern der Stoff ausging, bat mich einer um meine Wünsche. Ich war leichtfertig
genug, darauf einzugehen. Und so setzte sich das Konzert noch
eine Weile mit Schlagern und Tanzmusik fort, und wir mischten uns unter die Tanzenden. Ob die Songs Marika Rökks,
Ilse Werners und anderer deutscher Filmstars dem MWD wohl
als deutsche Produktionen bekannt waren? Als die Stimmung
dem Höhepunkt zustrebte, verspürte ich ein zunehmendes
nervöses Unbehagen. Ich flüsterte Aino zu, wo sie mich finden würde, nahm Kurs auf die Toilette und verschwand durch
eine Seitentür! Meine Befürchtung, dass meine Freunde verraten werden könnten, erfüllte sich zum Glück nicht!

Im Deutschen gibt es viele kluge und durch vielfache Erfahrung bestätigte Sprichwörter. Auf das, was Bernhard und
mir geschah, trifft haargenau die Warnung zu, dass „der Krug
so lange zum Brunnen geht, bis er bricht", ebenso sehr wie
die Voraussage, dass „Übermut selten gut tut"!

Wir hatten eine gute Getreideernte gehabt und die prall
gefüllten Getreidesäcke bis zur Decke des Speichers gestapelt. Ihr Anblick erfüllte Rotow mit Genugtuung und Stolz
über seinen Erfolg. Wie er Franz mitteilte, beabsichtigte er,
für etwa fünf Tage zu einer Konferenz nach Tallin zu reisen,
wobei er Gelegenheit haben würde, über seine Getreide-Re-
kordernte zu berichten. Nach seiner Rückkehr sollte die Kartoffelernte beginnen. Bis dahin würde ihn der Starschi-Ser-
geant vertreten. Vor seiner Abreise nahm er uns allen das
Versprechen ab, während seiner Abwesenheit keine Ausflüge
in die Stadt zu unternehmen. Falls einer von uns vor seiner
Rückkehr in Dorpat zufällig von „staatlichen Organen" aufgegriffen werden sollte, und er nicht sofort eingreifen könne,
seien für uns und eventuell auch für ihn sehr unliebsame
Folgen zu befürchten. Bei dieser Ermahnung fasste er mich
scharf ins Auge. Das waren überzeugende Argumente, und
auch ich gab das verlangte Versprechen ab.

Am nächsten Sonnabend, als Rotow erst zwei Tage fern
war, hielt ich der „Versuchung Dorpat" noch stand, doch am
Sonntag konnte ich es nicht länger ertragen, auf Ani herum-
zulungern, ohne Aino Nachricht geben zu können, weshalb
ich sie versetzte. Bernhard, der auch Anschluss in Dorpat ge-

funden hatte, war in ähnlicher Bedrängnis.

Gegenseitig machten wir uns Mut: „Der Dicke kommt frühestens übermorgen zurück und wir werden trotzdem heute am frühen Abend heimkehren. In Dorpat sind wir doch immer sicher gewesen!"

Da Rotow mit der Eisenbahn gereist war, hatte sein deutscher Fahrer Alex die Gelegenheit benutzt, um den Ford zur Generalüberholung in die Werkstatt zu bringen. So hatten wir die Möglichkeit, mit ihm nach Ani zurückzukehren. Zum Laufen zu faul, beschlossen wir, für die Hinfahrt unser Glück als Anhalter zu versuchen. Am Sonntagmorgen herrschte auf der Landstraße sehr wenig Verkehr. Privatwagen gab es nicht; und es ärgerte uns sehr, dass der erste in Richtung Dorpat fahrende Lastwagen unser eifriges Winken unbeachtet ließ. Nach langem Warten kam ein zweiter in Sicht. Sein Fahrer schien besonders hilfsbereit zu sein, denn er verringerte sein Tempo schon, bevor wir zu winken begannen. Er hielt! Am Steuer saß ein Rotarmist. Von dem Beifahrer war nur der Rand seiner Mütze zu sehen. Als er ausstieg, erstarrten wir vor Schreck! Es war Rotow! Er hatte einen für die Dorpater Garnison bestimmten Gütertransport benutzt, um vorzeitig heimzukehren. Schweigend durchbohrte uns der Major mit finsteren Blicken.

Dann ließ er ein wütendes Knurren hören: „Schagom Marsch!" (Im Gleichschritt!)

Wir marschierten voller Verzweiflung bis an die Treppe seines Hauses im Gleichschritt, wo er sich vor uns aufbaute. Jetzt musste die Strafe auf dem Fuß folgen! Aber nein, Strafpredigt und Urteil blieben aus! Stattdessen fasste er sich bedrohlich kurz: Er würde über unseren Fall nachdenken! Das Ergebnis würden wir zu gegebener Zeit erfahren.

Mit hängenden Köpfen schlichen wir davon und berichteten am Abend den Kameraden von unserem Unglück. Wie zu erwarten war, reagierten sie zunächst ungehalten und verständnislos:

„Monatelang habt ihr viel dazu beigetragen, den Chef bei guter Laune zu halten. Und nun reißt ihr mit dem Hintern ein, was ihr mit den Händen aufgebaut und für uns alle erreicht habt!"

Mancher hatte uns schon früher empfohlen, bei unseren Eskapaden nicht allzu sehr auf Rotows Gutmütigkeit zu bauen.

Demgegenüber hatte Franz mir geraten, mich nicht einschüchtern zu lassen. „Wenn ich zehn Jahre jünger wäre", so hatte er mir versichert, „hätte ich gemeinsam mit euch bis zur Neige ausgekostet, was Dorpat uns in den Stunden der Freiheit bieten kann!"

Der Major ließ uns eine Woche lang in Schuldbewusstsein und Angst schmoren und schuften. Am Sonntag nach der Kartoffelernte erklärte er uns in ruhigem und nachdenklichem Ton, es sei für ihn bitter, dass junge und besonders fleißige Männer, die er geschätzt habe, ihn derartig enttäuscht hätten. Grundlage für seinen Entschluss, den Gefangenen beträchtliche Freiheiten einzuräumen, sei die Überzeugung gewesen, dass er ihnen uneingeschränkt vertrauen dürfe. Nachdem wir diese Grundlage zerstört hätten, sei hier für uns kein Platz mehr. Er werde uns am nächsten Morgen in das Tallinner Kriegsgefangenenlager No. 6 schicken. Zu mir gewandt setzte er hinzu, er werde mir einen Brief an den Major Maslakow, seinen alten Kameraden und Versorgungschef des Lagers, mitgeben. Die mir verbleibenden Stunden benutzte ich, um Aino einen herzerweichenden Abschiedsbrief zu schreiben. Ich fügte ihm das Passfoto bei und bat Franz, ihn Aino oder ihrer Zimmerwirtin und Freundin in der Kastani Tänav zu übergeben.

Beim Abschied waren die Zurückbleibenden fast so traurig wie wir. Ihre tröstenden Worte, dass die Lebensverhältnisse in den Lagern sich erheblich verbessert hatten, linderten unseren Kummer nicht. Doch nahmen wir dankbar den Reiseproviant entgegen, den sie uns schenkten. Als Alex uns in Begleitung des „Starschis" zum Bahnhof fuhr, war mir so elend zumute wie in den härtesten Stunden meiner bisherigen Gefangenschaft. In den tiefen Schmerz über die Trennung von Aino mischte sich die Angst, dass ihr etwas Schlimmes zustoßen könnte. Die Sorge um ihr Schicksal begleitete mich auch nach der Heimkehr noch lange. Weil jeder Versuch, mit ihr in Kontakt zu treten, sie in Gefahr bringen konnte, habe ich nie etwas über ihr Schicksal erfahren können.

5. Teil
Strafversetzt ins Talliner Friedhofslager

Der Weg in das Tallinner Lager No. 6 war von den grauen Baracken des sowjetischen Stabes gesäumt. Vor Jahren hatten seine ersten, unfreiwilligen Bewohner es auf den Namen „Friedhofslager" getauft. Hierfür hatten sie einen doppelten Anlass: Das Lager war dem Tallinner Friedhof benachbart, und in den ersten Jahren seines Bestehens hatten in seinen Baracken, wie in allen sowjetischen Gefangenenlagern, viele deutsche Soldaten den Tod gefunden. Schon bevor sich das Tor des Lagers öffnete, registrierten wir, dass die Sowjetunion nicht nur auf kleinen Außenposten, wie es die Unterstützungswirtschaften waren, ihr Regime gegenüber den deutschen Kriegsgefangenen stark gelockert hatte: Die früher obligatorische Filzung war auch hier abgeschafft! Wie wir alsbald bestätigt fanden, hatte die sowjetische Führung es offenbar für zweckmäßig befunden, sich mehrere Jahre nach dem Kriegsende nicht mehr einseitig von den Motiven der Rache und Vergeltung an den gefangenen „Faschisten" leiten zu lassen. Endlich schien sie verstanden zu haben, dass es in ihrem Interesse war, uns menschenwürdig zu behandeln und befriedigend zu ernähren, da es nur auf diese Weise gelingen konnte, unsere Kräfte und Fähigkeiten voll für die Behebung der Kriegsschäden und die wirtschaftlichen Interessen der Sowjetunion zu nutzen.

Rotows Brief nahm der wachhabende Offizier entgegen – mit dem Versprechen, ihn sofort dem Versorgungschef des Lagers zu übergeben. Traurig und mit Dankbarkeit nahmen wir Abschied von unserem „Starschi" und durchquerten das Tor in dem Bewusstsein, dass die weitgehende Freiheit, die uns das Glück bislang beschert hatte, verloren war.

Unsere neue Verwahranstalt, die etwa dreitausend Gefangene beherbergte, war schon seit längerer Zeit kein Elendsquartier mehr. In den hallenartigen Unterkünften herrschten Ordnung und Sauberkeit. Es gab doppelstöckige, mit Strohsäcken gepolsterte Betten. Über Qualität und Menge der Verpflegung konnte man sich nicht beklagen. Die zur Arbeit außerhalb des Lagers eingesetzten Männer waren nicht mehr gänzlich von der Lagerküche abhängig. Sie erhielten einen nach Art ihrer Tätigkeit und Leistung gestaffelten Lohn. Mit ihm konnte sogar der ungelernte Arbeiter zur Anreicherung der Lagerkost die wichtigsten Lebensmittel im Lager kaufen. Auch die unter den Gefangenen bestehende Hierarchie hatte sich von Grund auf verändert. Für sie spielten, nachdem die „Kapos" und die in der Sowjetunion geschulten Antifaschisten in die Heimat entlassen worden waren, „antifaschistisches Bewusstsein" und die Bereitschaft, hierfür zu werben, keine erkennbare Rolle mehr. Entsprechend dem sowjetischen Interesse, technische Intelligenz, Ausbildung und Erfahrung der gefangenen Gegner in den eigenen Dienst zu stellen, rückten Fachleute und Handwerker an die Spitze der Kommandos und Brigaden.

Bernhard und ich wurden den Baubrigaden zugeteilt, die das durch sowjetische Bomben stark beschädigte Theater und Opernhaus „Estonia" wiederherstellten. Es machte uns Freude, etwas leisten zu können, was unseren estnischen Freunden und Helfern zugutekam!

Vor dem wiedererstehenden prachtvollen Bau, der den Jugendstil des beginnenden 20. Jahrhunderts in Tallinn auf das Schönste repräsentierte, wies der Brigadier uns ein: Wir hatten die auf hohen Gerüsten arbeitenden Kameraden mit Steinen, Mörtel, Dachziegeln und allem sonstigen Bedarf zu versorgen. So wurde ich in Tallinn wiederum zu dem, was man in der Sowjetunion als „Schwarzarbeiter" bezeichnete! Es war ein kräftezehrendes und eintöniges Geschäft, in ständigem Auf und Ab Mörtel und Steine auf den Schultern nach oben zu schleppen. Da wir ausreichend Kraft und Ausdauer besaßen, trugen wir nicht wenig dazu bei, dass die Handwerker der Brigade beständig ihre Norm erfüllten! Hierfür erhielten wir einen stattlichen monatlichen Lohn von durchschnittlich 150 Rubeln. Doch als Lohn unserer Arbeit betrachtete ich ebenso die sichtbaren Baufortschritte.

Dennoch fiel es mir schwer, mich mit dem Dasein hinter

Stacheldraht abzufinden. Die Sehnsucht nach Aino und der Dorpater Freiheit flammte am schmerzlichsten auf, wenn wir nach getaner Arbeit durch feierabendlich belebte Straßen, unter teilnahmsvollen Blicken der estnischen Passanten, in das Lager zurückgeführt wurden. So schlichen die Wochen des Eingesperrtseins in dem immer gleichbleibenden Rhythmus dahin.

Eines Tages erhielt ich während meiner Abendmahlzeit die Weisung, mich sofort bei dem Versorgungschef zu melden. Als ich eintrat, unterbrach der Major Maslakow die Lektüre des vor ihm liegenden Schriftstücks und bot mir sogar einen Stuhl an. Er war ein behäbiger Mann und seine äußere Erscheinung wies darauf hin, dass er kein Kostverächter war. Dazu verpflichtete ihn auch sein Name, der in deutscher Übersetzung „Buttermann" lautete! Er ließ mich wissen, dass sein Freund Rotow ihm empfohlen habe, mich wegen meiner erfolgreichen Arbeit als Buchhalter und Magaziner in Kingu sowie meiner Russischkenntnisse erneut für eine entsprechende Aufgabe zu verwenden!

„Ich habe Sie rufen lassen", fuhr er fort, „weil ich für unsere Podzobnoje ‚Kustja' einen Buchhalter und Magaziner brauche. Sie liegt etwa 45 Kilometer südlich von Tallinn. Leutnant Schelobnjow, den ich mit der Aufsicht über das Gut betraut habe, wird Sie morgen früh dorthin mitnehmen."

Ich musste mir einen Jubelschrei verkneifen! Als ich die Fassung wiedererlangt hatte, fragte ich, ob nicht auch mein Kamerad, den Major Rotow als gelernten Landwirt und ausgezeichneten Arbeiter besonders geschätzt habe, in Kustja Verwendung finden könne.

„Noch nicht", sagte er, „der Winter steht vor der Tür. Für die Landarbeit brauchen wir erst im Frühjahr personelle Verstärkung. Wir werden uns wiedersehen", fügte er hinzu, „Sie haben an jedem Monatsende zur Abrechnung hier zu erscheinen. Ich hoffe, Gutes über Ihre Arbeit zu hören!"

Ein junger, blonder Leutnant ließ das Tor für mich öffnen. Er zwinkerte mir wie einem guten Bekannten vergnügt zu und sagte: „Dawaj na maschinu!"

Ein wenig vornübergebeugt ging er mir voraus zum Lastwagen. Ich warf mein Gepäck auf die Ladefläche und wollte hinterherklettern.

„Nein", rief er, „es ist kalt! Wir rücken zusammen, dann ist in der Kabine auch für dich Platz."

Während der Chauffeur sein Vehikel in Gang setzte, erkundigte der Leutnant sich nach meinem Namen.

„Das ist mir zu kompliziert", befand er, „ich werde dich einfach ‚Chans' nennen!" Und er teilte mir mit, dass er mit Vornamen Dmitri heiße, jedoch „Mitja" gerufen werde.

So viel Freimütigkeit eines sowjetischen Offiziers hatte ich nur bei Kapzow erlebt! Gewiss, auch Owjetschkin hatte mit uns von „Mensch zu Mensch" gesprochen. Schelobnjow, dieser immer heitere junge Mann, ging aber in seiner jugendlichen Unbefangenheit noch weiter: Sein Verhältnis zu Gefangenen, die er als vertrauenswürdig befunden hatte, konnte kameradschaftliche Züge annehmen.

Wo die breite, damals geschotterte Überlandstraße aus Tallinn sich in die Richtungen Hapsal und Pernau gabelte, stand damals eine Holzbude, in der vor allem Wodka ausgeschenkt wurde. Er war den Russen ebenso unentbehrlich wie dem Auto der Treibstoff.

Der Leutnant ließ halten, sprang mit einem Satz heraus und rief mir zu: „Komm mit! Eine neue Freundschaft muss begossen werden!"

Das taten wir mit der üblichen Mindestmenge von „Sto (100) Gramm". Ein Achtelliterchen des Hochprozentigen reicht aus, um einen des Alkohols nahezu entwöhnten Menschen in gehobene Stimmung zu versetzen. So schaute ich meiner neuen Heimat jetzt freudiger entgegen und bat den neuen „Freund", mir von ihr zu berichten.

Die Podzobnoje Kustja sei klein, sagte er. Sie besitze nur etwa dreihundert Hektar Land, dafür aber zwei Gehöfte. Direktor und Buchhalter, beide Russen, seien davongejagt worden.

„Du ahnst wohl schon: Sabsarab sabrali!" (Sie haben gestohlen.)

Natürlich kannte ich das! Wer kann den Versuchungen widerstehen, wenn der Staat alles, man selbst aber nichts besitzt? Jetzt, fuhr der Leutnant fort, leite der deutsche Kommandoführer und Agronom kommissarisch das Gut, einen Akkerbau- und Viehzuchtbetrieb. Er sei ein bewundernswerter Landwirt. Mit meiner Ankunft werde die Belegschaft auf 17Mann wachsen. Bevor wir die Ortschaft Kernu erreichten, zu der Kustja gehörte, wusste ich schon, dass der Leutnant mit der Leiterin der dortigen Volksschule, einer „ungeheuer reizenden" jungen Estin, verheiratet war. Dem Charme eines derart sympathischen, jungen Russen konnte also auch eine Estin erliegen! Wir hielten vor der Schule von Kernu, die zusammen mit dem „Kauplus", einem Geschäft für Lebensmittel und sämtliche Artikel des täglichen Bedarfs, den Mittelpunkt des Ortes bildete. Hier stieg Leutnant Mitja aus.

„Fahr' schon nach Kustja voraus. Ich werde morgen schauen, wie es dort steht!"

Buchhalter auf dem Lagergut Kustja
1948/49

Die Landschaft, die wir durchquerten, konnte man beim besten Willen nicht schön finden. Dieser Teil der estnischen Halbinsel ist überwiegend flach und eintönig. Landwirtschaftlich genutzte Flächen wechselten hier ab mit Mooren, verkarsteten Einsprengseln und niedrigen Kiefernwäldern. Die Äcker waren mit Steinen verschiedenster Größe, bis hin zu Findlingsblöcken, gesprenkelt. Wer aus den lieblichen und abwechslungsreichen Endmoränenlandschaften des estnischen Südostens hierher verschlagen wurde, hatte es schwer, diesem Teil Estlands etwas abzugewinnen. Die vereinzelten bäuerlichen Anwesen, zumeist aus kleinen, unansehnlichen Gebäuden bestehend, spiegelten die in dieser Gegend äußerst bescheidenen Lebensverhältnisse ihrer Bewohner wider.

Auf einem schlammigen Feldweg, der sich zwischen Wäldern, abgeernteten Äckern und mageren Weideflächen dahinschlängelte, quälte sich unser Ford-Kleinlaster zu einem Anwesen, das im Vergleich zu den Bauernstellen der Umgebung wie ein kleiner Gutshof wirkte.

„Wir sind in Pärtle, dem Sitz der Podzobnoje", rief der Chauffeur. „Hier wirst du deine Kameraden finden!"

In der Tür des Wohnhauses erschien ein Feldgrauer mit Vollbart, der sich in gemütlichem Sächsisch als Koch vorstellte. Alle Leute seien in der Nähe mit der Kohlernte beschäftigt, sagte er. Am Rande des Kohlackers fragte ich einen Gespannführer nach dem Chef. Er wies auf den hageren, hoch gewachsenen Mann, der zwischen seinen Mitarbeitern mit dem Spaten Kohl stach. Als er sich aufrichtete, schaute ich in ein Gesicht, das eher einem Gelehrten, als einem Landwirt zu gehören schien. Ich stellte mich als der neue Buchhalter vor. Da traf mich durch schmale Brillengläser ein geringschätziger Blick.

„Sehr gut", sagte er, „ich hoffe, dass Sie sich trotzdem auf landwirtschaftliche Arbeit verstehen! In diesem Falle können Sie hier gleich mit anpacken."

Mit „Sie" hatte er mich angesprochen! Kein freundlicher Empfang! Doch reihte ich mich umgehend in die kleine Schar ein. Dr. Schade, so hieß der gestrenge Herr, ließ sich dazu herab, mir in sparsamen Sätzen zu erklären, dass ich auf dem zur Podzobnoje gehörenden, anderthalb Kilometer entfernten Hof namens Loksa wohnen und arbeiten würde. In den zahlreichen freien Stunden, die mir neben der Bürokratie verblieben, würde ich auf den Feldern und im Forst genug zu tun finden!

Sobald der Kohl eingebracht war, trottete ich im Regen zu meinem neuen Bestimmungsort. Nach Überquerung der nach Pernau führenden Landstraße, von der ich, aus Tallinn kommend, nach Pärtle abgebogen war, erblickte ich im leicht abschüssigen Gelände einige von Bäumen halb verdeckte Dächer. Aus den Schornsteinen quollen dicke Rauchwolken. Das musste Loksa sein!

Den schmalen Hof begrenzte links ein langgezogenes, niedriges Stallgebäude, aus dem mir deftiger Schweinegeruch entgegenwehte. Rechts erhob sich ein gut erhaltenes Wohnhaus, das ein ausgebautes Dachgeschoss besaß.

Ich klopfte an die Tür. Keine Reaktion! Noch einmal! Ob niemand zu Hause war? Nun donnerte ich mit der Faust gegen den Fensterrahmen, dass die Scheiben klirrten. Endlich antwortete ein Geräusch, das wie das zornige Brummen eines aufgescheuchten Bären klang. Dann flog die Tür auf und vor mir stand eine barocke Gestalt, die den Türrahmen vollständig ausfüllte. Mein Blick fiel zuerst auf einen über die Hose hängenden Bauch. Über dem Ganzen ein runder rotwangiger Kopf, auf dem einige Stoppeln gediehen. Nie hatte ich mir träumen lassen, dass man es in sowjetischer Gefangenschaft zu einem solchen Wanst bringen konnte! „Wer bist denn du?", röhrte der Dicke, „und was hast du hier zu suchen?"

„Ich bin der neue Buchhalter!"

Pause! Er brauchte einige Sekunden, dann war er wie verwandelt: „Ein Landser als Buchhalter! Das hatten wir noch nicht! Da haben die Iwans sich mal was Gescheites einfallen lassen. Komm rein, mein Junge, und sei herzlich willkommen! Ich heiße Schneider, bin Tierarzt aus Schneidemühl und freue mich, einen Kumpel zu bekommen!"

Links die Küche, rechts ein großer Wohn-Schlafraum, möbliert mit einem Tisch, grob zusammengezimmerten Stühlen sowie zwei zweistöckigen Betten. Der Dicke stellte mit großer Behändigkeit Kaffee, Brot, Wurst, Schinken und die Hälfte eines Napfkuchens auf den Tisch.

„Ich hoffe, du hast Hunger mitgebracht!"

„Das nicht", erwiderte ich, „aber immer Appetit auf etwas Gutes."

„Wirst du kriejen, wirst du kriejen! Wir leben hier nicht schlecht. Jetzt erzähl' mal, wie du zum Buchhalter auf Kustja avanciert bist."

Mein Bericht schien ihm zu knapp ausgefallen zu sein. „Aber zum Erzählen", meinte er, „werden wir noch viel Zeit haben. Jetzt sollst du erst mal erfahren, was dich hier erwartet."

Mein russischer, geschasster Vorgänger habe sich oft darüber beklagt, dass die Tallinner Bürokratie verrückt spiele. Ich würde mich mit unglaublich vielen, albernen Vorschriften herumschlagen müssen. Direktor und Buchhalter, beide Zivilangestellte, hatten im Obergeschoss gehaust, wo ich jetzt mein Büro einrichten könnte. Es seien sympathische Burschen gewesen. Sie hatten gelebt und leben lassen, leider aber ein bisschen zu viel geklaut! Zum Glück sei uns wenigstens Mitja Schelobnjow erhalten geblieben, ein feiner Kerl, der vielleicht nicht ganz ohne Zutun seiner Frau unser Schutzpatron geworden sei. Diesen Eindruck hatte ich schon gewonnen, sagte ich, als er mich von Tallinn hierher gebracht habe, doch möchte ich wissen, wer hier für unsere Bewachung zuständig sei! Ich würde mich sicher wundern, meinte er, aber in Kustja gebe es keine Konvois. Wahrscheinlich sei wegen des uns bewiesenen Vertrauens und der befriedigenden Lebensumstände noch nie jemand von hier geflüchtet! Ich staunte weniger, als er gedacht hatte. Schließlich waren wir auf Ani nur dem Schein nach bewacht worden.

„Bei deiner Einarbeitung", riet der Doktor, „solltest du dich an Schade halten! Zu seinem Verdruss musste er sich in letzter Zeit auch um die Buchhaltung kümmern und wird froh sein, von ihr befreit zu werden."

Ich räusperte mich: „Davon habe ich vorhin, als ich seine Bekanntschaft machte, nichts gemerkt!"

„Ja, der Schade", hob da der Doktor an, „ das ist ein seltsamer Kauz! Die Russen entdeckten erst spät, dass ihnen mit diesem ältlichen Reserveoffizier ein landwirtschaftlicher Fachmann von hohen Graden ins Netz gegangen war. Er hatte das Zeug gehabt, eine glanzvolle wissenschaftliche Laufbahn zu absolvieren, entschloss sich aber, das väterliche Gut zu übernehmen. Als überragender Landwirt, nicht zuletzt als Züchter neuer, hochwertiger Schafrassen, war er in seiner schlesischen Heimat hoch geachtet. Auf Kustja hat er den Russen bewiesen, dass man selbst auf relativ armen Böden mit der nötigen Fachkunde hervorragende Ergebnisse erzielen kann. Seine Erträge pro Hektar waren immer doppelt so hoch, wie diejenigen der in unserer näheren und weiteren Umgebung bestehenden Sowchosen. Es ist allerdings kein Spaß, mit ihm umzugehen! Kurz angebunden und voller Abscheu vor allem, was er als „Kumpanei" betrachtet, verzichtet er sogar darauf, sein einförmiges Dasein durch Kontakte mit estnischen Freunden menschlich und kulinarisch zu bereichern. An seine Leute stellt er höchste Ansprüche, regiert sie aber weniger mit Strenge, als durch gerechte Verteilung der Lasten und stetige Fürsorge. Er schläft mit ihnen im selben Raum und beteiligt sich immer an den unangenehmsten Arbeiten. Keiner wird sich aber anmaßen, ihn als „Kameraden" zu vereinnahmen, denn er lässt niemanden an sich heran.

Dennoch gehen seine Leute für ihn durchs Feuer! Auch ich empfinde für ihn die größte Hochachtung. Drückeberger sind ihm ein Gräuel. Absurderweise zählt er zu ihnen auch die ‚Bürohengste'! Lass dich um Himmels willen durch solche Macken nicht beirren!" Er selbst, fügte Schneider hinzu, komme mit Schade gut aus, denn er besitze sein eigenes Reich. Es beschränke sich keineswegs auf die Betreuung unseres Viehzeugs. In dieser Gegend gebe es weit und breit weder einen Tierarzt noch einen Humanmediziner. Das habe ihm zu einer blühenden Praxis für Mensch und Tier verholfen! Die hiesigen Bauern seien zwar arm, jedoch liebenswerte und dankbare Menschen.

„Deshalb", endete er, „werden wir in Loksa weiterhin keinen Mangel leiden!"

Und damit hatte dieser „zweite Bunge" auch meine Frage, wie er wohl zu seinem beeindruckenden Leibesumfang gekommen wäre, befriedigend beantwortet.

„Komm mit", sagte der Doktor dann, „ich will dich unseren Hausgenossen vorstellen."

Im Schweinestall schrie er vergnügt: „Hallo, ihr Schweinepriester, wir haben einen Neuzugang!"

Franz, Gutsarbeiter aus Pommern, und der von einem hessischen Bauernhof stammende Albert ließen den großen Kessel, in dem Futterkartoffeln kochten, im Stich, um mir stolz ihr Borstenvieh vorzuführen. Ein Prachtstück von einem Eber, Säue mit vielen rosigen Ferkeln und muntere Läuferschweine – etliche Dutzend gesunder Tiere im besten Futterzustand! Der immer stoppelbärtige Franz war zugleich unser Koch, jedoch nur „fürs Grobe", denn die Feinheiten der Küche hatte der Doktor sich vorbehalten. Albert sorgte für die Sauberkeit im Hause und heizte die Öfen. Eine Sauna gab es nur auf Pärtle. Zu ihr wallfahrteten wir am Sonntag. Wochentags wuschen wir uns in einem Vorraum des Schweinestalles, wo es immer warmes Wasser gab. Dennoch war, wie ich zugeben muss, die Luft in dem gemeinsamen Schlafraum nicht vom Feinsten. Wer wird sich aber an einem bisschen Mief stören, wenn die Kameraden vom Feinsten sind? Nirgendwo in der Gefangenschaft habe ich ein harmonischeres Zusammenleben kennengelernt. Auf Loksa verstand man sich ohne Worte!

Die kontrollwütige Bürokratie nach Art der Sowjetunion hatte ich bereits in Kingu studiert. Dort waren zwar Massengüter in weit größerer Menge als hier erzeugt worden, allerdings hatten sie im Wesentlichen aus Hackfrüchten bestanden, und zu meiner Zeit hatte Kingu kein Vieh mehr besessen, sondern nur Pferde. Die Podzobnoje Kustja war viel kleiner, doch wurde hier auch eine breite Palette von Getreide angebaut, und außer Pferden gab es Rinder und Schweine! Deshalb wirkten sich die überspannten sowjetischen Verwaltungsvorschriften auf Kustja noch unsinniger aus als in Kingu. Sie verpflichteten den Buchhalter und Magaziner unter anderem, sämtliche für Mensch und Tier zustehenden Rationen täglich „auszuschreiben" und auszuliefern! Auf Kingu hatte ich mich an das vereinfachte Verfahren meiner sowjetischen Vorgänger gehalten. Da Mitja auf jegliche Kontrolle verzichtete, gab ich alle Produkte, mit Ausnahme des Brotes und der Magermilch, wöchentlich en bloc aus. Um zu verhindern, dass dieser „frivole Verstoß" bei der Abrechnung entdeckt wurde, musste ich mir allerdings den Empfang aller Produkte für jeden einzelnen Tag durch fingierte Quittungen der Köche und der Viehpfleger bestätigen lassen. Auf diese Weise sammelten sich bis zur monatlichen Rechnungslegung Berge von „Kwitanzijas" an. Da es, anders als in Kingu, außer Papier, Federhalter und Tinte keinerlei Büromaterial gab, nähte ich die fliegenden Blätter mit einer groben Stopfnadel zusammen. Außerdem hatte ich als „Magaziner" über den Viehbestand und die eingelagerten Vorräte aus eigener Ernte sowie über die Lieferungen des Tallinner Magazins Buch zu führen und war für Qualität und fachgerechte Einlagerung verantwortlich.

Diese Pflichten lasteten mich aber nicht aus. Schade wusste Rat: Da ich ohnehin über die täglich erzeugte Milch abrechnen musste, sollte ich auch ihren Transport in die Meierei übernehmen. Es machte Spaß, mit zwei Sibirierpferdchen vor dem Wagen oder Schlitten in flottem Trab die Milch nach Kernu in die Meierei zu kutschieren. Ich hatte keine Mühe, zu den estnischen Meierei-Arbeitern freundschaftliche Beziehungen zu entwickeln. Das sollte sich noch auszahlen!

Während wir alle, die Leute von Pärtle und Loksa, eines Sonntagmorgens gemeinsam in der Sauna schwitzten, fragte mich der Pferdepfleger, ob ich Lust hätte, ihn zu einer Hochzeitsfeier zu begleiten. Darauf ging ich gern ein. Das war doch eine Gelegenheit, die Menschen der näheren Umgebung kennenzulernen!

Das aus Stein erbaute Hochzeitshaus lag allein inmitten seiner Äcker. Seine Wirtschaftsgebäude boten viel Raum, waren jedoch ungeheuer vernachlässigt. Im Haus ging es hoch her! Das nicht mehr ganz junge Hochzeitspaar räkelte sich, bereits stark angetrunken, auf der Ruine eines Sofas, als wolle es die Hochzeitsnacht auf offener Bühne vorwegnehmen. Die das Paar umgebenden Gäste hatten sich ebenfalls vollllaufen lassen. Der Versuch einer Unterhaltung mit dem Bräutigam weckte Zwei-

fel, ob sein getrübter geistiger Zustand nur alkoholbedingt oder
von Dauer sei. Aus einer Ecke des Raumes drangen quietschen-
de Töne einer Ziehharmonika, mit der ein alter Mann sich rüh-
rend abmühte, Feststimmung zu erzeugen. Doch wurde seine
Musik vom Grölen und Gelächter der angeheiterten Gäste übertönt. Nie hatte ich in Estland Vergleichbares erlebt und kehrte
dem Spektakel den Rücken!

Draußen empfingen mich tiefgraue Wolkenschwaden und
Nieselregen. Während ich noch unschlüssig vor dem Hochzeitshaus stand, trat ein junges Mädchen aus der Tür.

Blicklos, mit gesenktem Kopf, murmelte sie, gerade noch
hörbar, vor sich hin: „Wie schrecklich war das!"

„Ja, da haben Sie recht", stimmte ich ihr auf Russisch zu,
„man hätte nicht hierher gehen sollen!"

Die unerwartete Einmischung eines Fremden in Gefühle,
die sie für sich behalten wollte, schreckte sie auf. Als ob sie
sich entschuldigen müsse, sagte sie leise: „Mutter hat gemeint,
ich müsse hier einen Besuch machen, weil ich Laine, die Braut,
seit meiner Kindheit kenne. Wir hatten einen solchen Skan-
dal nicht für möglich gehalten. Das war unerträglich."

„Sie haben recht", erwiderte ich, „doch jetzt weiß ich nicht,
was tun. Darf ich Sie ein Stück des Weges begleiten?"

Aus großen Augen schaute sie mir zum ersten Mal ins Gesicht: „Ich weiß nicht! Ich kenne Sie doch überhaupt nicht!"

„Ich bin ein Gefangener aus Loksa", sagte ich.

„Dann sind Sie ja Deutscher", stellte sie mit spürbarer Erleichterung fest. „Sie sehen auch gar nicht russisch aus!"

Valve, so hieß sie, ließ es sich gefallen, dass ich ihr auf einen schmalen Pfad folgte, über den der Kiefernwald sein Dach
breitete. Nachdem sie ihre anfängliche Schüchternheit überwunden hatte, begann sie, mich über die Hintergründe des
Festes, dem wir gerade entflohen waren, ins Bild zu setzen:
Laine war mutterlos aufgewachsen und hatte sich früh allein
durchschlagen müssen. Ihr Ruf hatte darunter gelitten, dass
sie, ohne zu heiraten, schon mit einigen Männern zusammengelebt habe. Im Grunde habe sie aber keinen schlechten Charakter. Dagegen sei ihr Bräutigam ein verdorbener Tauge-
nichts.

Lebhafter werdend, beschwor sie mich: „Glauben Sie bitte

nicht, dass das Verhalten der Gastgeber und Hochzeitsgäste für unser Volk typisch wäre! Weil anständige Leute mit ihm nichts zu tun haben wollen, hat der Bräutigam seine Saufgefährten, teils übel beleumdete Esten, teils umherstrolchende Russen mit den dazugehörenden Frauen eingeladen. Dieses Gesindel macht sich jetzt bei uns breit!"

Ich beruhigte sie: Bisher sei ich solchen Menschen in Estland noch nie begegnet.

Da ich vieles nicht oder nur unvollkommen verstanden hatte, bat ich sie um Übersetzung ins Russische. Sie tat es, meinte aber, ich verstünde Estnisch doch einigermaßen und solle versuchen, meine Kenntnisse zu verbessern. Dazu, bemerkte ich, hätte ich bisher nicht hinreichend Gelegenheit gehabt. Hiermit hatte ich Valve ein Stichwort geliefert: Mit großem, ein wenig kindlichem Eifer rief sie, dabei würde sie mir gerne helfen! Ich würde schon sehen, wie bald wir dann auf Estnisch plaudern könnten! Das war der Beginn eines unorthodoxen Sprachkurses.

Als Valve mir verriet, dass sie sechzehn Jahre alt war, mochte ich es kaum glauben, denn sie war früh zu einer jungen Frau herangewachsen. Das galt, wie ich bald feststellte, nicht nur für ihr Äußeres, sondern auch für ihren Charakter und ihr Urteilsvermögen. Dieses Mädchen war intelligent und sympathisch. Hübsch war sie nicht, doch darauf konnte ich verzichten. Ich suchte keinen Ersatz für Aino, den es nach meiner Überzeugung ohnehin nicht gab. Nach Durchquerung des Waldes mündete der Trampelpfad in einen schmalen Fahrweg. Hinter seiner nächsten Biegung lag am Waldessaum ein Häuschen.

„Das ist unser Haus", sagte Valve.

Vor der Tür wollte ich mich verabschieden, traf aber auf energischen Widerstand: „Mutter und Viive werden sich freuen, einen der Deutschen kennenzulernen, die wir bisher nur aus der Ferne zu sehen bekamen!"

In diesem Augenblick öffnete sich die Haustür, und ein kleines, blondes Mädchen wirbelte heraus, um ihrer Schwester in die Arme zu fliegen. Jede der beiden griff sich eine meiner Hände, um mich durch die Tür zu ziehen. In dem dämmrigen Licht verschwammen die Maße des Raumes und seiner wenigen, einfachen Einrichtungsgegenstände. Valve rief ihrer Mutter zu, dass sie einen Deutschen aus Loksa mitbringe. Mutter Kell zündete eine Kerze an, denn elektrisches Licht gab es in Kustja nicht. Mit einem freundlichen Willkommensgruß lächelte mich eine kleine, von der Arbeit vorzeitig verbrauchte Frau an. Ihr Gesicht war welk und ihr Rücken gekrümmt. Wenn ich es nicht besser gewusst hätte, hätte ich sie für die Großmutter der Mädchen gehalten. Besorgt, dass ich mich sogleich wieder zum Gehen wenden könnte, stellte sie eilig Kaffee und frisch gebackene Piroggen auf den klobigen Tisch, dem anzusehen war, dass er schon etlichen Generationen gedient hatte. Ich verabschiedete mich bald mit dem Versprechen, wiederzukommen und war glücklich, auch hier Menschen gefunden zu haben, die einen landfremden Gefangenen mit einer Herzlichkeit und Selbstverständlichkeit aufnahmen, als ob er zu ihrer Familie gehören würde.

Die Waldheimat der Kellfamilie wurde mehr und mehr auch die meinige. Anders als in den Hungerjahren spielten hierbei materielle Gründe keine Rolle. An ihre Stelle war, neben meiner Zuneigung für die mir lieb gewordenen Menschen dieses Volkes, die Suche nach Wärme und Geborgenheit getreten. Ich war traurig, Aino und den Teras nicht von meinem hiesigen „Familienanschluss" berichten zu können. Vielleicht hätte es sie getröstet zu wissen, dass ich nach dem Schicksalsschlag der Trennung Freunde gefunden hatte, bei denen ich inmitten einer altestnisch anmutenden Atmosphäre und bei estnischem Sprachunterricht mein seelisches Gleichgewicht wiederfand.

Sobald ich das Häuschen unter den Kiefern betrat, empfingen mich in seinem peinlich sauber gehaltenen Wohnraum Behaglichkeit und Fröhlichkeit. Es mag sein, dass dies nicht nur mit den heiteren und dem Leben zugewandten Gemütern seiner Bewohnerinnen zu erklären war, sondern auch mit ihrer Armut. Da sie nur ihre bescheidene Wohnstätte, die Kuh, das Schwein, die Hühner und den Garten besaßen, hatten sie nichts zu verlieren und brauchten um nichts zu bangen. Die Mutter ließ sich die Strapazen der sauren Arbeitstage auf der Sowchose nicht anmerken, während Valve nach Beendigung der Mittelschule in Tallinn bis auf Weiteres der

Mutter zu Hause zur Hand ging. Während im Ofen die Kiefernscheite krachten, saßen wir plaudernd beisammen, wobei Valve dolmetschte. Nachdem sich mein Wortschatz erheblich erweitert hatte, begann sie, mich in die estnische Grammatik einzuführen. Ich machte eine Schrecksekunde durch, als Valve von den vierzehn Fällen sprach, die es im Estnischen zu deklinieren gelte. Auch ihr beschwichtigender Hinweis, dass zwölf der Fälle, vom „Partitiv" über den „Allativ" bis zum „Komitativ" reichend, „ganz einfach" durch Anhängen unterschiedlicher Endungen zu bilden seien, tröstete mich nicht. Obwohl ich brav die mir aufgetragenen Hausaufgaben machte, blieben meine grammatischen Kenntnisse sehr lükkenhaft. Immerhin konnte ich mich schließlich an den Unterhaltungen der Familie, wenn auch fehlerhaft und mit „Aussetzern", beteiligen. Es dauerte nicht mehr lange, bis die Kells mir ihre Volkslieder beibrachten. Bis heute habe ich sie nicht vergessen, diese schlichten, melodischen und anrührenden Schätze alten estnischen Volkstums.

Gegen Ende November wurde es kalt. Mehrjährige Arbeit in Wald und Feld hatte an der Winterbekleidung der Kameraden viele Löcher und Risse hinterlassen und die Wattejacken und Hosen der Viehpfleger starrten vor Dreck. Auch die feldgrauen Uniformen und die Unterwäsche waren verschlissen. Ich nahm mir vor, bei meinem unmittelbar bevorstehenden, ersten Gastspiel in Tallinn Abhilfe zu schaffen. In Walk hatte ich gelernt, dass in sowjetischen Magazinen nur gut fährt, wer gut schmiert. Das wirkungsvollste und gebräuchlichste Schmiermittel, bestehend aus zwei Litern „sauberem" Schnaps, besorgte der Doktor und fügte noch ein großes Stück Schinkenspeck hinzu. Meine estnischen Freunde in der Meierei von Kernu, denen ich unser Leid geklagt hatte, stifteten drei Kilo Butter für den guten Zweck. Nun stand ich im Dunkeln auf der Landstraße, neben mir der Holzkoffer, ein Kunstwerk Walter Jankowiaks, in dem ich die Rechnungsunterlagen und den Schnaps verstaut hatte, auf dem Buckel einen Rucksack mit den Fettigkeiten, und wartete in einem Gemisch von Schnee und Regen auf einen aus Richtung Pärnu kommenden Lastwagen. Schon der erste Fahrer hielt an und setzte mich am Tallinner Friedhof ab. Die zum Tor des Lagers

führende „Straße der grauen Baracken" war Gefahrenzone.
Aufmerksam umherspähend schlich ich an den Baracken des
Stabes entlang und war froh, das Bekleidungsmagazin ungehindert zu erreichen. Verblüfft den Plenni ins Auge fassend,
schickte der Magaziner sich an, mich fortzujagen. Nachdem
ich mich aber als Buchhalter der Podzobnoje vorgestellt hatte, ließ er mit gequältem Gesichtsausdruck meine Schilde-
rung unserer Notlage über sich ergehen. Da er sich dazu nicht
äußerte, schob ich mit dem Fuß meinen Koffer in sein Gesichtsfeld und stellte den Rucksack dazu. Jetzt hellte sich seine Miene auf. Es werde sein Schaden nicht sein, bemerkte
ich, wenn er uns für den Winter angemessen ausrüste. „Ver-
sehentliches" Anstoßen des Koffers, das die Flaschen klirren
ließ, erzielte den Durchbruch: Ich durfte meine Mitbringsel
zeigen, hütete mich aber, sie aus der Hand zu geben. Mein
Misstrauen war überflüssig. Der Mann erwies sich als fairer
und entgegenkommender Geschäftspartner! Den Schnaps be-
zahlte er mit neuen Watteanzügen für uns alle, den Schinkenspeck mit getragenen, jedoch brauchbaren grauen Feldblusen und Hosen. Für die Butter rückte er sogar pro Mann
zwei Garnituren nagelneuer Unterwäsche heraus und legte
als Rabatt noch einige Paare Wehrmachtswollsocken und
Handschuhe obendrauf! Ein Risiko ging er hierbei allerdings
nicht ein. Gemäß den Vorschriften ließ er mich auf der Stelle
unseren Bedarf schriftlich begründen und den Empfang quittieren.

Eines Abends, es muss Anfang Dezember gewesen sein, stol-
perte Leutnant Mitja missmutigen Gesichts über unsere Türschwelle und rief nach Absonderung eines nicht stubenrei-
nen Fluches: „Ihr kriegt einen neuen Direktor, einen Zivilisten!"

Maslakow würde von dem Mann gar nichts halten. Er müsste ihn jedoch auf Weisung von höherer Stelle in Kustja einsetzen. Man könnte nur hoffen, dass Schade sich von ihm nicht
ins Handwerk pfuschen ließe!

Kurze Zeit später klopfte der Angekündigte an unsere Haustür. Der Genosse Golitschenko, angeblich früher Direktor einer dem MWD unterstehenden Podzobnoje, war von kraft-

vollem, untersetztem Körperbau. Er trat nicht als gestrenger
Chef auf, sondern warb schmeichlerisch um Unterstützung
und Freundschaft. Er bedankte sich sogar dafür, dass er unter „unserem" Dach wohnen dürfe! Nachdem er sich in das
obere Stockwerk zurückgezogen hatte, blieben wir eine Weile
stumm, bis ich Schneider nach seinem Eindruck fragte.

„Allzu beflissen", stellte er fest, „im Übrigen wette ich, dass
er Alkoholiker ist. Hast du nicht bemerkt, wie gierig er meinen Schnaps hinunterschüttete, wie aufgedunsen sein Gesicht
ist, und wie verquollen die Augen sind?"

Schneider behielt recht: Für die Landwirtschaft zeigte der
Direktor nur geringes Interesse. Er ließ sich zwar von Schade
in alle Einzelheiten unseres Betriebes einführen, mischte sich
aber selten in die Leitung ein. In der Regel beschränkte er
sich auf Vorschläge, denen Schade nur folgte, wenn sie kein
Unheil anrichteten. Unter dem Vorwand, sich über die Bewirtschaftung der benachbarten Sowchosen und deren Ergebnisse unterrichten lassen zu wollen, war er ständig unterwegs.
Nachdem er seine Frau, ein noch junges, mageres und ver-
härmt dreinschauendes Wesen, zu sich geholt hatte, wurde es
in Loksa ungemütlich. Wenn er von seinen Ausflügen zurückkam, brach im Oberstock regelmäßig Streit aus. Durch Trep-
penhaus und Decke drangen polternde Geräusche und Fetzen hitziger Wortgefechte, die sich im Duett zu Gebrüll und
grellen Kreischlauten steigerten. Nicht selten fand dieser
„Rosenkrieg mit harten Bandagen" sein Ende in kläglichem
Wehgeschrei der besseren, aber schwächeren Hälfte. Während
der Herr Direktor seinen Rausch ausschlief, musste der Doktor Platzwunden und Beulen seiner Frau versorgen. Das Dra-
ma nahm ein Ende, als Golitschenko sie in eine Tallinner Dach-
wohnung verbannte!

Je näher das Jahresende rückte, umso mehr machten sich
unter uns Bitterkeit und Enttäuschung breit. Der Beschluss
der Kriegsalliierten einschließlich der Sowjetunion, ihre
Kriegsgefangenen bis zum 31. Dezember 1948 zu entlassen,
war nach Kingu und Ani nur als vages Gerücht gedrungen.
Den Tallinner Kameraden war er dagegen von sowjetischer
Seite als Tatsache bestätigt worden! Auf ihre Frage, ob und

*Das 1404 erbaute Tallinner Rathaus mit seinem kraftvollen Baukörper
und dem zierlichen Turm. Foto von 1994.*

wann die Sowjetunion diese Verpflichtung zu erfüllen gedäch-
te, hatten sie jedoch keine Antwort erhalten. Wie viel mehr
als uns musste das die Hunderttausende unserer Kameraden
verbittern, die immer noch in den sibirischen und asiatischen
Zwangsarbeitslägern Stalins schufteten! Wir, im Vergleich mit
ihnen vom Glück begünstigt, versuchten, uns während der
langen Winterabende ein Bild von den Beweggründen zu machen, die für Stalins Verhalten in der Kriegsgefangenenfrage

maßgebend gewesen sein könnten. Wie sollte das aber zu haltbaren Ergebnissen führen, da wir immer noch weitestgehend von objektiven Informationen über die sowjetische und die internationale Politik abgeschnitten waren? Immerhin hatte ich aus einer in Kernu gekauften „Iswestija" entnommen, dass die Allianz des letzten Krieges endgültig zerbrochen war. Die Zeitung hatte behauptet, dass die Sowjetunion für die wirtschaftliche und politische Einheit Deutschlands und für seine Unabhängigkeit eintrete, während die westlichen Alliierten beabsichtigten, ihren in Besatzungszonen zerlegten Teil Deutschlands durch Jahrzehnte besetzt zu halten. Aino und Felix hatten mir schon in Dorpat von der sowjetischen Blockade Berlins berichtet, die an der Errichtung einer Luftbrükke der westlichen Mächte gescheitert sei. Und kürzlich war dem Doktor ein Exemplar der „Prawda" in die Hände gefallen, deren Leitartikel das in der Blockade Berlins eindeutig zutage getretene, tiefgreifende Zerwürfnis zwischen den Siegermächten bestätigte.

Dies machte uns den Ernst der Ost-West-Auseinandersetzung in und um Deutschland und die damit verbundenen Gefahren für den brüchig gewordenen Frieden deutlich. Vor solchem Hintergrund war klar, dass die Hoffnung, die Sowjetunion könne sich aus Solidarität dazu entschließen, mit ihren Kriegsverbündeten eine bindende Vereinbarung über die Entlassung der Kriegsgefangenen zu treffen, nicht aufrechtzuerhalten war! Es war eine erschreckende Vorstellung, dass die Sowjetunion, gestützt auf die Rote Armee, sich auf die Dauer im östlichen Teil unseres Landes einrichtete. Ob sich daraus wenigstens für unsere, aus der sowjetischen Zone stammenden Kameraden eine Chance auf baldige Entlassung ergeben würde? Konnte Stalin nicht zu der Überzeugung gelangen, dass der Verzicht auf seine ostdeutschen Zwangsarbeiter ihm helfen könne, seine Herrschaft über Ostdeutschland fest zu verankern?

Fleißig rechnend hatte ich meine Jahresabrechnung für 1948 zu Papier gebracht und die Belege zusammengenäht. Diesmal machte ich mich mit leichtem Gepäck auf die kurze Reise in die estnische Hauptstadt und ließ mich am Theater

Estonia absetzen. Schon meine Jugendbücher hatten Tallinn, das alte Reval, als eine mächtige und glanzvolle, von deutschen Kaufleuten und dem Schwertbrüderorden gegründete Perle der Hanse gerühmt. Von den Baugerüsten am Theater hatte ich nur Turmspitzen und Giebel der Altstadt sehen können. Jetzt sollte mein Traum, die Schwesterstadt Lübecks kennenzulernen, endlich wahr werden! Ohne Risiko war es nicht, als Gefangener diese „Hauptstadt einer Sowjetrepublik wider Willen" auf eigene Faust zu erkunden. Selbstverständlich befand sie sich im eisernen Griff des KGB, des bisher MWD genannten Geheimdienstes! Ich vertraute aber darauf, dass mein Äußeres, Wattejacke und -hose nebst Pelzmütze, sich kaum von dem eines einheimischen „Werktätigen" unterschied. Der Stadtplan, den ich in der nahen Suur-Karja-Straße erstand, führte mich nach wenigen Schritten zu einem halbkreisförmigen Platz. In seiner Mitte erhob sich das Rathaus. Auf mich wirkte es wie ein Kontrapunkt zum Lübecker Rathaus, dem seine reiche, filigrane Backsteingotik und die elegante Renaissancetreppe Anmut und Leichtigkeit verleihen. Demgegenüber erschien mir das Revaler Rathaus wie der Rumpf einer zu Stein gewordenen Kriegskogge und sein schlankes hohes Türmchen wie ihr Mast – ein Ausdruck der Wehrhaftigkeit und des Selbstbewusstseins der Revaler Hanseaten! Als ich durch die Langgasse schritt, nahm mich die Begeisterung über die Schönheit der das Stadtbild beherrschenden und gepflegten hanseatischen Architektur gefangen! Auf die kleine, seit dem Mittelalter unverändert gebliebene Heiliggeistkirche, deren mit Kunstwerken geschmücktes Inneres durch seine Innigkeit bezauberte, folgten reihenweise weitere Zeugnisse einer großen Vergangenheit. Lange stand ich vor den damals leider geschlossenen, prachtvollen Gebäuden der „Großen Gilde", der „Canutigilde", der „Olaigilde" und dem herrlichen, mit kunstvollen Reliefs geschmückten „Schwarzhäupterhaus", einstigem Versammlungsort der jüngeren Kaufmannschaft. Ich bewunderte die himmelhoch strebende Olaikirche mit ihren beeindruckenden Abmessungen und einem Turm, der angeblich das höchste Bauwerk der mittelalterlichen Welt gewesen sein soll. Hier in ihrem nördlichen Teil war die Altstadt noch von der Stadtmauer umge-

Tallinn und ein Teil seiner mittelalterlichen Befestigungen

ben, einem Bauwerk, das in wechselnden Abständen von machtvollen Festungstürmen überragt wurde und eine der stärksten Verteidigungsanlagen seiner Zeit darstellte. Durch das Nordtor, die „Strandpforte", erreichte ich die Ostseeküste. Es war ein bewegender Augenblick, nach fast fünf Jahren am Ufer des Meeres zu stehen, dessen Wellen, weit im Westen, gegen die Küsten meiner Heimat brandeten!

Im Schatten hoher Mauern stieg ich eine schmale Treppe empor und fand mich nach Durchquerung eines niedrigen Festungstores auf dem Platz wieder, der die Erinnerung an die 200-jährige Zugehörigkeit Estlands zum Zarenreich wachhält: Gegenüber einer orthodoxen Kathedrale erhebt sich das auf Weisung Katharinas der Großen errichtete Schloss, dessen Fassade alle Stilrichtungen vergangener Jahrhunderte aufweist, von der Renaissance über den Barock und das Rokoko bis zum Klassizismus. Gerade hatte ich festgestellt, dass sich sein rosafarbener Anstrich mit dem grellen Gelb der Kathedrale beiße, da fiel mir ein, dass hier die sowjetischen Machthaber residierten. Vielleicht würde mir plötzlich Stalins Statthalter Suslow in einer Tschaika-Limousine begegnen. Er war es, der gemeinsam mit Schdanow, dem Leningrader Parteichef und damaligen vermutlichen Nachfolger Stalins, die baltischen Völker in Angst und Schrecken hielt und die sowjetische Herrschaft zu zementieren suchte. Diesem Zweck hatte vor allem das „Ersetzen" der massenhaft nach Sibirien verschleppten Esten und Letten durch russische Zuwanderer gedient.

Obwohl hier oben der Boden besonders heiß war, ließ ich mich nicht davon abhalten, auf die Suche nach einem Aussichtspunkt zu gehen, der mir eine Gesamtschau auf die Stadt bieten würde. Nachdem ich an einer Reihe repräsentativer Adelsresidenzen des letzten und vorletzten Jahrhunderts entlanggegangen war, breitete sich unter mir ein überwältigendes Panorama aus: Unter einem durchsichtig blauen, nördlichen Himmel gab die Sonne mit Licht- und Schattenreflexen dem mauerumgürteten und verwinkelten Gewirr von Straßen, Gassen und eingelagerten Plätzen Gestalt. Die Kirchen der Altstadt mit ihren im Sonnenschein glänzenden Türmen schienen die benachbarten Häuser, wie Glucken ihre Küken, schützend um sich zu scharen. Und die grauen Festungstürme zeichneten den Verlauf der zum größeren Teil abgerissenen Stadtmauer nach. Im Hintergrund dehnte sich, in weit geschwungenem Halbrund, die Tallinner Bucht. Vor diesem Bild vergaß ich für Minuten alles um mich herum. Als ich mich aber nach den imponierenden Resten der Festung umblickte und auf ihrem hoch aufragenden Eckturm, dem „Langen Hermann", die rote Flagge wehen sah, wachte ich unsanft aus meiner Verzauberung auf: Ein Mensch in Wattejacke, der sich am hellen Nachmittag wie ein Tourist in unmittelbarer Nähe des Regierungssitzes an einem Panoramablick berauschte, musste doch dem scharfen Auge eines Milizionärs oder KGB-Agenten als seltener und verdächtiger Vogel erscheinen! Ich riss mich los und machte mich ohne auffällige Hast auf den Rückweg, brachte es allerdings nicht fertig, auf eine Besichtigung der Domkirche zu verzichten. Ihr äußeres Bild hält zwar keinen Vergleich mit den Kirchen der Unterstadt aus, umso mehr beeindruckte mich ihr Inneres mit seinen zahlreichen Kunstschätzen. Rundum zieht sich an den Wänden eine lange Reihe prachtvoller Grabmäler herausragender Persönlichkeiten der schwedischen, deutschen und zaristischen Ära estländischer Geschichte. Wände und Pfeiler sind bedeckt von holzgeschnitzten, schön gefassten Wappenschildern deutsch-baltischer Adelsgeschlechter, die sich in der Tradition der estländischen Ritterschaft einen herausragenden Platz erwarben! Ich staunte und freute mich zugleich darüber, dass die sowjetischen Besatzer die historischen Schätze der Kirche nicht zerstört und an ihrem Ort belassen hatten. Dem Kriegsgefangenen mag es verziehen sein, dass er sich nicht zu der Deutung durchringen mochte, das stalinistische Regime habe hierdurch die Treue honorieren wollen, die der deutsch-baltische Adel dem zaristischen Russland bis zu seinem Zusammenbruch gehalten hat.

Als ich am Rande der Altstadt die nach Pärnu führende, breite Autostraße überqueren wollte, nahte auf ihr in der beginnenden Dämmerung, flankiert von Rotarmisten, eine dreigliedrige feldgraue Kolonne! In ruhigem Schritt zogen meine Kameraden in Richtung Friedhofslager an mir vorüber. Ich gehörte doch zu ihnen, war aber verstohlen meiner Freude an Geschichte und Kultur nachgegangen, während sie gearbeitet hatten. Und jetzt stand ich am Straßenrand, als ob ich ihre Parade abnehmen wollte! Um nicht erkannt zu werden, wandte ich rasch das Gesicht ab.

Zum ersten Mal fragte ich mich in diesem Augenblick, ob ich mich wegen meiner privilegierten Lage schämen müsse! Während ich derart grübelnd der Kolonne in sicherer Entfernung folgte, beruhigte ich mein Gewissen: Dass Bunge mich aus Walk nach Kingu geholt hatte, war nicht auf meine Bitte geschehen. Während einer langen Leidenszeit hatte sich mir die Möglichkeit eröffnet, als nicht mehr arbeitsfähig aus der Knochenmühle „zur Erholung" nach Walk zurückzukehren. Es war mein Verzicht auf diese Schonzeit gewesen, der mir am Ende glücklichere Lebensumstände beschert hatte.

Während sich hinter mir das Lagertor schloss, wurde mir das Absurde meiner Lage bewusst: Unbewacht war ich gekommen, unbewacht würde ich nach Kustja zurückkehren, zwischendurch würde ich aber eingesperrt sein, weil es sich für Gefangene so gehörte. Doch mir konnte das nur recht sein, denn es gab mir die Gelegenheit, Bernhard und die Kameraden der Baubrigade wiederzusehen.

Am nächsten Morgen setzte auch der hiesige, ältliche Verwaltungsoffizier seinen Ehrgeiz daran, in meinen Abrechnungen Fehler zu entdecken. Inzwischen hatte ich aber mein in Kingu erlerntes Handwerk wieder fest im Griff und stieg sogar, mit einer anerkennenden Bemerkung verabschiedet, mit gewachsenem Selbstbewusstsein in den Lkw nach Kustja.

Mitte Dezember hatte ich mich der neunköpfigen Waldbrigade angeschlossen. Es gab viel zu tun im Forst, denn wir hatten, wie in Kingu, neben der eigenen Versorgung auch das Lager mit Brennholz zu beliefern. Eines Tages kam aus Tallinn die Weisung, drei Gefangene für die Inbetriebnahme des neuen Sägewerkes der Sowchose Haiba abzustellen. Aus Neugier meldete ich mich hierzu. Sobald ich die Milch in Kernu abgeliefert, Brot an die Küche und Magermilch für die Schweine ausgegeben hatte, folgte ich täglich meinen beiden Mitstreitern zum Sägewerk. Haiba war das Gut einer baltendeutschen Adelsfamilie gewesen. Nach dem Entstehen der Republik Estland war das Gut im Zuge der umfassenden Agrarreform von 1919 enteignet und sein Landbesitz unter estnischen Kleinbauern und Landarbeitern aufgeteilt worden. Die Forstwirtschaft des Adels war nicht auf schnellen Gewinn, sondern langfristig angelegt gewesen. In den Forsten Haibas gab es daher noch immer hochstämmigen Wald. Es war Knochenarbeit, die schweren Stämme von den Lastwagen abzuladen und sie anschließend mit Brecheisen unter das Dach des Sägewerkes zu befördern. Die Arbeit war nicht gerade ein Zuckerschlecken, doch hatte sie ihre angenehmen Seiten. Im Sägewerk und in den Schuppen, wo wir die geschnittenen Bretter stapelten, waren wir vor Nässe geschützt. Darüber hinaus genossen wir ein ungewöhnliches Privileg: Wir waren täglich zum Mittagessen eingeladen! Hierzu durften wir uns pünktlich um 12 Uhr im Wintergarten des Gutshauses niederlassen. Dort stand für uns ein mit weißem Tischtuch und Porzellantellern gedeckter Tisch bereit!

In größeren Abständen wurde die Eintönigkeit der Winter-

50 Jahre später vor dem „Wintergarten" des ehemaligen Herrenhauses von Gut Haiba. Foto von 1994

monate durch Filmvorführungen in der Schule von Kernu unterbrochen. Die sowjetischen Filme, zumeist Verherrlichungen der Kriegshelden oder des „Neuen Sowjetmenschen", zogen die Esten nicht an. Mitja Schelobjnows Ehefrau, die Schulleiterin, zeigte in Kernu aber jeden deutschen Beutefilm, dessen sie in Tallinn habhaft werden konnte. Dann war sie sicher, dass Alt und Jung das größere Klassenzimmer der Schule bis auf den letzten Platz füllten. Um einen Sitzplatz zu ergattern, waren Valve und ich, wie auch einige meiner Kameraden, immer unter den zuerst eintreffenden Zuschauern. Selbst wenn manche Filmstreifen von bescheidener Qualität waren, vergaßen die Zuschauer alles um sich her und ließen sich freudig in eine ferne, bessere und für sie unerreichbare Welt entführen. Bei Valve und mir hielt das Hochgefühl nach dem Erlebnis unterhaltsamer Filme während des Heimweges an. Beschwingt und fröhlich sangen wir aus voller Brust die gerade gehörten Melodien und hatten kindlichen Spaß an dem Echo, das von den Waldrändern zurückschallte. Der Abschiedskuss vor dem Häuschen unter den Kiefern fiel dann aber immer sehr scheu und unbeholfen aus.

Es war Sonntag. Seit zwei Tagen und Nächten schneite es fast ohne Unterbrechung. Ein eisiger Nordostwind hatte den Schnee zu hohen Wehen zusammengetrieben und die ländlichen Fahrwege nahezu unpassierbar gemacht. Ich fühlte mich bei Schreibarbeiten am warmen Ofen gut aufgehoben. In der frühen Dämmerung kam der Direktor auf dem Schlitten angefahren. Noch an diesem Abend, sagte er, werde er bei einem Treffen erwartet, das „nur" etwa 10 Kilometer von Kustja entfernt stattfinde. Er habe allein dorthin fahren wollen, doch auf der kurzen Strecke von Pärtle nach Loksa festgestellt, das dies unmöglich sei. Als Jüngster fühlte ich mich dazu verurteilt, ihn zu begleiten. Tief vermummt und mit Schaufeln bewaffnet, machten wir uns auf den Weg. Golitschenko behauptete, ihn zu kennen. Obwohl die Pferde ihr Bestes gaben, kamen wir nur im Schneckentempo voran. In kurzen Abständen blieb das Gespann in hohen Schneewehen stecken, und wir mussten immer wieder zu den Schaufeln greifen. Zu allem Überfluss verlor Golitschenko im Schneegestöber die Orientierung, sodass wir längere Zeit hilflos umherirrten. Er fand sich erst wieder zurecht, als es aufhörte zu schneien und der Mond durch aufreißende Wolken schaute. Als wir einen dunklen Fichtenwald durchquerten, wurden im fahlen Mondlicht die Umrisse eines Gehöftes sichtbar. Erleichtert erklärte Golitschenko, wir seien am Ziel! Während ich auf dem kleinen Hofplatz die Pferde versorgte, sprang er vom Schlitten und verschwand eilig im Wohnhaus. Mir kam ein alter Bauer zu Hilfe, der eine Kerosinlampe in die Höhe streckte. Ihr Schein fiel auf dicht bemooste Balken der Hauswand, auf angefaulte Fensterrahmen und auf windschiefe Bretterschuppen. Unter der niedrigen Decke des Hauses sah ich auf dem löchrigen Lehmestrich meinen Direktor stehen, der heftig gestikulierend auf ein Dutzend Männer einredete. Ich drückte mich verstohlen in eine Ecke, um unbeobachtet zuschauen und lauschen zu können. Was mochten das für Leute sein, die sich in dieser entlegenen, schäbigen Bude bei miserablem Wetter während der Dunkelheit trafen? Um in ihre

Gesichter schauen zu können, rückte ich ihnen durch dichte Schwaden von Tabak- und Ofenrauch etwas näher. Selten hatte ich so viele Galgenvisagen auf einem Haufen gesehen!

Zwischen ihnen wieselte ein altes, gebücktes und sehr hässliches Weiblein herum, das aus einer zerbeulten Blechkanne einen widerlich stinkenden Schnaps in die ihr entgegengestreckten Becher goss. Aus den markigen Reden Golitschenkos, der sich hier, ganz im Gegensatz zu seiner uns gegenüber zur Schau gestellten bescheidenen Zurückhaltung, als Häuptling aufführte, wie auch aus den Einwürfen seiner Genossen, war unschwer zu entnehmen, was auf dieser makabren Versammlung ausgeheckt wurde: Golitschenko schwor diese, aus einigen offensichtlich dem ländlichen Proletariat angehörenden Esten und ihren russischen Kumpanen bestehende Bande darauf ein, den „zuständigen sowjetischen Stellen" bei der Vorbereitung der Kollektivierung der estnischen Landwirtschaft nützliche Dienste zu leisten! Sie sollten die Bauern der Region, die durch ihre Weigerung, den Kolchosen beizutreten, eine „antisozialistische" Mentalität bewiesen, mitsamt ihren Familienangehörigen identifizieren und registrieren. Es sollten auch solche Bauern erfasst werden, die verdächtig seien, nach ihrem Beitritt zur Kolchose dieser durch Sabotage Schaden zufügen zu wollen. – Ein abscheuliches Komplott, das die ländliche Bevölkerung jeglicher Willkür ausliefern würde! Erst spät fiel Golitschenkos Blick auf mich. Hierbei musste er feststellen, wie aufmerksam ich in meiner Ecke seinen Reden lauschte. Er winkte die alte Frau zu sich. Dann steuerte sie auf mich zu: „Genosse Golitschenko habe sie gebeten, mich zu einer Stärkung in die Küche einzuladen." Dort schob sie einen Hocker an den schmierigen Tisch und brachte mir einen Teller mit Brot und Speck. Natürlich durfte ein großer Becher ihres Fusels nicht fehlen. Sie hatte kaum die Tür hinter sich geschlossen, als ich das Zeug unter den Tisch kippte, wo es im Lehm versickerte. Den zweiten Becher, den sie mir kredenzte, entsorgte ich auf dieselbe Weise. Sobald sich im Wohnraum der Lärm zum Grölen und Johlen gesteigert hatte, ging ich dorthin zurück. Nur wenige Zecher hielten sich noch auf den Beinen. Die meisten lagen auf dem Lehmboden oder saßen dort, mit dem Rücken an die Wand gelehnt.

Golitschenko hing, krumm wie ein Flitzbogen, auf einem
Stuhl. Zusammen mit dem alten Bauern, der nüchtern geblieben war, zog ich die Schnapsleiche über die Türschwelle.
Es war mein Glück, dass es nicht wieder geschneit hatte! So
schaffte ich es, dank unserer in die Schneewehen geschlage-
nen Spur noch vor Sonnenaufgang mit meiner sturzbesoffe-
nen Fracht wieder in Loksa zu sein. Meine finstern Erlebnisse dieser Nacht bewiesen, dass der KGB sich darauf vorbereitete, den Widerstand gegen die Kollektivierung durch eine
Deportationswelle zu brechen. Das alarmierte auch den Doktor. Er benutzte jede sich bietende Gelegenheit, um seine bäu-
erliche Klientel zu warnen und den Landwirten nahezulegen,
ihren Behauptungswillen als selbstständige Bauern aufzugeben, um sich und ihre Familien vor der Deportation zu bewahren. Seine Erfolgsaussichten waren schwer abzuschätzen.
Ich hatte das Beispiel Karel Teras vor Augen, dessen Entschlossenheit zum Widerstand durch Argumente der Vernunft
nicht zu erschüttern gewesen war.

Ein Theater weint

An einem trüben Märztag fuhr Schelobnjow, begleitet von zwei Rotarmisten, mit einem Lastwagen in Pärtle vor. Mit trauriger Miene überbrachte er die Botschaft, dass höheren Orts die Auflösung unserer Podzobnoje beschlossen worden sei. Zu seinem Leidwesen habe man ihn beauftragt, uns innerhalb von drei Tagen in das Friedhofslager zu überführen. Sein Versuch, eine längere Frist zu erwirken, sei gescheitert. Kustja sollte der Sowchose Haiba angegliedert werden! Es war, als habe uns ein Blitzschlag getroffen! Ich hatte mich von ihm noch nicht erholt, als eine Papierflut über mich hereinbrach. Wie schon bei der Übergabe Kingus an das sowjetische Straflager musste ich neben der Schlussabrechnung aller Aktivitäten der Podzobnoje auch wieder eine Aufstellung des gesamten lebenden und toten Inventars vorlegen. Dennoch fand ich Gelegenheit, die kleine Familie in dem Waldhäuschen von diesem Schicksalsschlag zu unterrichten. Das machte sie ebenso traurig, wie ich es war. Bevor ich auf den Lastwagen kletterte, klopfte ich noch ein letztes Mal an die Tür des mir so vertraut gewordenen Häuschens unter den Kiefern. Ich hatte Mutter Kell und ihren Töchtern nicht nur für die liebevolle Aufnahme, die ich bei ihnen gefunden hatte, unendlich viel zu danken. Gerade bei ihnen, die so arm waren, hatten sich die traditionelle Kultur und die Gebräuche der Esten besonders lebendig erhalten. Und meine Zuwendung zu dem kleinen, jedoch in seinem Selbstbehauptungswillen unerschütterlichem und großartigem Volk hatte sich im Zusammensein mit ihnen vertieft!

Valve begleitete mich bis an den Waldrand vor Pärtle. Beim Abschied kämpfte sie tapfer, aber erfolglos mit den Tränen. Ich wandte mich noch ein letztes Mal um und rief ihr zu: „Valve, oli kindel, ükskord ma tullen tagasi!" (Valve, sei sicher, einmal komme ich wieder!) Und bekam dafür ein kleines wehmütiges Lächeln geschenkt. Es sollte 50 Jahre dauern, bis ich mein Versprechen einlösen konnte!

Inzwischen war das Theater Estonia in seiner ursprüngli-
chen Schönheit wiedererstanden und neu eröffnet worden.
Das Baukommando war nur noch mit Aufräumarbeiten auf
dem Grundstück beschäftigt. Ich war froh darüber, dass der
Brigadier mich wieder anforderte, weil die sowjetische Lagerleitung den Angehörigen des Baukommandos als Belohnung
für ihre Leistungen gestattet hatte, eine Aufführung des „Estonia" zu besuchen. Zusammen mit mehreren Kameraden
erhielt auch ich die Erlaubnis zum Besuch der Inszenierung
von Puccinis Oper „Madame Butterfly".

Am Tage vor der Aufführung brachten die in den Fabriken
arbeitenden Kameraden eine Schreckensnachricht mit, die
sich wie ein Lauffeuer im Lager verbreitete: In allen Teilen
Estlands hätten in der letzten und vorletzten Nacht die Kommandos des KGB zehntausende estnische Bauern mit ihren
Frauen und Kindern aus den Häusern geholt. Sie seien wegen ihrer Weigerung, sich an der landwirtschaftlichen Kollektivierung zu beteiligen, in Viehwaggons getrieben worden, um
an die nordöstliche Küste Sibiriens deportiert zu werden! Bei
dieser schändlichen Großaktion hatte der KGB zugleich mit
vielen, ihm missliebigen Personen der städtischen Bevölkerung „aufgeräumt". Die Aktion bedeutete für das kleine estnische Volk einen weiteren, verheerenden Aderlaß. Bereits
durch die große Fluchtwelle von 1944 und durch die sowjetische Massendeportation nach der Besetzung durch die Rote
Armee war die estnische Bevölkerung auf kaum 800.000 Menschen zusammengeschmolzen.

Wir trauerten mit den uns lieb gewordenen Menschen und
fühlten uns ihnen in ihrem Unglück noch enger verbunden.
Ich geriet in Angst um das Schicksal meiner Lieben, um Aino,
Alwine und Karel, um Felix, Sirje, Irja und ihre Angehörigen.
Geschützt waren nur die Kells, weil sie so arm waren!

Am nächsten Abend wurden wir zu sechst von einem Sergeanten, der die Maschinenpistole mit der unauffälligeren
„Nagan" vertauscht hatte, ins „Estonia" geführt. Es war nach
sieben Jahren mein erster Theaterbesuch. Dennoch nahm ich
die großstädtisch-elegante Atmosphäre des schönen Jugend-
stilbaues, dessen nationale Prägung durch die Restaurierung

Das Theater „Estonia" in Tallinn, an dessen Wiederaufbau ich mitarbeitete.

der beeindruckenden Wandbilder von Figuren der estnischen Sagenwelt erhalten geblieben war, nur oberflächlich wahr. Tief bedrückt sah ich, dass sich in den Gesichtern der uns im Foyer umgebenden Menschen Angst und Leid spiegelten. Von unseren Plätzen in die Runde schauend, stellte ich fest, dass sich zahlreiche sowjetische Offiziere und Soldaten unter die estnischen Besucher gemischt hatten. Als das farbige, rührselige Bühnenwerk mit dem Abschied des amerikanischen Marineleutnants von seiner geliebten Butterfly seinen Höhepunkt erreichte, wurde ich schockartig aus meiner Selbstvergessenheit gerissen. In gleichzeitigem, plötzlichem Ausbruch ließen die Esten ihrer Verzweiflung freien Lauf! Ein herzzerreißendes Weinen und Schluchzen, das von allen Plätzen aufstieg, erfüllte den großen Saal und übertönte die Musik!

Überwältigt von der Macht der Verzweiflung vieler Hunderter Menschen, schien es mir, als ob das „Estonia" selbst das Schicksal seines kleinen Volkes beweinte.

Sobald ich mich aus meiner Fassungslosigkeit befreit hatte, kamen auch mir die Tränen! Dann sah ich rundum Uniformierte aufspringen und eilig dem nächsten Ausgang zu-
streben. Auch sie, von Natur durchaus nicht sensitiv veran-
lagt, hatten den leidenschaftlichen Aufschrei als Anklage des
erneuten, unmenschlichen Verbrechens der Sowjetunion an
den Esten verstanden. Durch unsere Reihe trampelten in rück-
sichtsloser Hast sowjetische Offiziere. Sie nahmen sich nicht
die Zeit, unserem ratlosen Sergeanten auf seine Frage, was
jetzt zu tun sei, zu antworten. So blieb er zunächst mit seinen Gefangenen sitzen, wohl in Erwartung, dass das Theater
von der Miliz geräumt werden würde. Es geschah aber nichts
dergleichen. Nach einigen Minuten setzten Orchester und
Sänger wieder ein. Als bald darauf der Vorhang fiel, applau-
dierten die Zuschauer unter Tränen, und Tränen flossen auch
auf der Bühne!

Beim Hinausgehen herrschte im Foyer Schweigen. Um uns
herum drängten sich die Menschen mit verweinten oder erstarrten Gesichtern. Inmitten der Menge, der wir uns zuge-
hörig fühlten, bewegten wir uns in kleinen Schritten dem
Ausgang zu und gingen hinaus in eine kalte, sternenlose März-
nacht.

6. Teil
Wir ziehen das große Los: Das Versprechen der Entlassung 1949!

Der nahende Frühling schien uns Glück zu bringen: Eines Abends kehrte mein korpulenter Freund in strahlender Laune aus den Pferdeställen zurück und wartete mit einer Überraschung auf, die mich glücklich machte! Er war beauftragt worden, aus den Beständen der Tallinner Lager zwölf Pferde nach Dorpat zu überführen. Sie sollten der Podzobnoje Ani und anderen staatlichen Landwirtschaftsbetrieben der Dorpater Umgebung übergeben werden, um bei der Frühjahrsbestellung Verwendung zu finden. „Deshalb", sagte der Doktor „ist die Sache sehr eilig. Mitja Schelobnjow erlaubte mir, fünf Begleiter auszusuchen. Machst du mit?" Als Antwort umarmte ich ihn, soweit sein Umfang dies zuließ. In den bis zum Aufbruch verbleibenden zwei Tagen gingen wir mit Feuereifer an die Vorbereitung des langen Rittes. Als weitere Teilnehmer waren rasch Bernhard und drei Kameraden aus Kustja gewonnen, die alle mit Pferden umzugehen wussten. Während der Doktor die vierbeinigen Reisegefährten auswählte, entdeckte ich einen Pferdewagen, der mit Autorädern bestückt war und uns für den Transport von Marschverpflegung und Pferdefutter überlassen wurde. Ich liebte Pferde, da es aber mit meinen Reitkünsten schlecht bestellt war, bat ich den Doktor mir einen braven Ackergaul mit breitem Rücken zuzuteilen, der mich heil durch halb Estland schaukeln würde. In der Nacht vor dem Aufbruch fand ich keinen Schlaf. Ich malte mir das Wiedersehen mit Aino aus! Ob Rotow mich wohl nach einem halben Jahr der „Buße" wieder in seine Mannschaft aufnehmen würde?

Am nächsten Morgen standen wir in aller Frühe vor dem geschlossenen Tor. Unser Konvoi, ein sympathischer junger Mann, winkte uns von der anderen Seite zu. Schelobnjow, der sich den Startschuss vorbehalten hatte, ließ lange auf sich warten. Anstelle des fröhlichen Lachens, mit dem er uns sonst

begrüßte, trug er ein dienstliches Gesicht zur Schau. Und dann
fielen wir aus allen Wolken!

„Geht in eure Baracken zurück", rief er, „ihr werdet später
weiteren Bescheid erhalten!"

Jeder reagierte hierauf entsprechend seinem Temperament,
der Doktor zornig, die Kameraden und ich zutiefst enttäuscht.
Schließlich versuchte ich, den in der vorigen Nacht versäum-
ten Schlaf nachzuholen. Gegen Mittag schreckte ich auf!

Aus dem Lautsprecher dröhnte es in gebrochenem Deutsch:
„In Kürze wird eine wichtige Information durchgegeben werden!" Nach einer Viertelstunde meldete sich der Sprecher
zurück. In trockenem, geschäftsmäßigem Ton verkündete er
vier Sätze: „Der Stab der Verwaltung der in der Estnischen
Sozialistischen Sowjetrepublik bestehenden Kriegsgefangen-
lager ist ermächtigt worden, die Entlassung der ihm unterstehenden Gefangenen in die Wege zu leiten. Er hat beschlossen, mit den Tallinner Lagern den Beginn zu machen, wobei
für die Reihenfolge der Entlassung die Qualität der Arbeitsleistungen maßgebend sein wird. Gestern Abend sind die Kommandanten der sechs hiesigen Lager zusammengetreten und
haben Einigkeit erzielt, dass das Lager Nr. 6 die besten Arbeitsleistungen erbracht hat. Sämtliche Gefangene dieses
Lagers werden daher demnächst in ihre Heimat entlassen werden!"

Für einen langen Augenblick starrten die wenigen Männer,
die sich in unserer Baracke aufhielten, den Lautsprecher an,
als ob sie glaubten, die Botschaft eines Erzengels vernommen
zu haben. Dann stieg aus allen Kehlen ein Jubelschrei auf!

Sagte es der Doktor oder ich? „Nun wissen wir, weshalb
Leutnant Mitja uns nicht ziehen ließ!"

Als die Arbeitskommandos nach ihrer Rückkehr die über-
wältigende Neuigkeit erfuhren, brach ein wahrer Freuden-
taumel aus. Da jetzt der Arbeitseinsatz außerhalb des Lagers
eingestellt wurde, drehte sich alles nur noch um die Vorbereitung der Heimreise. Die Klamotten wurden auf Hochglanz
gebracht, die letzten Rubel gegen Essbares und Zigaretten
eingetauscht. Mit den außer der Reihe ausgegebenen Rot-
Kreuz-Karten wurden die Angehörigen von dem bevorstehenden Wiedersehen benachrichtigt. Um meinen Eltern eine

Enttäuschung zu ersparen, schrieb ich, dass uns zwar die
Entlassung versprochen, ein Zeitpunkt für die Heimreise jedoch nicht genannt worden sei. Von Tag zu Tag wuchs nun
die Ungeduld!

Wie hatten wir nur nach jahrelangem Zwangsaufenthalt
im Staate Stalins, der gegenüber seinen eigenen Leuten weder Treu und Glauben, noch Achtung vor Menschenleben und
erst recht nicht vor dem Menschenrecht auf Freiheit kannte,
blindlings auf das Wort seiner Trabanten vertrauen können!
Dieselben Lautsprecher, mit denen sie die Entlassung „sämtlicher" Insassen des Lagers zugesagt hatten, spuckten wenige Tage später einen Ukas aus, der uns an diesem Versprechen zweifeln ließ!

„Ab Morgen", hieß es, „werden sämtliche Gefangenen in
alphabetischer Reihenfolge aufgerufen und sofort den zuständigen Organen zur Vernehmung zugeführt werden."

Was sich hinter den „Organen" verbarg, war sattsam bekannt. Es waren die „Operativniks", Untersuchungsführer
des für die Staatssicherheit zuständigen Kernes der ehemaligen GPU, die schließlich in KGB umgetauft worden waren.
Vor ihnen fürchteten sich selbst die „ordinären" Truppen des
KGB, zu denen unsere Wächter zählten. War diese diabolische Organisation, die hinter Hitlers Gestapo keineswegs zurückblieb, nach bolschewistischem Sprachgebrauch „das
Schwert der Partei", so betrachteten seine Operativniks sich
als „Schneide" dieses Schwertes!

Wer nicht zu Beginn aufgerufen wurde, war im Vorteil, denn
die bereits vernommenen Kameraden berichteten, mit welchen Fragen sie ausgequetscht worden waren und welcher
Methoden ihre Quälgeister sich hierbei bedient hatten.

Zum Glück hatten die „Unterstützungsgüter" im Wind-
schatten des KGB gelegen. In Kingu war nur einmal, und zwar
nach der missglückten Flucht zweier Kameraden, ein Operativnik aufgetaucht. Dieser junge Mann, im Range eines Un-
terleutnants, hatte sich im Dachzimmer des Direktorenhau-
ses niedergelassen. Nach einer längeren Reihe von Kameraden war auch ich ihm zugeführt worden. Bis zu diesem Zeitpunkt hatte ich über die alltäglichen Redewendungen hinaus

noch nicht Russisch lernen können. Und er hatte sich nur wenige Brocken Deutsch angeeignet. Nachdem er mir zugesichert hatte, dass ich im Falle meiner Bereitschaft, mit ihm zusammenzuarbeiten, mit „vorzeitiger" Entlassung rechnen dürfe, hatte er mich zunächst aufgefordert, meine Kameraden nach eventuellen Fluchtplänen auszuhorchen und Kameraden, die durch schlechte Arbeitsleistungen auffielen, als „Saboteure" anzuzeigen! Dass ich bei diesen Ansinnen den Kopf schüttelte, hatte er nicht zur Kenntnis genommen und sogleich ein Drittes hinzugefügt: Ich solle beobachten, ob und in welcher Menge aus den Magazinen von Kingu landwirtschaftliche Erzeugnisse abtransportiert wurden und ihm hierüber unter Angabe der Zeitpunkte berichten! Direktor und Magaziner stünden unter dem Verdacht der Korruption. Ich glaubte nicht recht zu hören! Es musste schon ein „blutiger" Anfänger seines Faches sein, der einen Gefangenen veranlassen wollte, nicht nur seine Kameraden, sondern zugleich seine eigenen Aufseher zu bespitzeln. Meine Weigerung, ihm zu Diensten zu sein, hatte er mit der üblichen Drohung der Verschickung in ein sibirisches Straflager beantwortet. Als dies vergeblich blieb, hatte er versucht, mich durch Fußtritte weich zu machen und schließlich sogar drohend den Revolver gezogen. Da auch diese Drohung nicht fruchtete, hatte er mich schließlich rücklings die schmale Wendeltreppe hinuntergestoßen. Diese erste und bisher einzige Begegnung mit dem KGB hatte mir Platzwunden und schmerzhafte Prellungen eingetragen.

Knapp zwei Jahre später stand ich nun zwischen kahlen Bretterwänden einem Mann gegenüber, der auf seinen Schulterstücken vier kleine Sterne, das Rangabzeichen des Kapitäns, trug. Als er von seiner Lektüre aufsah, musterten mich stechende, schwarze Augen, was mein Unbehagen verstärkte. Im Übrigen verriet sein Äußeres mit den scharf geschnittenen Zügen und der hohen Stirn den Intellektuellen! Als er zu sprechen begann, konnte ich meine Verblüffung kaum verbergen. Zwar war ich sowjetischen Offizieren begegnet, die fragmentarische Deutschkenntnisse besaßen, dieser Mann sprach aber ein fließendes und grammatikalisch einwandfreies Deutsch.

Zunächst feuerte er auf mich ein wahres Trommelfeuer von Fragen nach meinem persönlichen Hintergrund, Geburtsdatum und -ort, Beruf des Vaters, Schul- und militärischer Ausbildung bis hin zum Fronttruppenteil, dem Einsatzgebiet sowie Tag und Ort der Gefangennahme ab. Dass er sich hierbei in Auftreten und Ton in die Rolle des Untersuchungsrichters begab, machte überdeutlich, dass er mich einschüchtern wollte.

„Wir verfügen zu Ihrer Person bereits über Erkenntnisse", behauptete er von oben herab und klopfte mit dem Zeigefinger auf das vor ihm liegende Papier. „Es sind aber noch manche Fragen zu klären." Auf den wenigen Quadratmetern des knarrenden Bretterbodens hin und her gehend, wechselte er plötzlich in einen Plauderton: „Während Ihrer Schulzeit hat doch die Waffen-SS schon begonnen, ihren Führernachwuchs in den Klassenzimmern anzuwerben. Das werden Sie mir sicher bestätigen. Könnte es nicht sein, dass auch Sie in Ihrem jugendlichen Alter verführt wurden, sich anwerben zu lassen?"

Ich erwiderte, in meiner Schule sei, solange ich sie besucht hätte, nicht geworben worden. Wie ich ihm doch soeben erklärt hätte, sei ich Angehöriger einer Division des Heeres gewesen. Im Übrigen sei es für mich undenkbar gewesen, in der Waffen-SS zu dienen!

Unbeeindruckt bohrte er, nun wieder in „amtlichem" Tonfall, weiter: „Und das soll ich Ihnen glauben? Sie sind doch, wie alle in Ihrem Alter, jahrelang Mitglied der Hitlerjugend gewesen, im Geiste des Faschismus erzogen worden und Hitler mit Begeisterung nachgelaufen! Auch Sie haben seine Waffen-SS als Elitetruppe verehrt. Oder etwa nicht?"

Dieses Netz ließ ich mir nicht überstülpen und erklärte, ich hätte zwar einige Jahre dem Jungvolk angehört, sei aber nie der Hitlerjugend beigetreten. Ebenso wenig hätte ich mit dem Nationalsozialismus sympathisiert.

„Sie scheinen mich für dumm zu halten", fauchte er, „ich weiß, dass alle Jugendlichen durch Gesetz verpflichtet waren, der HJ beizutreten!"

„Das stimmt", entgegnete ich, „wer aber bereit ist, für seine Freiheit Risiken einzugehen, findet selbst in Zwangsregi-

men Maschen, durch die er schlüpfen kann!" Um ihm keine
Gelegenheit zu geben, mich als „Bruder im Geiste" zu vereinnahmen, hütete ich mich, auf mein „Abtauchen" und die hierfür bei der Staatsjugend verbüßte Strafe einzugehen!

Nun hielt er es für nützlich, mich das Fürchten zu lehren
und brüllte, ich sei zu jeglicher Kooperation unfähig und erfre-
che mich, ihn plump zu belügen! Mit gerunzelter Stirn begann
er in seinen „Akten" zu lesen. Dann wechselte er so blitzschnell
die Maske, dass ich nur mit Mühe folgen konnte. Mit einer
Intonation, die Mitgefühl und menschliches Verständnis vor-
täuschen sollte, beklagte er das tragische Schicksal der deutschen Jugend, die zunächst verführt worden sei, an den Faschismus als Garanten nationaler Größe zu glauben, um dann
auf den Schlachtfeldern Europas und Afrikas den verbrecherischen Welteroberungsplänen Hitlers geopfert zu werden. Für
mich sei es ein Glück gewesen, in sowjetische Gefangenschaft
geraten zu sein. Andernfalls hätte ich höchstwahrscheinlich
die Vernichtung der deutschen Truppen im Kurlandkessel nicht
überlebt. Er hoffe, dass ich ein wenig Dankbarkeit verspüren
würde, wenn ich gesund in die Heimat zurückkehren dürfe.
„Sie können dazu beitragen, dass dies schon demnächst geschieht", fügte er einladend hinzu, „wenn Sie sich endlich zur
Zusammenarbeit mit mir bereitfinden würden. Da Sie angeblich dem Faschismus ablehnend gegenüberstanden, könnten
Sie uns doch helfen zu verhindern, dass Gefangene, die immer
noch faschistisch gesinnt sind und mit Ihnen nach Deutschland zurückkehren, dort neues Unheil stiften."

Dieses Ansinnen nahm ich nicht zur Kenntnis und ging
stattdessen auf seine vorgeblichen Besorgnisse ein: Spätestens
seit dem Ende des Krieges hätte ich niemals erlebt, dass meine Kameraden Sympathie für den Nazismus bekundet hätten. Die Schrecken des Krieges und seine Folgen, nicht zuletzt die Jahre langer bitterer und lebensbedrohender Leiden
der sowjetischen Gefangenschaft hätten nach meinen Erfahrungen sogar ehemals fanatische Anhänger Hitlers zum Um-
denken bewegt.

„Sie sind ein Illusionist oder ein Schwindler", stieß er, erneut den Wütenden spielend, hervor. Er warne mich dringend
davor, ihm Sand in die Augen streuen zu wollen! Diese War-

nung gelte auch für einen weiteren Problemkreis, den er aufzuklären habe: Neben der SS habe auch die Wehrmacht der sowjetischen Zivilbevölkerung Schreckliches zugefügt. Wenn ich Moral im Leibe hätte, müsste ich seine hierzu gestellten Fragen mit rückhaltloser Offenheit beantworten.

„Haben Sie am Kampf gegen die Partisanen oder an Vergeltungsmaßnahmen teilgenommen?"

„Beides hat sich doch im Hinterland der Front abgespielt", erwiderte ich, und erinnerte ihn an meine Aussage, dass ich ausschließlich an der Front eingesetzt gewesen war.

Das möge zutreffen oder auch nicht, erwiderte er, sei jedoch im Augenblick nicht nachprüfbar. Keinesfalls könne ich aber leugnen, Truppenverbänden angehört zu haben, die verbrecherische Handlungen gegen die sowjetische Bevölkerung und ihre Lebensgrundlagen begangen hätten. Ich hielt dem entgegen, dass ich einer Truppe von untadeliger soldatischer Disziplin angehört hätte, die sich strikt an die Bestimmungen der Haager Kriegsrechtskonvention zum Schutze der Zivilbevölkerung gehalten habe!

Doch der Operativnik ließ nicht locker: „Wenn Sie sich selbst nicht schuldig gemacht haben sollten, so seien Sie uns wenigstens aus moralischen Gründen und im Dienste der Gerechtigkeit bei der Auffindung der Schuldigen behilflich!"

Ich konnte sein Schmierentheater nicht länger ertragen und musste ihm, komme, was wolle, ein Ende machen!

„Ihre Versuche", sagte ich, „mich als Spitzel für den KGB anzuwerben, sind sinnlos!" Weil er von Moral und Gerechtigkeit gesprochen habe, wolle ich betonen, dass ich mich schon aus moralischen Gründen niemals dazu hergeben würde, meine Kameraden, für welchen Zweck auch immer, auszuhorchen und zu denunzieren!

Seine Stimme wurde schneidend: „Sie sind ein arroganter Bursche und sich allzu sicher, dass Sie demnächst entlassen werden! Das werden Sie noch bereuen. Zum Glück sind manche Ihrer Kameraden weniger halsstarrig!" Er wies auf die Tür und verabschiedete mich mit dem besonders üblen Fluch: „Iditje na Chui!"

Den kurzen Rückweg zu meiner Baracke trat ich mit der Erleichterung an, eine widerwärtige Tortur überstanden zu haben. Doch wenig später musste ich die aufkommende Sorge unterdrücken, dass er mir seinen Misserfolg heimzahlen werde.

Kaum waren die Vernehmungen beendet, als die Stimme aus dem Lautsprecher einen weiteren, beunruhigenden Befehl verkündete: „Die Gefangenen, deren Namen anschließend aufgerufen werden, haben sich in einer Stunde mit Gepäck am Lagertor einzufinden!"

Auf irgendeine Teufelei waren wir gefasst gewesen, denn die Operativniks mussten, nachdem sie sich anspruchsvoll in Szene gesetzt hatten, Erfolge vorweisen! Wer würden aber ihre Opfer sein? Sollte den Männern, die zum Abmarsch an das Tor befohlen worden waren, die ausdrücklich „sämtlichen" Gefangenen des Lagers versprochene Entlassung verweigert werden oder sollte dieses Verdikt die im Lager Zurückbleibenden treffen? Am Ende des Namensaufrufes war weder mein Name, noch der eines der Kameraden aus Kustja gefallen! Durften wir darüber froh sein? Den Schlüssel für die Antwort lieferten uns „Veteranen", denen sowohl die Namen der Gefangenen des Friedhofslagers, als auch die Art ihres bisherigen Arbeitseinsatzes bekannt waren. Sie hatten festgestellt, dass es sich bei den an das Tor gerufenen, etwa zweihundert Männern weit überwiegend um Facharbeiter, Techniker und Ingenieure handelte, die in Industriebetrieben Tallinns für anspruchsvolle Tätigkeiten eingesetzt gewesen waren! Die sowjetischen Stellen hatten es offenbar versäumt oder nicht vermocht, rechtzeitig Ersatz für die deutschen Fachkräfte bereit zu stellen. Und diese sollten hierfür durch Verzögerung ihrer Entlassung büßen. Dieser kaltschnäuzige Wortbruch war umso empörender, als gerade die Fachleute in entscheidender Weise dazu beigetragen hatten, dass das Friedhofslager zum „besten Arbeitslager der Stadt" erwählt worden war.

Neben ihnen waren aber auch die Namen von Kameraden aufgerufen worden, die keine Vorbildung für fachlich qualifizierte Arbeit besaßen. Sie waren ohne jeden Zweifel die Opfer der „Operativniks" geworden. Am Tor des Lagers nahmen wir Abschied von den „Selektierten". Traurig und zugleich mit ohnmächtigem Zorn mussten wir zusehen, wie sie mit gesenkten Köpfen davonzogen!

Heimreise – nicht ohne Zweifel und Besorgnis

Doch nun, nachdem man uns wochenlang auf die Folter gespannt hatte, überschlugen sich plötzlich die Ereignisse: Schon
am Morgen nach dem Abschied von den „aussortierten" Kameraden hielten etwa zweihundert Männer anderer Tallinner Läger Einzug in unseren Stacheldraht. Und am nächsten
Tag tönte es kurz und knapp aus dem Lautsprecher, dass alle
Insassen des Lagers umgehend mit ihrer Habe vor dem Lagertor anzutreten hätten. Der Zug für ihren Entlassungstransport stünde bereit! Schlagartig hellten sich alle Gesichter auf,
jedoch war die Freude noch verhalten. Reste des Misstrauens
und Zweifels verflüchtigten sich aber, als unsere Kolonne in
die zum Güterbahnhof führende Straße einbog. Dort standen
wir vor einer schier endlos scheinenden Reihe von Waggons,
die in der Sowjetunion abwechselnd der Beförderung von Gütern, Vieh oder des Massengutes „Mensch" dienten und traten uns vor Ungeduld auf die eigenen Füße. Schon vor dem
Abmarsch hatten sich die Leute aus Kustja zusammengefunden. Daher landeten wir, nachdem endlich der Befehl zum
Einsteigen kam, ohne Ausnahme in demselben Waggon.

Gerade hatten wir die Strohbündel, einzige Ausstattung
unseres neuen Quartiers, zu einer gemeinsamen Lagerstätte
ausgebreitet, als der Zug anfuhr. An der geöffneten Schiebetür sitzend, sah ich die Mauern, Türme und Giebel Tallinns
an mir vorüberziehen. Ich nahm Abschied von Estland und
den Esten! In meine freudige Erwartung des Wiedersehens
mit den Lieben daheim mischte sich Wehmut über das endgültige Scheiden von Menschen, die ich ins Herz geschlossen
hatte. Ohne Rücksicht auf die hiermit für sie verbundenen
großen Risiken hatten die Esten uns geholfen, nach den Hungerjahren wieder zu Kräften zu kommen und unser Selbstverständnis als Menschen, die Anspruch auf Achtung ihrer
Würde haben, wiederzufinden. Da sie im sowjetischen Völkerkäfig eingesperrt waren, konnten wir nicht damit rechnen, sie jemals wiederzusehen und mussten ihnen unseren

Dank schuldig bleiben. Es schmerzte mich sehr, dass meine liebe Aino, Alwine und Karel, die Kells und viele andere Freunde inmitten ihres großherzigen, tapferen und uns kulturell eng verbundenen Volkes in Knechtschaft und Gefahr ausharren mussten! nachdem man uns wochenlang auf die Folter gespannt hatte, überschlugen sich plötzlich die Ereignisse: Schon am Morgen nach dem Abschied von den „aussortierten" Kameraden hielten etwa zweihundert Männer anderer Tallinner Läger Einzug in unseren Stacheldraht. Und am nächsten Tag tönte es kurz und knapp aus dem Lautsprecher, dass alle Insassen des Lagers umgehend mit ihrer Habe vor dem Lagertor anzutreten hätten. Der Zug für ihren Entlassungstransport stünde bereit! Schlagartig hellten sich alle Gesichter auf, jedoch war die Freude noch verhalten. Reste des Misstrauens und Zweifels verflüchtigten sich, als unsere Kolonne in die zum Güterbahnhof führende Straße einbog. Dort standen wir vor einer schier endlos scheinenden Reihe von Waggons, die in der Sowjetunion abwechselnd der Beförderung von Gütern, Vieh oder des Massengutes „Mensch" dienten und traten uns vor Ungeduld auf die eigenen Füße. Schon vor dem Abmarsch hatten sich die Leute aus Kustja zusammengefunden. Daher landeten wir, nachdem endlich der Befehl zum Einsteigen kam, ohne Ausnahme in demselben Waggon. Gerade hatten wir die Strohbündel, einzige Ausstattung unseres neuen Quartiers, zu einer gemeinsamen Lagerstätte ausgebreitet, als der Zug anfuhr. An der geöffneten Schiebetür sitzend, sah ich die Mauern, Türme und Giebel Tallinns an mir vorüberziehen. Ich nahm Abschied von Estland und den Esten! In meine freudige Erwartung des Wiedersehens mit den Lieben daheim mischte sich Wehmut über das endgültige Scheiden von Menschen, die ich ins Herz geschlossen hatte. Ohne Rücksicht auf die hiermit für sie verbundenen großen Risiken hatten die Esten uns geholfen, nach den Hungerjahren wieder zu Kräften zu kommen und unser Selbstverständnis als Menschen, die Anspruch auf Achtung ihrer Würde haben, wiederzufinden. Da sie im sowjetischen Völkerkäfig eingesperrt waren, konnten wir nicht damit rechnen, sie jemals wiederzusehen und mussten ihnen unseren Dank schuldig bleiben. Es schmerzte mich sehr, dass meine geliebte Aino, Alwine und Karel, die Kells und viele andere Freunde inmitten ihres großherzigen, tapferen und uns kulturell eng verbundenen Volkes in Knechtschaft und Gefahr ausharren mussten!

Als ich mit schmerzendem Rücken auf der Strohschütte erwachte, war der Tag angebrochen. Der Zug hatte schon die estnische Grenze überquert. In Alkne, einem idyllischen lettischen Städtchen, das unter seinem deutschen Namen Marienburg im Sommer 1944 das Hauptquartier unserer 18. Armee beherbergt hatte, wurde die Tallinner Lokomotive gegen eine pensionsreife Veteranin ausgetauscht. Stark schnaufend und dampfend mühte sie sich, den ihr angehängten Bandwurm nach Westen zu ziehen, gelangte dabei aber nicht allzu weit über das Tempo eines Radfahrers hinaus. So wurde dieses Stück der Heimreise zum Eisenbahntourismus! Wir tuckerten durch die anmutige Endmoränenlandschaft Lettlands. Am Rande von Wäldern und Seen erspähten wir manchmal säulengeschmückte, bröckelnde Fassaden von Herrenhäusern und Schlössern des baltischen Adels. Und an den Wänden der Bahnhofsgebäude ließen sich flüchtig überstrichene deutsche Ortsnamen, darunter so romantische wie „Alt-Schwaneburg", entziffern.

Uns begleitete eine im baltischen Frühsommer ganz ungewöhnliche Hitzewelle. Sie machte den Aufenthalt in den Waggons bei Tage schwer erträglich. Deshalb lernten wir es zu schätzen, dass unser Bummelzug fast an jeder Bahnstation hielt. Er war noch nicht zum Halten gelangt, als wir schon auf den Bahnsteig sprangen, um die Wasserstellen zu stürmen. Splitternackt krochen wir unter die nächsten Wasserhähne und wuschen zugleich in Eile die verschwitzte Wäsche.

Leider besitzen Güterwagen keine Toiletten! Die kleinen, ungepflegten Bedürfnisanstalten der Bahnstationen waren unserem Ansturm nicht gewachsen. Deshalb schwärmten, sobald der Zug wieder einmal auf offener Strecke hielt, alle der Erleichterung Bedürftigen nach beiden Seiten aus, um eilends ein geschütztes Plätzchen zu finden. Wer es sich dort „gemütlich" machte, ging ein Risiko ein: Sobald der Lokomotivführer mit der Dampfpfeife das Signal für die Weiterfahrt gab, muss-

ten die Ausflügler über Stock und Stein zu ihren Waggons ga-
loppieren. Schadenfrohe Zuschauer fanden hieran besondere
Freude, wenn es den Rückkehrern in ihrer Hast nicht gelungen war, vor dem Start die Hosen zuverlässig zu befestigen...
Je weiter wir uns vom Tallinner Stacheldraht entfernten,
umso mehr lockerte sich das Verhältnis zwischen der sowjetischen Begleitmannschaft und den Gefangenen. Die Offiziere und Soldaten suchten ihre Aufgabe immer weniger in
der Bewachung als in der Betreuung und waren bemüht,
uns die Strapazen der Reise zu erleichtern. Sie suchten auch
das Gespräch mit uns, wobei sie sich nicht für Politik, sondern für die Lebensverhältnisse der Deutschen vor dem Kriege interessierten.

Nachdem wir das vom Krieg noch schwer gezeichnete Düna-
burg passiert, die Düna und die litauische Grenze überquert
hatten, schlich der Zug, immer nahe der weißrussischen Grenze, durch die reizlose Landschaft des östlichen Litauens auf
Wilna zu. Alte Russlandkämpfer, die einst auf der über Wilna
führenden Strecke in Heimaturlaub gefahren waren, wussten
es genau: Von dieser Stadt ging es schnurstracks in südwest-
licher Richtung nach Grodno und von dort weiter über die
polnische Grenze nach Westen. Welch ein Schrecken aber, als
der Transport bald hinter Wilna auf eine nach Südosten verlaufende Strecke abbog! Sofort erwachte das tief in uns sitzende Misstrauen. Wollen „die" uns jetzt etwa hinter weißrussischen Stacheldraht schaffen? Der Oberleutnant und
Transportleiter ließ durchsagen, dass wir durch Streckenar-
beiten zu einem Umweg gezwungen worden seien. Umsonst!
Je weiter die Lokomotive uns nach Südosten schaukelte, desto mehr wuchsen Zweifel und Besorgnis. Zu dem Stimmungs-
tief mag der Anblick der weißrussischen Ödnis beigetragen
haben. Unendlich weit dehnten sich Sumpfgebiete und strup-
pige Birken- und Kiefernwälder. Und die wenigen, an der Strek-
ke liegenden Nester wirkten so armselig, dass sie den Lok-
führer nur im Notfall zu einem Halt zwangen. Erst nach Einbruch der Dunkelheit schaukelte er uns in einen weitläufigen
Verschiebebahnhof hinein. Am Morgen blickten wir auf die
zerschossenen Häuserzeilen einer grauen, weithin zu Ruinen

zerfallenen Stadt. Es war der Bahnknotenpunkt Baranowit-schi. Vor diesem trübseligen Bild hielt der Zug volle drei Tage. Es schien mir nicht abwegig, dass das Geschick uns mit diesem Zeugnis unbarmherziger Zerstörung noch einmal vor Augen halten wollte, was das nationalsozialistische Deutschland, mit unserer freiwilligen oder erzwungenen Beteiligung, durch die Apokalypse seines Krieges angerichtet hatte.

Die Lokomotive hatte sich verabschiedet. In kürzester Zeit heizte die Sonne die Blechdächer der Waggons so stark auf, dass man darauf Eier hätte braten können. Tagsüber lagerten wir daher, froh über jeden Windhauch, zwischen dem Schienengewirr auf Staub und Schotter. Die einzige lauwarme „Erfrischung" boten die Tanks, aus denen die Lokomotiven ihr Wasser bezogen.

Am vierten Tag wurde ich buchstäblich aus dem Schlaf gerüttelt. Endlich hatte sich eine Lokomotive für den Transport der „Plennis" gefunden und zog uns jetzt holpernd und stampfend über unzählige Weichen hinweg! Frühaufsteher lauerten schon gespannt an offenen Türen, ob der Zug seine bisherige Fahrt in Richtung Osten fortsetzen würde. Bald nach Überquerung einer letzten Weiche meldeten sie triumphierend: „Wir sind soeben auf Südwestkurs gegangen!" Endlich fielen die letzten Ängste von uns ab!

Wir laufen in die Freiheit

Nachdem die Waggons in Brest auf westliche, schmalere Spurbreite umgestellt worden waren, rollten wir am späten Abend über die polnische Grenze. In der nun einbrechenden Nacht schliefen nur wenige Reisegefährten. Mancher hatte sich im Stillen schon Gedanken über sein künftiges Schicksal gemacht. Jetzt aber, in der Nacht, die uns der Heimat mit jedem Kilometer näherbrachte, dachten fast alle miteinander laut darüber nach, was uns dort erwarten würde. Die meisten hatten noch mit eigenen Augen gesehen, dass der Krieg Deutschland verwüstet und die Deutschen in Not und Elend gestürzt hatte. Ob sich wohl inzwischen die Lebensverhältnisse so weit verbessert hatten, dass man wieder Beschäftigung im erlernten Beruf finden würde? Diese Frage würde sicher für die östlichen und die westlichen Besatzungszonen verschieden zu beantworten sein!

Hatte aber die Konfrontation zwischen den ehemaligen Kriegsalliierten die Teilung Deutschlands unabänderlich gemacht? Wie weit mochte inzwischen der Prozess einer Herausbildung von zwei Staaten gediehen sein? Keiner zweifelte daran, dass ein von der Sowjetunion in ihrer Besatzungszone ins Leben gerufener deutscher Staat nur ihre Marionette sein konnte! Männer, deren Familien dort lebten, fürchteten, dass sie bei der Rückkehr aus der Gefangenschaft in eine abermalige, wenn auch vielleicht weniger bedrückende Unfreiheit geraten würden. Demgegenüber waren wir alle davon überzeugt, dass die westlichen Besatzungsmächte die Errichtung deutscher Staatswesen in ihren Zonen oder die Entstehung eines einheitlichen westdeutschen Staates nur auf der Grundlage einer freiheitlichen, demokratischen Ordnung zulassen würden. Manche jüngeren unverheirateten Kameraden entschlossen sich, um den Preis einer vorübergehenden Trennung von ihren im Osten lebenden Angehörigen, ihre Entlassung in den Westen zu beantragen. Unser besonderes Mitgefühl galt den aus den verlorenen Ostgebieten stammenden Gefährten, die auf ihre Rot-Kreuz-Karten nie eine Antwort erhalten hatten. Es blieb uns nur, sie damit zu trösten, dass es gewiss im deutschen Osten und Westen effiziente Suchdienste geben würde.

Um nicht den großen Augenblick des Wiedersehens mit Deutschland zu versäumen, bezogen wir abwechselnd Ausguckposten an den Türen. Auf den Schrei: „Eine ziemlich große Stadt! Das muss Frankfurt sein!", stürzten alle an die Schiebetüren. Im Nu bildeten sich auch an den Türen anderer Waggons Menschentrauben, und der Fahrtwind trug uns die Fetzen erregter Rufe zu. Je mehr wir uns dem am östlichen Oderufer liegenden Teil der Stadt näherten, desto stiller wurden wir bei dem Anblick erschreckender Zerstörung. Erschüttert starrten wir auf Trümmer, Ruinen und Halbruinen, zwischen denen notdürftig wiederhergestellte oder im Bau befindliche Gebäude zu sehen waren! Das sollte eine Stadt sein, in der noch vor wenigen Jahren fast hunderttausend Menschen gelebt hatten? Das schweigende Entsetzen wurde von Clemens, unserem jüngsten Kameraden, unterbrochen: „Da seht ihr mal, wie nötig wir hier gebraucht werden!" Dieses Wort sollte mich noch begleiten, als ich bald darauf in einem Industriegelände meiner Heimatstadt mit dem Presslufthammer Betonbauten abriss, um die Studiengebühren bezahlen zu können!

Als unser Zug auf dem Frankfurter Güterbahnhof zum Stehen kam, sprangen wir, ohne auf Erlaubnis zu warten, aus den Waggons. Auf dem Marsch durch Straßenzüge, die ihr Gesicht verloren hatten, winkten uns Landsleute von Gehsteigen und Baugerüsten, von Fahrrädern und aus Lastwagen unter Willkommensrufen zu! Zum ersten Mal zogen wir ohne Widerwillen in ein stacheldrahtbewehrtes Barackenlager ein, denn hier würden wir gewiss nur ein kurzes Gastspiel geben.

Am frühen Morgen rissen uns raue Kommandorufe aus dem Schlaf und wenig später standen wir in Reih und Glied auf einem Geviert, so staubig und abstoßend wie einstmals die Exerzierplätze des Arbeitsdienstes und des Kommiss. In barschem Ton befahl ein Kapitän der Lagerleitung, dass alle Männer, die über schriftliche und mündliche Russischkenntnisse verfügten, sofort vorzutreten hätten. Niemand rührte

sich! Auch ich verspürte keine Lust, kurz vor der Entlassung
und zu unbekanntem Zweck der sowjetischen Bürokratie zu
dienen. Der sympathische Oberleutnant, der unseren Transport geleitet hatte, klärte uns auf: Es gehe um die Ausstel-
lung der Entlassungspapiere! Dem konnte man sich nicht verweigern! Mit einer Reihe weiterer Männer trat ich vor. Es
dauerte volle zwei Tage, bis der letzte Bogen ausgefüllt war.
Alle, die ihre Papiere erhalten hatten, wurden umgehend zu
ihren Zielorten in der sowjetischen Zone entlassen oder an
die Ost-West-Demarkationslinie befördert. Uns, den „Schrift-
gelehrten", wurde jedoch erklärt, dass wir für die Abfertigung
eines weiteren, gerade eintreffenden Transportes benötigt
würden. So blieb mir für den Abschied von Dr. Schneider, einem der besten Freunde, die ich in der Gefangenschaft gefunden hatte, von den übrigen Kameraden aus Kustja, mit
denen ich so einträchtig zusammengelebt hatte, und von Bernhard, meinem Schicksalsgefährten bei der Vertreibung aus
unserem „Dorpater Paradies", leider nur wenig Zeit.

Drei Tage später reiste ich in einer Gruppe von etwa hundert Heimkehrern, begleitet von einigen Konvois, über Halle,
Eisleben und Nordhausen nach Heiligenstadt, einem ver-
träumten Eichsfeldstädtchen, das der Krieg offenbar weitgehend verschont hatte.

In dieser letzten Nacht der Gefangenschaft wälzte ich mich
unruhig auf dem Strohsack. In den schönsten Farben malte
ich mir das Wiedersehen mit meinen Lieben aus. Die Sehnsucht, zu ihnen zurückzukehren, hatte mir geholfen, alle Not
zu überstehen. Der innere Jubel, den ich über die Aussicht
empfand, schon am nächsten Tag zu Hause zu sein, wollte
mich aus dem Bett treiben. Er wurde aber gedämpft, als ich
wieder an die unzähligen Kameraden dachte, die irgendwo in
den Weiten der Sowjetunion von ihrer Entlassung träumen
mussten. Wann würden sie, wann würden auch die in Tallinn
zurückgehaltenen Kameraden endlich heimkehren dürfen?
Und wiederum überfiel mich der Schmerz um den Verlust
des geliebten Mädchens in Dorpat und meiner estnischen
Freunde. Fünf, genauer sogar sieben Jahre meiner Jugend,
die meiner beruflichen Ausbildung hätten dienen sollen, hatte mir Hitler geraubt. Und nun würde ich in ein Deutschland

zurückkehren, das für seine furchtbaren Verbrechen zur Verantwortung gezogen werden würde. Da wir daran mittragen mussten, würde die ersehnte Freiheit auf lange Jahre hinaus belastet sein.

Und schließlich drängte sich mir die Frage auf, ob diese „verlorenen Jahre" für die charakterliche Entwicklung und das spätere Leben eines Menschen, der schon in jungen Jahren in Gefangenschaft geraten war, ohne jeglichen Wert gewesen seien – und verneinte sie später für mich selbst:

Ich hatte schon als Heranwachsender die Freiheit zu lieben gelernt! Welchen überragenden, zentralen Wert sie im menschlichen Sein darstellt, habe ich jedoch erst erfahren, als ich gezwungen war, in Unfreiheit zu leben. Dass es Freiheit nicht geschenkt gibt, hatte mir das nazistische Unrechtsregime bewiesen. Doch erst in der sowjetischen Gefangenschaft war mir bewusst geworden, dass die Sehnsucht nach Freiheit die einzige wirksame Waffe im Kampf um das Überleben ist! Wer sich ihrer nicht bedienen konnte, weil er sich Leid und Elend widerstandslos ergeben hatte, war verloren. Dieses Bewusstsein bei den in ihrem Widerstandswillen geschwächten oder kranken Kameraden zu wecken oder zu vertiefen, war ein unverzichtbares Gebot gewesen, wenn man seine Menschenpflicht, ihnen beizustehen, in wirksamer Weise erfüllen wollte.

Ich nahm mir vor, eine Lehre, die sich dem deutschen Gefangenen in der Sowjetunion aufdrängte, „Lerne leiden ohne zu klagen", auch in Zukunft zu befolgen. Wir kannten aber das entsetzliche Schicksal der sowjetischen Kriegsgefangenen in deutschen Lagern. Deshalb hatten wir uns, obwohl viele Hunderttausende unserer Kameraden in sowjetischer Gefangenschaft starben, verbieten müssen, jemals über unsere Leiden zu klagen.

Nie war mir frühes Aufstehen leichter gefallen als am nächsten Morgen! Drei Rotarmisten brachten uns auf Lastwagen an die Demarkationslinie zwischen der sowjetischen und der britischen Besatzungszone. Dort standen wir vor einem mir unvergesslich gebliebenen Bild! Vor uns breitete sich eine weite, mit bunten Wiesenblumen geschmückte Grünfläche aus. In einer Entfernung von etwa 300 bis 400 Metern war sie durch eine Ansammlung von Baracken begrenzt. Dort wurden wir offenbar erwartet, denn vor den Gebäuden standen größere Gruppen von Menschen. Sie winkten! Über alledem wölbte sich ein hellblauer Sommerhimmel.

Während wir noch stumm auf das uns verheißene Land starrten, schrien plötzlich die Russen hinter uns: „Dawai! Domoi!" (Haut ab, nach Hause!) Ungläubig und zögernd setzten wir uns in Bewegung, schauten aber aus alter Gewohnheit schon nach wenigen Metern über die Schulter zurück, um uns zu vergewissern, dass sie es ernst meinten.

Sie waren stehen geblieben und grinsten uns an: „Wie lange wollt ihr noch warten? Wollt ihr etwa bei uns bleiben?"

Das war unser Startzeichen! Zunächst gingen wir in schnelleren Schritt über. Als das vor dem Heimkehrerlager Friedland versammelte deutsche und britische Personal begann, unter lauten Willkommensrufen Handtücher zu schwenken, verfielen wir in Laufschritt. Und schließlich rannten wir, die wenigen Habseligkeiten in den Händen, so schnell wir konnten, in die Freiheit! Hinter unserem Rücken lachten die Rotarmisten aus vollem Hals!